KB002913

맨얼굴의 강의록

맨얼굴의 강의록

2022년 6월 21일 1판 1쇄 인쇄 / 2022년 6월 29일 1판 1쇄 발행

지은이 송희복 / 펴낸이 민성혜
펴낸곳 글과마음 / 출판등록 2018년 1월 29일 제2018-000039호
주소 (06367) 서울특별시 강남구 광평로 280, 1106호(수서동)
전화 02) 567-9731 / 팩스 02) 567-9733
전자우편 writingnmind@naver.com
편집 및 제작 청동거울

ISBN 979-11-964772-9-5 (03040)

맨얼굴의
강의록

송 희 복

글과마음

가면이 없어도, 춤출 수가 있다

1. 강의와 강의록

나는 2018년 말에 『윤동주를 위한 강의록』이란 저서를 상재(上梓)한 바가 있었다. 이 강의록은 본래 진주교육대학교 학생들에게 강의한 내용의 기록이었다. 광복 70년, 윤동주 70주기인 2015년과, 윤동주 탄생 백주년인 2017년 등 시의(時宜)의 적절성에 비추어서 수행한 강의들을 주로 모은 것이었다. 일반 독자들이 이 책에 대해 그런대로 관심을 보여주어서 고마웠다.

세상에는 수도 셀 수 없을 만큼, 강의가 있어왔다. 물론 앞으로도 수도 셀 수 없을 만큼의 강의는 영원히 이어질 것이다. 강의록이란 무엇인가? 가르치는 이가 배우는 이를 대상으로 한 가르친 흔적이나 기록물이 아닌가? 양적인 면에서 볼 때, 강의가 너른 백사장이라면, 강의록은 한 줌의 모래알도 되지 않는다. 강의를 듣는 순간에, 인간의 기억에 한계가 있으니까, 강의 내용이 대부분 사라져버린다. 가물에 콩 나듯이 나는 강의록을 기대하면서, 누가 하늘에서 비 오기를 마냥 지켜만 볼 것인가? 또 따지고 보면, 기록으로 남겨야 할 강의도 사실은 많지 않다.

그럼에도 불구하고, 때로는 강의에 대한 사람들의 아쉬움이 적지 않을 것이다. 특별한 경우에, 수강자가 꼭 기억하고 싶은 강의를 떠올리는 경우가 있다. 하지만 여러 가지 여건을 살펴볼 때, 녹취록 같은 것이 아니면, 강의록을 문자로 남기는 일은 결코 쉬운 일이 아니라고 본다.

2. 실존의 시간, 환상의 시간

역사 속에서 가장 처절한 강의록이 있다. 이것은 폴란드의 화가이자 작가인 유제프 차프스키의 강의록인 「프루스트 강의—1941년 그랴조베츠」이다. 이 강의록의 한국어판은 작년에 '무너지지 않기 위하여'라는 제목으로 간행되었다. 얘기는 제2차 세계대전으로 거슬러 올라간다. 1939년 9월 1일, 독일군이 폴란드를 침공하자 예비역 장교였던 차프스키는 동쪽으로 향하다가 그해 9월27일에 소련군의 포로가 된다. 폴란드는 소련과 독일에 의해 동서로 분할되었고, 소련군에 잡힌 폴란드 지도자급 인사들은 차례로 죽어갔다. 군 고위 장성, 조종사, 대학교수, 변호사 등의 신분인 사람들 말이다.

남은 포로는 소련 땅으로 끌려갔다. 그랴조베츠의 포로수용소에 4백여 명의 장교 등이 있었다. 포로는 수용소에서도 계속 죽어나갔다. 소련 땅에 잡혀온 4천 명의 포로 중에서 끝까지 남은 이들은 79명이었다. 이들은 낮에 중노동을 했다. 인간으로서 한계상황에 다다랐다. 밤에 모여 강의를 하고 강의를 들을 수 있는 시간을 달라고 소련 측에 요구했다. 강의 내용에 대해 사전에 검열을 받는 조건으로 강의가 허락되었다. 영하 40도까지 내려가는 혹한의 땅에 세워진 어두운 수용소에서, 강의가 시작되었다. 중노동에 의해 육체가 서서히 잠식되더라도, 영혼마저 잠식되지 않으려는 전쟁포로들의 마지막 안간힘이었다. 이런 경우를 두고,

일반 사람들은 필사(必死)의 노력이라고 말한다. 축자적인 의미대로라면, 필사가 반드시 죽는 것을 말하지만, 여기에서는 필사의 운명에 처한 사람들이 끝내 죽지 않으려고 죽을힘을 다하는 것을 말한다.

차프스키는 폴란드 귀족 출신으로서 전쟁 전에도 프랑스를 바지런히 드나들었다. 프랑스어에도 능숙했다. 그는 40대 초반의 나이에 포로수용소에 잡혀온 예비역 장교로서 강사로 나섰다. 참고 자료라고는 아무것도 없이 기억에 의존해 프랑스 소설가 마르셀 프루스트에 관해 강의를 했다. 이때 군의관을 지낸 한 중위가 현장에서 강의록을 작성했다.

주지하듯이, 프루스트의 대하소설 「잃어버린 시간을 찾아서」는 20세기 현대소설의 기념비적인 작품이다. 두말할 나위가 없이, 작가와 작품은 떼려야 뗄 수 없는 관계를 가진다. 위대한 작품은 어떤 방식으로든 작가의 실제 삶과 관련을 맺게 마련이다. 이 소설의 주제는 프루스트의 삶 그 자체이거나, 이를 조금 변형시키거나 한 것이다. 프루스트와 차프스키는 부르주아 계급의 속물근성 및 엘리트적인 예술관이 매우 강한 사람이었을 것이다. 자존심도 매우 강했을 것이다. 두 사람 다 이데올로기에 관심을 주지 않고, 예술의 절대성을 믿어 의심치 않았다. 프루스트에게 있어서는 절대에 대한 탐구가 없었다. 그의 작품 속에 신의 존재는 거의 나타나지 않는다고 한다. 그는 프랑스적 쾌락주의라는 종교의 신도였다. 차프스키 역시 자신만의 절대의 세계인 예술에 복무했다. 그의 강의록 한 부분을 슬쩍 들여다보자. 프루스트의 소설에 대한 얘기다.

하루살이처럼 덧없는 모든 것, 찢어지는 듯한 고통, 세상의 모든 기쁨과 청춘과 명성, 그리고 에로티시즘의 공허함이 창조자의 기쁨과 비교된다. 한 문장 한 문장 직조하며 매 페이지를 만지고 또 만지는 이 존재는 결코 전적으로 닿을 수 없는, 닿는 것이 영영 불가능한 무언가를 찾아가고 있을 뿐이다. (한국어판, 112쪽.)

닿는 것이 영영 불가능한 무언가를 찾아가고 있다니, 그 무언가가 도 대체 무엇인가? 신앙인가, 아니면 예술인가? 둘 다 아니다. 아무것도 아 니다. 나는 그것이 시간이라고 본다. 프루스트는 시간의 주제에 심취했 다. 프랑스의 한 비평가가 이 사실을 두고 그랬다. 프루스트에게 '잃어 버린 시간'은 가장 상상적이고, 기만적인, 또 경이로운 시간이라고. 그 는 소설에서 시간적으로 멀리 떨어지는 일들을 수시로 연결하고 있다.

시간은 어디에서 와서, 또 어디로 흘러가는가?

철학자 앙리 베르그송은 시간을 가리켜 직관을 통해 파악하는 순수 지속의 개념으로 보았다. 그에 의하면, 수학적 내지 물리적 시간은 추상 적 시간이므로 진정한 시간이 아니라는 것이다. 프루스트는 베르그송의 시간관에 영향을 많이 받았다. 서로 아는 사이라는 얘기도 있다. 프루스 트의 입장에서 볼 때, 베르그송이 외가 쪽의 인척이라던가?

그건 그렇고, 지금의 내 기억을 4반세기 전 즈음으로 돌려 볼 것이다. 화학자로서 혼돈 이론을 창시한 저 일리야 프리고진이 1996년에 우리 나라를 방문했다. 당시에 국내의 철학자 및 과학자 여럿과 함께 둘러앉 아 좌담회를 가졌었다. 그 무렵에, 나는 계간 『과학사상』이라는 잡지를 드문드문 읽고 있었다. 좌담회가 있었던 그때에, 일리야 프리고진이 한 말 중에서, 내 뇌리에 각인된 게 있었다. 불교에서는 시간을 환상(illusion) 으로 보지만, 과학에선 시간을 실존으로 본다고. 참으로 알쏭달쏭한 말 이었다. 그러면서도 마음에 뭔가 꽂히는 말이었다.

지각의 불연속성을 무의지적인 기억과 본능적인 직감으로 극복하려 한 프루스트에게 소설 속의 잃어버린 시간이 환상의 시간이었다면, 어 쩔 수 없는 최악의 한계상황 속에서, 무너지지 않기 위해, 어쩔 수 없이, 강의를 하지 않으면 아니 되었던 차프스키에게 있어서는, 그랴조베츠

포로수용소에서 보낸 1년 수개월의 시간이 바로 실존의 시간이었을 것이다. 강의를 한 그와, 그의 강의를 기록한 전직 군의관은 마침내 살아남았다. 이들은 죽을 고비를 기적처럼 벗어났던 것이다. 사선(死線)에 선 차프스키의 프루스트 강의는 인간의 역사상 가장 극적이고 가장 감동적인 강의로 평가될 것 같다.

3. 어쩔 수 없음에 대한 변명

나는 진주교육대학교에서 24년 동안에 걸쳐 교수로 재직해 왔다. 이제 몇 개월이 지나면 정년이 되어 퇴임을 하게 된다. 내가 강의를 한 24년은 이제 꿈처럼 흘러가고 있다. 내 인생은 전혀 전쟁을 경험하지 않았다. 차프스키와 비교하자면, 참 복된 삶이라고 하겠다. 나는 평화의 시대에 태어나 살면서 아무런 걱정도 없이 강의를 해 왔다. 이 시대의 선생으로 살아온 것이 어쩌면 무척 행복했다고 할 것이다. 나의 24년은 실존의 시간이었다. 퇴임하여 이 시간을 되돌아보면, 앞으로, 지나간 시간은 기억과 추억 속에 있는 환상의 시간이 된다. 나는 지금 실존과 환상의 시간대로 나누어지는 경계선에 어쩔 수 없이 서 있다.

돌이켜 보면, 나는 내 강의에 그다지 만족하지 않는다. 학생들에게 좋은 강의를 했으면, 좋았을 텐데 하는 아쉬움이 적지 않다. 그들에게 기억에 남을 만한 강의가 아쉽게도 거의 없다. 고백하자면, 나는 학자로서 실패하지 않았지만, 가르치는 이로서는 성공하지 못했다. 강의 평가가 지필 테스트에서 전산 시스템으로 전환된 시점이 2010년 즈음이 아닌가 짐작된다. 물론 교수들 개개인의 강의 평점은 공개되진 않았다. 하지만 평균이 이때부터 드러나기 시작했다. 10년 남짓한 내 강의의 평가들은 단순한 평균 이하라기보다 거의 바닥을 치는 수준이었다. 강의 평가의 결과가 나오는 학기말이면, 나는 늘 할 말을 잃었다.

강의 평가 때마다 나는 늘 반성했지만, 이래선 안 되겠다면서 크게 작심하여 강의 준비에 매진한 적이 두 차례 있었다. 2017년 1학기와 2019년 1학기를 위해 석 달 가까운 겨울방학을 강의 준비에만 매달렸던 거였다. 개학하기까지 단 하루도 쉬지 않고 준비에 준비를 거듭했다. 내아내는 이때 강의 준비에 몰두한 나를 지켜보았다.

강의를 마치고 학기가 지나서 아내도 궁금했던지, 이번에는 강의 평점이 좀 올랐냐고, 내게 조심스레 물어왔다. 궁금해 한 아내가 묻지 않았다면, 굳이 말하지 않고 그냥 지나갈 요량이었고, 또 심산이었다. 강의 준비에 모든 걸 걸었던 그 두 학기의 강의 평점은 오르기는커녕 오히려 더 떨어졌다. 바닥을 친 게 아니었다. 모두 지하로까지 내려갔다. 내가 재직하는 교수의 숫자가 일흔 명 정도 되는데, 평균을 보니까, 아마 꼴찌가 아닌가, 했다. 아내도 실망의 빛을 감추지 않으면서, 내게 이런 말을 했다.

어쩔 수 없는 일이지, 뭐.

이 이후로는 강의 평가를 확인하지 않았다. 보나마나니까. 만약에 대다수의 학생들이 아니라 극소수의 학생이 내 강의에 열광했다고 해도, 이 역시 어쩔 수 없는 일이라고, 나는 생각한다. 나는 이때부터 내 강의가 성공하지 못하면 성공하지 못한 대로, 내가 강의한 기록을 남겨두었으면 좋겠다고 생각했다. 또, 내 강의의 흔적을 일반 독자들에게라도 돌려주고 싶었다.

내게도 강의평가에 관한 이런저런 할 말들이 없는 게 아니다. 하지만 교단을 떠나는 마당에 말없이 떠나는 게 좋겠다는 생각이 들었다. 다만 원론적인 한 가지 입장을 굳이 밝히자면 이렇다.

강의는 비유컨대 식재료와 요리로 이루어진다. 아무리 좋은 식재료를 사용해도 요리를 제대로 하지 못하면 좋은 음식이라고 할 수 없다. 반면에 아무리 요리를 잘해도 식재료가 좋지 않으면, 맛도 없고 몸에도 좋지 않다. 이런 비유 대신에, 콘텐츠와 스킬의 관계로 유추해도 좋겠다. 콘텐츠 없는 스킬은 맹목적이요, 스킬 없는 콘텐츠는 효율적이지 않다. 둘이 함께 이루어지면 좋겠는데, 어쩔 수 없이 서로 나누어지는 감이 있다.

여기에서 가면이 없이 춤을 추지 않는다는 명제를 승인한다면, 강의의 요리 및 스킬은 정당성을 얻을 수밖에 없다. 하지만 나는 강의에 있어서 요리보다는 식재료를, 스킬보다는 콘텐츠를 중시한다. 가면이 없어도, 춤출 수가 있다. 연출이 없어도, 연행할 수 있다. 이 책의 제목을 '맨얼굴의 강의록'이라고 정한 것도 이런저런 배경 때문이다. 물론 내가 화장한 모습의 강의를 부정하는 건 아니다. 내 제자들에게는 가면을 쓰고 춤을 추는 식의 강의를 권하고 싶기도 하다. 절대 가치의 문제가 아니라, 사적인 취향의 문제일 따름이다.

내가 수행한 강의의 실상에 근접한 강의록이란 점에서도, 이 책은 맨얼굴의 강의록이다. 강의록의 문장 표현은 초고로부터 좀 바뀌었지만, 대강의 강의 내용은 거의 있었던 그대로이다. 내 강의에는 인터넷에 검색되는 지식과 정보를 되도록 반영하지 않는다. 내가 늘 생각하듯이, 강의는 검색의 결과가 아니라, 사색의 여백이어야 한다. 적어도 내 강의는 그랬다.

나는 공용 컴퓨터 하나와 개인용 노트북 셋을 사용하고 있다. 이미 간행한 윤동주에 관한 강의록 외에 또 무엇이 있는지를 두루 살펴보니, 스물다섯 편 정도의 강의록이 여기저기에 저장되어 있었다. 2012년에서부터 2022년까지의 10년간에 걸쳐 작성된 것들이다. 이 중에서, 나는 열다섯 편의 강의록을 골랐다. 또 한 편은 일본에 체류할 때 작성된 것.

나는 2007년 5월 15일에, 아이치 교육대학에 재학하고 있는 일본 학생들을 대상으로 정해진 90분의 특강을 했다. 특강의 제목은 '영화를 통해본 한국의 사회와 문화'였다. 이 강의는 내가 해온 강의 중에서 유일하게 외국어(일본어)로 한 강의였다. 물론 기념이 되는 강의다. 그래서 기존의 내 저서에도 이미 실린 바 있었다.

이번에 내놓을 강의록『맨얼굴의 강의록』은 신구고(新舊稿)가 15대 1, 혹은 15 플러스 1인 총 16강으로 구성되어 있음을 밝힌다. 강의 분야는 내 전공인 문학 외에도, 국어교육을 포함한 인문학 전반에 걸친 분야를 망라하고 있다. 내가 전공 못지않게 관심을 두고 있는 역사나 국학에 관련된 부분이 빠진 게 좀 아쉽긴 하지만, 낱낱의 강의록 행간에 스며 있을 거라고 본다.

4. 와인과 더불어

요즈음 내 근황은 이렇다. 그동안 도수 높은 술을 조금 즐겼는데 이제는 이를 절제하면서, 대신에 평소에 거의 마시지 않았던 와인을, 한 주일에 두어 잔씩 음미하고 있다. 와인을 즐기려면, 와인을 공부해가면서 즐겨야 한다. 하지만 나는 될 수 있는 한, 와인을 공부하지 않는 범위 내에서, 지금 이것을 즐긴다. 앞으로도 즐기려고 한다.

머잖아 바뀌게 될 일상의 변화에 맞추어서 내 생각도 바뀌어야 하는 게 아닌지. 이제는 내게 이런 생각이 든다. 와인도 공부해가면서 마셔야 하남? 쳇바퀴 돌아가는 듯해 보이는 시간에 꼭 맞추어서 책을 읽거나 글을 쓰거나 해야 하남? 그러면서도 흐르는 시간 속에 나를, 나의 운명을 그대로 맡겨 두어야 하남? 어쨌든 내 몸과 마음이 지금처럼 늘 건강하면 좋겠다. 이제부터, 나에게 복무의 시간은 없다. 나는 자유인의 시간을 향유하면서, 앞으로의 여생을 살아갈 것이다.

이 강의록이 일반 독자를 위한 만듦새의 것이지만 아무래도 잘 팔릴 것 같지 않아서, 나는 출판사에 최소한의 부수만을 찍게 했다. 다만, 나와 함께 재직하고 있는 동료 교수들과, 평소 알고 지내는 지인들에게 정년퇴임의 기념으로 예제, 증정하려고 한다.

많은 이들에게 감사의 뜻을 전한다.

2022년 어느 봄날에,
지은이 쓰다.

제1부

언어와 문화

문화사의 관점에서 본 언어와 문자

국어교육론의 융합적인 전망 및 통로

카오스와 코스모스, 또는 카오스모스

말 한마디의 힘과, 글 한 줄의 깊이

문화사의 관점에서 본 언어와 문자

 오늘은 첫 번째 수업으로 인문학적 교양의 입문에 해당하는 내용을 가지고 여러분과 함께 생각해볼까, 합니다. 오늘 강의의 주제는 이렇게 정했어요. 문화사의 관점에서 본 언어와 문자. 어때요? 공부를 해볼 가치가 있나요? 지적인 호기심 같은 게 생길수록 학습의 효과가 예상되겠지요. 범위가 다소 넓은 것 같지만, 입문의 열쇠가 될 만한 문제가 제기된 주제라고 할 수 있어요.

 저는 애최 이 강의의 제목을 문명사라고 했어요. 마지막에 이르러 수정했어요. 여러분은 문화와 문명은 어떻게 다르다고 봅니까? 같은 말, 즉 동의어로 보기도 합니까? (잠시 침묵) 저 역시 젊었을 때 동의어는 아니래도 비슷한말 즉 유의어로 보았어요. 문화는 정신문화, 문명은 물질문명. 대충 이 정도의 차이라고 보았지요. 그런데 문화의 반대말은 정하기가 쉽지 않지만, 문명은 명백하지요. 문명의 반대말은 미개입니다. 문화는 문명과 미개를 포괄한 넓은 개념입니다. 문명이 이처럼 가치 판단의 개념이라면, 문화는 가치중립의 개념이지요. 여러분의 사고방식이라면, 문명이 주관적인 용어라면, 문화는 객관적인 개념이다. 이렇게 보아도, 그리 잘못된 관점은 아닙니다.

  언어는 인간만이 가질 수 있는 의사소통의 수단이지요. 동물들이 기본적인 소통을 위해 소리를 낼 수 있겠지만, 인간의 언어처럼 완벽한 소통의 수단이 되지 못하겠지요. 2차 대전 후에 구미(歐美)의 학자들이 원숭이에게 말을 가르치는 연구를 실행했다고 해요. 원숭이나 침팬지를 포함한 영장류가 인간의 언어를 어느 정도 이해할 수 있는지에 관해 알아보기 위해서였지요. 영장류가 상징을 통한 의사소통을 배우는 데 예상 밖의 능력을 보여주었지만 인간의 언어를 이해하는 데는 기대에 훨씬 못 미쳤어요. 인간의 언어를 이해하는 수준의 내용도 거의 먹이(과일)와 관련되는 정도에 지나지 않았어요. 결과적으로, 많은 실험을 통해 인간과 영장류가 언어 및 의사소통의 능력에 있어서 질적인 차이가 나는 걸 보여주었습니다.

  갖가지의 언어 중에서 2천년 이상의 생명을 유지하고 있는 언어는 몇 되지 않습니다. 이집트, 인도, 중국, 그리스, 이탈리아 등의 유구한 역사를 지닌 나라의 언어가 여기에 해당한다고 하겠지요. 특히 유대 민족의 히브리어와 인도의 산스크리트어는 종교적 문헌과 관련된 고전어란 점에서 오랜 생명력을 유지하고 있습니다. 평범한 언어는 수명도 짧고 사망률도 높아요. 군사적으로 강성한 종족의 언어도 소멸되기도 했지요. 기원전 천 년 간에 걸쳐 유라시아 대륙을 누비며 유목 생활을 해온 스키타이 족도 정착하지 못하고, 결국에는 각 지역에 동화되어 사라졌듯이, 그 말인 스키타이어도 아무런 흔적조차 남기지 않고 소멸됐습니다. 스키타이어처럼 기념비도 기록문학도 남기지 못하고 역사의 진공 속에 사라진 언어는 무수하지요. 대체로 문자를 가진 언어는 역사 속에서 살아남기도 했지요. (한국인의 기원도 스키토사이베리아인의 한 분파인 북방계 인종이며, 우리 문화의 원류도 농경으로 정착되기 이전에 샤머니즘을 숭배하던 스키토사이베리아 문명권의 지류로 보아야 합니다.) 우리말 한국어도 늦게나마 우리의 고유문자인 한글이 만들어지게 됨으로써 세계에서 발전에 성공한 언어 중에서 몇 되지 않은 언어로 존속하고 있습니다.

지금 세계에서 현존하고 있는 언어는 6천5백여 종으로 추정되고 있어요. 이 언어들은 백년 이내에 3분의 2 정도가 멸종될 것으로 예견됩니다. 언어도 약육강식과 적자생존의 법칙이 적용한다는 말이 성립될 것입니다. 결국은 세계에 멸종과 멸종을 거듭한 끝에 여남은 정도의 언어만이 존재하게 될 것이라는 데 의견이 모아지고 있습니다. 세계의 무수한 소수 토착어들이 급속히 사멸되어간다는 근거는 몇 가지 사례를 통해서도 충분히 유추될 수 있지요. 18세기 말에 호주의 지역 언어가 약 250종이 있었는데 지금은 25종밖에 남지 않았다고 해요. 백 년 전에 아일랜드에 아일랜드어가 제1언어로서 과반수를 차지했다고 하는데 지금은 고작 2퍼센트만이 그것을 모국어로 사용하고 있다고 해요. 미국의 알래스카 에스키모 원주민들에게도 20종의 토착어가 있었지만 지금 현존하고 있는 것은 겨우 2종에 지나지 않는다고 하네요.

지금 현재 멸종의 위기에 처해있는 언어 중에서 관심을 끄는 몇 가지 언어가 있다는데요, 이 중의 하나가 러시아의 칸티족이 사용하는 칸티어라고 해요. 칸티족은 우리나라 단군시대의 토템이 곰이었듯이, 지금도 곰을 신성시하면서 거의 신과 같은 존재로 숭배하고 있대요. 곰을 숭배하면서도 사냥하는 것은 고대 관습으로 일반적인가, 봐요. 우리나라 가야의 건국신화에 삽입되어 전래되고 있는 「구지가」를 보세요. 거북을 가리켜 신(토템)이시여, 라고 하면서도, 또 이를 구워서 먹겠다고 윽박

지르잖아요? 저는 언젠가 신문지상에 곰을 가리키는 다양한 칸티어가 소개된 것을 무척 흥미롭게 읽었어요. 이를 다음과 같이 인용해봅니다.

이흐 : 사냥꾼들이 쓰는 곰의 명칭
퍼피 : 여성과 어린이들이 쓰는 곰의 명칭
콰퀴 : 본뜻이 '꼬마 동생'인 곰에 대한 애칭
워롱 쿠 : 본뜻이 '숲의 남자'인 곰에 대한 별칭
메 엘 이흐 웰심 : 내가 큰 곰을 죽였다, 라는 뜻

칸티어가 멸종에 직면하게 된 것은 칸티어를 사용하는 언중(言衆) 수의 급감에 그 원인이 있습니다. 아무런 조치를 취하지 않는다고 하면, 칸티어의 멸종은 시간문제라고 한다나요. 러시아에서는 칸티어 복원에 노력을 기울이고 있다고 합니다. 칸티어 사전의 편찬과 원주민 모어(母語)를 존속시키기 위한 교사의 양성 등이 그것의 일환이라고 해요.

언어와 언어는 비슷하기도 하고 전혀 다르기도 해요. 계통상으로 볼 때 유사한 관계를 두고 친족성이라고 하는데, 우리말은 영어나 중국어보다 만주와 시베리아의 북방계 언어와 친족성이 강한 면이 있습니다. 이를 두고 한때 알타이계 언어니 알타이 어족(語族 : family)이니 하는 표현을 사용하고 있지요. 지금 알타이계 언어가 거의 사라졌기 때문에 비교언어학의 대상이 되기가 어렵습니다. 알타이어는 원래 유목 생활을 하던 아시아의 북방민족이 주로 써 왔어요. 사람이 타고 다니거나 짐을 옮기거나 하는 '말'에 관해 살펴볼까요. 말은 몽골어로 '모리(mori)'요, 만주어로는 '모린(morin)'입니다. 우리말은 '말(←몰)'이요, 일본어는 '우마(うま)'입니다. 우리말 '말'이 중국어 '마'가 아니라, 몽골어 '모리'와, 만주어 '모린'에서 온 것임을 알 수 있습니다. 받침 리을을 보면 알 수 있

지요. 몽골어와 만주어는, 어족이 다르지만 지역이 가까운 북중국의 말과 글에도 영향을 주었고, 이내 전체의 중국으로 확산되었을 것입니다. 지금까지도 '마(馬, 马)'라고 읽고 또 씁니다. 글자의 모양도 두 앞발이 허공을 허우적대고 두 뒷발은 땅을 딛고 서 있는 말처럼 생겼네요. 아래의 글자는 진시황 시대의 글자체입니다.

알타이 어족의 친족성의 또 다른 한 사례는, 국어학자 이기문 선생의 『국어사 개설』에 나와 있듯이 말예요. '물(水)'이라는 단어에서 잘 드러나고 있습니다. 예를 한번 들어 볼까요. 만주어의 '무-케', 에벤키어의 '무', 몽골어의 '뫼렌(江)', 중세 한국어의 '믈', 현대 일본어의 '미즈(みず)' 등이 무언가 비슷하게 발음되고 있잖아요? 앞서 제가 한 예로 든 칸티어도 알타이어족에 속합니다. 한때 알타이어족의 언어들은 유라시아 대륙을 누볐지요. 기원전의 스키타이어, 팍스 몽골리카 시대의 몽골어, 팍스 시니카 시대의 만주어……하지만 대부분의 알타이계 언어는 지금 소멸되었거나 소수 언어로 위축되었어요. 지금 남아있는 것으로는 한국어 · 일본어 · 터키어 정도지요.

지금 세계의 어족은 일곱 가지 정도로 분류되고 있는데, 주요 어족으로 인도유럽족, 아프로아시아어족, 알타이어족, 시노티벳어족이 있습니다. 이 중에서도 언중의 숫자가 가장 많고, 지리적으로 가장 광범위하고, 정치적으로나 문화적으로 영향력이 가장 큰 것이 인도유럽어족입니다. 이 어족은 구리, 청동, 광석, 금속 등을 의미하는 단어인 한 사례, 라틴어 '애스(aes)', 게르만어 '아이즈(aiz)', 산스크리트어 '아야스(ayas)'에서 친족성을 확인해볼 수 있습니다. 저는 얼마 전에 심심풀이로 영국의 고고학자 콜린 렌프류(Colin Renfrew)가 지은 번역서 『언어고고학(Archaeology & Language)』이란 책을 읽었어요. 인도유럽어의 기원을 학문적으로 밝힌 것. 비교적 두꺼운 이 책의 마지막 페이지에 이런 내용이 있더군요. 이 책의 결론이라고 할 수 있습니다.

최초의 선사(先史) 인도유럽어는 최초의 재배 식물과 가축 사육과 함께 기원전 6000년경에 아나톨리아에서 유럽으로 건너 왔으며, 이들은 사실상 유럽 최초의 선사 농경민의 언어였을 가능성이 매우 크다.

제가 이 한 문장의 지식과 정보를 습득하기 위해, 그 재미없고 어려운 책을 끝까지 읽었던 것 같아요. 재미없고 어려워도, 뿌듯하고 유익한 게 있어요. 인문학 책을 읽는 이유가 여기에 있어요. 아나톨리아는 그리스어로 '동쪽'을 뜻하는 '아나톨레(anatole)'에서 유래된 말입니다. 아나톨리아는 아시아 대륙의 서단에 돌출한 넓은 고원 지대의 대반도입니다. 오늘날 대부분 터키 영토에 포함되고 있습니다. 고대에는 '소아시아'라고 불렸어요. 고대의 아나톨리아인들은 인종적으로나 언어 계통에 있어서 지금의 터키인들과 전혀 다릅니다. 콜린 렌프류가 고고학적 증거와 언어사는 일치해야 한다고 주장했듯이, 인도유럽어는 농경 생활의 유럽 전파와 함께 이루어졌습니다. 그가 지적한 것은 아닙니다만, 저는 아나톨리아에서 유럽으로 전파된 포도주야말로 인도유럽어의 전파 경로가 아닐까, 생각해요. 저는 이것을 두고 '와인 로드'라고 하고 싶습니다. (이때까지 이런 용어는 없었어요. 제가 처음으로 사용하고 있습니다.) 와인의 기원은 소아시아(아나톨리아)에서부터라고 해요. 물론 다른 견해도 없지 않아요. 소아시아에서 그리스로 이르는 와인은 지금의 터키에서 그리스 반도로 이르는 북쪽 해변의 길을 따라, 에게 해의 여러 섬들을 디딤돌로 삼아 전파되었을 것이고, 이 경로가 인도유럽어의 전파 경로인 것이 거의 확실해 보입니다. 유럽어 중에서 가장 오래된 것은 고대희랍어입니다. 이 고대희랍어를 두고, 고전 그리스어라고 하는 데요, 지금도 인류의 위대한 유산으로 남아있지 않아요? 호메로스의 서사시, 소포클레스의 비극, 플라톤과 아리스토텔레스의 저서, 그밖에도 역사와 관련된 문헌들을 보세요. 고전 그리스어 이전에는 미케네 그리스어가 있었고, 또 그 이전에는 지금 해독되지 않지만 문자의 흔적으로 남아 있는 미노스 문명의 언어가 있었지요. 또 그 이전에는 유럽어의 기원인 원시 아나톨리아어가 있었겠지요. 이 말이 어디에서 나왔는지 모르지만, 저는 언젠가 이런 격언을 접한 적이 있었습니다. 크레타의 대지는 포도주빛 바다의 한 가운데 떠 있다. 이 격언은 크레타 문명은 인도유럽어 및 와인의 전파와 전혀 무관치 않음을 암시하고 있습니다.

인도유럽어가 어족이라면, 여기에서 갈라져 나온 수많은 어군이 있습니다. 유럽어의 어군으로는 크게 셋으로 나누어집니다. 이탈리아어군, 게르만어군, 슬라브어군이 그것입니다. 그밖에도 세 가지 정도의 작은 갈래로 된 어군도 있습니다. 이탈리아어군의 원시 조어(祖語)에서 파생된 라틴어가 한때 유럽을 지배해 왔지요. 또 여기에서 파생된 현존 유럽어가 프랑스어, 프로방스어, 이탈리아어, 에스파냐어, 포르투갈어, 루마니아어입니다. 게르만어군은 매우 복잡다단한 계통그림이 그려지는데요, 영어 · 독일어 · 네덜란드어 · 노르웨이어 · 아이슬랜드어 등이 있습니다. 슬라브어군으로는 러시아어 · 폴란드어 · 체코어 · 마케도니아어 등이 있습니다. 이 중에서 영어는 매우 막강한 언어지요. 영어는 전 세계 인구의 3분의 1인 17억을 통치하고 있습니다. 영어의 국제화는 19세기에 영국이 전 세계의 해양을 지배하고 광활한 영토를 차지하면서 빠르게 진행되어갔지요. 대영제국의 제해권과 식민주의의 언어팽창 정책이 맞물리면서 영어는 지상에서 세력이 가장 큰 언어가 되었고, 20세기에 이르러서는 미국의 영향력이 점차 커져가면서 영어는 더 이상 경쟁할 만한 언어를 찾기 어려울 만큼 세계화되었죠. 영어는 외교·재정·무역·언론·컴퓨터 등의 분야에서 확실하게 압도적인 힘을 갖고 있습니다. 우리 역시 영어의 지배력 속에 빠져 있습니다. 취업을 위해 토플 시험을 봐야 하고. 영자(英字)란 본디 없는 문자인데 우리는 영자 신문을 본다고 하잖아요? 이 말을 아무 생각 없이 쓰고 있습니다. 영어의 문자는 로마자에서 가져 왔습니다. 요즘 로마자라는 말이 슬그머니 사라져 가고 있습니다. 또 요즘 젊은이들이 영어(식)의 감탄사를 많이 사용합니다. 걸핏 하면 오예, 와우, 올레, 라고 입에 올립니다. 감탄은 인간의 본능을 나타낸 말인데, 어디 한번 생각해 보세요, 본능을 바꾸겠다고 하는 것은 자기근본, 자아의 정체성을 스스로 바꾸겠다는 것이 아니에요?

인도유럽어에서 가장 친족성을 확인할 수 있는 언어는 라틴어에서 파생된 말들입니다. 이탈리아어, 프랑스어, 스페인어, 포르투갈어 등이 여기에 해당되지요. (스페인, 남미 등 광범위한 지역에서 사용되는 스페인어는 영어와 비슷한 언중 수를 가지고 있어요.) 과거에는 이 언어들을 가리켜 '로망스 제어(諸語)'라고 했어요. 요즘은 이 용어를 잘 안 쓰더라구요. 월드컵 결승에서 프랑스 선수와 이탈리아 선수가 언쟁을 벌이다가 가슴에 머리를 들이받음으로써 퇴장당하는 일이 있었지요. 이처럼 이 언어들은 외국어임에도 불구하고 대충 서로 의사소통이 된다고 합니다. 같은 중국어임에도 불구하고, 각 지역의 말들이, 예컨대 상해어와 광동어가, 서로 의사소통되지 않는 것과는 대조적입니다.

이 세상에서 우리말과 가장 가까운 말이 있다면 그것이 일본어라는 데 이의가 없습니다. 어순·문법·어휘 등이 유사하기 때문에 일단 다른 외국어에 비해 배우기도 쉬운 이점이 있지요. 한국어와 일본어의 친족 관계를 증명해줄 수 있는 데이터가 적지 않는데, 다음의 사례들이 일단 적절한 것으로 얘깃거리로 떠오릅니다. 보다시피, 해돋이(日出)와 히다치(日立)가 서로 비슷하지요. 구름·씨름·사람이 구모·스모·사모(원주민)에 대응하는 낱말로서 하나의 법칙이 전제되어 있지요. 그것은 한국어의 'ㄹ'이 일본어에서 탈락되고 대신에 'ㅗ'라고 하는 모음으로써 개(開)음절화한다는 것. 나무 한 그루 나지 않는 불모의 섬 독도를 가리켜 일본어로 대나무 '죽' 자의 죽도(竹島)라고 한 것을 보면, 의미와 무관하게 발음한 것을 알 수 있어요. 즉 우리의 관계에서 보자면 소리를 차용해 표기하는 소위 이두식 표기와 비슷해요. 말하자면, 독도(獨島) 역시 홀로 외롭다는 의미의 독도는 아닌 듯싶습니다. 어원을 고려할 때 돌섬을 가리키는 '돍섬'인 게 틀림없어 보입니다. 그러다 보니 이 말이 일본어로 '다케시마'로 읽히는 것이 묘하게도 일종의 동계어(同系語)로 인식되어버리고 맙니다. 돌을 두고 지금으로부터 백년도 되지 않은 시점인 한용운의 시에도 '돍'으로 표기되어 있어요. 돍(돌)부리를 울리며 굽이굽이 흐르는…… 20여 년 전에, 국어교육과 학생들을 데리고 욕지도에 방언 조사를 간 일이 있었어요. 그 당시에 아주 연세가 많은 분들께 돌을 뭐라고 하느냐고 물어보니 '도끼'라고 해요. 그때 난 깜짝 놀랐어요. 이 '도끼'가 일본어 '다케(혹은 다께)'에 해당됩니다. 이 점에서 볼 때 독도가 한국 영토인 사실이 한편으로 입증되는 것이지요. 10년 전 즈음인가? 한 보도에 의하면 미국과 호주의 학자들이 일본어의 뿌리가 5세기 고구려어라고 한 사실을 『사이언스』지(誌)에 논문으로 발표한 바 있었다고 해요. 물론 이 사실은 그 이전에도 주장되지 않았던 것은 아닙니다. 다만 입증 자료를 농경법이 전파되는 과정에서의 언어의 확산에 두었다는 것이 흥미 있는 콘텐츠가 될 듯합니다. 어쨌든 고구려어와 일본어가 문헌자료에 의해서 유사하게 재구성되는 면이 있어요. 다음의 도표가 그것입니다.

숫자	고구려어	일본어
3	미(密), 밋(彌知)	밋츠(みっつ)
5	웃(于次)	이츠츠(いつつ)
7	난(難隱)	나나(なな)
10	토그(德)	토(とお)

한국어와 일본어가 동계어라고 해도 사실상 어휘의 유사성은 15% 정도에 지나지 않습니다. 생각보다는 그다지 높은 수치가 아니네요. 유럽어의 하위 어군끼리 비교할 때, 한일어의 친족성은 극히 미약합니다. 고대의 도래인(이주민) 등을 고려해볼 때 혈연적인 유전의 공통점이 언어의 유사성보다 훨씬 높을 것으로 추정되지만 말예요. 일본에서도 일본어의 기원에 관한 무수한 연구 결과를 낳았지요. 아직까지 지배적인 학설이 없는 실정이에요. 한국어와 일본어는 왜 다른 것일까? 대답부터 말하자면, 역사에서 볼 때, 한국어의 기원은 신라어이고, 일본어의 기원은 고구려어나 백제어이기 때문입니다. 즉 서로 기원이 다르기 때문에 의사소통이 되지 않는다. 이런 얘기가 있어요. 물론 가설이지만요. 제럴드 다이아몬드는 『총, 균, 쇠』의 부록에 실린 논문에 (제가 이 논문을 매우 흥미롭게 읽어 보았거니와) 한국과 일본을 가리켜 성장기를 함께 보내온 쌍생아로 비유한 바 있었지요. 하지만 일본어의 기원이 한국어라는 사실에 관해서는 입도 뻥끗하지 않았어요. 일본의 문화 형성에 한반도의 영향이 없는 게 아닙니다. 오랫동안 도토리를 주식으로 하고 사냥을 주로 해온 원주민 '조몽인'들을 몰아내고, 벼농사를 지으면서 철의 시대를 연 '야요이인' 들이 동진하면서 오늘날 긴키(近畿) 지역을 장악해

일본을 개국합니다. 이 개국의 주체 세력 중에서 한반도 도래인이 분명히 존재하였지만, 최근에는 남쪽에서부터 언어와 벼농사가 전래되었다는 학설이 잇달아 제기되고 있습니다. 제가 일본에서 1년 간 있으면서 일본 문화 중에서 친연성이나 공감을 가지는 부분이 적지 않았어도, 천황제와 신사(神社) 문화에는 끝내 이질감이랄까, 비호감이랄까 하는 반응을 가질 수밖에 없었듯이, 한국어와 일본어 간의 원형에 전혀 동질적이지 못한 부분도 적지 않을 것으로 보입니다. 그렇다고 일본어가 남쪽으로부터 와서 형성되었다고 단언할 수도 없는 노릇이에요. 일본어의 원류는, 제가 보기에 북방계와 남방계가 혼재된 데서 시작한 게 아닌가 하는 생각이 듭니다.

저는 여러분에게 지금까지 계통적인 어족에 관해 비교적 긴 시간에 걸쳐 얘기해 왔습니다. 이 어족설을 무시하고 모든 말이 하나의 원형언어(proto-language)에서 갈라져 나온 한 뿌리의 말이라는 주장도 이미 오래 전에 제기된 바 있었습니다. 옛 소련의 언어학자들 일부가 알타이어와 인도유럽어가 친족 관계가 없거나 멀거나 하다는 일반론에도 불구하고 상당수의 어휘들이 일치하고 있다는 데서 착안하여 하나의 가설로서 제시된 것이 바로 이른바 '노스트라티카(Nostratica)'입니다. 이 들어보지 못한 용어는, 라틴어 식의 조어법으로 '우리의 말'에 해당합니다. 더 정확히 말하자면 세계 공통의 원형적인 언어라고 하겠습니다. 그것은 친족어니, 동계어니 하는 말과 학술적으로 대립되는 입장에 있다고 하겠네요. 구약 성서에 나오는 바벨탑의 이야기처럼 모든 언어는 하나라는데, 그게 과연 사실일까? 어느 정도의 실체적인 진실에 접근하는 생각의 틀일까? 물론 전혀 근거가 없는 생각은 아닐 듯해요.

원형적인 언어의 공통성을 지닌 것으로 판단되는 낱말, 몇 가지가 있

울산 반구대의 암각화 중에서 고래 그림이 있는 부분. 고래는 특히 북쪽의 선사인들에게 매우 중요한 산물이었다.

어요. 이 중에서 '고래'도 그 중의 한 사례로 보이는 것이 사실입니다. 고래는 국어학자 김민수가 편찬한 『우리말 어원 사전』(태학사, 1997)에 의하면, 포유류에 속하는 고래류 동물의 총칭으로 어원 미상의 낱말이다……. 그렇다면, 고래의 어원은 노스트라티카의 관점에서 설명될 수밖에 없습니다. 우랄어에 '콜, 콜레, 구올레, 쿠알리, 칼라' 등의 낱말이 있다는데, 이것들이 고래에 해당한다고 해요. 이때 고래란, 큰 물고기를 가리키는 것으로, 고래·상어·해마 종류의 물고기를 말한다고 합니다. 어쨌든 우랄어의 영향 아래 생겨난 라틴어 '고래'는 '스쿠알루스(squa-lus)'입니다. 물론 큰 물고기를 가리키는 낱말이지만, 대체로 상어를 뜻해요. 심해 상어에서 추출한 건강보조 식품인 '스쿠알렌'이 한때 인기가 있었거니와, 이 용어 역시 라틴어 스쿠알루스에서 유래된 것. 고래를 두고 영어로 '웨일(whale)'이라고 하고, 독일어로 '발(Wal)'이라고 하는 것도 여기에서 유래된 것이에요. 스쿠알루스에서 '스쿠'가 떨어져 나가고, '알루스'가 남아 '웨일'과 '발'로 정착된 거예요.

우리말과 친족성을 가지는 만주어 '칼리무'도 우리말 '고래'와 적절히 대응합니다. 우리말과 가장 가까운 일본어에서도 고래를 '구지라'라고 하잖아요? 아시아 극동 지역의 고래, 구지라, 칼리무는 뭔가 다가오는 느낌이 있네요. 물론 칼리무는 사어이지만요. 에벤키족이라는 소수종족이 있어요. 인구수가 8만 정도에 지나지 않지만 북시베리아, 몽골, 중국은 물론, 러시아 동부 해안 지역까지 널리 분포되어 있대요. 에벤키를 에벤크, 어웡키라고도 해요. 지금도 에벤키족은 러시아어 외에 에벤키어를 쓴다는데 이 언어는 알타이어족 만주퉁구스어군에 해당됩니다. 에벤키족의 언어와 풍속과 문화는 우리의 원류와도 관련이 되어, 우리를 주목하게 하는 측면이 없지 않습니다. 요컨대 에벤키어로 재빠르고 날랜 물고기를 '칼림'이라고 한다고 해요. 이 대목에까지 생각이 미치게 되면, 고래의 원형적 언어는 북극으로 거슬러 오르게 됨을 감지할 수 있습니다. 펼쳐진 세계 지도를 생각하지 말고 구형을 염두에 둔다면, 북극해는 극단적으로 좁혀듭니다. 북극해 쪽은 아시아, 유럽, 아메리카라는 거대한 대륙의 북쪽 끝들이 모여듭니다. 북극해를 중심으로 하면 베링해에서 그린란드 해로 이르는 유라시아 대륙의 동서 끝은 생각보다 그다지 멀지 않습니다. 아주 먼 옛날에 원주민들이 이 끝과 끝을 오갔을 것입니다. 지금도 북극해는 고래가 유명해요. 북해에만 사는 북극고래 는 수명이 최장 2백년에 달한다고도 해요. 유라시아 동북 끝에 살았던 여러 종족의 신화와 신앙에는 늘 고래가 등장했다고 해요. 노르웨이와 핀란드 등의 우랄어족과 아시아 극동북 지역의 알타이어족이 케이(k)와 엘(l)의 음가를 유지하면서, 즉 우리말로 기역(ㄱ)과 리을(ㄹ)의 소릿값을 보존하면서 고래가 세계 공통어처럼 남게 되지 않았나, 보입니다.

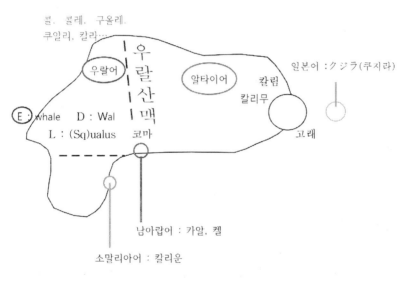

한 학생이 백보드에 판서된 내용을 컴퓨터로 재현했다.

그런데 여기에서 말을 덧붙입니다. 우리말과는 전혀 친족 관계가 성 립되지 않는 햄셈어 계통에서도 고래와 비슷한 소리를 낸다고 해요. 조 로아스터 경전을 쓴 고대이란어 아베스타어로는 신화적인 물고기를 '코 마'라고 하고, 이것은 남(南)아랍어 '카알, 켈'과도 무관하지 않은 것이라고 볼 수 있어요. 심지어는 우리 해군이 언젠가 해적을 소탕한 아프리카 소말리아의 언어인 '칼리—운'에까지 유사성을 지니고 있네요. 우연인지 필연인지 알 수 없지만, 이 정도의 데이터라면, 고래라고 하는 말의 원형적인 공통성을 인정하지 않을 수 없을 것 같군요. 참고해 주길 바랍니다. 여러분. 이 사실을 모르는 친구들에게 커피숍에서, 고래는 세계 공통어일 수 있다, 라고 '고래고래' 주장을 한번 해보세요.

그러고 보니, 언어의 계통은 대체로 대륙별로 나누어집니다. 인도유럽어 중에서 유럽의 언어는 유럽어이지요. 이 언어는 계통상 인도어와 연결되면서 하나의 어족을 형성하구요, 서아시아와 북아프리카의 어족인 아프로아시아어와도 전혀 무관치 않습니다. 아시아대륙의 어족으로는 북쪽의 알타이어와 남쪽의 시노티베트어로 나누어집니다. 거대한 우랄산맥이 유라시아 대륙을 동서로 나누어놓지 않습니까? 빙하기를 거치면서 장구한 세월 동안 우랄산맥이 아시아와 유럽을 갈라놓았지요. 인종적으로나 언어적으로도 아주 이질화되어 갔지요. 알타이어와 유럽어는 계통이 전혀 다른 언어예요. 우리말과 친족성이 전혀 없다고 하는 영어 가운데서도 우리말과 유사한 면이 없는 것도 아니에요. 우스갯소리 하나 할까요. 긍정을 뜻하는 우리말이 '예'이잖아요? 이것에 대응하는 중국어는 '스(是)'이에요. 우리말 '예'와 중국어 '스'를 합해 놓은 것이 영어 '예스(yes)'다. 그렇잖아요? 좀 아재개그 같아 보이네요? 얘기가 나온 김에 중국어 중에서도 광동어(廣東語) 얘기 하나 할까요? 이 언어는 중국의 세 번째 도시인 광주와 동방의 진주로 비유되는 홍콩에서 주로 쓰는 말입니다. 우리나라의 방언이 그렇듯이, 보편화(표준어)인 북경어에 밀려 점차 세력이 감소되고 있겠지요. 중국어로 누가 '오늘은 화요일입니까?'라고 물었다고 가정합시다. 이 물음에 대해 '네, 오늘은 화요일입니다.'라고 대답할 경우에, 대답을 북경어와 광동어로 각각 표기하면 다음과 같아요.

是, 今天是星期二. (스, 진티엔스싱치얼.)
係, 今日係禮拜二. (하이, 깜얏하이라이빠이이)

한자의 '시(是)'는 '이(것)', '…이다', '예', '옳다' 등의 뜻을 가지고 있습니다. 북경어 발음으로 앞에서 말했듯이 '스'에 해당되고요. 중국에서 요일을 두고 보편화로 '성기'라고 하네요. 중국의 5행 사상과 관련한 별의 주기랄까요. 그런데 광동성에서는 '예배'라고 하는 것으로 보아 민속 신앙과 관련이 있어 보이네요. 화요일을 두 번째 성기(싱치)니, 두 번째 예배(라이빠이)니 하는 게 재미있네요. 예, 라고 하는 말의 발음이 보편화로 '스'인데, 광동어로는 '계'로 쓰고 '하이'로 읽습니다. 이 '하이'가 일본어 '하이'와 무슨 관계가 있을까요? 농담처럼 한국의 '예'와 중국의 '스'가 합쳐 영어의 '예스'인가 했듯이, 광동어의 '하이'와 일본어 '하이'가 일치하는 것이 중국 남쪽 사람들이 먼 옛날에 혹시 일본 열도에 벼 농사 기술을 가지고 동지나해를 건너갔던 일의 결과는 아닐까요? 얘기가 딴 데로 흘러갔는데, 어쨌거나, 한국어와 영어의 비슷한 면을 살펴볼까요. 농경문화와 관계가 있는 아래의 용어들을 비교해보면, 참으로 신기할 정도이네요.

한국어 : 영어

불 : fire
숯 : soot
그을음 혹은 '탄'것 : tan
보리 : barly

('밀'과 비슷한) 기장 : millet

(마소의) 똥 : dung

(암)말 : mare

호미 : hoe

삽 : shovel

　이밖에도, 제가 경험한 다음의 사례를 볼까요. 저는 이십 수 년 전에 한 방송사에서 제작한 다큐멘터리를 본 일이 있었습니다. 이 방송사는 중국과 태국의 접경 지역에 살고 있는 라후족이란 소수 민족의 생활상을 카메라에 담았지요. 라후족의 언어인 라후어 중에서 우리말과 유사한 것들이 있었는데, 무엇보다 흥미로운 것은 한국어 '나는 서울로 간다.'를 라후어로 옮기면 '나아래 서울로 까이요.'가 된다는 거예요. 이들의 민속 씨름 경기에서 심판이 선수들에서 싸울 것을 지시하는 경우가 있다고 해요. 이때 구령을 한자어로 군이 표기하자면 '부다랍부다(不多啦不多)'가 된대요. 우리말로는 '붙어라, 붙어!'에 해당하는 말이래요. 이 정보들을 그냥 견강부회라고 간과하거나 무시해버리기엔 아쉬움의 구석이 왠지 남아 있는 것 같네요. 그럼에도 불구하고 노스트라티카 가설이 학문적인 체계를 갖추기에는 아득해 보입니다. 논리보다는 객설의 수준에서 얘깃거리로 알맞은 느낌이 있기 때문이지요. 그러면서도 그 얘깃거리에 생각의 여지를 남겨두는 것이 좋을 것 같습니다.

　지금까지 제가 해온 강의가 문화사의 관점에서 본 언어에 대한 강의 부분이라고 한다면, 지금부터 할 강의는 문화사의 관점에서 본 문자에 대한 강의 부분이라고 하겠습니다. 여기에서 언어는 말에 관한 것이요, 문자는 글에 관한 것입니다. 인간은 말과 글을 통해 감정과 생각을 표현하는 존재입니다. 인간이 말글살이를 통해 정보와 지식을 확대해간다는 점에서, 인간에게 있어서 말과 글은 떼려야 뗄 수 없는 소통의 도구입니다. 문자가 정보 저장의 유일한 형식이 아니지만, 모든 문자는 정보를 저장합니다. 인간은 정보를 저장하기 위해 원초적으로 기억을 이용합니다. 하지만 인간의 기억이 보존할 수 있는 정보의 양은 한계가 있습니다. 또 기억은 시간이 지나면서 흐릿해지기도 합니다. 또 기억하는 자가 제 자신도 모르게 그것을 조금씩 왜곡하기도 하구요.

기호는 어떠한 뜻을 나타내기 위해 쓰이는 소통의 수단입니다. 여기에는 숫자와 음표, 각종의 표지, 심지어는 상징물도 기호이지만 가장 대표적인 기호는 문자입니다. 문자는 그림으로부터 추상화된 기호 체계예요. 그러니까 가장 오래된 문자는 그림이에요. 문자 중에서 가장 오래된 문자 중의 네 가지를 살펴볼까요.

이집트의 상형문자
메소포타미아의 설형문자
인도의 범자(梵字)
중국의 한자

이집트 상형문자는 그림꼴의 글자예요. 설형(楔形)은 쐐기꼴의 글자이구요. 점토판 위에 갈대나 금속으로 만든 펜으로 썼기 때문에 문자의 줄이 쐐기(이음새)와 같은 모양과 비슷하다고 해서 설형문자라고 합니다. 범자는 브라흐미 문자라고도 해요. 브라흐마 문자라고 잘못 아는 경우가 있어요. 한자는 복잡한 추상 기호이지요. 민중이 배우기가 어려워 신중국 이후에 간단하게 조정했어요. 이를 간(체)자라고 하지요. 하지만 대만, 홍콩, 한국에서는 아직까지도 본래 모양의 번자를 고집하고 있어요. 어느 것이 좋으냐를 두고 지금도 논쟁을 하기도 합니다. 이 논쟁을 두고 번거롭고 간편함의 가치를 따진다는 점에서 '번간(煩簡)의 쟁(爭)'이라고 하지요. 우리나라 사람들 중에 연령이 높은 이들은 한자를 좀 압니다. 우리나라에서는 신중국의 간자를 두고 글자도 아니라는 생각을 하는 사람들이 적지 않습니다. 그만큼 문자는 보수적이요, 또 여기에는 전통과 관습의 힘이 강하게 작용한다고 하겠습니다. 이 네 가지 문자 중에서 범자와 한자는 아직까지 쓰고 있습니다. 이 오래된 네 가지 문자는 나일강, 티그리스강-유프라테스강, 인더스강, 황하에서 형성된 세계의 4대 문명과도 무관하지 않습니다. 고대에서는 문자생활을 한다는 게 가장 선진된 문명권이라고 하겠습니다.

　문자라고 하면, 세계적으로 가장 대표적인 형태가 유럽어의 알파벳이라고 하는 데 이의가 없겠지요. 알파벳은 그리스 문자가 알파, 베타 등의 순서로 시작한다는 데서 유래된 명칭이지요. 우리말로는 자음과 모음을 분리해 나타낸 기호라는 점에서 자모(子母)라고 하는 게 적절해 보입니다. 알파($A-\alpha$), 베타($B-\beta$)로 시작해 코로나 때문에 잘 알려진 델타($\Delta-\delta$)와 오미크론($O-o$)을 지나 오메가($\Omega-\omega$)로 끝나는 게 그리스 24 자모입니다. 우리 한글도 '코리언 알파벳'이라고 합니다. 유럽어의 알파벳은 약 3천 년에 걸쳐 유럽과 유럽 문명이 그 영향을 확대시켰던 모든 지역에서 정보 저장의 기본 형태가 되었습니다.

　에게 해의 크레타 섬에서는 그리스인들이 사용하던 알파벳보다 더 앞서는 문자 체계를 가지고 있었습니다. 근동의 점토판과는 전혀 다른 문자로 기록된 크레타 상형문자이지요. 고고학자 에반스는 선사(先史) 크레타 문명을 미노스 문명이라고 불렀습니다. 크레타의 통치자는 크노소스 궁전의 미노스 왕이었지요. 고고학자 슐리만이 발견한 유물을 통해 그리스 이전의 선사 문명이 확인된 미케네 문명은 기원전 1600년경으로 추정됩니다. 이 시대는 상형문자에서 한걸음 진보한 선형문자를 사용합니다. 상형문자가 그림 글자라면, 선형문자는 줄 모양 글자예요. 선형문자의 유형에도 A와 B로 나누어지기도 합니다. 선형문자 A는 미노스 문명의 언어를 반영한 것으로 미해독된 1천7백 개의 자료가 있대요. 이 문자는 그리스어로 독해될 수 없거니와, 인간이 아는 그 언어의 뜻으로도 통하지 않는 문자라고 해요. 이런 점에서 인도유럽어(족)이 아닐 수 있다거나 셈어군에 속한다거나 하는 가설도 있습니다. 선형문자 B는 이른바 미케네 그리스어로서 해독이 가능한 10만 개 넘는 자료가 남아있대요. 이것의 점토판 파편이 그리스 본토와 미케네의 여러 지역에서 발굴되었다고 하네요. 한 기호가 한 음성을 나타내는 음절문자입니다. 마치 중국의 한자나 일본의 가나처럼 말예요.

줄무늬 모양의 문자인 선형문자의 사례

그러면 그리스문자 형성에 직접적으로 영향을 준 것은 어떤 문자일까요? 일단 없다고 보는 게 맞을 겁니다. 그리스문자 이전에 각각의 음소(音素 : phoneme)가 하나의 기호로 표기되는, 즉 자모가 쪼개지는 음소문자인 알파벳이라고는 페니키아 문자밖에 없어요. 페니키아는 지금의 시리아와 레바논의 해안 지대에 존재한 도시국가였어요. 지중해의 동쪽 끝이지요. 한때 독자적인 해양 세력으로 발전하였지만, 페르시아 · 그리스 · 로마에 지배를 받았지요. 고대 식민지 형태의 속주(屬州)로서요. 그래도 페니키아가 인류사에 문화적으로 기여한 것은 항해술과 문자라고 할 수 있어요. 페니키아인들에게 문자는 나라 간에 서로 교역하는 수단이었어요. 그러니까, 장사를 위해 글자를 만들었다는 겁니다. 페니키아어는 셈어군의 하위 어군에 속하구요, 페니키아 22 문자 체계는 기원전 13세기경부터 나타납니다.

앨버틴 가우어의 『문자의 역사(A History of Writing)』에 의하면, 페니키아 문자가 서양문명의 기초가 된 그리스 알파벳 창조에, 최소한 간접적으로나마 영향을 주었다고 밝힌 바 있었습니다. 페니키아 문자의 모음 표기가 지속적, 체계적으로 사용되다가, 그리스 문자에 영향을 주면서 이것의 자음을 솜씨 좋게 개조한 시점은 기원전 8세기경이랍니다. 고전시대의 그리스어는 전성기의 꽃을 활짝 피웠고, 중세에도 사용되었지요. 비잔틴 제국의 수도인 콘스탄티노플에서는 궁정어로, 그리스 정교회에서는 제의어로 사용되었구요. 현대 그리스어는 이탈리아반도 남단 해안지역에도 사용되고 있습니다. 이 사실을 미루어볼 때, 그리스 이주민들이 자신의 알파벳을 이탈리아반도로 가져갔던 시점은 기원전 8세기경으로 보입니다. 이때부터 그리스 알파벳의 영향력은 로마 알파벳으로 넘어갑니다. 제가 앞에서 언급한 앨버틴 가우어 역시 기원전 7~6세기경부터 로마 알파벳의 자료를 남기고 있는 것으로 보아 이것이 가장 중요한 알파벳으로 발전했다고 보았습니다. 가장 오래된 로마 알파벳이 불과 21 문자 체계로 이루어져 있지만, 발전을 거듭하면서 글자 수가 늘어나고 글자 모양이 모난 것에서 둥글어지면서(예 : Δ 〉 D, Σ 〉 S), 지금은 영어에서 26자로 확정되기에 이르렀습니다. 이 대목에서 주의해야 할 점은 영어, 독일어, 프랑스어 등의 알파벳은 따로 없다는 사실입니다. 모두 로마 알파벳, 즉 로마자입니다. 영자(英字) 신문이란 말은 성립이 안 되지요. 영어 신문이라고 하면 됩니다. 세상에 영자가 따로 있는 게 아니니까요. 러시아어 알파벳은 따로 인정합니다. 로마 알파벳과 러시아어 알파벳은 모양이 비슷하면서도 이질적입니다. 전자를 두고 라틴문자라고 하듯이, 후자를 가리켜 키릴문자라고 해요. 9세기에 그리스정교의 전도사 키릴로스가 고안했다고 해서 붙인 이름입니다. 러시아는 물론 동유럽, 중앙아시아, 심지어 몽골에까지 두루 쓰이는 문자예요.

동아시아 지역에서는 중국과 한국과 일본이 고유의 문자를 가지고 있지요. 한자는 한때 동아시아권의 세계 질서를 유지하는 세계어로서의 천하동문(天下同文)이었습니다. 한국과 일본에 각각 한글과 가나라는 고유 문자가 따로 있어도 공식적인 외교 문서가 한자로 쓰이는 것의 전통은 19세기 말까지 이어져 왔습니다. 한자와 한글의 관계는 복잡하게 얽혀 있었고, 어떤 측면에서는 감정적으로 불편하기도 했습니다. 제가 2009년에 이탈리아를 방문했는데 피렌체에서 주로 머물렀지요. 이름부터가 꽃의 도시지요. 문화예술의 꽃을 활짝 피운 역사도시지요. 상점의 제품설명서마다 그들이 정한 8대 외국어로 쓰여 있었지요. 한국어를 표기한 한글도 그 중의 하나였어요. 제가 국어 선생으로서 그렇게 뿌듯한 적이 없었어요. 언중수가 한국어보다 훨씬 많은 언어도 들어가지 못한데 한글이 놓여있다는 건 우리말과 한글의 국제적인 영향력이 작지 않다는 사실을 입증하는 것이에요. 러시아어, 아랍어, 터키어, 힌두어, 벵갈어도 들어가지 못한 8대 외국어에 말입니다. 남북한이 공유하는 한국어의 인중수도 결코 적지 않습니다. 독일어와 프랑스어의 중간에 속합니다. 역사적으로 볼 때, 한자와 한글의 문화적 위상도 결코 만만하지 않습니다.

한자는 표의문자, 즉 뜻글자이기 때문에 글자 하나에도 역사와 문화의 의미가 담긴 경우가 적지 않습니다. 한자의 기원도 유목 생활과 농경 생활에 두어지는 것으로 크게 나누어집니다. 유목 생활의 상징은 물론 양(羊)이라고 할 수 있지요. 이 부수가 포함되어 있는 말로서 많이 사용되고 있는 글자는 선(善)과 미(美)와 의(義)가 아닌가, 해요. 여기에서 알수 있는 것은 유목 시대에 이미 착하다, 아름답다, 정의롭다, 라는 관념이 생겨났을 가능성이 높습니다. 한자의 단어 중에 자연 생태계에서 따온 경우가 있는데, 표변(豹變)이니, 교활(狡猾)이니, 낭패(狼狽)니, 유예(猶豫)니 하는 말도 유목 문화의 소산일 수 있어요. 표변의 뜻은 표범의 무늬처럼 분명하고도 아름답게 변한다는 것. 유예는 겁이 많아 머뭇거리기만 하고 실행에 옮기지 못하는 원숭이와 코끼리의 생태에서 나왔다고 하겠죠. 이에 반해, 알곡을 가리키는 화(禾)의 요소가 들어간 글자들은 농경 시대에 이르러 형성된 언어임을 짐작하게 하죠. 세금을 뜻하는 조(租)와 세(稅)와 같은 글자는 농업이 정치와 경제의 기반을 이루던 시대의 소산물입니다. 개인의 소유욕이나 공동체 생활의 이상을 각각 대변하는 사(私)와 화(和)라는 글자 속에서도 알곡이 들어가 있습니다. 무엇보다 가을에 알곡을 거두어들인다, 하는 것을 의미하는 추수 역시 농경문화의 흔적이 뚜렷하네요. 한국과 일본에서 각기 잘 쓰이는 속담인 '금강산도 식후경'이니 '꽃보다 떡꼬치'니 하는 것도 농경 생활의 의미를 되새기게 하는 낱말이라고 할 것입니다. 한자어 중에서 균열(龜裂)이란 말은 농경을 기반으로 한 청동기 시대의 말인 듯합니다. 이 시대에 거북등으로 점을 쳤다죠. 균열은 갈라진 거북등의 모습에서 나왔어요. 양봉도 농경 생활의 하나. 봉기(蜂起)란 말은 벌의 생태에서 나온 말이지요. 진시황이 죽고 난 후 호해(胡亥)가 2세 황제가 되었지만 아버지보다 더한 엄혹한 법치를 내세우게 이르고, 이에 견디다 못한 백성들이 여기저기에서 벌떼처럼 일어납니다. 『사기』를 저술한 사마천이 처음으로 봉기란 말을 사용했답니다. 오늘날에도 민중 봉기란 말이 자주 쓰이고 있지 않아요? 자연의 모습에서 나온 비유적인 단어들이 이처럼 많은데, 젊은 여성의 신선한 이미지를 드러내고 있는 발랄(潑剌)도 강이나 호수에서 물고기를 잡아서 부식으로 사용하던 농경 시대의 산물이 아니었 겠느냐 하고 추정해볼 수 있습니다. 중국의 유목 문화가 착함과 아름다 움과 정의로움 등과 같은 가치개념을 남기고 사라졌듯이, 이제 농경문 화도 성실 · 믿음 · 소유 · 모둠살이 등의 가치개념을 남기고 점차 사라 져가고 있습니다. 말이 그 시대의 문화와 관념을 반영하고 있다는 점에 서 볼 때, 현재 중국에서는 정보화 시대에 걸맞은 새로운 중국의 단어들 이 많이 생성되고 있으리라고 보입니다.

문명의 시점은 어디에서 봐야 할 것인가? 여러 가지의 의견이 있겠지 요. 불의 사용? 유목과 농경? 수레바퀴의 발명? 문자 생활? 이 중에서도 가장 선진된 문명이라고 할 것 같으면, 문자 생활이 아닐까, 해요. 수레 가 물건을 전달한다면, 문자는 생각을 전달하잖아요? 이런 점에서 볼 때, 문자는 생각의 수레바퀴라고 할 수 있지 않아요? 붓다의 가르침을 두고, 법륜(法輪) 즉 진리의 수레바퀴라고 했듯이 말예요. (문명의 상징 물인 수레바퀴가 히타이트 문명에서 비롯되었다고 하니 그 연원이 아 득하군요.) 어쨌든 이 대목에서 고대 중국에 가장 유용한 운송 수단인 말과 수레의 한 세트가 중국 문명사에 문자와 함께 기여한 흔적을 살펴 볼까, 합니다.

중국 고대문명의 무대는 중원이었습니다. 대부분 왕조의 수도가 화북 지역에 있었어요. 진한(秦漢) 시대까지만 해도 남쪽은 미개의 지역이었 지요. 중국의 유명한 역사문학인 『삼국지연의』에 의하면, 유비와 손권 의 누이가 정략결혼을 할 무렵이었는데 유비와 손권이 잠시 사적인 대 화를 나누기도 했다지요. 유비가 손권에게 '남선북마'를 얘기해요. 얘기 의 참뜻은 손권의 군대는 수군이 강하고 자신의 군대는 기병이 강하니 서로 연합하면 조조를 쉽게 상대할 수 있다는 것에 있었지요. 물론 손권은 말귀를 제대로 알아듣지 못해요. 이 말은 그 이후에 남쪽의 선운(船運)과 북쪽의 짐수레 마차가 유통의 최적 수단임을 말하는 것으로 변질이 되었습니다. 일반적으로 짐수레는 두 필, 세 필, 네 필의 말이 끌었습니다. 한자의 표현에 따르면, 수레를 끄는 말이 두 필이면 변(駢), 세 필이면 참(驂), 네 필이면 사(駟)라고 했었지요. (모두 앞에 말 마 자가 적혀 있네요.) 우리 속담에 발 없는 말(言)이 천리를 간다고 하듯이, 중국의 사자성어 중에 사마난추(駟馬難追)란 말이 있어요. 말이 입 밖을 나가면 사두마차라도 따라잡지 못한다, 말을 한 번 하면 다시 수습하기 어렵다, 라는 뜻이에요. 말 네 필이 끄는 마차는 그만큼 힘이 있고, 또 속력도 빠르다는 것이지요.

수레를 끌거나 모는 것에 대한 한자의 표현도 있습니다. 예를 들면, 구(驅)와 치(馳)와 가(駕)와 사(駛)가 있어요. (모두 앞에 말 마 자가 적혀 있네요.) 이 중에서 가장 빠른 속도는 치라고 해요. 진시황이 건설한 치도(馳道)는, 네 필의 말이 끄는, 너비 50보의 길, 오늘의 개념에서 고속도로에 해당해요. 운전이란 단어가 있잖아요? 여러분도 좀 지나면 운전면허증을 따려고 하잖아요? 운전(運轉)이란 한자는 일본인 학자가 19세기 말에 만든 것 같아요. 택시나 버스를 모는 사람을 두고, 우리의 호칭은 '기사님'이지만, 일본에서는 '운텐슈상(운전수님)'이라고 하거든요. 중국인들은 운전을 두고, 제가 방금 말한 구·치·가·사 중에서 가와 사를 조합해 '가사(駕駛)'라고 해요. 중국어 발음으로는 '쨔쉬'……말과 전혀 관계가 없는 버스 운전, 택시 운전, 또 비행기 운행도 쨔쉬예요. 마치 말을 모는 것처럼 말예요. 고대에 형성된 말이 현대에 이르기까지 영향을 주고 있네요. 기왕에 내친 김에 할 말이 또 있어요. 중국에서는 버스를 기차(汽車), 기차를 화차(火車)라고 해요. 우리도 초창기에는 기차를 화차라고 한 것 같아요. 토박이말로는 불수레……이용악의 시 「전라도 가시

내」에 보면 '불술기 구름 속을 달리는 양 유리창이 흐리더냐.'라고 하는 시행이 있어요. 이 '불술기'가 바로 불수레, 즉 북간도행 기차(증기기관차)를 가리킵니다.

낱말 하나에도 문화의 흔적이 배어있습니다. 한자 얘기가 나왔으니까 20세기 동아시아 음식문화와 관련된 얘기 하나 해볼까요. 다름 아니라, 우리나라 사람들이 중국 음식점에서 한때 즐겨 먹은 '짬뽕'에 관한 얘깃거리예요. 짬뽕은 음식 이름이면서 혼합을 가리키는 말로 쓰이고 있어요. 19세기 말 일본의 창구라고 할 수 있는 나가사키(長崎)에 6만 인구가 살고 있었는데, 이 중에서 화교, 중국인 유학생 및 노동자들이 1만 명 정도 이르렀답니다. 이들은 대부분 가난하여 생활 수준이 배고픔을 참고 살았을 정도였대요. 1899년에 이곳에서 음식점을 차린 진평순(陳平順)이란 사람이 나가사키에 사는 중국인들을 위하여 새로운 음식을 개발했다죠. 그는 궁리 끝에 쓸모없는 돼지 뼈와 닭 뼈를 푹 고아서 흰 국물을 내고 쫄깃한 면을 삶아 넣었지요. 여기에 또 나가사키 앞바다의 풍부한 해산물과 볶음 야채를 충분히 얹었지요. 이것이 지금의 짬뽕입니다. 이 음식의 맛은 중국인뿐만 아니라 일본인들까지 사로잡았다고 해요. 또 짬뽕은 붉은 고춧가루를 듬뿍 넣은 한국식 변형의 짬뽕으로도 확대되어 오늘에 이르렀어요.

짬뽕은 중국어로 '밥 먹었느냐'의 복건성 사투리에서 유래된 말이래요. 한자어 '흘반(吃飯)'은 밥을 먹다, 식사하다, 끼니를 때우다, 라는 뜻을 가진 말이랍니다. 보편화(표준어)인 북경어로는 '치판(chifan)'으로 발음이 되고, 복건어로는 '차폰(chapon)'으로 발음이 됩니다. 한때 '차폰(chapon)'이란 발음을 두고 '차이나-닛폰'이란 중일(中日)의 퓨전 음식을 축약한 말로 오해한 사람들이 많았다고 해요. 복건어 차폰, 일본어 잔폰, 한국어 짬뽕으로 이동해 갔다고 보는 것이 일반적인 경로인데, 면원류가 '이것저것을 섞다'라는 뜻의 '참푸르'에서 기원되었다는 설도 없지 않아요. 어쨌든 진평순이 처음으로 연 짬뽕 전문집인 사해루는 지금도 후손들이 영업을 하고 있어요. 사해는 네 개의 바다 혹은 세계를 가리킵니다. 네 개의 바다라면, 산동반도와 요동반도 사이의 발해, 한중의 틈에 놓인 황해(서해), 제주도에서 대만에 이르는 동지나해, 대만에서 남쪽으로 둥글게 돌아가는 남지나해를 말합니다. 제가 10년 전에 나가사키에 갔을 때 이 나가사키 짬뽕 한 그릇을 먹기 위해 일부러 찾아간 일이 있었지요. 오래된 글이 쓰여 있었어요. 왕세자님께서 여기에 들러 차폰이 하도 맛이 있어서 두 그릇을 잡수셨다. 이 왕세자가 바로 일왕(日王)이었다가 얼마 전에 양위하여 지금은 상왕(上王)이 된 아키히토입니다. 한중일 근대사의 배경 아래 개발되고 백년 이상을 지속한 음식 이름에 미묘한 혼종의 문화가 배어있네요.

　우리나라의 국수 역시 경상도 쪽에서는 '국시'라고 했어요. 안동 국시 하면 유명하잖아요? 저는 부산에서 자랐는데 초등학교 시절에 국수보다 국시, 밀가루보다 밀가리, 라는 말을 훨씬 많이 들었어요. 요즘은 국시니, 밀가리니 하는 말은 거의 쓰이지 않은 죽은 언어가 되어버렸지요. 국수와 국시의 차이는 뭔가, 하는 물음이 있다고 합시다. 이에 대한 대답은 이래요. 국수는 밀가루로 만든 것이고, 국시는 밀가리로 만든 것이다. 이 대답은 사실무근의 대답이지만, 기의보다 기표에 있어서는 매우 기발하고 인상적입니다. 여기에서 물음이 대상언어라면, 대답은 메타언어이지요. 언어의 기능이 가지가지 있지만, 이 중에서 언어에 대한 언어로서의 메타언어적 기능은 언어와 문화의 관계를 규명하는 데 보다 더 적극적이라고 할 수 있어요.

베트남 쌀국수인 '퍼(pho)' 역시 아까 말한 짬뽕처럼 다문화적인 음식물입니다. 베트남 사람들은 본래 쇠고기를 먹지 않았대요. 1880년대에 하노이를 점령한 프랑스군이 쇠고기 요리법을 베트남인들에게 전파했다고 해요. 베트남은 쌀이 많이 생산되는 곳이죠. 쌀은 남방미(인디카)와 북방미(자포니카)로 나누어지는데 남방미의 한 갈래인 베트남 쌀을 두고, 한때 우리는 안남미라고 했어요. 베트남의 한자식 고호(古號)인 안남(安南)에서 생산된 쌀은 우리가 가난했을 때 춘궁기에 수입하기도 했었지요. 베트남의 풍부한 쌀과 프랑스인들의 식재료인 쇠고기가 만난 것이 베트남 쌀국수인 퍼예요. 퍼는 프랑스어의 불에 해당하는 '프(feu)'에서 온 말이래요. 지역에 따라 조리법의 차이가 있어 쌀국수에 쇠고기를 얹으면 '퍼보(pho-bo)'이고, 닭고기를 얹으면 '퍼가(pho-ga)'라고 한답니다. 우리는 베트남 국수를 쌀국수라고 하는데, 이탈리아의 국수인 스파게티를 두고 왜 밀국수라고 하지 않을까요? 저서 『차별의 언어』를 간행한 장한업 교수(이화여대 불문과)는 베트남과 이탈리아를 대하는 우리의 태도와 관련이 있다고 봅니다. 우리는 프랑스와 이탈리아가 문명국이라고, 베트남과 라오스가 미개국이라고 은연중에 생각하고 있지는 않을까요? 이런 편견으로부터 벗어나야 생각이 열리고 성숙해지겠지요. 쌀국수라는 말이 뭔가 모르게 좀 업신여기는 것 같은 말맛(어감)이 남아있는 게 사실이에요. 앞으로 우리가 언어와 문화—다문화에 관해 생각할 때마다 차별의 언어에 대해 세심한 주의를 기울여야 한다고 봅니다. 앞으로는 베트남의 먹을거리인 '퍼, 퍼보, 퍼가'라는 고유한 단어의 제 자리를 찾아 줍시다.

　마지막으로는 우리의 문자인 한글에 관해 공부하겠습니다.

　우리나라 초유의 문자는 경남 남해군 이동면 양하리 석각으로 전해지고 있는 고대 문자입니다. 물론 해독이 되지 않아요. 상형문자인지도 음절문자인지도 분명하지 않고요. 초창기 국어학자인 김윤경 선생의 『새로 지은 국어학사』(1963)를 서재에서 열람해보니, 한글 이전의 우리 문자가 무려 열 가지가 넘네요. 삼황내문, 신지비사 등 대부분 전해지지 않은 것들이에요. 전해지고 있는 문자로는 이두(吏讀)와 입겿(口訣) 정도입니다. 이것 역시 국어학을 전공하는 사람들에게 필요할 뿐이지, 일반인에게는 관심 밖의 일이 되겠지요.

두루 알다시피, 세종은 1443년 12월에 한글을 창제했습니다. 이때 우리의 고유문자를 일컬어 언문(諺文)이라고 했지요. 언문을 비칭, 즉 차별의 언어로 다들 알고 있지만, 그 당시만 해도 가치중립의 명칭이었을 겁니다. 중국 주변에 있는 나라의 말을 가리켜 방언(方言)이라고 했고, 이것을 적은 그 나라 고유문자를 일컬어 언문이라고 했어요. 언문의 '언'에 '속된, 상스러운'의 뜻이 부가된 것은 후대의 일이었습니다. 애초의 언문을 두고 우리는 그저 포괄적으로 훈민정음이라고 칭합니다. 훈민정음의 기원설은 매우 다양해요. 최근에는 고대 인도의 수준 높은 음성학을 기반으로 제정되었다는 새로운 학설이 추가되었어요. (정광, 『동아시아의 여러문자와 한글』, 지식산업사, 2019, 208쪽, 참고.) 세종이 아니었으면 훈민정음을 만들기 어려웠을 거예요. 이것을 입증하기도, 이것에 대한 반론도 입증하기도 쉽지 않을 것입니다. 마찬가지로, 훈민정음의 기원이 고대 인도의 음성학까지 소급된다는 학설 역시 입증하기가 더 쉽지 않습니다. 건너뛴 것이 너무 많기 때문이지요. 어쨌든 세종이 애초 언문을 창제했을 때, 자모음이 27자였어요. 최만리 등의 반대파가 상소문을 올렸습니다. 반대의 이유도 석연치 않네요. 상소문 일부를 볼까요?

만약 언문을 사용한다면 관리 될 자들이 오로지 언문만을 배우고 학문하는 한자를 돌보지 않아서 글자와 관리는 둘로 나뉠 것이옵니다. 진실로 관리 된 자가 언문을 배워 출세한다면, 후진들이 모두 이러한 것을 보고 생각하기를, 스물일곱 자의 언문으로도 족히 출세할 수 있다고 할 것이오니, 무엇 때문에 고생스럽게 성리학을 파고들겠습니까?

최만리 등은 세종의 문자 만듦새에 대한 아이디어 및 탁월함은 인정했어요. 신묘창물운지(神妙創物運智)라고. 세종께서 새 글자 즉 사물을 창조하는 과정에서 지혜를 발휘하는 것에 대해 신기해하고 기묘하게 여긴다구요. (세종은 최만리 일파의 이런 칭찬에 대해 크게 화를 냈습니다.) 무엇보다 그들의 반론이 문제이지요. 나라 인재의 등용문인 과거 시험이나, 국책의 이념적인 방향성인 성리학을 위해서 한 나라에 두 글자가 있어선 안 된다는 것. 한글을 애최 만들어서는 안 되었다는 것. 무엇을 위해 나라가 존재하는지요? 백성들의 삶을 위해 나라가 존재해야 합니까? 아니면 과거 제도와 성리학을 위해 나라가 존재해야 합니까? 이미 만들어 놓은 것을 두고 이런저런 말을 해대는 것은 애써 만든 것을 없애자는 것 아닌가요? 한글을 만든 의도 자체를 반대하고 있는 이 상소문의 일부를 보아도 반대파의 논리가 궁색하기 이를 데가 없어 보이네요.

언문 27자를 창제하고서 바로 이를 반포하지 못하고 3년 후에 가서야 훈민정음이란 이름으로 28자를 확정해 반포한 것이 좀 이해가 되지 않지요? 이 3년 간 무슨 일이 있었을까요? 중국어 한자음을 어떻게 처리해야 하느냐를 고심한 것 같아요. 세종이 한글을 만드는 데 정의공주가 기여했다는 얘기가 있습니다. 세종이 변음(變音)과 토착(吐着)에 관해 문제를 풀어보라는 명령을 내렸는데, 정의공주가 이 명령을 잘 받들어 큰 상을 받았다고 해요. 시댁 죽산 안씨의 족보에 기록된 것의 신빙성이 왕조실록에 비해 신빙성이 떨어지는 것이기는 하지만요. (최근에 조심스레 제기되고 있는 정의공주의 한글창제설은 극적인 요소로 인해 매력적이긴 하나, 과장된 스토리텔링에 의해 역사의 진실이나 본질을 왜곡할 수도 있습니다.) 변음과 토착은 국어학자들 사이에서도 의견이 분분해요. 한자어에 있어서의 중국 원음이 어떻게 우리식의 동음(東音)으로 변화되었는가에 대한 문제, 문법적인 요소인 조사와 어미를 한자한문에 붙이는 방식의 문제가 아닐까요? 이 시점이 1443년 이전인가, 아니면 그 이후인가도 확인이 잘 되지 않아요. 세종이 최만리 일파와 논쟁을 하는 과정에서 목단(牧丹)으로 표기해야 하는지, 모란으로 표기해야 하는지의 사례에서 보듯이 혼란이 이루 말할 수 없다고 토로했어요. 목단은 지금의 북경어로 '무단(mǔdān)'으로 읽혀요. 세종이 보기에 당시 남쪽 중국어가 받침을 보존하려고 하는데 북쪽 중국어는 받침을 하지 않으려고 하거든요. 또 우리나라 한자음은 티(t) 발음이 엘(l)로 변한다 말예요. 우리말은 디귿(ㄷ)이 리을(ㄹ)로 변하려는 경향이 아주 강하지요. 과거의 '꾸짇음'이 꾸지람으로 변한 것 봐요. 이런 음운 현상을 유음화라고 합니다. 우리말에는 리을 받침으로 끝나는 낱말이 무척 많습니다. 예를 들어 볼까요. 물, 불, 돌, 길, 달, 별, 쌀, 밀, 술, 말, 글, 굴, 귤, 팔, 발, 알, 줄, 풀, 칼, 절, 딸, 아들, 가을, 겨울, 고을, 나물, 이슬, 개울, 너울, 사흘, 나흘…… 물론 본래부터 받침이 리을인 경우도 있지만, 디귿이 리을로 유음화한 것도 적지 않습니다. 리을 발음은 우리말을 우리말답게 하는 최적의 말소리입니다.

일본은 한자음의 정통인 서안·낙양의 한음(漢音)을 받아들이지 않고, 일찍이 변방의 오음(吳音)을 많이 받아들였어요. 바닷길을 이용한 지리적인 가까움 때문이기도 하겠지요. 일본어는 유음화되지 않은 분명한 특징을 가지고 있습니다. 우리말의 출발(出發)은 일본어로 '슛바츠'라고 발음하고, 중국 보편화(표준어)인 북경어는 '추파'라고 발음해요. 일본어가 받침을 보존하려고 하는 것으로 보아 오음의 영향이 엿보이며, 중국의 북경어는 받침을 없애려고 해왔기 때문에 지리적으로 당음(唐音)과 연관이 된 것으로 보이네요. 여기에서 중요한 것은 당음이 당나라의 지역 언어, 즉 서안의 언어라기보다, 개봉과 북경을 지역적인 기반으로 삼은 송·명·청의 표준적인 언어라는 점입니다.

논의의 초점이 다른 데로 가지만, 이 얘기도 할까, 해요. 최근에 유행어로 급부상한 낱말이 있지요. 절친, 같은 편이라는 뜻의 '깐부' 말예요. 드라마 「오징어 게임」에 나오는 말 아녜요? 이 드라마의 국제화 땜에 이 낱말, 즉 은어도 덩달아 유명해졌죠. '깐부'는 중국의 고사성어로 유명한 '관포지교'에서 온 말입니다. 중국 춘추 시대의 관중과 포숙(아)의 진정한 우정을 가리켜 '관포(管鮑)의 사귐'이라고 했어요. 먼 훗날의 두보의 시에도 나오는 소재예요. 이 관포를 두고 북경어로 '구안바오(guǎnbào)'라고 발음해요. 남경어로는 어떤 소리를 내는지 잘 알 수 없지만, 일본어의 한자음이 대부분 오음인 것을 염두에 두면 '깐보' 정도가 아닐까, 해요. 이 관포를 두고 일본어로 '깐보' 혹은 '깜보'로 발음하니까요. 이 일본어가 우리나라에 들어 와 저 '깐부'가 된 거예요. 일본어로 된 은어는 주로 내 편이니 네 편이니 나누는 음습한 데서 곧잘 서식합니다. 예컨대 노름판, 조폭 사회, 교도소, 유령회사, 정보기관 등에서, 남들이 듣고도 알지 못하게 하는 것도 한 까닭이 되겠지요.

그런데 논의를 다시 되돌아가서, 세종은 매우 유감스럽게도, 우리말의 유음화를 못마땅하게 생각했어요. 불교도 불교라고 하지 않고, 남방 중국어에 가까운 지금의 일본어 '부츠쿄(ぶっきょう)'나 북방 중국어에 가까운 지금의 북경어 '포지아오(Fojiao)'와 비슷하게 발음해야 한다는 거

예요. 세종은 결국 불교의 불(佛) 자의 받침에 리을이 아닌 'ᇏ'으로 표기함으로써 '뿣(뿛)'으로 읽기를 원한 거죠. (더 설명하지 않겠지만, 이를 두고 전문적으로는 '이영보래'라고 해요.) 리을 발음을 내지 않게 리을에다 옛 이웅으로 막아버리면 원음에 충실해지는 거죠. 이런 유의 한자음 문제 때문에, 세종이 3년 간 새 글자 반포를 늦춘 것이라고 봐요. 긴 성찰의 기간을 가진 것. 물론 당시로선 당시 나름의 시대적인 번민이 있었겠지요. 동국정운 방식의 표기법에 대한 깊은 성찰을 가진 다음에야 훈민정음 28자를 만든 것입니다. 현실음(俗韻)보다는 바른 소리인 정음을 표기해야 한다는 점에서 훈민정음이라고 한 것 같아요. 이것은 글자 이름인 동시에 책 이름이잖아요? 어쨌든 우리말은 유음으로 인해 울림이 매우 좋습니다. 유음이 공명도가 매우 높지요. 붓다(Buddha)를 두고 우리만 '불타'라고 하지 않아요? 종교 명칭도 불교고요. 미국식 영어도 우리말처럼 유음화가 잘 이루어지고 있어요. 예를 들어, 워러(water), 웨이러(waiter), 배러뤼(battery), 아울렛(outlet)처럼 말이에요.

국가 공식의 서책인 『훈민정음』에도 종류가 두 가지 있어요. 한문으로 적은 원본 『훈민정음』은 훈민정음이 반포되던 해인 1446년에 공간되었어요. 해례본이 있다고 해서 해례본 훈민정음이라고도 합니다. 우리 글로 적은 국역본은 13년 후인 1459년 세조 5년에 만들어졌어요. 복잡한 해례(解例)는 번역되지 않았구요. 이를 두고 언해본 훈민정음이라고 해요. 세종의 어제 서문에 대한 언해는 이렇게 시작되지 않아요?

나랏말쓰미 듕귁에 달아……

중국이란 말의 당시 현실음은 중국이었을까요? 일제강점기에 평안도 사람들이 정거장을 덩거장으로 발음한 것으로 보아 듕국 정도의 발음이 이루어졌을 것이라고 보아요. 왜 듕귁인가? 명나라를 세운 주원장의 정치적 근거지는 남경이었어요. 명나라 초기에 원래 근거지인 남경을 수도로 삼아야 할 것인가, 수백 년 전통의 수도로 삼아온 북경을 수도로 할 것이냐를 놓고 왔다 갔다 하면서 갈팡질팡했어요. 결국 북경을 수도로 삼았지만, 나라의 공용어는 남경어에서 북경어로 쉽게 바꾸어지지 않았겠지요. 이것의 문제는 세월이 지나야 저절로 해결이 되거든요. 아무리 수도가 북경이어도 초기에는 남경어가 공용어였을 거예요. '듕귁'은 받침 있는 남경어라고 추정이 되지요. 중국을 가리키는 북경어는 무엇일까요. 제자 중국어 교수에게 물어보았어요. 이 발음이 '쫑구어'냐 '쭝구어'냐고. 발음이 애매하고 구분이 잘 안 되지만, 전자에 가까운 것 같다고 해요. 세종이 '쫑구어'나 '쭝구어'로 적지 않고 '듕귁'이라고 적은 것은 그때만 해도 명나라 언어의 표준을 암묵적으로 남경어로 삼았다는 데 까닭이 있었던 겁니다. 또 다른 먼 훗날 남경 정부의 최고 지도자였던 장개석(쟝제스) 역시 평생토록 '쫑구어'나 '쭝구어'로 발음하지 않고, '듕귁'이라고 발음을 했다고 하잖아요? 세종이 훈민정음을 반포한 이듬해인 1447년에 『동국정운』을 간행하게 했다는 것을 보면, 훈민정음이 한자음을 바르게 읽는 발음 기호로 부수적으로 기능했다고 솔직히 인정해야 해요. 훈민정음의 소리 음(音) 자가 한음(漢音) 즉 한자음임을 밝힌 그 당시 문헌의 주석도 있습니다. 이로부터 28년이 지난, 그러니까 한 세대 이후에 간행된 『오대진언』에 이르러서는 세종이 고심했던 현실음에 따라 표기되었고, 16세기에 이르러서는 동국정운식 한자음 표기는 온전히 사라집니다. 동국정운식 원음주의는 이명박 정부가 영어몰입교육을 강조할 때 누군가 '오렌지'를 평소에 '아뢴쥐'로 발음해야 한다고 해 웃음거리가 된 것으로 비유됩니다. 솔직히 말해, 세종의 어문정책 중에서 유일하게 실패로 끝난 것이 동국정운 프로젝트예요.

훈민정음에 있어서 훈민의 주된 기능은 백성들이 편하게 사용할 수 있다는 데 있어요. 어제 서문의 원문을 살펴보면 백성들의 '유소욕언(有所欲言)' 즉 말하고자 할 바가 있어도 '종부득신기정(終不得伸其情)'이라. 마침내 부득이 펼 수가 없었다. 무엇을? 그 (감)정을. 이때 정은 백성들이 문자 생활을 하지 못하는 데서 오는 안타까움의 인지상정 같은 거예요. 펼 신(伸) 자는 자전에 의하면 '말하다'의 뜻도 담겨있어요. 언해문 어제 서문을 보면 훈민정음이 일상적 편의주의의 소산이라고, 세종이 분명하게 밝히고 있어요. 훈민의 주된 기능은 다음의 인용문을 읽으면 한결 뚜렷해집니다.

나라의 말이 중국과 달라서 문자가 서로 통하지 아니하므로, 이런 까닭에 어리석은 백성이 이르고자 할 바가 있어도 마침내 제 뜻을 쉽게 펴지 못할 이가 많다. 내 이를 위하여 딱하게 여겨 새로 스물여덟 자를 만드니, 사람마다 하여금 쉽게 익혀 날로 씀에 편(안)하게 하고자 할 따름이다.

여기에서 우리의 그릇된 해석이 무비판적인 관행의 오류로 자리를 잡습니다. 우리는 중요한 것을 놓치고 있어요. 한문으로 적힌 어제 서문에서 '유소욕언'의 언(言)을 두고, 우리 모두 '말하다'로 인식하고 있습니다. 특히 당대의 언해문에서도 좀 그래요. 백성들의 유소욕언 즉 말하고자 할 바는, 어리석은 백성이 이르고자 할 바로 언해되었어요. 이 과정에서, 문제가 발생했어요. 세종은 백성들이 글(한자)을 모르니까, 백성들을 위한 새로운 글(한글)을 만들었다고 했잖아요? 백성들이 말을 못해, 한글을 만든 게 아니잖아요? 저는 유소욕언의 언(言)이 '말하기'가 아닌 '글쓰기'의 개념이라고 확신해요. 이 언 자가 글자로 언표(言表)한다는 뜻이라고, 저는 봐요. 어리석은 백성이 말하고자 할 바가 없어서가 아니라, 어리석은 백성이 글자로 언표하지 못해, 나는 한글을 만들었다. 글

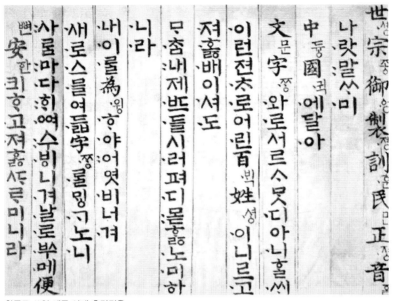

한글로 쓰인 세종 어제 훈민정음

쓰기라고 하는 언어적 표현, 즉 백성의 문자 표현이 실현되지 못해 나는 새로운 글을 만들었다. 이게 참뜻이에요.

언어란 게, 말만 언어예요? 글도 언어잖아요? 세종이 우리의 글을 창제한 것은 훈민의 기능이나 백성들의 알권리의 충족도 있겠지요. 그러나 이보다는 백성들의 글쓰기 표현 욕구에 방점을 찍었습니다. 오히려 이것이 더 민주적인 발상이라고 생각해요. 국어학의 선학(先學)들도 이에 대한 언급이 없었고, 한글학자 김슬옹이 비교적 최근에 낸 쓴 『28자로 이룬 문자혁명』(2007)에도, 일본인 학자 노마 히데키가 『한글의 탄생』(2011)에서 훈민정음을 두고 '에크리튀르(글쓰기) 혁명'이라고 평가하면서도 이와 같은 지적이 없습니다.

어쨌든 훈민정음은 우리 역사를 점진적으로 변화시켜 갑니다. 당장에 과거 제도나 성리학을 개혁, 변혁시키지 못해도 백성들의 삶을 서서히 개선해간 것은 엄연한 사실이지요. 한글을 읽는 백성들이 적지 않았던 거 같아요. 우리가 생각하는 문해 능력 이상이었을 거예요. 서울 노원구에 '한글비석로'라는 도로명이 있어요. 제가 처남 형님께 저서를 보낼 때 늘 사용하는 주소명이어서 익숙해요. 조광조의 제자인 이문건이 부모의 묘 옆면에 쓴 두 줄짜리 한글이 적혀 있다고 해서 한글비석이라고 합니다. 물론 비석의 본문은 한문이지만요. 어쨌든 가장 오래된 한글비석이란 점에서 문화재로서의 가치가 높습니다. 이문건의 한글비석은 한글이 반포된 지 90년이 지난 1536년의 일입니다. 저도 어머니 비석을 한글로 했어요. 아직도 대부분은 한문비석입니다.

  녕훈비라거운사로문지화롤니브리라
  이는글모로는사롬다려알위노라

신령한 비라. 이것을 건드리는 사람만 재화(재앙)를 입으리라. 이는 글 (한자)을 모르는 사람더러 알리노라. 묘나 비를 훼손하지 말라는 일종의 경고문이에요. 많은 백성들이 한글을 읽었다는 얘기입니다. 임진왜란 때 선조는 백성들이 목숨을 부지하기 위해 왜군에게 부역한 일을 용서한다는 언문 교서를 내립니다. 전시에 관리들이 일일이 설명해야 하는 한문 교지보다는 더 적극적이지요. 왜군의 소굴에서 빠져 나올 때 중요한 군사 정보를 가지고 나오면 천민일 경우에 면천까지 해주겠다고 약속을 했어요. 이 언문 교서를 읽으면, 지금 이 시점에서 읽어도, 감동적이어서 눈물이 나올 정도입니다. 우리글은 언문이라고 천대를 받으면서, 거듭 발전해 왔습니다. 18세기에는 소설류의 책이 대중적으로 상당한 인기를 누렸고, 19세기에는 우리글로 된 성경이 글 읽기의 동력이 되기도 했지요.

  한글은 나라가 망한 직후에 생긴 이름이었어요. 1912년경에 주시경 선생이 처음으로 사용한 명칭이지요. 선생은 친구들로부터 조롱을 자주 받았어요. 저기, 언문장이가 온다, 주릿대 맞을 놈……. 주릿대는 두 다리 사이를 끼워 비트는 형벌 도구예요. 그의 이름 주시경은 두루 주 자, 때 시 자예요. 두루때와 주릿대는 비슷한 소리예요. 토박이말인 주릿대를 맞는다는 것은 우리 말글에 대한 비칭이에요. 한글을 두고 그 동안 언문이란 비칭을 사용해 왔었지요. 세종 당시에는 비칭이 아니었지만요. 한글의 '한'이란 말에는 크다, 하나, 하늘, 겨레, 나라 등의 다양한 함의가 내포되어 있어요. 서울의 한강 역시 본디 우리 토박이말이에요. 굳이 말하자면 '한가람'이죠. 우리나라를 대표한 강이니만큼 가장 큰 강이요, 남·북한강 두 줄기가 하나로 합쳐진 하나의 강이란 뜻에요. 후세의 사람이 한자로 부회하고 표기하기 위해 만든 한자어 '한강(漢江)'이 생겨났을 뿐이지요. 이 한글이란 이름 속에 당시의 독립 염원이 담겨 있기도 하지요.

  극히 완만하고 낮은 단계의 수준에 불과하였겠지만, 왕조 시대에도 민주화 과정이란 게 있었을 거예요. 한글은 왕조 시대의 민주화라고 하는 기나긴 여정 속에서 자리를 차지해온 자랑스러운 민족의, 민중의 글자입니다. 그러니까 한글로 인해, 한글 사용자가 조금씩 확대되어가면서 백성들은 세상을 보는 눈을 떠온 거예요. 조선시대에 백성들에게 알리는 언문교서와 언문방문이 꽤 유효하게 쓰였고, 백성들의 불만이 표출된 익명의 글쓰기인 언문벽서, 언문투서, 언문괘서가 빈번하게 사용되었던 것이 증례로 볼 수 있습니다. 세월이 가면 갈수록 어리석은 백성들이 말하고자 할 바를 각성하게 되어갔던 것으로 보입니다. 조선 말기에 신분 질서를 성찰하면서 백성이 나라의 주인으로 자리를 잡아가는 일에서, 일제강점기에 나라의 주인됨이 회복되기를 염원하는 해방의 무기로 기능해 왔다는 점에서, 한글은 매우 정치적인 문자이기도 했어요.

오늘 국어를 사용했다가 선생님에게 꾸중을 들었다. 함흥 영생고등여학교 4학년 학생인 박영희의 일기장 이 한 문장에서 조선어학회사건이 시작되고 일파만파 확대되어 갔습니다. 1942년 그 당시의 국어는 일본어요, 우리말은 조선어였습니다. 일본 경찰은 처음에 일본어를 사용하는 걸 꾸중한 교사를 찾으려 했습니다. 그러나 국어가 일본어가 아니라 조선어임을 알게 되고, 평소 조선어를 국어라고 여학생들에게 민족주의 감화를 준 교사를 추적합니다. 수사한 결과, 그 사람이 한때 영생고등여학교에서 교편을 잡았다가 상경해 우리말 사전 편찬을 하고 있던 정태진임이 밝혀졌습니다. 일경은 1942년 9월 5일에 정태진을 연행, 취조해 조선어학회가 민족주의단체로서 독립운동을 목적으로 하고 있다는 자백을 받아냅니다. 1943년 4월, 모두 33명이 검거되었습니다. 이극로 징역 6년, 최현배 징역 4년, 이희승 징역 2년 6개월, 정인승ㆍ정태진 징역 2년, 김법린 등이 징역 2년 집행유예 3년으로 선고되었습니다. 이극로ㆍ최현배ㆍ이희승ㆍ정인승 4명은 판결에 불복, 바로 상고했으나 같은 해 8월 13일자로 기각됩니다. 그러나 이틀 뒤인 8월 15일에 해방이 되자, 그들은 8월 17일에 풀려 나왔어요. (이 과정에서 이윤재와 한징은 옥사합니다.) 애최 함흥형무소에 수감된 33인 중에서 경남 지역의 출신 인물이 아홉 명이 된다는 사실입니다. 경성(서울)과 13도를 포함한 열넷의 지역에서 한 지역의 인물이 27% 이상 차지하고 있다는 사실은 놀라운 일이 아닐 수 없어요. 이들 중에서 특히 이윤재ㆍ이극로ㆍ최현배는 사실상의 주범이라고 할 수 있습니다.

우리나라가 해방된 이후에 남북한이 한글 전용 정책을 펼쳐 왔습니다. 이극로는 월북하여 김일성을 구워삶았고, 이승만 정부가 처음부터 한글 전용 정책을 시행한 데는 초대 문교부 장관 안호상(철학자), 초대 법무부 장관 이인(변호사)의 역할이 컸습니다. 만해 한용운의 제자로서 평생을 독립운동에 헌신한 승려 김법린도 1950년대에 문교부 장관을 지냈지요. 이들은 모두 조선어학회 사건 33인에 포함된 사람들입니다. 한글을 위해 옥고를 치렀어요. 특히 이인은 모든 재산을 사회로 환원하여 오늘날의 한글회관을 세우는 데 기여합니다. (그의 아들 이옥은 고구려 연구의 최고 권위자인 역사학자입니다. 일찍 프랑스에 진출해 한불문화 교류에 큰 발자취를 남깁니다.) 한글학자 최현배와 음악가 금수현도 나라의 일에 참여하여 말본, 셈본, 도돌이표, 버금딸림화음 등과 같은 우리말 용어를 교육 현장에서 쓸 수 있게 했습니다. 박정희도 이승만의 한글 정책을 계승했습니다. 그는 소년 시절에 일본어로 교육을 받으면서도 동아일보 지국장인 형으로 인해 동아일보에 연재된 이광수의 역사소설 「이순신」(1931~1932)을 읽고 크게 감화를 받았다고 해요. 이런 경험이 한글의 가치를 알게 한 것이었지요.

우리가 한국전쟁 직후에 최빈국, 저개발에 허덕이는 국가였지만, 우리나라가 오늘날 국력이나 국격이 세계 10위권에 머물 수 있는 것도 문맹률을 낮추고 교육열을 높인 한글에 원인이 있습니다. 1990년대 초반으로 기억됩니다. 한의사들과 약사들이 충돌했어요. 양측은 TV에 출연해 격론을 벌였어요. 한 한의사가 그랬어요. 우리 조상이 만든 문화 중에서 한의학만큼 과학적인 것이 어디 있느냐고. 저는 그때 아무 생각도 없이, 그냥 멍한 상태에 빠졌어요. 저럴 수가 있나? 18세기의 일본에 네덜란드 학문인 난학(蘭學)이 들어왔어요. 난학 중에서도 대표적인 것이 해부학이에요. 종기에 칼을 들이대는 것도 주저한 우리와 큰 격차가 있었지요. 우리 문화 중에서 가장 과학적인 것은 한글이에요. 반론이 있다면, 한글의 원리를 모르는 사람이에요. 30년이 지나간 지금의 상황을 보세요. 영화와 드라마와 K팝을 통해, 지금은 세계 속의 한글로 뻗어나가고 있지 않습니까?

한글의 과학적인 독창성과 우수성은 1960년대에 이르러 세계 언어학회에서 인정을 받기 시작했어요. 외국의 학자들은 한글을 가리켜 이렇게 말했어요. 미국 하버드대학교의 라이샤워(E. O. Reischauer)는 1960년에 한글이 가장 과학적인 문자라고, 네덜란드 라이덴대학교의 포스(F. Vos)는 1964년에 한글이 세계에서 가장 좋은 알파벳이라고, 미국 시카고대학교의 맥콜리(J. D. McCawley)는 1966년에 한글이 유례없이 과학적인 문자라고 평가했습니다. 이런 평가들이 바탕이 되어 한글에 대한 깊이 있는 연구 결과가 나왔는데요, 영국 리즈대학교의 샘슨(G. Sampson)은 자신의 저서 『문자 체계』(1985)에서, 더 이상 쪼개질 수 없는 각 음소를 몇 개의 자질로 묶을 수 있는 문자를 일컬어 '자질문자(featural system)'라고 전제로 하면서, 한글을 세계에서 유일한 자질문자로 보았어요. 문자는 상형문자로부터 시작합니다. 그 다음 단계가 음절문자이지요. 표의문자인 중국 한자와 표음문자인 일본 가나가 여기에 포함되지요. 여기에서 더 발전한 것이 음소문자. 자음과 모음으로 나눌 수 있는 문자예요. 각종의 알파벳이 여기에 해당되지요. 우리 한글도 코리언 알파벳이란 점에서 음소문자예요. 그런데 샘슨의 학설에 따르면, 더 이상 쪼개질 수 없는 각음소를 몇 개의 자질로 묶을 수 있는 문자라는 점에서, 가장 진보된 문자라고 하겠지요. 그의 말이 귀에 쟁쟁합니다. 한글은 의문의 여지없이 인류가 만든 가장 위대한 지적 산물 중의 하나임에 틀림없다고.

여기에서 몇 개의 자질이란 것은 우주를 바라보는 동양 철학의 기본요소를 말합니다. 저는 한글의 원리를 3재(才)와 5행(行)이라고 봅니다.

재는 근본입니다. 우주는 천지인(天地人)으로 이루어져 있어요. 하늘과 땅과 사람. 이것은 시간과 공간과 인간을 가리킵니다. 모두가 사이 간(間) 자로 된 간적인 존재이지요. 한글의 모음 구성은 천(ㅣ)과 지(ㅡ)와 인(·)으로 구성됩니다. 휴대폰에서 모음을 구성할 때, 두 가지 방식이 있어요. 저는 한글 자판에 있는 모든 모음을 사용합니다만, 모음 세 개만으로 이용하는 경우도 있어요. 어쨌든 3재 세 요소 가지고서 우리의 모음을 만든다고 하니 신기하네요. 화, 수, 목, 금, 토 5행(行)의 근거에 따라 조음 위치인 아(어금니), 설(혀), 순(입술), 치(이), 후(목)를 계열화해 우리 자음을 배열하는 것도 자질로 묶는다는 의미를 충족시켜 줍니다.

또 이런 분이 있어요. 김명호라는 분인데요, 저보다 나이가 열 살 많은 분이에요. 원래는 사회학을 전공했고, 한의사로 사회활동을 하다가, 재야 한글학자로서 한글을 만든 원리를 연구합니다. 이 원리를 한의학에서 말하는 5행 원리에서 착안을 합니다. 그의 저서 『한글을 만든 원리』(2005)에서 다음의 글을 인용하겠습니다. 쪽수는 30쪽에서 31쪽까지예요.

알파벳과 한글은 음소문자다. 그런데 알파벳은 모음기호가 여러 개의 음소인 것에 그친다. 그러나 한글의 모음 기호는 음소에서 더 나아가 음소들 사이에 체계가 있고, 이 체계는 모양 체계이면서 동시에 소리 체계다. 이렇게 '정연한 체계를 이루는 음소'를 '체계음소(Systematized Phonemes)'라 할 것이고, 따라서 한글은 음소문자를 넘어선 '체계음소문자'라 하겠다.

이 주장은 샘슨의 학설과 사실상 다르지 않습니다. 자질문자나 체계음소문자는 결국 같은 얘기예요. 물론 보는 관점이 음운론이냐, 한의학이냐, 하는 차이이겠지요. 여기에서 한글의 정체성에 관해 의견을 밝힌 외국의 언어학자들에게 경의를 표합니다. 내가 일본에서 한국을 소개한

글을 본 일이 있었는데, 한글을 두고, 세계에서 가장 과학적인 문자라고 적혀 있더라구요. 한국에 관한 거라면, 칭찬하는 것을 엄격히 자제하는 일본마저 한글의 독창성과 우수성을 인정한다는 것은 무엇을 뜻할까요? 여러분에게 생각의 여지를 남깁니다.

일본이라고 하니까 일본인 시인 한 분이 생각나네요. 일본의 문학인 중에서 보기 드문 지한파로 잘 알려져 있는 이바라기 노리코입니다. 현실주의 시인으로서 최고의 문학적인 성취를 이룬 여성 시인이에요. 남편을 잃고 외로움을 견디기 위해, 늘그막에 한글을 배웠대요. 처음에는 독일어를 배울까 생각하다가 이웃나라인 한국의 문자 한글을 배우기로 작정을 했대요. 한글을 배우면서, 자신이 시인이니까 한글로 된 시에 관심을 갖게 되고, 또 『한글로의 여행』이란 산문집도 간행했어요. 그의 한글을 보는 관점이 재미있네요.

한글은 마치 편물(뜨개질) 기호 같은 문자야. 같이 한글을 배우던 친구가 무심결에 중얼거린 말이다. 편물 기호라니, 재미있는 말을 한다. 그러고 보니 코늘림, 코줄임, 교차뜨기 같은 기호와 닮지 않은 것도 아니다.

멋이 있습니다, 맛이 있습니다.

님의 것, 남의 것.

모음에 달린 막대기가 하나인가 둘인가, 오른쪽을 보고 있는가, 왼쪽으로 보고 있는가, 위로 튀어나왔나 아래로 튀어나왔나, 그 작은 차이 하나로 발음도 의미도 완전히 달라져 버린다.

그는 한글의 원리를 학문적으로 분석하지 않아도 직관적으로, 자질문자니 체계음소문자니 하는 생각이나 감성에 미치고 있습니다. 그는 윤동주 시의 가치를 잘 판단해 일본인들에게 처음으로 소개합니다. 윤동주의

시가 일본의 교과서 여기저기에
실리게 된 것도 그가 윤동주를
소개한 산문에서 비롯된 일입니
다. 윤동주는 일본 유학생으로
서 한글로 된 시와 일기를 썼다
고 해서 감옥으로 보내졌습니
다. 이 증거물이 결정타였어요.
그는 엄혹한 시대에 한글의 순
교자였어요. 이바라기 노리코가
한글을 공부했기 때문에 윤동주
시의 가치를 알게 되었던 것 같
아요. 그의 아버지도 제국주의 시대에 일본에서 의사로서 재일조선인들
에게 헌신적으로 봉사했다고 해요. 아버지와 딸이 모두 훌륭한 분이로군
요. 그가 자신의 지인이기도 한 재일교포 시인 최화국의 시편 「황천(荒
天)」을 일본 독자들에게 소개한 바 있었는데요, 그 전문을 음미해 보겠습
니다.

키 높이의 갈대를 헤치고 해변에 내려선다
수박 냄새를 머금은 황혼의 강바람은
누나의 치마처럼 부드러웠다
가쓰시카의 낮은 하늘도 부드러웠다
썩은 나룻배에 드러누워 눈을 감는다
바람이 실어오는

엄마와 누나의 속삭임에 귀를 기울이자

살아라
살아라

자라라
잘 자라라

싸워라
싸워 싸워

자라
잘 자라

　이 시는 고향이 경주인 시인 최화국이 일본에서 오랫동안 사는 동안 조국의 어머니와 누나를 그리워하면서 쓴 시랍니다. 옛날에는 누나와 나이 차이가 많은 남동생이 많았어요. 심지어는 태어나기 전에 시집간 누나도 있었어요. 조국을 등진 시인은 어릴 때 속삭이는 모국어를 회상하고 있습니다. 시에서 인용된 모국어는 그에게 있어서 최상의 울림의 언어가 됩니다. 이바라기 노리코는 이 시를 두고 '라' 음을 기조로 한 아름다운 울림의 소리로서 마치 강이 흐르는 소리와 같다고 했어요. 우리말에서 가장 이름다운 리을 말예요. 정작 우리가 놓쳐버리기 쉬운 우리 말글의 아름다움이 일본의 한 여성시인의 귀와 호감을 통해 섬세하게 펼쳐지고 있습니다. 마침내 그는 단언합니다. 한글의 기호 체계만큼 흥미로운 게 없다고, 한국어의 울림만큼이나 낭랑하고 아름답게 여겨지는 언어는 없다고요.

이상으로 몇 시간에 걸쳐 문화사의 관점에서 본 언어와 문자에 관해 공부를 해 보았습니다. 첫머리, 들머리에 이 강의는 인문학적 교양의 입문에 해당하는 내용이라고 제가 미리 말했습니다. 여러분에게 입문의 열쇠가 될 만한 강의였으면 하는데 어땠나요? 두서가 없이 횡하니 지나가버렸군요. 강의 내용의 세목을 여러분 스스로 잘 정리해 보기를 바랍니다.

경청해 주어서 고맙습니다.

국어교육론의 융합적인 전망 및 통로

―선(禪)불교, 뇌과학과 관련하여

국어교육과 4학년 학생 여러분, 안녕하세요.

오늘은 여러분의 심화과정 중에서도 마지막 수업이 되겠네요. 아니, 두 달이 지나면 영원한 모교가 될 진주교육대학교에서의 마지막 수업이 되겠네요. 이제까지는 13주 동안에 걸쳐 동영상 강의를 우리 학교에서 제작한 비대면 강의의 시스템에 올려 왔는데, 오늘은 동영상이 아닌 대면 강의가 되겠습니다. 또 '작가작품론'이라는 강좌의 성격과 좀 다른 특강을 준비해 보았습니다. 여러분의 입장에서 심화과정이니, 국어교육이니 하는 것은 명목상으로 부전공이라고들 하지만, 엄밀하게 볼 때, 전공과목과 사실상 다를 바 없지요. 심화의 의미가 바로 전공인 셈이 아니에요?

여러분이 그 동안 초등교육 전반에 걸쳐 공부해온 것은 사실입니다. 얼마 전에 끝난 임용고시도 잘 보았으리라고 봅니다. 제가 오늘 하는 강의는 국어교육의 이론에 관한 공부예요. 그 동안 여러분은 국어교육의 실제에 관해 엄청나게 공부를 해 왔을 거예요. 언어 기능의 세부 분야를 망라하면서 국어과 교육과정을 체계적으로 이해해 왔을 것으로 충분히 짐작됩니다. 오늘 제 강의는 이런 실제의 문제와는 결이 좀 다른 내용의 것이라고 할 수 있어요.

작년 봄의 일이었어요. 춘천교육대학교 국어교육과에 재직하고 있는 여자 교수님 한 분이 한국초등국어교육학회 회장님이었는데 제게 직접 전화를 했어요. 여름방학을 이용해 전국 학회를 하려고 한다면서 제게 발표자의 한 사람으로 의뢰해 왔지요. 전체 주제는 그 동안 익숙하게 다루어오지 않은 국어교육에 관한 담론이라고 해요. 그때 저는 국어교육학이 제 전공이 아니라면서 극구 사양을 했어요. 근데 말예요, 교수님이라면, 무엇이든지 잘 하실 분이 아니에요, 라고 하면서 띄워주는 바람에, 어쩔 수 없이 발표를 수락했었지요. 발표문은 2백자 원고지로 환산해 130매가 넘었구요, 제목은 '국어교육과 연결할 수 있는 세 지점'으로 정했어요. 그러나 작년 여름에 코로나가 확산되는 바람에 사실상 전국 학회는 취소되었지요. 짧은 시간에 결론만 밝힌 동영상을 보내달라고 해서, 보냈지요. 발표자들의 여러 발표문은 학회의 게시물로 올렸을 거예요. 그때의 원고를 사장하기가 좀 아깝다는 생각이 들어, 여러분의 마지막 강의로 활용하려고 한 것입니다. 본래 원고 중에서 한 챕터를 덜어내어 살을 조금 뺐습니다.

이 강의는요, 그 동안 내가 우리 학교에서 해온 강의 내용 중에서 가장 수준이 높은 강의가 될 것입니다. 한 분야에 대한 학문의 이론을 앞으로 내다보면서 사유의 깊이를 심화하고 또 이 넓이를 확장한다는 것은 앞뒤의 맥락을 모르고선 불가능하다고 봅니다. 아마 여러분도 4년 동안 국어교육에 관해 이런저런 공부를 많이 해왔으니까, 오늘 내 강의를 충분히 따라올 것이라고 가늠이 됩니다. 오늘 수업에서 벗어난 곁가지 얘깃거리가 되겠습니다만, 저는 개인적으로 내년(2022) 8월 말에 정년퇴임을 하게 됩니다. 돌이켜 보건대, 세월이 물처럼 흘러가는 것을 누가 막을 수가 있겠어요? 세월은 흐르는 물이요, 지나가는 바람입니다. 오늘의 강의는요, 우리 과의 송희복 교수가 정년을 기념하는 강연을, 앞당겨서 지금 미리 한다고, 여러분이 각각 생각하면서, 들어주었으면, 해요.

자, 그러면 강의를 시작해볼까요.

국어과 교육과정 속에 명시된 국어과 교육의 목표는 약간의 표현의 차이만 있을 뿐 엇비슷하게 진술되어 왔습니다. 현행의 서술된 목표 역시 '국어 활동과 국어와 문학을 총체적으로 이해하고, 국어 활동의 맥락을 고려하여 국어를 정확하고 효과적으로 사용하며, 국어를 사랑하며 국어 문화를 누리면서……'(교육부, 2015)라고 다층적으로 기술되어 있어요.[1] 이 다층적인 기술은 낱낱이 서로 같은 값을 지닌 것이라야 합니다. 어느 하나가 다른 하나하나보다 지나치게 가치의 우위를 두어서는 안 되는 일이지요. 첫 번째 목표의 진술 형태인 '국어 활동과 국어와 문학의 총체적인 이해' 부분은 지식의 기반을 나타내고 있어요. 이를 한마디로 표현하면, 국어교육에 있어서의 '앎'의 부분이라고 하겠습니다. 두 번째 목표의 진술 형태인 '(국어 활동의 맥락을 고려한) 국어의 정확하고도 효과적인 사용' 부분은 실제, 실천의 기반을 나타내고 있어요. 이를 한마디로 표현하면, 국어교육에 있어서의 '삶'의 부분이라고 하겠지요. 마지막으로, 세 번째 목표의 진술 형태인 '국어를 사랑하며 국어 문화를 누리면서 운운' 부분은 뭐랄까요, 정신의 문제, 형이상(形而上)의 문제와 관련을 맺고 있어요. 이를 가리켜 굳이 표현하자면, 국어교육에 있

---

[1] 신헌재 외, 『초등국어교육학 개론』, (주)박이정, 2017, 76쪽, 참고.

어서의 '얼'의 부분이라고 하겠습니다. 요컨대 국어 교육의 목표의식은 앎과 삶과 얼의 평형적인 가치(들)와 무관하다고 할 수 없죠. 그런데 국어교육이라고 하면 일반적으로 두 번째 목표의식에만 국한되어 있는 게 저간의 실정입니다. 여기에 관련된 일부의 사람들이 이것이 기우뚱하다고 생각하고 있는 것은 어제오늘의 일이 아니에요. 다음에 인용된 글은 1980년대에 쓰인 글이에요. 미리 나누어준 유인물을 보세요.

교육 과정에서는 국어 교육의 목표를 두 가지 점에서 그릇되게 잡았던 것이다. 하나는 국어 교육의 결과로서 저절로 얻어지게 되어 있는 〈인격 완성〉이니 〈국민성 함양〉이니 하는 것들을 끌어들였던 것이고, 다른 하나는 〈국어 생활〉만을 강조함으로써 국어에 대한 앎의 영역을 완전히 제외시켜 버렸던 것이다. 앞의 잘못으로 말미암아 국어 교육의 나아갈 길이 흐릿하게 되어 고유한 제 일과 제 몫을 알지 못하고 엉뚱한 옆길로 빠져 헤매게 되었던 것이고, 뒤의 잘못으로 말미암아 절름발이 국어 교육 또는 반편의 국어 교육만을 해오고 있었던 것이다. 그러므로 이제 우리의 국어 교육은 올바른 목표 곧 〈국어를 보다 잘 알게 하고, 국어를 보다 잘 살게 하는 일〉에만 투철하면서 그 앎과 삶의 영역을 한쪽으로 치우치지 않도록 균형 있게 베풀어 가도록 해야 할 것이다.[2]

이 글을 쓴 이는 국어교육학자 김수업 님입니다. 지금은 작고했지만 인근의 경상대학교에서 오래 재직을 했었지요. 국어교육의 원리에 대한 담론이 부족했던 시대에, 그는 국어교육이 지나치게 국어 생활의 측면만을 강조하고 있다고 문제를 삼고 있네요. 그는 국어교육의 목표의식을 2차원에서 봤어요. 이 2차원을 앎과 삶의 문제로 나누었고, 이 두 가지가 균형을 가지지 않고, 국어 지식보다는 국어 기능에 지나치게 기우

---

2 김수업, 『국어 교육의 원리』, 청하, 1989, 98쪽.

뚱한 것으로 보았던 거예요. 그가 절름발이 국어교육이니, 반편의 국어교육이니 하면서 좀 과한 표현을 사용하였는데, 국어교육에 대한 사랑이 없었으면, 이런 표현이 나올 수 있었을까, 하고 생각해볼 수 있어요. 지금에 이르러 국어교육의 목표의식을 3차원에서 볼 수 있다면, 앎과 삶의 문제에다 얼의 문제 내지 문제의식을 생각지 않을 수가 없습니다. 우리 말글에 대한 존중감과 우리 문학에 대한 깊은 사랑은 누가 어디에서 이상의 저편을 향해 손가락질을 해야 하나요? 다음 시대를 살아갈 학자와 교사의 몫이 아닌가요?

지금의 우리나라는 경제적인 지표를 놓고 볼 때 세계 10위권의 위상에 포함된다고들 하잖아요? 경제 규모 10위권이란 말은 이른바 GDP가 10위에서 12위로 왔다, 갔다 하고 있다는 뜻이에요. (물론 수출액 국제 순위는 훨씬 쑥 올라갑니다.) 국어나 문학에 있어서도, 우리의 국제적인 위상은 경제 규모와 비슷해요. 한국어 언중(言衆) 수도 10위권이요, 자국(우리) 문학의 전통이 세계문학에서 성취한 수준도 대체로 10위권이에요. 게다가 세계적인 한류 붐을 타고 있는 한국의 영화와 드라마, 한국어로 가창되는 K팝의 열풍은 문화 현상의 미래상을 환하게 밝히고 있잖아요? 그런데 지금 국어교육의 이론을 천착하는 국어교육학자들의 연구실에서, 국어교육을 수행하는 현장인 교실에서, 학생들에게 우리 말글과 우리 문학에 대한 자긍심을 일깨워주는 문제를 얼마만큼 고심하고 있는지를 한번 되돌아봐야 한다고 봐요. 가까운 일본만 해도 '국어교육'이라고 할 때의 국어는, 초등학교부터 고3에 이르기까지 8할이 자신들의 자랑스러운 '국문학(일본문학)'을 말합니다. (물론 우리도 1970년대까지는 이런 측면이 있었지요.) 우리가 국어의 기능적인 측면에 매몰되어 국어교육의 전체적인 자기상을 보지 못하지는 않나 하고, 저에겐 생각될 때가 적지 않습니다.

저는 비교적 늦은 나이인 1998년에 진주교육대학교 국어교육과 교수로 임용되었지요. 순수 학문 전공자로서 국어교육과 교수의 옷을 입었으니, 옷이 잘 맞지 않거나 옷이 맞아도 맵시가 없어 보이거나 했지요. 이런 느낌은 23년을 재직하고 정년이 1년이 남지 않은 지금에 이르러서도 마찬가지로 와 닿고 있어요. 저는 국어교육의 간접적인 관련자예요. 비록 교과교육은 거의 맡지 못했지만, 대신에 교대 학생을 대상으로 1학년 교양과정과 4학년 심화과정을 죽 맡아 왔어요. 국어교육에 대한 '비판적인 훈수꾼'으로서는 충분히 자격이 있다고 봐요.

저는 먼저, 오늘 불교와 국어교육의 관계에 대해 말하려고 해요.

불교 중에서 특히 동북아시아의 불교라고 할 수 있는 선(禪)불교의 관점에서 국어교육의 이론을 성찰하거나 재조명할까, 해요. 잘 알다시피, 불교는 스스로 깨닫는 자력(自力) 신앙이기 때문에, 깨달음의 결과보다는 깨달아가는 과정이 더 중시됩니다. 말하자면, 과정 중심적이다. 이렇게 말할 수 있겠네요. 불교가, 특히 선불교가 여타의 종교에 비해 교육적인 성격이 강한 이유가 여기에 있습니다. 저는 일반 교육과 불교에 있어서 비슷하면서도 차이가 나는 점을 서로 비교, 대조해 보았습니다. 물론 제 개인의 직관이므로, 객관적인 사실로 수용되는 데는 많은 점검이 필요하다고 인정하기도 해요.

교육 : 불교

언어중시관 : 언어중도관

지식 : 지혜

학습 : 수행

자아의 확립 : 자아의 소멸

　일반 교육과 불교가 보는 언어의 관점이 무엇보다 먼저 비슷하면서도 차이가 있어요. 일반 교육은 언어를 매우 중시해요. 수업의 과정도 언어로 이루어지는 것이 예상사(例常事)예요. 언어 교육이 도구 교육으로 활용되기도 하구요. 무거울 중(重) 자의 언어중시관이란, 언어를 무겁게 보는 관점을 말하고, 가운데 중(中) 자의 언어중도관에는 다름이 아니라 언어를 중시하지도 경시하지도 않는다는 뜻이 담겨 있어요. 한마디로 말해, 불교의 언어는 중도의 언어라고 할 수 있습니다. 중도의 언어는 갖가지 의미의 스펙트럼을 형성하고 있지만, 대충 이렇게 보면 됩니다. 기독교는 우리나라에서 말을 말씀이라고 번역하면서 이 말씀의 언어를 적극적으로 활용하지만, 노장(老莊) 사상은 (참으로 도를 아는 자는 말하지 아니하며, 말하는 자는 알지 못한다고 하듯이) 언어를 불신, 부정하거나, 때로는 언어를 적대시하지요. 불교의 언어는 기독교와 노장의 언어관 중에서 중간에 위치한다고 볼 수 있습니다. 이런 점에서, 제가 불교의 언어관을 중도의 언어관이라고 본 것입니다.

　일반 사회에서도, 언어에 대한 경시의 시각이 없는 게 아닙니다. 우리 언어문화를 살펴볼 때, 말 많은 사람을 그리 달갑게 여기지 않았지요. 속담을 반영한 한 예를 들어 볼까요? 저 사람, 과붓집 종년인가, 말이 너무 많아! 또 우리는 일상생활 속에서 흔히 '말이야 쉽지(talk is cheap).'라고 하는 표현을 자주 사용하지 않았어요? 영어식 표현의 칩(cheap)은 값이 싼 것을 뜻합니다. 그렇다면 말이야 쉽지, 라고 하는 표현은 입이 싸다, 라는 표현도 포함된다고도 하겠어요. 우리의 습속화된 언어문화를 고려할 때, 말이 많으면, 또 입이 싸면, 과붓집 종년이 된다는 거예요. 입이 싸다는 건 경솔한 말버릇을 가리키는 거예요. 법정 공방에서, 녹음하지 않는 한, 법적으로 증거력이 부족한 전언(hearsay)을 무시하는 것도 언어 자체를 평가절하하는 관행과 무관하지 아니한 것 같습니다.

불교 중에서 붓다 이래 불교가 인도에서 망하기까지의 불교를 두고 흔히 원시 불교라고 해요. 인도에서 사라진 불교는 경계를 넘어 동북아, 동남아, 티베트로 넘어가 전성기를 구가했지요. 지역적으로 4등분 된 불교를 두고 북방 불교와 남방 불교, 대승불교와 소승불교로 불렸지요. 대승과 소승이 가치중립적인 표현이 아니어서 원시불교를 근본(根本) 불교라고 했지만, 여전히 가치지향적인 표현이라고 할 수 있지요. 근본 불교가 아니면, 모두 지엽(枝葉) 불교가 되기 때문이지요. 원시 불교를 가리켜, 요즘은 초기 불교라고 자주 이릅니다. 불교는 크게 나누어 초기 불교와 선(禪)불교로 대별되어요. 이 두 가지의 불교는 사실 전혀 다른 사상 체계를 가졌다고 볼 수 있겠지요. 역사적으로 중국과 한국과 일본에서 융성한 선불교는 지금 세계 불교의 주류를 형성하고 있어요. 선불교는 초기 불교에 비해 언어의 절제를 귀하게 여깁니다. 선(禪)은 언어의 외양보다는 마음의 내적 성찰을 늘 강조하지요. 언어의 질곡 내지 미궁으로부터의 자유로움을 추구하는 것이 선이라고 봐도 크게 무리가 없어요. 선가에서는 언어로 인해 생긴 개구즉착, 즉 입을 열면 바로 (논리의) 착오가 생긴다지요. 물론 초기 불교에서는 언어 자체나 언술 행위가 중시된 게 사실이에요.

초기 불교에 '승의(勝義 : paramārtha)'라는 개념이 있어요. 승의란 가장 뛰어난 이치를 말합니다. 이 용어는 빨리어로 된 초유의 불전인 『숫타니파타』에 처음으로 등장해요. 이것은 우리나라 사람들에게 '무소의 뿔처럼 혼자서 가라.'라고 하는 게송(운문)으로 잘 알려진 불전에 처음으로 등장합니다. 승의라고 이르는 낱말은, 경우에 따라서는 잘 알려진 다의적인 단어인 열반(涅槃)과 동의어로 쓰이기도 해요. 궁극의 옳음이랄까, 온전한 옳음 정도로 번역하는 게 어떨까요. 언어의 의미가 본바탕 그대로 고스란히 옳은 뜻에 이르렀다는 것이 아닐까, 해요. 이와 같은 개념은 20세기의 언어철학자들에게도 발견되지요. 언어철학이란 개념은 언어의 논리적 오류를 반성하는 자세에서 비롯된 것입니다. 그들은 언어의 밑바탕에 '내적 실재(underlying reality)'가 깔려 있다고 봅니다. 언어는 기저를 이루는 의미의 실재를 전혀 반영하지 못한 채 사고를 위장하기도 하지요. 작년에 추미애 법무부 장관이 국회에 나가 '소설을 쓰고 있네.'라는 말을 해 논란이 되었잖아요? (소설가협회는 그에게 공식 사과를 요구했지만, 사실상 거부되었지요.) 이때 소설이란 말 속에는 '거짓말 나부랭이'라고 하는 내적 실재가 감추어져 있지요. 진지한, 진정한 의미의 소설은 '신으로부터 버려진 세계의 서사시'(루카치)가 아닌가요? 반면에, 법무부 장관의 언어인 소설에는 진지함과 진정성을 혼란시킴으로써 논리의 착시를 불러일으킨 하나의 속언(俗言)이 자리를 잡고 있다는 거예요.

언어 속에 잠재된 내적 실재에 관해선 아무런 성찰이 없이 간과되고는 하지요. 가령 우리가 소설을 읽을 때 '가문비나무'가 나온다고 합시다. 이 이름의 어원이나 명명법에 관해선, 사람들이 전혀 관심이 없습니다. 그러려니 하고 지나가지요. 오죽 했으면, 토마스 홉스가 단어를 두고 '낯선 나라에 세워져 있는 안내판'이라고 비유했을까요.[3] 가문비나무는 한자어로 흑피목(黑皮木)이라고 해요. 한자만 접해도 이 단어의 내적 실재에 관한 감이 잡힙니다. 단어 '가문'은 '검은'의 옛말이라는 거지요. 또 나무껍질을 가리키는 한자어 '피'가 '비'로 변했음도 쉬 알아차릴 수

---

3 아이안 해킹 지음, 선혜영·황경식 옮김, 『왜 언어가 철학에서 중요한가?』, 서광사, 1987, 37쪽, 참고.

가 있지요.[4] 한마디로 말해, 가문비나무의 내적 실재는 검은 껍질의 나무인 것입니다.

불교는 언어의 내적 실재에 대한 설명에 관해 비교적 친절한 편입니다. 내가 언젠가 경에서 읽은 적이 있었죠. 붓다가 자신을 가리켜 '여래(如來)'라고 하는 내력에 관해 설명한 것 말예요. 대충의 어록은 이랬어요. "사람들이 나를 두고 여래라고 한다. 내가 왜 여래인가? 내가 마치 세상을 구원하러 '온 것처럼(如來)'알았기 때문이다. 아무도 세상을 구원하지 못한다. 마치 구원하려고 온 것처럼 보일 따름이다." 이 어록 속에, 여래로 일컫는 단어의 내적 실재가 잘 드러나 있습니다. 불교에서는 언어마다 자성(自性)을 가진다고 보았지요. 예컨대 '책상'이란 말의 경우를 살펴볼까요?

> …내가 '책상'이라고 말할 때 나는 책상이라는 이름을 사용하지만 이 책상이라는 이름은 결코 대상인 책상 자체를 표현하는 것은 아니다. 대상인 책상은 다양한 책상 가운데 하나지만 상대방에게 전달되는 것은 구체적인 대상으로서의 책상은 아니다. 상대방이 책상이라는 이름을 통해서 떠올리는 것은 예를 들어 그 위에서 책을 읽는 곳 또는 사물을 두는 평평한 곳이라고 말할 수 있는 모든 책상에 공통하는 책상성으로서의 책상이다. 우리가 책상이라는 이름을 통해서 떠올리는 것은 다른 것과 구별되는 책상의 자기 존재 방식, 즉 자성이다.[5]

사물은 다른 사물과 구별되는 고유한 특성 및 존재 방식이 있습니다. 이를 두고 불교에서는 자성이라고 해요. 자성을 서구적, 인문학적 용어로 표현하면 소위 '자기동일성(self-identity)'의 개념이에요. 사물이거나

---

4 박상진, 『우리 나무 이름 사전』, 눌와, 2019, 15쪽, 참고.
5 윤희조, 『불교의 언어관』, 도서출판 씨 · 아이 · 알, 2012, 137쪽.

사람에게는 불변의 본질이란 게 있지요. 책상을 책상이게 하는 자성, 자기동일성으로서의 자성은 관념과 현상을 연결시켜주는 접점의 역할을 해요. 책상의 자성으로서의 '책상'의 관념이 있고, 한편 '책상'이라고 말해지는 책상으로서의 기호 형식이 있어요. 사물의 세계인 물성과 언어의 세계인 기호 사이의 차이를 인식하는 것이, '책상성으로서의 책상'이라고 말해진 자성을 통해, 앞에서 표현한 대로, 사물 및 관념의 언어 실재인 '승의'에 도달할 수가 있다는 것입니다.

붓다 시대에는 문자가 없었어요. 붓다의 모국어인 빨리어는 한 지역의 방언에 지나지 않았지요. 불교에서 설법(說法)이라고 하는 말을 곧잘 사용하는데 이것은 불교의 핵심 교수법이에요. 모든 가르침과 배움은 말로써 이루어진다는 것. 이 설법은 붓다 시대로부터 지금에 이르기까지 전통을 면면히 이어오고 있잖아요? 붓다 시대의 텍스트는 구어로 된 운문 및 산문, 설화, 비유담 등이었지요. 불교의 학습 형태는 교육적으로 볼 때 말하기-듣기가 가장 강조되어 있는 형태라고 말할 수 있겠어요. 여기에서 특이한 것은 말하기와 듣기 사이에 '말하지 않기'라는 중간 개념이 끼여 있다는 사실이에요. 이에 관해선 다시 설명할 기회가 주어질 것입니다.

불교에 있어서의 설법의 방법론은 두말할 나위도 없이 이른바 문답법이라고 하겠습니다. 질문은 일반적으로 배우는 이(수행자)에게 주어집니다. 불교만큼 배우는 이의 질문이 강조되어 있는 종교 형태, 교육 형태는 없습니다. 질문은 발문이라고 하는 게 맞습니다. 우리나라의 교육 현장에서 한때 발문이라는 용어를 사용한 적이 있었어요. 승가(僧家)에서의 질문은 문제의식을 강하게 유발한다는 점에서 발문이라고 할 수 있지요. 자크 라캉도 질문의 의미를 강조하기도 했어요. 그의 기념비적인 대저(大著) 『에크리』에 보면 이런 얘기가 있어요. 그는 언어의 가치는 언어가 받아들이는 상호주체성의 언어 속에서 가늠된다고 했지요. 이걸 바탕으로 불교의 경우를 생각해봅시다. 배우는 이의 입장에서 볼 때, 나(수행자)는 언어 속에서 나의 동일성을 확인하는데, 나를 주체로 구성하는 것은 나의 질문이라고 지적한 바 있어요. 타자(붓다)의 응답은 자극에 대한 반응의 회로에 놓이는 것만은 아닙니다. 라캉은 나의 질문을 받아들이거나 거절하거나 한다고 했어요.[6] 불교에서의 자극-반응의 회로가 단순한 것 같지만 실제로는 심오해요. 조금 지난 이후에, 선문답을 통해 이를 점검하면서 다시금 살펴볼 것입니다.

일반 교육 현장에서, 교사와 학생의 상호작용의 과정에서 가장 빈번하게 사용되고 있는 교수학습법은 '질문하기'이지요. 질문은 교사가 학습 상황에 있어서 학습자의 주의를 집중케 하고, 호기심과 지적 활동을 일깨워주고, 수업의 참여를 유도하며, 학습의 방향을 암시하며, 학습자의 사고와 상상력을 촉진합니다. 교사에게 좋은 질문이란, 다름이 아니라 구체적이고 본질적인 것, 동기를 유발하는 것, 학생들에게 더 효율적이고 깊게 생각하게 하는 것, 대답을 쉽고 편하게 반응하게 하는 것이 될 것입니다. 교사들은 의식적이든 무의식적이든 간에 학급에서 일어나는 사건들의 과정을 지시하고 통제하기 위해서 질문을 사용해요. 교사가 학습자들의 사고력에 큰 영향을 끼친다는 점을 인정한다면, 교사의 이러한 질문이 학습자들에게 가질 영향력 역시 과소평가할 수 없을 것입니다. 가르치고 배우는 과정을 진행하는 교사가 질문에 대해 알아야 할 필요가 여기에 있지요.

---

6 자크 라캉, 홍준기 외 옮김, 『에크리』, 새물결출판사, 2019, 350~351쪽, 참고.

불교에서는 주로 배우는 이가 물으면, 가르치는 이에게 세 가지의 반응 형태가 드러납니다. 첫째는 질문이 이치에 합당할 때 응답하는 것. 둘째는 질문의 잘못을 스스로 깨닫게 하기 위해 반문하는 것. 셋째는 질문이 이치에 합당하지 않을 때 침묵하는 것. 첫째의 경우에, 온갖 질문에 대한 응답의 총량이 쌓이고 쌓여서 불교의 가르침이 되는 거지요. 붓다와 선지식과 역대 고승의 어록이 팔만대장경의 형태로 나타난 것이 바로 불교의 사상이요, 가르침이 아닌가요? 질문에 대한 반응 형태 중의 하나인 반문은 문답법의 차원을 한 단계 드높입니다. 국역된 불전을 읽을 때 반문하는 발화 형식을 유심히 살펴보면서 읽는 것이 유익하다고 봐요.

반문에 관한 내 개인의 최근 경험에 관해 할 얘기가 있어요. 나는 작년에 연구 교수라서 수업이 없었어요. 시간적인 여유로 인해 생각한 끝에, 지식의 사회 환원을 위해 동서고금의 명시를 선정해 유튜브에 강의를 하게 되었지요. 지금까지 1년 9개월 정도 지났는데 백이십 여 편 정도의 강의 내용을 유튜브에 올렸어요. 한번은 제가 진주에서 여동생 부부와 만나 저녁 식사를 했어요. 그 당시에 가장 최근에 올린 이성복의 「남해 금산」편 강의를 들었는지를 물어보았지요. 이 시는 "한 여자 돌속에 묻혀 있었네 / 그 여자 사랑에 나도 돌 속에 들어갔네"로 시작하는 시입니다. 내 여동생은 내 물음에 즉각 반응하면서 내게 되물었어요. "여자가 만다꼬 돌 속에 들어갔는데?" 나와 함께 있었던 아내는 이 '만다꼬'라고 하는 말에, 뭔 말인가 하고 약간 언어적인 이질감을 느꼈어요. 제 아내는 서울 토박이거든요. 조상 대대로 서울에서 수백 년 살아왔어요. 이 '만다꼬'는 경상도 억양에다 살짝 빈정대는 말투를 덧붙인 독특한 경상도적인 언어의 기표(記標)예요. 경상도 사람이 아니면 느낄 수 없는 독특한 말맛이 있는 표현이에요. 이것을 누구나 알아듣기 쉬운

기의(記意)로 대체할 것 같으면, 이 말은 '뭘 하려고?' 내지 'what for?' 정도의 뜻에 해당한다고나 할까요. 기호적 표현과 기호적 의미가 이처럼 간극이 큰 경우는 흔치 않습니다.

때마침, 저는 그 무렵에 베스트셀러 산문 작가인 김하나의 신간이었던 『말하기를 말하기』를 읽고 있었어요. 제가 경험한 일과 비슷한 경험이 슬그머니 반영되어 있네요. 이 책의 내용 중에서도 제가 주목한 내용을 인용해볼 테니, 어디 한번 음미해 보지 않겠어요?

　…제가 세월이 흘러서 좀 자라고 난 뒤에 어른이 돼서 생각해보니까 이 '만다꼬'라는 말은 아주 중요한 질문이었어요. 사는 게 힘이 부칠 때나 또는 선택의 기로에 놓였을 때 제 안에 내재돼 있는 이 '만다꼬'라고 하는 말을 되새기면서 저는 그 질문에 대한 답을 찾을 수가 있었어요.[7]

이 '만다꼬'라는 말은 물론 질문입니다. 그런데 이건 질문이기도 하면서도 반문이기도 하지요. 저는 질문보다 반문이 더 힘이 세다고 보는 입장에 서 있어요. 질문의 힘은 어디 있나요? 사이토 다카시라고 하는 일본인은 제대로 된 질문이 상대를 움직인다고 했어요. 그는 『질문의 힘』이란 책에서 자극을 유발하고 영감을 주는 창조적인 질문이 힘 있는 질문임을 시사한 적이 있었지요.[8] 질문에 대한 반응 형태 중에서도 침묵을 지키는 것은 매우 독특하다고 하겠습니다. 이 침묵을 두고 불교에서 무기(無記)니 사치기(捨置記)니 하는 말을 사용한다지요. 초기 불교에서 붓다는 어려운 문제에 부딪혔을 때 무기인 침묵의 방법을 선택했고, 나가르주나는 논파(論破)의 방법으로 출구를 마련하려고 했어요. 붓다의 침

7 김하나, 『말하기를 말하기』, (주)문학동네, 2020, 71~72쪽.
8 사이토 다카시, 『질문의 힘』, 루비박스, 2007, 176쪽, 참고.

묵은 훗날 많은 암시를 남깁니다. 비트겐슈타인도 칼 포퍼와의 논쟁에서 '말할 수 없는 것에 관해서는 침묵해야 한다.'고 했어요.[9] 침묵도 문답, 대화, 토론의 끝이 아니라, 이런 것들의 연장선으로 봐야 합니다. 침묵의 의의에 관해서는, 제가 아까 얘기한 사람 김하나가 최근에 아래와 같이 아름다운 필치로 남겨놓기도 했어요.

침묵은 대화의 완벽하고도 더 차원 높은 연장이다. 침묵은 상상하게 하고 우리를 겸손하게 한다. 침묵은 공이고 모든 것을 받아들이게 한다. (……) 침묵의 대화를 나눈 사람들은 은빛 실핏줄로 이어져 있다. 인생의 아름다운 순간에, 누군가 했던 말은 기억 속에 새겨지지만 우리가 나눈 침묵은 심장에 새겨진다.[10]

붓다의 침묵이 극단적인 언어의 절제를 일삼는 동북아시아 불교의 선종(禪宗)으로 이어지지 않았나, 생각해요. 불교의 교육에서 말하기는 설법이요, 말하기 않기는 이른바 무기예요. 무기는 말글로 표현하지 않고 마음속에 기억(기록)해 두는 것이랍니다. 이런 점에서 말하기의 연장이에요. 마음으로 말하기다. 이렇게 볼 수 있네요. 이것은 교외별전, 즉 가르침(설법) 외에 별도로 전해진다는 거…….

불교에서 말하기, 말하지 않기 외에 또 다르게 중요한 교육의 수단은 듣기(聞)입니다. 일반 교육에서 교사에게서 지식을 들음으로써 학생이 학습하지요. 반면에, 불교에서는 붓다나 은사스님에게 지혜를 들음으로써 수행자가 수행해요. 들음으로써 얻게 된 지혜를 가리켜 문혜(聞慧)라고 합니다. 불교 경전의 대부분이 '여시아문(如是我聞)'이라는 관용적 표현, 이를테면 '이와 같이 나는 붓다에게서 말씀을 들었다.'라는 말로부

9 데이비드 에드먼즈 외, 『비트겐슈타인은 왜?』, (주)웅진닷컴, 2001, 289쪽, 참고.
10 김하나, 앞의 책, 168~169쪽.

터 시작하듯이, 불가의 교육에 있어서 듣기의 중요성은 이루 말할 수가 없습니다. 특히 경전『아비달마구사론』에는 '근수문소성등(勤修聞所成等)'이라. 직역하자면, 문소성등을, 듣는 일을 이룬 바 등을…… 무슨 말인지 잘 모르겠지요? 들어서 충분히 이해하는 수준에 이를 때까지, 부지런히 수행해야 한다는 거예요. 또 이밖에도 이 경전에는 듣기의 지혜, 생각의 지혜, 수행의 지혜가 입체적으로 강조되어 있다고 해요. 뿐만이 아니라, 유문인의(由文印義), 유의인문(由義引文)도 강조되어 있지요. 말하자면, 듣기니 생각이니 하는 것이 말의 세계에서 글의 세계로까지 확장됩니다. 어떤 때에는 글을 말미암아 뜻을 이끌어내고, 어떤 때에는 뜻을 말미암아 글을 이끌어낸다죠. 전자는 읽기요, 후자는 쓰기예요. 불교의 말하기-듣기가 이처럼 읽기-쓰기로까지 확장됩니다.[11]

불교의 수행은 크게 둘로 나누어 드러납니다. 돈오와 점수. 이 낱말들, 들어본 적이 있어요? 단박에 깨닫는 것과 점진적으로 수행하는 것. 동북아시아의 간화선은 전자를, 동남아시아의 위빠사나는 후자를 추구한다지요. 이런 점에서 볼 때, 남방 불교가 북방 불교에 비해 더 교육적이라고 하겠습니다. 앞에서 제가 언급한 바 있었듯이, 동북아시아의 선불교는 언어를 불신하는 경향이 있습니다. 언어가 진리를 드러내는 데 사유의 한계가 있다는 거죠. 선불교가 경전의 문자주의 못지않게 중시하는 텍스트는 선문답, 선어록, 선시 같은 것들이에요. 홉스가 공적인 언어에 비해, 모든 존재하는 것이 심적이라는 철학적 관념론에 의거한 이른바 '심적 대화(mental discourse)'가 덜 오용된다[12]고 보았듯이, 선승들은 존재하는 모든 것이 마음속에 있다는 소위 '일체유심조'의 선적 언어가

---

11 이송곤,『불교교육론』, 운주사, 2018, 88~93쪽, 참고.
12 아이안 해킹 지음, 앞의 책, 28쪽, 참고.

돈오(깨달음)의 세계에 더 가깝다고 봅니다. 하지만 비트겐슈타인의 언어
관에 의하면, 딱히 선불교를 지칭한 게 아니지만, 불교의 오도송처럼 '전
광석화와 같이 스쳐가는 착상이 어떻게 명제화될 수 있겠는가'[13]라고 하
면서 회의를 품습니다. 그는 '삼각형은 달콤하다.'라는 표현은 명제로 보
지 않습니다. 이 같은 표현이 전적으로 무의미하며, 세계가 허용하는 논
리 공간의 어디에도 머물 수 없기 때문이에요.[14] 어쨌든 선적인 표현은
언어의 순수한, 혹은 심오한 깊이를 드러냅니다. 다음의 경우를 보지요.

　　問 : 如何是提婆宗?
　　答 : 銀碗裏盛雪.

　제자가 스승에게 기독교에서 말하는 정통과 이단에 관해 묻습니다. 불
교에선 이를 정종(正宗)과 외도(外道)라고 해요. 제자가 스승에게 묻습니
다. 선생님, 무엇이 제바종입니까? 제바 존자의 종지(宗旨 : 근본이 되는 중
요한 뜻)에 관한 질문이에요. 스승이 답해요. 은완리성설이라. 은사발 속
의 흰 눈이라고 했어요. 사물들이 '섞여 구별이 없음을 뜻하는 혼동 무
분별'[15]의 상태를 말하고 있어요. 은사발 속에 수북이 쌓여 있는 흰 눈은
은사발과 육안으로 구분되지 않잖아요? 정종과 외도는 분별되지 않는
다는 얘기죠. 사물의 무경계성을 가치의 개념으로 보고 있다는 거예요.
불교에서는 사물을 이원적으로 구분하는 것을 두고 망상 혹은 분별심
이라고 해요. 우리는 보수와 진보, 인간과 자연, 부귀와 빈천 등의 상대
개념에 매우 익숙해 있잖아요?

---

13 남경희,『비트겐슈타인과 현대 철학의 언어적 전회』, 이화여대 출판부, 2006, 64쪽.
14 같은 책, 85쪽, 참고.
15 이은윤,『왜 선문답은 동문서답인가』, 동아시아, 2012, 166쪽.

불교의 언어관 중에 언어를 가장 적대시한 것으로서 '실상이언'이라고 하는 말이 있어요. 저는 이 말을 1976년 대학 1학년 때『말의 힘』의 저자요 연세대학교 철학과 교수였던 이규호의 강연에서 처음 들었어요. 1976년이라고 하니까, 꽤 오래 전의 일이잖아요? 그 자신도 최근에 사찰의 기둥에 쓰인 글을 보고 접했다고 말했어요. 이 최근이라는 것이 벌써 45년 전의 일이에요. 실상(實相)이란, 철학에서 형이상학적인 본질의 세계를 말합니다. 철학에서는 실재니 실체니 본질이니 하는 말로 대체됩니다. 실상은 말로부터 떠난다는 것. 이 실상은 망상의 상대 개념이에요. 망상은 불교에서는 분별심이라고 해요. 언어는 하나의 허명. 헛된 이름에 지나지 않잖아요? 언어의 한계는 논리적으로 자꾸 이분화하려는 성향이 있습니다. 명시「남해 금산」의 시인으로 유명한 이성복은 (언어의 한계를 벗어났다고 볼 수 있는) 이 실상을 가리켜 지혜라고 보기도 했어요.[16]

인간의 언어를 바라보는 두 개의 가설이 있다고 합시다. 하나는 인간의 언어가 동물들도 사용하는 비언어적 소통방식의 단순한 진화적인 확장 모델일 수 있다는 가설이며, 다른 하나는 인간만이 다른 동물과 본질적으로 다른 언어 본능을 가질 수 있다는 가설입니다. MIT의 언어학자인 놈 촘스키는 후자의 가설을 신봉하는 대표적인 한 사람입니다. 그는 모든 인간이 누구나 뇌 속에 보편 문법을 가지고 태어난다고 보았지요. 말하자면, 유전적인 언어 습득의 능력 말에요. 만약 언어가 인간만이 가진 일종의 본능이라면, 이른바 '언어유전자(language-gene)'가 작동해 언어를 발전시킨다고 볼 수 있지 않아요? 2001년에, 옥스퍼드의 언소니 모나코 교수를 중심으로 한 연구팀은 3대에 걸쳐 언어장애를 겪은 영국

---

16 이성복,『극지의 시』, 문학과지성사, 2015, 104쪽, 참고.

의 한 가족을 대상으로 조사를 한 결과에 이르러, 이 가족의 음성과 언어장애가 1개의 유전자 결함에 의해 유전된다는 사실을 확인했어요. 언어유전자가 존재하고 있음을 처음으로 밝혀낸 것이지요. 언어학은 여기에서 보는 것처럼 언어의 과학 영역이에요. 이 언어학이라고 하는 학문도 이제 더 과학적으로 세분화되면서 이른바 신경언어학(neurolinguistics)이라고 불리는 새로운 분야도 등장시킵니다. 이것은 언어의 습득, 언어 사용의 밑바탕이 되는 생물학적인 뇌의 구조에 관한 과학적인 접근의 결과라고 하겠습니다. 요컨대, 앞으로 언어에 관한 과학적인 연구가 다양한 형태로 계속되리라고 전망됩니다.

이 사진은 책의 저자 송희복의 모습이다. 배경이 되고 있는 진주교육대학교 오래된 강의동은 몇 년 후에 새로운 건물로 들어섰다. (2003년 무렵)

자연과학적인 사고의 문맹자와 같았던 제게 이때까지 뇌와 관련된 얘 깃거리는, 저 자신과 무관한 세계의 몫으로만 여겨왔습니다. 내가 학생 들에게 뇌에 관해 설명한 것이라고는, 겨우 글쓰기에 있어서 좌뇌형 글 쓰기와 우뇌형 글쓰기가 있다는 얘기 정도였지요. 균형과 절제, 사고의 명징성을 추구하는 논리적인 글쓰기가 좌뇌형 글쓰기라면, 감각과 직관 과 상상력에 기대는 방향성의 추구가 우뇌형 글쓰기와 관련된다는 것. 글쓰기의 실제에서 이상적인 것은 좌뇌와 우뇌의 공존 속에서 글쓰기 를 시도하는 것. 초고의 단계에서 우뇌형을 도입하다가, 고쳐쓰기와 마 무리의 단계에서 좌뇌형으로 전환해 보는 것도 괜찮은 시도의 하나라 고 보고 있어요. 글쓰기에 있어서 뇌의 활용 정도에 그쳤던 저의 사고에 뭔가 생각의 여지를 많이 남기게 된 데는 노먼 도이지의 『스스로 치유 하는 뇌』를 읽고 나서부터입니다. 최근에 뇌과학에 대한 교양 도서들이 넘쳐나고 있어요. 뇌과학의 담론은 전문가들의 영역에 갇혀 있지 않고, 독자 대중의 지적인 관심에도 파고들고 있어요. 여기에는 국어교육에 던져주는 시사점도 적지 않을 것으로 보입니다.

　이때까지 인간의 뇌는 인간 스스로 바꿀 수 없는 부분이라고 간주해 왔습니다. 정신 지체나 학습 장애를 안고 태어난 사람은 평생 그렇게 살 아야 할 운명을 안고 살아야 한다는 것이지요. 그런데 반전이 생겼죠. 신경가소성(neuroplasticity)의 개념이 등장한 것입니다. 이 개념은 뇌가 활 동과 정신적 경험에 반응하여 제 구조와 기능을 알아서 바꿀 수 있다는 가설에서 비롯되었습니다. 신경가소성자는 뇌의 가소성을 입증해 보인 과학자를 가리키는 말이에요. 신경과학을 연구하는 신경가소성자 중에 는 명상, 요가, 침술, 무술 등의 동양의 전통 유산을 믿는 사람이 많다고 해요. 불론 이들은 몸과 뇌가 양방향으로 소통한다는 데서는 서로 같은 의견을 나타내 보이기도 한다죠.

신경가소성의 선두주자격인 알프레드 토마티스는 제2차 세계대전 직전의 고등학생시절에 당시 교사였던 장 폴 사르트르에게서 가르침을 받습니다. 운명에 순응하지 않는 사르트르의 실존주의 사상이 그의 신경가소성 가설에 영향을 미쳤는지도 모를 일이에요. 그는 학업을 온전히 포기해 예술가의 길을 가겠다고 기웃거리고 있던 난독증 소년인 폴 마돌을 한 신부의 소개로 수도원에서 만납니다. 두 사람은 도제식 사제관계를 맺으면서 난독증을 치유해 갔어요. 항상 학업이 꼴찌였던 폴 마돌은 좀 늦은 나이로 소르본 대학의 심리학과에 입학해요. 세계적인 신경가소성자로 성장한 두 사람의 살아온 이야기는 한 편의 감동적인 드라마와 같습니다.

무엇이 난독증인가? 내가 읽은 책 『스스로 치유하는 뇌』에는 이렇게 묘사되어 있어요. 그는 b와 d, p와 q, 숫자 6과 9를 거꾸로 읽었다.[17] 폴은 읽고 쓰고 스스로를 표현하는 어려움, 극심한 수줍음, 짜증, 불안, 서툰 동작, 불면증, 미래에 대한 불안을 난생 처음으로 이해하게 되었다.[18] (한 아이는) 글자를 발음하는 데 애를 먹었고 거꾸로 말하고 스펠링과 산수를 하지 못했다.[19] 이처럼 난독증은 성장기에 있는 아이들에게 심각한 학습 장애를 불러일으킵니다. 우리가 난독증이라고 하면, 축자적인 의미대로 독해 능력이 선천적으로 없는 환자라고 생각하기 쉽습니다. 그러나 내가 이 책을 읽으면서 난독증 아이(들)는 읽기뿐만 아니라 말하기, 듣기, 쓰기, 셈하기 등에 걸쳐 전체가 안 되는 경우도 있다는 것을 알았어요. 말하자면 총체적인 학습 장애자예요. 이 아이(들)는 몸 전체

---

17 노먼 도이지, 장호연 옮김, 『스스로 치유하는 뇌』, 도서출판 동아시아, 2018, 433쪽.
18 같은 책, 436~437쪽.
19 같은 책, 496쪽.

가 난독증이에요. 그래서 그는 언어가 반드시 있지 아니한 곳으로 도망가고 싶어 해요. 그는 현실로부터 도피한 꿈, 몽상, 판타지, 얼빠짐의 세계에 칩거하고 싶어 합니다.[20] 신경가소성자는 난독증 아이들은 읽기의 문제점이 있다기보다는 듣기의 문제점이 더 있다고 봅니다. 이 사실은 우리의 상식을 넘어서는 이야기죠. 그래서 난독증 치료에 소리 치료를 도입하는 부분을, 다음과 같이 인용해 봅니다.

　단언컨대 그의 가장 중요한 발견은 귀가 소리를 그저 수동적으로 받아들이기만 하는 것이 아니라 줌렌즈처럼 특정한 소리에 집중하고 다른 소리를 걸러낼 수 있다는 것이었다. 그는 그것을 '청각적 줌'이라고 불렀다. 사람들이 파티 장소에 처음 들어가면 뒤죽박죽 뒤섞인 소음을 듣지만, 살짝 다른 소리 주파수로 일어나는 특정한 대화로 귀를 모을 수 있다. 이렇게 특정한 대화를 들으려는 의식적 의도가 만들어지면, 듣기는 생리적 관점에서 결코 수동적이지 않다. 중이(中耳)에 있는 두 근육은 특정 주파수에 집중하도록 만들고 갑작스러운 큰 소리로부터 귀를 보호한다.[21]

사실은 세상의 모든 언어가 소음이에요. 이 소음을 얼마만큼 유효한 언어로 수용하느냐 하는 문제는 청감(聽感)을 조절하는 문제이기도 합니다. 난독증 아이들을 치유하기 위해 도입한 소리 치료의 개념은 우리 국어교육(학)계의 사유 지평을 열어주는 개념이기도 하지요. 우리에게는 그 동안 듣기 교육의 문제점이 적잖이 지적되어 왔습니다. 이미 오래 전에 듣기의 중요성에 대한 인식의 부족으로 인해 듣기를 말하기의 부산물로 인식되기도 했었지요.[22] 이 뿐만 아니라, 화자의 말을 얼마만큼 정

---

20 같은 책, 500쪽, 참고.
21 같은 책, 448쪽.
22 임칠성, 듣기 영역 교육-'중학교 국어'를 중심으로」, 김희수 외 편,『국어와 국어교육』, 도서출판 박이정, 1995, 83쪽, 참고.

확하게 파악했느냐 하는 듣기의 결과보다, 화자의 말을 어떤 태도로 듣느냐 하는 인간관계의 형성 문제를 더 중시해온 감이 없지 않았어요.[23] 이런 문제점들을 뇌과학의 배경지식을 통해 해소할 수 없는지에 관해 더 지켜볼 일이에요.

소리의 주파수는 교사의 수업 언어에도 적잖은 시사점을 던져주기도 합니다. 제가 대학생으로 재학할 때 학문석으로 어느 성도 성취한 노교수 한 분이 너무 활기 없이 발음하는 것을 두고 학생들이 그 분의 강의를 '수면제'라고 비유하기도 했었지요. 주파수가 낮은 강의 발성이 듣는 사람의 활력을 빼앗아버린다는 게 신경가소성자들의 소견이기도 하지요. 여러분도 수업하는 언어가 차분해야 한다고만 생각해선 안 됩니다. 주파수가 낮으면, 주파수를 높여야 해요. 교단 위의 언어도 굴곡이 있어야 하고, 또 리듬을 타야 합니다. 앞에서 이름을 들먹인 폴 마돌은 이렇게 말했어요. 소리에 높은 생명력을 부여하는 것은 높은 주파수다,[24] 라구요.

저는 지금까지 국어교육에 관해 비전공자로서 할 말을, 하고 싶은 말을, 두서없이, 언죽번죽 해댔지만, 아닌 게 아니라 제 말들이 참 공허하기 짝이 없음을 느끼지 않을 수 없습니다. 제 자신이 교육대학교 국어교육과에 재직하는 교수로서, 여기에 재학하는 학생들에게 국어교육의 이론과 실제에 관해 거의 가르쳐 본 일이 없기 때문입니다. 다만 생각의 여운이 짙게 남아 있는 부분이 있다면, 말하기-듣기에 있어서 침묵의 문제라고 봅니다. 대화의 행간에 숨어있는 침묵은 우리가 그 동안 전혀

---

23 같은 책, 88쪽, 참고.
24 노먼 도이지, 앞의 책, 519쪽.

가치를 두지 않았던 영역이 아닐까, 해요. 이 침묵의 개념이 쓰기의 영역으로 확장되면, 그것은 백지(白紙)의 개념이 되지 않겠어요? 백지의 글쓰기 개념은 이미 오래 전에 사르트르가 카뮈의 중립적이고 공평무사한 언어를 가리켜 '에크리튀르 블랑슈', 즉 흰색의 글쓰기라는 말을 사용한 바 있었습니다. 지금 여기에서 말하는 백지의 도전으로서의 글쓰기 개념과 그닥 들어맞는 말은 아니에요. 오히려 로버타 진 브라이언트의 『누구나 글을 잘 쓸 수 있다』에 나오는 한 학생의 '마음 가는 대로 (Anything goes)'라는 제목의 일기가 더 어울립니다. 다그치거나 트집 잡을 사람이 없는 은밀한 일기야말로 흠 잡을 데 없이 완벽한 글쓰기 공간이지요.[25] 저는 침묵과 백지라는 두 단어가 국어교육학계의 창의적 가설을 위한 화두로 제시되고 있지 않나, 하고 전망해봅니다.

저는 이 글에서 유독 글쓰기에 대한 견해를 밝히지 않았어요. 몇 년 전인 2018년에 경상남도 교육위원회에서 만드는 한 잡지를 주관하는 장학사로부터, 나는 미래 사회의 글쓰기에 관한 원고 청탁을 받은 바 있었지요. 지금 잡지는 온데간데없고 보낸 원고 파일이 남아 있어요. 마지막 결론 부분인 미래 사회의 글쓰기 전망에 대한 소견을, 쓰기 부분의 전망으로 돌려 가름하려고 합니다.

앞으로의 미래 사회에 있어서 글쓰기는 어떻게 점쳐지는가? 사이버공간에서 오픈 문화의 바람이 거세어짐으로써 전통적인 의미에서의 글쓰기의 엄숙성이 사라져가고 있다. 본디 작가(author)와 권위(authority)는 동계의 어원에서 비롯되었는데, 지금은 작가의 권위가 도전을 받고 있다. 오늘날은 글쓰기의 환경과 문학의 입지가 변화된 것이지, 글쓰기가 쉬운 머리에 달하거나 문학이

---

25 송희복, 『흰종이의 밀어처럼』, 도서출판 월인, 2006, 61쪽.

죽음에 직면한 것은 결코 아니다.

종래에는 예술이 자연을 모방하고 비현실이 현실을 모방했다. 지금은 장 보드리야르의 말처럼 현실이 비현실을 창조하는 시뮬라크르(simulacre)의 시대다. 가짜와 진짜, 가상과 현실이 구별되지 않는 시대다. 최근에 어느 화가는 조화와 생화를 섞어놓고 그린 그림들을 전시한 바 있다. 이처럼 가상현실이란 가짜가 진짜처럼 보이는 (혹은, 보이게 하는) 현실이다.

글쓰기도 문학도 선악과 미추와 시비의 문제가 아닌 곡직(曲直)의 문제로 향하고 있다. 왜곡과 정직, 거짓과 진실이 힘을 겨루는 시대에 들어서고 있다. 그 광장에 범람했던 가짜 뉴스와 최근에 정치판을 뒤흔들고 있는 드루킹 사건은 시비를 넘어서 곡직을 가리려는 날카로운 쟁점의 여지를 남겨두고 있다.

가상과 현실은 정녕 분리되지 않는가. 왜곡과 정직을 가리려는 인간적인 글쓰기-문학의 노력이 힘을 잃어가는 순간부터 가짜가 진짜를, 가상이 현실을, 거짓이 진실을 누르고 우위를 점하게 될 것이다. 인간의 글쓰기와 문학은 그래서 미래 사회에 있어서도 유효성을 가지게 되는 것이다.

오늘 제 강의는 불교에 관한 애깃거리로 점철되어 있습니다. 국어교육에 무슨 불교? 이렇게 생각하는 사람이 많을 거예요. 물론 여러분 보고 하는 말이 아닙니다. 이 문제에 관해 논문으로 작성해 발표하면, 아마 국어교육 전문가들 중에서 일부는 그리 말할 듯합니다. 지금 교육계, 교육학계에서 훈습(薰習)이니, 줄탁동시니 하는 말을 자주 쓰는 것으로 보아 불교와 교육의 이론생성적인 여지가 있지 않을까, 전망합니다. 저는 정년이 얼마 남지 않은 이 시점에서 국어교육학에 대한 비판적 훈수꾼으로 국어교육의 사유 지평이 확장되기를 바라 마지않습니다. 이제 국어교육은 '노는 물'이 달라져야 해요. 저는 국어교육의 세계에서, 20년 남짓한 세월을 보내면서 국어교육이 이론 계발 및 첨예한 쟁점이 그다지 많지 않았다는 점에 대하여 아쉬움이 없지 않아요. 국어교육의 위상이 도랑물을 지나 지금 시냇물에 위치해 있다면, 앞으로는 강물과 그 너머의 바닷물에 도달해야 한다고 생각해요. 제가 국어교육의 이론에 어거지(억지)처럼 선불교와 뇌과학을 마구 뒤섞어 혼란스럽게 만든 이유도 여기에 있습니다.

다들 종강을 했다고 하는데, 오늘 강의는 여러분 대학 시절의 마지막 강의가 아닌가 합니다. 여러분의 머리를 복잡하게 한 오늘 강의를 여기에서 마치겠습니다. 그러면, 모두가 이번 임용고시에 합격했다는 소식이 전해지길 바랍니다. 또, 여러분의 앞날에 건승과 행운이 있기를 빕니다.

이상입니다.

학생들의 강의 소감문

불교의 '말하지 않기'가 철학적으로는 유의미한 시사점을 주지만, 학교 현장에서 침묵을 교육 방법의 일환으로 사용할 수 있는가에 대해서는 의문스럽습니다. 우리는 학생들에게 끊임없이 자신이 배운 바를 언어로 표현하기를 요구하는데, 이것은 본질적으로 교육이 효용을 추구하기 때문입니다. 비트겐슈타인은 순간적인 착상을 명제화하는 것이 불가능하다고 보았습니다. 논리 공간에서 존재할 수 없는 표현이 실재 공간에서 효용을 가지지는 않겠지요. (……) 저는 문학이 시뮬라크르의 시대에서 문화적 감수성을 기르는 통로라고 믿습니다. 이미지의 홍수 속에서 인간은 자칫하면 타인의 대한 공감 없이 연민만을 보내기 쉽습니다. 문학은 이러한 타인의 고통 하나하나를 개인화하여 그들의 이름을 호명하는 역할을 합니다. 즉 '전쟁은 여자의 얼굴을 하지 않았다'를 필두로 한 수많은 증언문학이 그 예라고 할 수 있겠습니다. (……) 교수님의 강의가 불교와 뇌과학, 철학을 망라한 폭넓은 강의라 어려웠지만 무척 재미있게 받아들였습니다. 부끄럽지만 이해가 어려운 부분이 많아 저의 부족한 인문학적 소양을 반성하는 계기가 되기도 했습니다. (조수빈)

불교에서의 침묵과 수업에서의 침묵은 다르다고 생각합니다. 수업에서의 침묵은 학생들이 지식을 이해하고 자기 것으로 만들 시간을 주는 것이지요. 하지만 불교에서의 침묵은 그와는 조금 다른 것 같습니다. 강의록에서도 언급했듯이 침묵을 한 차원 높은 수준의 대화로 해석할 수 있습니다. (……) 침묵과 백지가 국어교육에서 가질 수 있는 의미에 대해서는 깊은 감명을 받았습니다. (이진혁)

높은 주파수가 활력을 불어넣는다는 이야기는 제가 임용 2차 시험을 준비할 때에도 반영해야 할 유익한 정보입니다. 수업 실연, 특히 영어 수업 실연에서는 목소리를 약간 높게 유지하고 말하는 것이 좋다는 이야기를 들었습니다. 영어는 아이들이 어려워하고 힘들어하는 과목 중 하나인데, 교사의 목소리가 밝고 높으면 아이들이 조금 더 집중해서 들을 수 있다고 하였기 때문입니다. (……) 뇌과학 이야기와 관련하여, 난독증 아이를 만난다면 어떻게 국어를 가르치면 좋을지 생각해보았습니다. 거의 모든 아이가 듣기와 말하기는 가정에서 배워 오기 때문에, 학교에서는 읽기와 쓰기를 집중적으로 가르치게 됩니다. 그러나 읽기를 어려워하는 난독증 학생들은 국어 과목뿐만 아니라 다른 과목들을 공부할 때에도 어려움을 겪을 수밖에 없습니다. 따라서 난독증을 치료하는 것은 일차적으로 국어교육에 효과가 있고 이차적으로는 (실기 과목을 제외한) 다른 이론 과목들의 학습 성취도에 영향을 미치기 때문에 교정이 필요할 수 있겠습니다. (마한솔)

덧붙임 : 침묵의 기술에 대하여

수강생 29명의 강의소감문을 다 읽어 보았습니다. 여러분의 진지한 반응에 고마운 마음을 전합니다. 학생들 대부분이 무엇보다도 수업에 있어서 침묵의 개념에 대해 공감하면서도 개념 자체가 마치 뜬구름 잡는 것처럼 생각하거나 실효성에 의문을 품고 있거나 하는 경우가 없지 않습니다. 그래서 저는 이에 관해 보충 설명을 할까 하다가, 결국 같은 얘기의 반복일 것 같아서 『침묵의 기술』이란 책을 메일로 소개하는 게 좋겠다는 생각을 가져봅니다.

방금 말한 『침묵의 기술』은 18세기에 프랑스에서 살았던 디누아르 신부가 쓴 책입니다. 그는 수도원에 칩거하지 아니하고 사회 활동에 적극적으로 참여한 이른바 세속사제라고 합니다. 빼어난 설교자이며 유명한 문필가였던 것으로 보아 말과 글에 능한 신부님이라고 하겠네요. 『침묵의 기술』은 지금으로부터 250년 전인 1771년에 간행된 것, 침묵의 값어치와 쓰임새에 관한 고전으로 평가되고 있는 책입니다.

말하기의 기술과 글쓰기의 기술은 넓은 의미에서 볼 때 삶의 기술이라고 할 수 있겠지요. 말하기의 기술은 침묵을 깨는 타이밍을 어떻게 갖느냐 하는 문제와 관련이 있고, 글쓰기의 기술은 백지에 대한 도전의 마음가짐과 관련이 있습니다. 누가 그랬어요. 침묵은 말의 전제조건이자, 잉태 공간이라고. 백지도 마찬가지예요. 어찌 두말할 나위가 있나요? 백지 역시 글의 전제조건이요, 잉태 공간인 것을.

한편으로, 침묵의 기술도 일종의 삶의 기술이라고 할 수 있겠지요. 침묵이 삶의 기술이라고 하는 관점에서 볼 때, 사회생활에서 침묵을 미덕으로 보는 성향이 뚜렷합니다. 종교인의 수행에서도 마찬가지입니다. 기독교(구교)의 묵언수행이나 불교의 선(禪)이 대표적인 사례이지요. 디누아르 신부 역시 침묵을 가리켜 '복잡한 세상사로부터 나무랄 데 없는 처신의 진수'(디누아르, 『침묵의 기술』, 한국어판, 68쪽.)라고 했습니다.

  사람들은 흔히 말을 신중히 하라고 하기도 하고, 더 나아가 말을 삼가라고 하기도 합니다. 하지만 침묵이 무조건 미덕인 것은 아니지요. 말이 많은 것을 경계해온 까닭은, 말이 많으면 잘못 말할 가능성이 많기 때문이지요. 그렇다고 말이 적을수록 옳은 말만 한다고 보장할 수도 없습니다. 말이 생각을 만드는 힘이라는 관점에서 볼 때, 말 많은 사람은 말을 반으로 줄이면 되지만, 말 못하는 사람은 생각이 부족해 대책이 없기도 합니다. 웅변은 은이요, 침묵은 금이다. 말은 정념이요, 침묵은 지혜다. 이런 유의 금언(金言)들은 일종의 처세술의 개념이지, 의사소통의 효율성과는 거리가 먼 개념입니다. 디누아르 신부 역시 침묵이 지혜니 삶의 기술이니 하는 것으로 보면서도, 자신의 열 가지 침묵의 유형 가운데 긍정적인 침묵은 두 가지뿐이라고 합니다. 침묵도 부정적인 게 많네요. 교활한 침묵, 아부형 침묵, 조롱형 침묵, 아둔한 침묵 등등의……. 긍정적인 침묵이라고 할 수 있는 감각적인 침묵이 뭘 말하는지 살펴볼까요.

> 아무 말 하지 않고 있어도
> 얼굴에서 밝고 개방적이며
> 생기 넘치는 기운이 느껴지고,
> 말에 의존하지 않고도 어떤 감정 상태에
> 있는지가 자연스럽게 드러날 때,
> 그것은
>
> 감각적인 침묵이다.
>
> —같은 책, 46쪽.

  물론 감각적인 침묵도 화용론(話用論)적으로 접근하기보다는 윤리학에 치중한 느낌을 주고 있습니다. 이런 유의 침묵을 염두에 두고, 교사가 학생들에게 침묵의 깊은 의미와 의의를 심어주고자 한다면, 교사는 지나치게 이상화될 수밖에 없습니다. 감각적인 침묵을 가르치는 교사는 바람직한 현실의 삶으로 인도하는 기술자라기보다도 지혜로운 이상의 삶을 위한 현자여야 한다는 겁니다. 디누아르 신부의 글을 더 살펴볼까요.

그대는 혀가 아니라면 얼굴이라도 적극적으로 말하게 하라. 자고로 현자의 침묵은 표정이 풍부한 법이니, 미진한 자에게는 가르침이 되고, 과도한 자에게는 응징이 되어준다. (116쪽.)

디누아르 신부는 자신이 살던 세상이 권력자를 도발하면 반드시 처벌을 받지만 신을 모독해도 처벌을 받지 않는 세상이라고 여겼습니다. 그는 종교의 가치를 폄훼(貶毁)하는 사람들의 망언을 질타하기 위해 침묵의 가치개념을 도출해내었던 것으로 보입니다.

이 인용문은 여러분에게도 좀 더 구체적으로 도움을 줄 것 같습니다. 미진한 자에게는 가르침이 되고, 과도한 자에게는 응징이 되어준다, 라는 문장을 보세요. 교육 현장에 대입하자면, 아는 것이 부족한 학생과, 잘못 아는 것이 지나친 학생들을 각각 가리키고 있지 않나요? 전 그렇게 보고 싶어요. 침묵이란, 아는 것이 부족한 학생들에게 가르침이 되고, 잘못 아는 게 많은 학생들에겐 깨달음을 줍니다. 교사는 이런저런 학생들에게 말 못지않게 표정이나 감정의 소통이 중요할 터입니다.

꼭 10년 전의 일입니다. 불세출의 투수 최동원이 비교적 때 이른 나이에 죽었지요. 그를 아는 많은 사람들과 그의 역동적인 투구 폼을 좋아했던 팬들이 무척 아쉬워했지요. 몇몇 방송국에서는 그의 일대기를 다큐멘터리로 구성해 보여주었지요. 그는 말기 암 환자로 사망하기 직전에도 2군 선수들을 가르치고 있었지요. 한 선수에게, 고개를 갸웃한 채

미소를 짓는 모습이 지금 저에게 매우 인상적으로 남아있습니다. 그의 침묵은 제자에게 이런 깨달음을 주는 것 같았어요. 말하자면, 야구란 게 결코 쉬운 게 아냐! 모든 분야 중에서 결코 쉬운 것이란 이 세상에 없듯이 말입니다.

침묵의 개념이 국어교육에서 아무리 뜬구름 잡는 얘기라고 해도, 다양하고도 의미 있는 여지를 남기고 있는 것은 엄연한 사실입니다. 소통을 강요당하고 있는 현대인이 자아를 관리하는 데 필요한 침묵을 최상의 가치개념으로 본 것은 불경(佛經) 중에서도 먼 과거의 '유마경'에서 제가 따온 다음의 표현이 아닐까, 해요. 오래된 미래의 가치라고나 할까요?

일묵여뢰(一默如雷),
묵연무언(默然無言).

대체로 이런 뜻일 것 같네요. 한낱 침묵이 우레와 같아서, (나는) 묵묵히 말이 없고자 하네. 침묵을 우레로 비유한 것은 참으로 눈부신 역설의 수사법이네요. 여덟 자로 이루어진, 세상에서 가장 짧은 시 중의 한 편 같아요. 이를테면, 침묵 역시 다름이 아니라 큰 울림의 메시지를 지닌 우레라는 것입니다. 그렇지 않아요?

여러분은 이제 인생의 전환점에 서 있습니다. 여러분은 초등교육 전공에, 국어교육 부전공(심화과정)의 교육대학교 4년 과정을 다 마쳤습니다. 여러분은 지금 임용고시 합격 여부와 졸업을 기다리고 있습니다. 긴장도 많이 되겠지요.

제게는 국어교육이 전공도 부전공도 아닙니다. 내용학 전공자인 저는 국어교육과 교수로서, 우리 학교에서, 20년 넘게 재직해 왔습니다. 여러분이 앞으로 대학원 과정의 국어교육과를 진학한다면, 국어교육의 명실상부한 전공자가 됩니다. 국어교육의 이론을 앞으로 더 심화하려면, 대학원을 진학하는 게 좋을 것 같습니다.

코로나의 장기지속화가 점쳐지고 있는 어지러운 세상입니다. 모두가 각자의 건강에 유의하기를 바랍니다. 곧 졸업하게 될 여러분에게, 삶의 건투를 빕니다. 또한, 앞날에 행운이 깃들기를 기원합니다.

카오스와 코스모스, 또는 카오스모스

학생 여러분.

오늘은 강의 제목을 '카오스와 코스모스, 또는 카오스모스'로 미리 정했습니다. 이 강의는 이미 오래 전부터 제가 학생들에게 하고 싶었던 교양 강의인데, 그 동안 전공으로부터 벗어난 얘기라서 주저해 왔던 게 사실입니다. 한 5년 전 경부터 하고 싶었던 강의를 이제야 하기에 이르렀습니다. 정년을 눈앞에 두고 말입니다. 고백하건대 저는 고등학생 때 과목에 관한 애증이 극단적으로 엇갈렸습니다. 국어와 역사가 생명수나 감로수와 같았다면, 수학과 과학은 제게 맹탕(白沸湯)과 같았어요. 지금에 이르러서야 천문학이나 자연 생태에 관해 관심을 조금씩 가집니다. 특히 천문학의 바다에 헤엄을 치지 못해도 해변을 거니는 정도로 지식과 정보를 가져보려고 해요. 꽃과 나무, 새와 물고기 등에 관해서도, 아직 체계가 잡혀 있지 않지만, 이런저런 책들을 적잖이 보고 있습니다.

오늘 제가 강의하는 것은 과학이라기보다는 과학사상에 가깝습니다. 또한 오늘 강의가 과학적인 내용과 결부된다고 해서 언어와 전혀 무관하지 않습니다. 언어의 개념은 무척 포괄적입니다. 때로 우리가 알고 있는 사고의 패러다임을 넘어서기도 하지요. 패러다임이란, 옛 그리스어 '파라데이그마'에서 온 말입니다, 증례(證例)의 나열이랄까요. 한 시대를 지배하는 개념 틀, 혹은 이론의 집합체입니다. 우주를 신화적으로 접근한 언어는 상형문자나 역(易)의 괘(卦)와 같은 유의 도상 이미지가 되기도 하고, 우주를 과학적으로 접근한 언어는 아인슈타인의 상대성 이론에서 보여준 기본적인 공식인 소위 'E=mc²'(질량과 에너지가 같은 값어치에서 서로 맞바꾸기도 한다는 가설)이 되기도 하지요. 오늘의 키워드 세 가지 중에서 가장 먼저 제기된 것, 즉 카오스 역시 과학적 사고의 패러다임에서 얻어낸 새로운 언어입니다. 과거 3백 년 동안에 인간에게 필요한 과학적 사고의 패러다임이 뉴턴 역학의 언어였듯이 말입니다.

그러면, 무엇이 카오스일까요?

제가 에릭 애크로이드의 『꿈 상징 사전』(한국어판)을 살펴보니, 이렇게 설명되어 있더군요. "질서가 없거나 혼란스런 본능들, 정서들, 감정들……신화에서 혼돈으로부터 우주가 창조되었던 것처럼 원초적인 것들이다." 이처럼 카오스는 원초적인 것입니다. 중국의 창조 신화인 반고(盤古) 이야기에는 최초의 세계가 검고 흐릿한 하나의 알이었습니다. 알이 깨어지면서 알 속에 들어 있던 무거운 성분들은 내려가고 가벼운 성분들은 떠올랐지요. 그렇지만 이내 무겁고 가벼운 것들은 원래대로 다시 뒤섞이려고 하였을 때, 반고는 자신의 몸으로 세계를 지탱해 무거운 것들과 가벼운 것들을 떼어놓으려고 했지요. 반고의 키는 점점 커져서 하늘과 땅이 지금처럼 멀어지게 되었다고 해요. 카오스 상태의 원초적 물질이 분화되어 세계, 즉 우주가 만들어졌다는 것은 현대 물리학이 말하는 우주의 기원론과 서로 통합니다. 반물질의 입자가 십억 개 있다면 물질 입자는 십억 개하고 하나가 더 있었는데, 상호 소멸이 끝나자 그 십억 한 개째의 물질만 남아 우리 우주의 기원이 되었다는 것. 무슨 말인지는 잘 모르겠지만, 그렇게 말하고들 있네요. 로마 시대의 시인인 오비디우스의 산문인 「변신 이야기」에는 태초의 혼돈을 이렇게 묘사하고 있네요. 제 모습을 제대로 갖추고 있는 것은 하나도 없었다. 추위는 더위와, 습기는 건기(乾氣)와, 부드러움은 딱딱함과, 무거움은 가벼움과 싸우고 있었다. 제가 읽은 책 중에서 이런 책이 있어요. 지은이는 수학자이며 과학자인 요아힘 부블라트. 본디 제목은 '우주에서의 카오스(Chaos im Universum)'예요. 한국어판 제목은 '카오스와 코스모스'고요. 여기에서는 입자들이 서로 얼크러져서 불규칙하게 움직이는 데서 혼돈이 시작된다고 했어요.

그런데 현대 사회에서 왜 카오스인가, 하는 물음이 필요해요. 좀 어려운 말을 하자면, 왜 카오스가 새로운 패러다임인가? 자연 속에 리듬과 순환이 있지만 이것이 불규칙해지다가 마침내 요동치기도 하지요. 난류의 소용돌이나 폭풍우를 동반한 난기류 같은 것이 예측하지 못한 자연 현상들이지요. 어디 자연 현상 뿐이겠어요? 현대인들은 경기의 호·불황, 환율의 등락, 전염병의 발생, 주식시장의 불안정 등을 경험하면서 살아가잖아요? 최근에 수천 배의 개발 이익이 발생한 대장동 사건도 일종의 혼돈 사건이지요. 과정이 오리무중이니까 결과도 전혀 예측 못한 혼돈의 결과를 가져온 것이지요. 세계적인 수준에서 볼 때, 9·11 테러랄지, 코로나의 대유행은 또 어떻고요. 이런저런 현상들이 왜 일어나며, 또 언제 어떻게 일어나는지를 이해하려고 노력하는 것이 혼돈 궤적을 바라보는 인간들의 시선인 것입니다. 미래의 궤적을 알기 위해서죠.

카오스 이론의 암시를 던진 것이 바로 나비 효과예요. 이것은 1961년

MIT의 기상학 교수였던 에드워드 로렌초가 기상 관측을 하다가, 초기의 미미한 변화가 이후에 엄청난 결과를 낳을 수 있다고 정립한 이론이에요. 예컨대 북경의 나비가 날갯짓을 하자 아메리카 대륙에 폭풍우를 초래하는 것. 비유하자면, 콧구멍 터럭 하나 뽑는데 온몸이 요동치듯이 재채기하듯이 말예요. 카오스 이론은 나비 효과처럼 불확실성과 우연성을 강조하는 이론적 가설입니다. 예측이 가능하지 않은 미래상이 현실로 다가올 수 있는 지금의 시대 상황과도 긴밀한 호응 관계를 맺을 수 있겠습니다. 이 카오스 이론의 창시자는 일리야 프리고진입니다. 노벨 화학상을 수상한 석학이지요. 그의 저서인 『혼돈으로부터의 질서(Order out of Chaos)』는 이미 오래 전에 우리말로 번역되기도 했어요. 고전 물리학에서는 가역적이고 결정론적인 안정 시스템을 연구 대상으로 삼았지요. 비가역성과 무질서의 개념은 예외적인 것으로 보았지요. 고전 물리학의 상징적인 존재인 뉴턴은 내일 우산을 들고 나갈지 그냥 나갈지조차 예상하지 못하면서 확실성과 필연성을 주장했다지요. 일리야 프리고진은 비가역성이 비정상이 아니라 가역성이 정상이 아니라고 보았지요. 그의 사고는 질서의 동역학에서 혼돈의 열역학이란 개념 틀을 이끌어냅니다. 저는 이 대목에서 나의 전공 쪽으로 발 빠르게 장면을 전환해볼까, 합니다. 좀 느닷없습니다만, 이상의 난해시인 「이상한 가역반응」을 한번 살펴볼까요? 이 시의 중간 부분을 인용하겠는데요, 인용한 출처는 제가 소장하고 있는 임종국 엮음의 『이상전집』(1972)에서입니다.

직선은 원을 살해하였는가.

현미경
그 밑에 있어서는 인공도 자연과 다름없이 현상(現象) 되었다.

같은 날의 오후

　물론 태양이 존재하여 있지 아니하면 아니 될 처소에 존재하여 있었을 뿐만
아니라 그렇게 하지 아니하면 아니 될 보조(步調)를 미화하는 일까지도 하지
아니 하고 있었다.

　먼저 이 시의 제목을 봐요. 이상한 가역반응이지요. 가역반응이 뭐예
요? 화학적 평형이 유지되고 있는 반응이에요. 화학반응식, 있잖아요?
수소와 산소가 반응하면 물이 생성된다는 것. 이때 서로 다른 화살표 방
향이 위아래로 나란히 그려지는 것을 가역반응이라고 합니다. 정반응과
역반응이 동시에 일어나는 것을 가역반응이라고 해요. 그런데 시인 이
상이 이상한 가역반응이라고 했으니, 이것은 비가역성의 개념인 것이지
요. 화학적인 역반응의 공식에 들어맞지 않음을 말하고 있어요. 얼핏 보
기에, 이 시의 이상한 가역반응이 한일합방으로 연상되기도 해요. 화학
적 혼합이 아닌 인공적인 결합임을 암시하고 있는 그런 연상 말이에요.
조선은 한일합방을 한 지 20년이 지나도 여전히 정치적인 혼돈 상태에
빠져 있다는 것. 자, 그건 그렇고, 다시 돌아가 봅시다. 비가역성은 카오
스예요. 그래서 이 시는 카오스 이론으로 풀이해볼 수 있습니다. 물론
이상이 살던 시대에는 카오스 이론이란 게 없었지만 말예요.

　인용한 시를 보세요. 직선은 원을 살해하였는가. 이상 특유의 섹슈얼
한 이미지를 연상시키네요. 남자가 여자를 범했다는 것. 하지만 저는 이
직선을 뉴턴 이래의 과학인 선형의 세계라고 보겠어요. 물론 원은 비선
형의 세계지요. 현대의 과학자들은 자연계에 선형보다 비선형의 현상이
더 많이 나타난다고 해요. 특히 거시적인 세계에서 미시적인 세계로 옮
아갈 때 더 그렇다지요? 여기에서 현미경은 미시적인 세계에 대한 함의
가 아니겠어요? 인공은 인위적인 것, 가역적인 것, 결정론적인 것. 반면

일제강점기의 모더니스트
문인인 이상의 모습. 1930
년대에 초현실주의 시의 난
해성으로 유명했다.

에 자연은 자연적인 것, 비가역적인 것, 혼돈적인 것. 전자가 질서, 즉 코스모스의 세계라면, 후자는 혼돈, 즉 카오스의 세계입니다. 질서도 혼돈처럼 현상이 된다는 거지요. 현상은 본질의 반대말이에요. 그러니까 질서도, 뉴턴 역학도 본질이 아니라는 얘기입니다.

이상의 인용시 중에 '보조'라는 말이 나오잖아요? 이 시어를 잘 살펴보세요. 무엇을 의미할까요? 인간과 자연, 인공과 자연의 조화를 가리킵니다. 보조를 미화하는 일을 하지 않는다? 이상도 그렇게 생각했을까요? 고전 역학, 고전 물리학의 결정론적 가역성을 통해 인간과 자연의 대화가 이루어질 수 없다는 사실을 말입니다. 그런 생각이 없었다고 해도, 뭔가 신기하게 맞아떨어지잖아요? 왜 질서의 원리나 법칙으로써 (이것을 잠정적으로 근대성이라고 해 둡시다.) 인간과 자연의 조화를 이룰 수 없다고 보았을까요? 비선형과 비평형의 세계에서는 미시적인 요동의 효과로 인해 거시적인 무산(霧散) 구조가 형성될 수 있기 때문이지요. 오늘날의 관점에서 볼 때, 자연과학의 비가역적(혼돈적)인 접근 방식은 자연 현상뿐만 아니라, 사회문화의 현상에도 영향을 줍니다. 이런 점에서 볼 때 이상은 근대 이후의 세계 계열 속에 생각이 미친 게 틀림이 없어 보입니다.

그의 소설 「날개」의 지적인 프롤로그 부분에 등장하는 '두 개의 태양'을 주목하지 않을 수 없습니다. "나는 또 여인과 생활을 설계하오. (……) 그런 생활 속에 한 발만 들여놓고 흡사 두 개의 태양처럼 마주쳐다보면서 낄낄거리는 것이오." 저는 이 두 개의 태양을 가리켜 언젠가 자아의 이중성과 분열이라고 새기기도 했는데 이제는 한 걸음 더 나아가야 하겠습니다. 비유하건대, 시편 「이상한 가역반응」에 등장한 태양이 질서의 동역학(dynamics)이라면, 소설 「날개」에 등장한 두 개의 태양은 혼돈의 열역학(thermodynamics)이라고 해야겠어요. 이것은 극단적인 카오스 상태에 대한 비유 내지는 상징이라고 하겠지요. 앞에서 얘기한 요하임 부블라트의 『카오스와 코스모스』에 두 개의 태양에 대해 이렇게 설명하고 있어서, 시대와 불화를 일으킨 이상이 상상한 두 개의 태양이 지닌 자아의 분열상, 세계의 혼돈상을 이해하는 데 도움이 될 듯싶습니다. 인용한 책의 면수는 133쪽에서 134쪽에 해당합니다.

태양계 안에 하나가 아닌 두 개의 태양이 존재한다는 가정에서 출발하여 지구가 그 두 개의 태양 둘레를 어떻게 운동할 것인지를 그리는 것이다. (……) 컴퓨터 모의실험은 지구가 두 개의 태양을 떠나서 무한한 우주 속으로 표류해 나가버릴 수도 있다는 사실을 보여준다. 두 개의 태양을 가진 세계에서 살아간다는 것은 끔찍한 생각이다.

두 개의 태양이 공존한다는 가설을 과학적으로 규명하자면, 지구가 무한한 우주 공간 속으로 표류한다는 것. 결국 모든 게 초토화되어버린다는 셈이죠. 신라 향가에도 두 개의 태양 모티프가 등장해요. 월명사가 지은 「도솔가」이지요. 서기 760년에 하늘에 갑자기 해가 둘이 떠서 10여 일간 없어지지 않았다는 것. 세상이 카오스에 빠졌는데, 정치외교학적으로 볼 때 신라 내부의 쿠데타 예감, 안록산 등이 일으킨 중국의 내란, 또 일본과 발해의 전쟁 위협 등이 그 요인으로 보입니다. 천문 현상으로는 비슷한 시기에 맨눈으로도 9개월 동안 혜성을 볼 수 있었고, 햇무리 현상도 배제할 수 없다는 설이 있습니다. 원인과 현상이 무엇이든 간에 결코 상서롭지 못한 괴변의 카오스 상태라는 데는 이의가 없을 것 같군요.

저는 이상으로 지금까지 이번 강의의 첫 번째 키 워드인 카오스에 관해 얘기했습니다. 다음은 코스모스입니다. 카오스의 상대 개념이 되겠지요. 카오스에 대응하는 개념인 코스모스는 우주의 질서를 뜻하는 그리스어입니다. 우주에는 질서가 있고 조화를 유지합니다. 이 조화는 이상이 앞서 말한 대로 '보조'가 될 것입니다. 만물은 모든 게 시간과 속도를 맞추고 있지요. 해와 달과 별은 언제나 규칙적으로 움직입니다. 우리는 천문(天文), 즉 하늘의 무늬가 질서 있게 널려 있음을 늘 깨달았지요. 영화 「천문」에서 세종과 장영실이 서로 대화를 나누는 걸 봐요. 영화 속의 세종과 장영실은 밤하늘의 별을 좋아하는 데 서로 공감합니다. 종일 내려다보아야 하는 왕에게 올려다볼 밤하늘이 있다는 게 너무 좋았고, 고개만 들어도 혼이 나는 천출의 신분으로 밤하늘을 올려 보아도 뭐라고 말을 하지 않고 오히려 말을 거는 것 같은 별들이 좋았기 때문이지요. 우리는 하늘의 무늬를 음양오행의 질서로 보았습니다. 음은 달이요, 양은 해. 태양계 행성은 오행에 따라 이름을 지어주었지요. 화성, 수성, 목성, 금성, 토성 말예요. 일월영측에다, 진수열장이라. 태양계 너머의 더 광막한 외계, 저 밤하늘에 무리지어 얽히고설킨 무늬를 보세요. 이얼마나 조화롭고 질서정연합니까?

여러분, 변화(變化)란 낱말을 알죠? 변화는 '음변양화'의 준말, 즉 달이 변해 해가 되었다는 관념이에요. 동양적인 사고에 의하면, 우주는 음과 양이 맞물려 있는 거대한 태극체를 형성합니다. 말하자면, 양의 과정에서는 팽창하면서 물질과 에너지를 흩고, 음의 과정에서는 수축하면서 물질과 에너지를 모읍니다. 꽤 오래 전이네요. 1996년에, 일리야 프리고진이 우리나라에 와서 과학과 철학 분야 등의 국내 석학 등과 좌담회를 가졌어요. 그는 이런 말을 했어요. 중력장은 음의 에너지를 가지고 있고, 비가역 과정에 의해 양의 에너지로 변환된다고요.(『과학사상』, 1996, 여름호, 47쪽, 참고.) 방금 앞에서 제가 말한 동양적 사유의 음변양화론과 비슷하지 않나요? 해와 별이 계절과 식량과 기후를 다스리지만, 달은 바다의 조수간만과, 여러 동물의 생활 주기, 또는 여성의 생리 현상을 다스리지요. 이 현상의 주기를 가리켜 멘스(menstruation)니 월경(月經)이니 달거리니 하는 까닭도, 어원이 문(moon)·월(月)·달에서 나온 것에 있잖아요? 우주의 시공간이 소위 음변양화하는 과정 속에서, 우리는 농사 짓는 일에 해와 관련되는 24절기를 이용했지만, 그 밖의 생활과 습속은 달, 즉 음력을 주로 이용했어요. 우리나라 사람은 예로부터 해보다 달을 기본으로 생각한 것 같아요. 이런 점에서, 우리는 아폴로 문화권이라기보다 다이애나 문화권에 속한다고 할 수 있어요.

달은 남녀관계와도 깊은 관계가 있어요. 이것이 연애와 성욕의 유인성이 강한 것인지, 예로부터 고전으로 전해온 문학과 예술 속에 남녀의 사랑을 소재로 삼은 것들이 적지 않지요. 조선 후기에 그려진 신윤복의 「월하정인」의 은밀한 분위기를 보세요. 달빛 속의 사랑은 밀애가 대부분입니다. 저는 코로나 시대에 외출도 잘 되지 않고 있으니, 집에서 대중가요를 듣는 일이 부쩍 많아졌어요. 요즘 유튜브를 통해 반복해서 듣는 노래가 있어요. 김영흠과 조연호의 「보름달」과 은가은의 「서울의 달」을 말예요. 이 노래들은 원곡을 재해석해 소울 풍으로 부른 것이에요. 오래 전부터, 전 소울 풍의 노래를 좋아하거든요. 간단하게 들을 수 있으니, 여러분도 이 노래가 어떤 노래인지 들어보세요. 달의 인력이 남녀의 사랑을 끌어당기는 것 같아요. 남녀의 사랑도 만유인력이 아닐까요? 제 상상력이 너무 멀리 나갔나요?

내 나이 열두 살 때인 1969년의 7월 20일은 지금도 기억이 생생해요. 하루 전의 신문에는 인간이 이태백이 놀던 달을 간다고 야단들이었어요. 시인 이태백이 술에 취해 달을 붙잡으려고 물에 뛰어들어 죽었다고

신윤복의 풍속화 「월하정인」에 반영되어 있는 비밀스러운 사랑의 이미지.

하잖아요? 이 가짜뉴스가 현대인들에게까지 전해져 전설이 되었어요. 여름 방학 며칠을 앞두고 임시 공휴일이었죠. 인류가 처음으로 달의 표면에 발을 딛는 역사적인 날. 전 세계에 위성으로 생중계되었지요. 이때부터 걸핏하면 사람들 사이에 '달나라 가는 세상인데……' 하는 말이 생겨났어요. 그때 우주비행사 세 사람 중에서 달에는 갔지만 달의 표면을 밟지 않고 우주선을 지키고 있던 사람이 있었지요. 마이클 콜린스. 그는 훗날 그때의 상황을 묘사하고 서술한 두꺼운 책 『달로 가는 길』을 내었지요. 일종의 기록문학이라고 하겠지요. 달에 도착한 소회와 감회를 이렇게 썼어요. 한국어판 493쪽에서 494까지 따온 내용입니다.

외롭지 않다는 말은 아니다. 고독은 불가피하다. 달 뒤로 넘어가는 순간 지구와 무선통신까지 끊기면서 외로움은 더 깊어진다. 나는 혼자다. 진정 혼자다. 이 공간에서는 세상에 알려진 그 어떤 생명체와도 단절되어 있다. 내가 유일한 생명체다. 만일 인류의 숫자를 세어 보라고 한다면, 30억 외에 달 반대편에 둘,

그리고 이쪽에 오직 신만이 아는 한 사람을 더해야 하리라. 혼자라는 느낌은 강하지만, 두려움이나 외로움보다는 자각, 기대감, 만족, 확신, 환희에 더 가깝다. 그 느낌도 마음에 든다. 그것만으로 충분하다. 달이 있어야 하는 공간은 오롯이 어둠뿐이다. 별의 부재가 달의 존재를 규정한다. 지구에서의 경험과 비교하자면, 어느 칠흑 같은 밤, 태평양 한가운데서 혼자 작은 범선을 타고 있는 것과 같으리라.

우주는 신화에서 비롯해 과학으로 정착합니다. 우주가, 우주의 질서가 태초의 혼돈에서 탄생했다는 것은 원초적이요, 원형적입니다. 성경의 창세기, 고대 그리스인들의 신화, 하늘에 거대한 짐승이 있다고 여긴 고대 이오니아인들⋯⋯. 우주 자체가 신비롭기에, 점성술이 생겨나는 건 당연하지요. 점성술은 천체를 보고 길흉화복을 점치는, 이를테면 학문 이전의 세계입니다. 이에 반해 천문학은 천체의 위상과 운행을 탐구하는 학문의 세계죠. 고중세의 점성술은 현대 천문학의 조상이라고 하겠지요. 1969년에 인류가 달나라를 처음 밟은 것은 문명의 거대한 한 걸음이요, 천문학의 위대한 개가(凱歌)라고 하겠지요. 마이클 콜린스의 소회와 감회는 마치 승리의 노래처럼 아련히 들려옵니다.

여러분. 우리나라도 올해(2022) 8월에, 곧 한국형 '달 궤도선'을 띄운다고 합니다. 계수나무 아래 옥토끼가 떡방아를 지을 그곳으로 말예요. 그런데 아직 그 우주선의 이름도 짓지 못했다고 하네요. 중국은 달 탐사선의 이름을 달의 여신인 '창어(항아)'라고 했고, 일본은 전래 동화 속의 '가구야 공주'라는 이름을 주었다는데, 우리는 어떤 이름이 좋을까요? 해와 달의 신화와 관련지을 때, 『삼국유사』 속의 연오랑과 세오녀, 서사무가 「일월본풀이」 속의 궁상이와 해당금이를 연상시킬 수가 있겠네요. 세오(細烏)라는 한자어보다, 해당금이는 더 좋겠네요. 아니면, 문득 떠오르는 게 있는데, 비록 한자어라고 해도 친숙한 느낌의 '월궁각시'는 또 어떻고요? 여러분. 달의 동화적인 이미지는 달나라가 아니에요? 달나라가 있으면, 별나라가 있잖아요? 별나라 너머에는 별들이 무리를 지어 강물처럼 흐른다는 은하수가 저 멀리 있지 않아요? 푸른 하늘 은하수, 하얀 쪽배에……이런 노랫말의 동요가 있잖아요? 근데, 은하수를 본 일, 있어요? 방학이 되면, 공기 좋은 맑은 여름밤에 지리산이나 한라산 기슭에서 하루를 보내세요. 은하수를 볼 거예요. 20세기 중반까지만 해도 천문학자들은 우주에 하나의 은하계만 있는 줄 알았어요. 즉 우리 은하수 은하 말예요. 하지만 우주의 광막한 어둠 속에는 천억 개가 넘는 엄청난 수의 은하들이 널려 있대요. 상상을 초월할 정도의 규모의 우주계랍니다.

은하수를 가리켜 영어로 '밀키 웨이(milky way)'라고 하지요? 우리말로는 젖의 길. 아테나 여신이 아테네인들이 숭배하는 여신이듯이, 헤라(주노) 여신은 에게 해의 사모스 섬, 우리 거제도의 1. 25배인 이 섬의 수호신이었어요. 먼 과거에 여기에 헤라 신전도 있었어요. 올림피아의 제우스(주피터) 신과 결혼해 첫날밤을 보낼 때, 헤라의 유방에서 뿜어져 나온 젖이 밤하늘에 뿌려져 빛나는 띠가 형성되었는데, 이게 은하수인 밀키 웨이라는 거예요. 아까 말했듯이 옛 사람들은 밤하늘에 거대한 짐승이 존재한다고 여겼다는데, 남아프리카 내륙에 있는 보츠와나공화국, 남한의 여섯 배 면적을 가졌지만 인구가 고작 2백만에 지나지 않은 이 나라의 쿵족은 은하수를 가리켜 '밤의 등뼈'라고 한답니다. 우리나라 사람들 중에도 은하수를 두고 '미리내'라고 했다고 하잖아요? 미리는 미르. 즉 용의 토박이말입니다. 한자어로 말하자면, 용천(龍川). 밤하늘에 용이 존재하는 거대한 냇물이 저 은하수라는 거예요.

우주, 즉 코스모스에는 두 개의 세계가 존재합니다. 하나는 대우주이며, 다른 하나는 소우주입니다. 대우주가 별과 은하의 세계라면, 소우주는 작디작지만 가시적인 세계나 육안으로 볼 수 없는 비가시적인 미시 세계를 말하지요. 가시적인 미시 세계는 이와 같은 거예요. 저는 1997년 초에 영원히 잊지 못할 영화를 보았지요. 허물을 벗는 곤충, 터뜨리는 꽃망울, 벌의 첫 날갯짓, 나비의 숨소리, 개미의 발자국 소리, 비 한 방울의 엄청난 격랑이 일렁이는 자연의 재난에 맞서 끈질기게 살아남고자 하는 개미……이 작디작은 모습이나 소리를 고성능 카메라에 세세하게 담은 「마이크로코스모스」는 특수 장비를 만드는 데 2년, 촬영기간이 3년에다 실제의 영화보다 40배 많은 네거필름을 가지고 편집에 들어가 완성한 것. 영상 리얼리즘의 위대한 승리에 값하는 기념비적인 기록영화예요. 저는 이 영화를 보고 감지했습니다. 이 작디작은 미물들의 뭇 생명체, 즉 중생에도 불성(佛性)이 있다고요. 더 말해 무슨 소용이 있겠어요? 비가시적인 미시 세계는 아주 복잡하고 정교한 구조물이 세포처럼, 미로처럼 형성된 것. 우리 인간으로선 그냥은 볼 수 없는 세계지요. 대우주를 매크로코스모스, 소우주를 마이크로코스모스라고들 합니다. 요즘 미국 사람들은 코스모스의 마지막 철자인 '-os'를 생략해 준말을 만들어서 매크로카즘(macrocosm), 마이크로카즘(microcosm)이라고 발음하기도 해요. 17세기 초에 네덜란드에서 망원경과 현미경이 개발됨으로써 이처럼 우주를 대우주와 소우주로 나누어서 보는 관점이 정립된 것 같아요.

별과 은하의 세계를 다룬 대우주로서의 코스모스는 칼 세이건이 주도한 TV다큐멘터리에 의해 대중적으로 유명해졌지요. 우리나라에도 1980년에 연속물로 방영되었었지요. 저 역시 드문드문 봤지만 40년이 지난 지금으로선 별로 기억이 남는 게 없군요. 더욱이, 그 당시만 해도 천문

Selection Officielle Cannes 1996
Grand Prix de la CST

MICROCOSMOS
Le peuple de l'herbe

기록영화 「마이크로코스모스」는 프랑스·스위스·이탈리아 합작영화이다. 제49회 칸영화제에서 기술대상을 받았다.

학에 전혀 관심이 없었으니까요. 지금에서야 그때 그 필름을 다시 보고 싶지만, 쉽게 볼 수 없네요. 칼 세이건은 1934년에 미국에서 우크라이나 이주 노동자의 아들로 태어나 세계적인 천문학자, 세기의 지성으로 살다가 갔어요. 우크라이나는 지금 전쟁 중이잖아요? 한 천문학자가 그를 두고 선동가요 엔터테이너로 혹평한 바 있었지만, 혹평한 사람이 그의 존재감에 전혀 미치지 않아요. 칼 세이건의 저서인『코스모스』도 유명하잖아요? 대중으로부터 사랑을 받아온 이 천문학 책은 한국어판 면수만 해도 719쪽이 됩니다. 저는 이 책을 두 권이나 갖고 있어요. 서울과 부산을 오가면서 틈이 나는 대로 여기저기에서 만지작거리고 있지요. 저는 이 두꺼운 책『코스모스』에서 단 한 개의 문장을 선택하라고 한다면, 다음의 문장을 선택하겠어요. 제가 생각한 토픽 센텐스예요. 칼 세이건이 생각한 중심관념과 다르게 헛다리 짚었을 수 있지만요. "진동 우주에서 코스모스는 시작도 없고 끝도 없으며 끝없이 반복되는 생과 멸의 중간에 자리할 뿐이다."(518쪽) 진동 우주란, 팽창과 수축이 되풀이한다는 관점에서 본 우주입니다. 이 우주는 무시무종이요, 불생불멸이라. 상당히 불교적인 감성을 자극하는 표현이네요. 보다시피, 서양인 천문학자의 우주관 치고는 상당히 동양적인 웅숭깊은 지혜를 머금고 있네요. 우주의 탄생과 종말이 분명하다고 보는 게 기독교적인 우주관이라고 하지 않겠어요?

제가 이 책을 제대로 읽었는지 알 수 없지만, 칼 세이건은 미래의 하늘에 천상의 바람을 잘 탈 수 있는 돛단배(우주탐사선)들이 돌아다닐 것이라고 예언한 요하네스 케플러나, 행성의 동향과 우주의 조화를 알 수 있게 하기 위해 범우주적인 성격의 보편 법칙인 만유인력을 발견한 아이작 뉴턴보다, 고대의 역사 인물에 더 관심을 가진 것으로 보입니다. 여러분. 수학 공식으로 유명한 피타고라스(Pythagoras)를 잘 알고 있지요. 수학자이면서 철학자이기도 하구요. 에게 해의 사모스 섬 출신의 사람이에요. 아까 말했듯이, 고대에 헤라 여신의 신전이 있었다는 곳. 이 섬은 그리스 본토에서 멀고 터키와 가까운 인구 4만의 작은 섬이에요. 그는 수학적 논증이 인간 지성이 도달할 수 있는 최상의 순수 인지의 세계라고 믿었지요. 이 논증 체계야말로 코스모스였습니다. 그는 지구가 둥근 형태의 것임을 알았던 최초의 인물이었지요. 미리 공지했던 제 강의록을 잘 살펴보세요. 칼 세이건의 저서 『코스모스』(한국어판 : 364~5쪽)에서 다음과 같이 인용해 볼 게요.

> 피타고라스는 지구가 공과 같이 둥글다고 추론한 역사상 첫 번째 인물이었다. 달이나 태양의 유사성에서 주목했거나, 아니면 월식이 일어날 때 달에 비친 지구의 그림자가 원형이라는 사실에 근거하여, 지구가 둥글다는 추론을 했을 것이다. 또는 사모스 섬을 떠나는 배가 수평선 너머로 사라질 때 시야에서 마지막으로 사라지는 부분이 돛대라는 점도 지구가 구형이라는 추론의 근거가 됐을 것이다. (……) 그리고 '코스모스'라는 단어를 처음 사용한 이도 바로 피타고라스였다. 그는 우주를 '아름다운 조화가 있는 전체', 즉 코스모스를 봄으로써 우주를 인간의 이해 범주 안으로 끌어들였던 것이다.

피타고라스의 학설을 추종하는 후대의 학자들을 두고 피타고라스학파라고 합니다. 이 학파의 학자들은 구를 완벽한 존재의 상징으로 믿어왔어요. 우주는 곳곳마다 조화로운 비율로 꾸며져 있다고 보았을 거예요. 이런 사고는 먼 훗날 케플러에게도 적잖은 영향을 끼쳤다고 합니다. 지구가 구형이라는 사실 때문에, 오늘날의 우리가 한반도에서 올려다 본 밤하늘에 북두칠성이 떠 있으며, 반면에 호주에서 올려다 본 밤하늘에 남십자성이 떠 있다는 사실을 분간할 수 있게 하는 것입니다. 지극히 평범한 이 사실을 우리 인간에게 깨닫게 해준 사고의 기원과 같은 것이라고나 할까요? 무려 2천5백 년 전이라고 하니 실로 놀랍지 않나요?

피타고라스가 죽은 후에 태어난 이 중에서 칼 세이건이 주목한 인물은 데모크리토스(Democritos)입니다. 그는 에게 해의 북안에 위치한 옛 그리스 도시인 아브데라 출신이었어요. 이 도시는 경제적으로나 문화적 으로 융성한 곳이 아니라고 해요. 교통이나 유통의 중심지도 아닌 것 같 구요. 여기에서 태어난 그는 그리스어로, 더 이상 쪼갤 수 없다, 라는 뜻 의 아톰(atom), 즉 원자의 개념을 창안했다고 합니다. 비가시적인 미시 의 세계는 기원전 4세기경의 그에게로 거슬러 오른다고 하니, 얼마나 대단한 일입니까? 칼 세이건은 그에 관해 이렇게 얘기했어요. 앞과 같 은 책 359쪽입니다.

(데모크리토스는) 소크라테스를 만나러 아테네까지 갔지만 부끄러운 나머 지 자기소개도 하지 못했다. 그는 히포크라테스와 절친한 사이였으며, 물질계 의 아름다움과 우아함을 경외했다. 데모크리토스는 독재 아래의 부유한 삶보 다 민주주의 사회에서의 가난한 삶을 택하겠노라고 했다. 그는 자신의 시대를 지배하던 종교들을 모두 악이라고 판단했으며, 불멸의 영혼이나 불멸의 신 따 위는 존재하지 않는다고 확신했다. "원자와 빈 공간을 제외하면 아무것도 없 다."

데모크리토스는 여자와 섹스에 관한 한, 담을 쌓고 살았대요. 이성(異 性)의 눈이 아닌, 이성(理性)의 눈으로 무한의 심연을 꿰뚫어보았던 것이 지요. 은하수가 별들의 집단을 이룬 것이란 사실도, 모든 물질이나 물체 가 복합하게 얽힌 원자의 집합이란 사실도 꿰뚫어보았던 것이지요. 그 는 거시적인 우주의 세계 못지않게 미시적인 우주의 세계가 있다는 것 을 알았던 것입니다.

우리나라 시인 중에서 천체를, 특히 별을 특히 좋아한 시인이 있었지 요. 윤동주 시인 말이에요. 시인 윤동주의 그리 많지 않은 시 중에서 별이 시에 소재로 등장하는 경우는 13회, 산문에는 3회, 그러니까 모두 16회예요. 그는 별의 시인이라고 할 수 있겠죠. 그의 시를 가장 대표하는 시는 「별 헤는 밤」입니다. 연희전문학교에 재학하는 기숙사 학생들이 초여름 초저녁에 식사를 한 후에 잔디밭에 누워 밤하늘의 별을 세어보는 일을 했다는 증언도 있었습니다. 이 증언과 관련시킨다면, 이 시는 1940년 오뉴월에 경성 도심을 벗어난 신촌 밤하늘을 올려 보면서 시심을 가다듬었다가 2년 후에 학교에서 그다지 멀지 않은 곳에서 하숙 생활을 할 때 적은 것으로 보입니다.

이 시를 보면, 주역과 한글 창제의 원리가 되는 천지인 3재(才)의 기본 바탕을 잘 보여주고 있습니다. 이 시에 등장하는 하늘과 땅과 사람은 각각 시간과 공간과 인간을 가리킵니다. 모두가 사이 간(間) 자를 쓰고 있듯이, 하늘과 땅과 사람 모든 것이 간적 존재입니다. 계절이 지나가는 하늘과 가을로 가득 차 있는 하늘에는 시간적인 추이가 있고, 별빛 내리는 언덕과 내 이름자 묻힐 언덕에는 공간적 틈새가 있고, 나와 어머니는 서로 떨어져 있어도 사이(인간관계)가 매우 좋습니다. 데모크리토스가 그랬듯이, 거시적인 세계에는 빈 공간이 있고, 미시적인 세계에는 원자가 있습니다.

천문학의 관점에서 본 별이 도대체 무엇일까요? 천문학에서의 별은 행성·위성·혜성을 제외한 (스스로 빛을 내는) 천체를 의미합니다. 그렇다면, 별이란 광막한 우주 공간에 흩어져 있는 막강한 힘을 가진 보통명사 태양이고, 우리가 아는 고유명사 태양은 지구에서 가장 가까운 별입니다. 우리의 개념과 상식을 넘어서는 얘기로군요. 빛나는 별 중의 별인 금성이 별이 아니라뇨. 생물학에서 대나무를 나무가 아니라 풀이라고 하는 것처럼 말예요. 금성은 저녁에 서쪽에서 떠서 새벽에 동쪽으로

진다고 하지요. 그래서 서양인들은 금성을 저녁별이라고 하고, 우리는 새벽별이라고 하지요. 토박이말로는 같은 의미의 샛별이요, 한자로 말하자면, 새벽 효 자 효성(曉星)인 거지요. 금성의 환경이 생지옥이라서 아름다운 이미지의 샛별공주를 무색하게 합니다. 화성은 금성만큼 생지옥은 아니라지요. 태양계 행성 중에서 지구와 가장 유사한 환경을 보여주는 게 화성이라고 하잖아요? 수십 억 년 전에 화성은 지표에 물이 흐르는 환경이었다나, 어쨌다나. 어릴 때 만화 마니아였던 제가 만화를 보면 화성인을 상상한 공상과학적인 얘기들이 많았어요. 누구는 화성의 극지방에 1만 개의 수소폭탄을 터뜨리면 단시간에 화성을 지구로 바꿀 수 있다고 하네요. 글쎄요. 미국항공우주국에서 40년 넘게 재직한 물리학자 제임스 그린은 최근에 은퇴하면서 기자회견을 가졌대요.(2022. 1. 2.) 화성을 지구화하는 게 실현가능하다고요. 그 방법에 관해 이런 저런 얘기를 했다는데, 문외한인 저로서는 쇠귀에 경 읽기지요.

별의 시인인 윤동주는 별뿐만 아니라 달과 해도 넘나들었어요. 우주적 상상력의 천체 시인이랄까. 하지만 그는 이런 거시적인 세계에만 상상의 나래를 펼친 건 결코 아니에요. 작디작은 미시의 세계에도 상상력의 촉수가 미치고 있습니다. 대표적인 시 한 편을 고르라면, 저는 동시 「산울림」을 꼽겠어요. 오늘날의 관점에서 볼 때, 그는 천문학의 대상이 되는 대우주에만 관심을 둔 게 아니라, 분자생물학의 관심이 되는 소우주에도 관심을 두었다고 할 수 있겠습니다. 그럼 이 시의 전문을 읽어볼까요. 동시니까, 형식적으로는 단순하고, 내용적으로는 천진합니다. 동시의 조건은 이처럼 단순성과 천진성에 있지 않겠어요?

까치가 울어서
산울림.

아무도 못 들은
산울림.

까치가 들었다
산울림.
저 혼자 들었다
산울림.

윤동주는 청소년 시절에 중학교, 즉 지금의 고등학교를 세 곳을 옮겨 다니면서 혹독한 방황의 계절을 보냈어요. 질풍노도의 시기라고 하겠지 요. 특히 평양 숭실중학교 시절에는 신사참배를 반대하는 운동에 가담 했지요. 증언에 의하면, 평양 시가지에서 일경과 주먹다짐까지 할 정도 로 험악한 한 때를 보냈지요. 그의 청소년 시기에 남은 거라곤 민족의식 에 대한 눈뜸이랄까요. 그가 1938년 4월에 연희전문학교에 입학하면서 비로소 마음의 안정을 찾았지요. 그가 아침에 잠을 깨면, 언덕과 야산과 모악산으로 둘러싸인 기숙사에서 온갖 새들의 지저귐을 들었을 거예요. 특히 우리나라에는 까치가 많잖아요.

사람은 사람의 목소리를 메아리로 들을 수 있지만, 사람은 까치소리 를 들어도 이것을 산울림으로 들을 수 없다는 것. 까치소리의 산울림은 청각적으로 재현할 수 없는 미시의 세계, 미지의 세계예요. 시심이니 상 상력이니 하는 것은 이와 같이 좀 엉뚱한 발상에 있어요. 까치가 까치소 리의 산울림을 들을 수 있다는 것은 알고 보면 인간의 상상력에 지나지 않아요. 이처럼 상상력의 촉수가 미치는 곳에 시와 예술과 과학이 존재 합니다. 어쨌든 시인은 사람의 목소리인 메아리와 까치소리의 산울림이 전혀 다른 성격의 것으로 보고 있네요. 까치소리의 산울림은 사람은 못

듣고, 왜 까치만이 들을 수 있을까요? 결론을 말할게요. 사람과 까치의 DNA구조가 다르기 때문이지요.

제 경험담입니다. 1990년대 초, 그러니까 제가 강사 시절의 얘기입니다. 신입생 교양 강의를 많이 했지요. 그때는 젊었을 때라, 학생들과 친숙한 편이었어요. 한 여학생이 재일교포라기에 잠시 얘기를 나눈 적이 있었지요. 일본에서 여고를 갓 졸업하고 국내 대학교에 입학한 이 여학생은 한국어와 일본어는 물론 영어도 잘 한다고 들었어요. 생김새가 왠지 모르게 일본 애 같았어요. 잘 구분이 안 되지만 섞여 있으면 왠지 모르게 일본 사람 같다는 느낌이 전해 와요. 물어보니, 실은 아빠가 일본 사람이랬어요. 서양 사람들은 한국인과 일본인을 전혀 구분하지 못하잖아요? 우리도 독일인과 네덜란드인을 잘 구별하지 못하잖아요? 한국 사람과 일본 사람은 백인이나 흑인에 비해 DNA구조가 상대적으로 훨씬 유사하기 때문에 두 나라 사람끼리는 서로의 다름을 때로 감지할 수 있다는 겁니다. 말하자면, 서로가 비슷하기 때문에, 미시적인 접근이 가능하다는 거죠. 까치가 까치소리의 산울림을 들을 수 있다는 사실도 이 가설에 근거하는 건 아닐까요?

유전 정보는 단순한 화학 반응의 집합이 아닙니다. 그 자체로 해독하기 무척 어려운 정보예요. 생명체의 유전 부호랄까, DNA구조를 밝히는 최소 단위가 있어요. 코돈(codon)이라고요. 단백질을 합성할 때 하나의 아미노산을 지정하는 단위로서, 이론적으로는 예순 네 가지의 코돈까지 가능하대요. 제게 전혀 딴 세상 얘기지만, 분자생물학은 DNA의 분자 구조를 탐색하는 학문이라고 합니다. 이 코든 구조를 두고 아미노산 코드라고 하는데, 이 코드는 주역(周易)의 코드와 일치합니다. DNA 전사 조합의 64코돈(codon)과 역(易)의 64괘(卦)는 동일한 패턴의 연산 구조를 가지고 있습니다. 코돈이 생명체의 생명 원리라면, 역은 우주만물의 생성 원리예요. 서로가 모두 2진법 코드이기에, 일치하는 것이에요. 주역의 역은 우주를 본뜬 암호(도상) 체계입니다. 이런 점에서 역도 언어입니다. 점사(占辭)니 괘사(卦辭)니 할 때의 '사'가 한자로 말, 혹은 말할 사 자가 아니에요? 코돈이 신의 언어라면, 역의 괘는 수학적인 우주 언어랄까. 둘 다 단순한 언어라기보다 사람의 생명과 우주 생성의 비밀이 담긴 언어랄까요. 오묘한 밀어입니다. 어쨌든, 주역의 2진법 논리 구조는 다음과 같이 반복점진적인 배증 과정을 가집니다.

$$1$$
$$1 \times 2 = 2$$
$$2 \times 2 = 4$$
$$4 \times 2 = 8$$
$$8 \times 2 = 16$$
$$16 \times 2 = 32$$
$$32 \times 2 = 64$$

보는 바와 같이, 중괘(重卦)에 있어서 효(爻)가 여섯 개 놓일 때까지 2진적 배가를 진행하면, 64괘가 나옵니다. 1이 태극이라면, 2는 음양이죠. 4는 태음과 소음, 태양과 태음으로 나누어지면서 4상이 되는 것이죠. 또 4상은 8상으로 배증됩니다. 마침내 64괘가 완성되지요.

왜 주역인가. 혼돈 궤적 때문이에요. 이것은 미래의 궤적을 아는 데 전혀 도움이 되지 아니하는 궤적입니다. 인간은 미래를 알 수 없기 때문에, 고유한 법칙에 따라 우주를 정렬하기 시작합니다. 이때 혼돈은 정보의 통로로 간주되기도 하지요. 별자리를 우러러 보면서 미래나 운명을 점치는 것도 마찬가지예요. 황도12궁이 서양식 별자리라면, 28수(宿)는 동양식 별자리입니다. 별자리 수는 일반적으로 '잘 숙'이라고 해요. 하숙, 숙소, 숙박이라고 할 때 숙이죠. 머묾의 뜻을 가지고 있어요. 즉, 달이 하루를 묵어가는 자리이기도 하지요. 동 청룡, 서 백호, 남 주작, 북 현무의 4방위마다 7개의 별자리가 있다고 해요. 이 모두를 합하면, 스물여덟 가지의 별자리가 됩니다. 시간과 공간을 동시에 표시한 별자리가 바로 28수예요. 이 도안 체계를 변형한 것이 윷놀이 말판입니다. 이 말판에 말이 지나가는 점의 수는 모두 29가지입니다. 중간점 하나와 28점의 구조로 이루어진 것. 중간점이 북극성이라면, 28점은 28수이랍니다. 28수와 윷놀이와 야구 경기는 소위 '홈 커밍'의 구조를 가지고 있습니다. 윷놀이와 야구 경기는 한 치 앞을 예상하지 못하게 하는 구조이기 때문에, 사람들을 매우 흥미롭게 만들지요. 사람들은 저마다 혼돈 속에서도 승리의 질서를 바라 마지않습니다.

동양 사상은 본질적으로 혼돈 이론입니다. 제가 앞에서 암시한 바가 있었듯이 역(易)은 현대 카오스 이론에서 말하는 누진적 배증의 점진 과정과 유사한 구조를 가집니다. 『도덕경』은 천하 만물이 유에서 나오고, 유는 무에서 나온다고 했어요. 불교의 공(空)은 인간의 분석적 인식의 한계를 넘어선 직관적 혼돈의 세계상을 제시합니다. 이 모두는 마치 박테리아균이 스스로를 나누거나 자신을 복제함으로써 번식하거나 하는 혼란상이나 역설의 언어와 닮았습니다. 한마디로 말해, 동양 사상은 부분이 모여서 우주를 구성하는 데 있지 않고, 우주 전체가 곧 거대한 무(無)라는 데 있습니다. 이처럼 혼돈으로 인한 예측불가능성은, 역설적으로 말해, 숱한 질서의 가능성 영역으로 우리를 인도합니다. 요하임 부블라트도 『카오스와 코스모스』에서 혼돈의 속성이 무로부터 질서정연한 구조를 만드는 데 있다고 했어요. 자연에는 질서 있는 현상과 불규칙하게 변화하는 현상이 공존합니다. 이때 질서와 혼돈은 상보성(complementarity)을 가지게 되는 것이지요. 이것을 두고 질서 있는 혼돈, 결정적인 혼돈이라고 말하지요. 카오스와 코스모스의 합성어인 '카오스모스'가 이 대목에서 빛을 발하는군요.

현대 예술이 카오스모스의 융합 상태를 지향하는 사례의 조짐은 이미 오래 전부터 보여준 바 있었어요. 존 케이지와 잭슨 플록과 같이 반미학적이요 반예술적인 전위적인 예술가들에 의해서입니다. 존 케이지는 음악적 관심을 화성학보다 소음의 가능성에 기울였죠. 세기의 선객 스즈키 다이세츠로부터 선불교를 배운 그는, 삼라만상이 항상 변하게 마련이라는 사상을 담은 주역에도 심취합니다. 주역이 49개의 나뭇가지를 던져 64괘의 운세를 점치는 것이라면, 그는 나뭇가지 대신에 동전을 던져 음과 양의 조합을 만들고, 이 결과에 따라 음악을 작곡합니다. 그의 대표작은 가장 주역적인 성격의 음악인 「변화의 음악」(1951)입니다. 그의 예술에 대한 오마주는 바로 나왔지요. 백남준의 행위음악 「케이지에게 보내는 찬사」(1959)예요. 이 우연성과 불확정성의 미학은 잭슨 플록에게도 적용됩니다. 그는 물감 통을 때리면서 이것의 운동을 조절했어요. 무의식적인 몸놀림과 물감 통의 움직임이 만들어낸 그 흔적들이야말로 무의식이 발현한 창조적인 영감이랄까? 그의 추상화는 뭔가 말로 표현할 수 없는 창조적 메시지랄까, 감동 같은 걸 느낄 수 있습니다. 사소한 예측 불가능성의 무질서한 혼돈 속에서도 질서의 법칙성에 따른 큰 흐름이 스며있지요. 이렇게 무작위라고 여겨지는 시스템에서 뭔가 법칙성이 잠재해 있다는 거죠. 현대 예술의 카오스모스적인 국면이라고나 할까요.

중국사상사에서 카오스의 개념을 철학적으로 체계화한 개념 틀은 '무극이태극(無極而太極)'이에요. 북송 시대의 주돈이가 『태극도설』에서 말한 명제예요. 무극이 곧 태극이라. 무극은 하늘과 땅이 아직 나누어지기 전의, 이를테면 '혼돈의 극(edge of chaos)'이랄까요. 사물에 이치가 존재하는데, 천지만물의 이치를 총괄하는 것을 두고 태극이라고 합니다. 그는 무지중(無之中)에 지극지리(至極之理)가 있는 것을, 아무것도 없는 가운데 지극한 이치가 있음을 가리켜 태극이라고 했습니다. 주돈이로부터 성리학을 몇 단계를 넘어서 계승한 주희가 태극의 이론을 완성시킵니다. 중국의 저명한 학자 풍우란은 저서 『중국철학사』에서, 이것이 플라톤의 선(善)의 이데아, 아리스토텔레스의 신적(神的)인 순수 형상에 해당한다고 평가합니다. 요컨대 동양사상에 있어서의 태극은 혼돈으로부터의 질서, 질서 있는 혼돈의 상징이라고 하겠습니다.

우리나라의 국기는 태극기가 아닙니까? 중국의 태극과 한국의 태극은 비슷하면서도 다르다고들 해요. 중국의 역학자들은 한국의 태극기를 보고, '이건 태극이 아닌데……'라고 한다고 해요. 중국의 태극 사상은 질서 있는 혼돈이라고 하겠어요. 주역에서 우주 생명의 가치를 두고 '율려(律呂)'라고 했는데, 이것의 의미는 질서적 혼돈일 가능성이 크지요. 우리나라는 19세기에 이르러 한국형 태극이 철학적으로 논의됩니다. 19세기의 역학자 김일부는 소위 정역(正易)을 주장했지요. 주역을 체계화해 재해석한 일종의 신(新)역학, 즉 새로운 우주생명학이라고 하겠습니다. 그는 '율려'라고 하는 말 대신에, 글의 순서를 바꾸어 '여율'이라고 했습니다. 글쎄, 뭐랄까요? 혼돈적 질서랄까요? 동학에도 이와 비슷한 개념인 '혼원지일기(混元之一氣)'가 있대요.

시인이면서 사상가인 김지하는 우리 태극(기) 사상을 다음과 같이 해석한 바 있었지요. 흰 바탕은 순수와 동질성을, 태극은 우주 삼라만상의 근원이요, 음양, 즉 인간 생명의 원천을, 건곤감리(乾坤坎離) 네 괘상의 사상(四象)은 춘하추동의 시간과 동서남북의 공간에 대한 질서의 상징을 의미한다는 것이에요. 3월의 독립 정신과 4월의 민주화 정신은 범국민적으로 우리 미래상을 제시한 혼돈적 질서의 사건이 아닙니까? 짐 들뢰즈의 우주 개념에 의거하자면, 이 혼돈적 질서를 가리켜 '카오스모스'라고 합니다. 카오스와 코스모스의 합성어이지요. 카오스모스는 혼돈과 질서가 모순적이라기보다 상보적인 가치를 가진다는 시각에서, 코스모스의 한계를 카오스가 극복하고, 이것이 다시 코스모스로 변환하는 사유의 패러다임이라고 하겠습니다. 김지하는 이 카오스모스를 '흰 그늘'로 비유한 바 있었습니다. 흰 그늘은 한국형 태극이 아닐까요? 그의 흰 그늘의 시학에 잘 어울리는 시 한 편을 볼까요. 다음에 인용한 시를 볼까요. 김지하의 시편 「줄탁(啐啄)」에서 부분적으로 따왔습니다.

내가 타 죽은
나무가 내 속에 자란다
나는 죽어서
나무 위에
조각달로 뜬다

사랑이여
탄생의 미묘한 때를
알려다오

껍질 깨고 나가리
박차고 나가
우주가 되리

부활하리

선(禪)의 공안집인『벽암록』에 '줄탁동기(啐啄同機)'라는 말이 나옵니다. 병아리가 알에서 나오기 위해서는 새끼와 어미닭이 안팎에서 알의 껍데기를 동시에 쪼아야 한다는 얘깁니다. 병아리가 아직 태어나지 않았으니, 생명의 혼돈 상태에 빠져 있지요. 이와 같이 상호작용하는 혼돈을 가리켜 결정론적 혼돈이라고 해요.

저는 늘 그렇게 생각했지요. 우주를 닮은 시가 가장 좋은 시라고요. 김지하의「줄탁」이야말로 우주적 상상력에서 비롯된 서정시라고 봅니다. 삶과 죽음에 대한, 또는 질서와 혼돈에 대한 융합의 비전을 광채롭게 제시한 시라고 하겠네요. 그의 시에는, 어느 평론가의 말마따나 주객과 생사의 한계를 넘나드는 도저한 침묵의 정신이 담겨 있어요. 부활이니 윤회니 하는 것은 질서 있는 혼돈, 혼돈적인 질서라는 점에서 카오스모스의 세계입니다. 김지하 시인 자신의 표현이라면, 흰 그늘의 시학인 것입니다.

21세기가 시작되면서 한류가 점진적으로 세계화되어 갔습니다. 쭈욱 나열해 볼까요. 겨울연가, 대장금, K게임, 별에서 온 그대, 강남스타일, 난타, BTS, 기생충, 미나리, 오징어 게임 등. 이제는 친숙한 기호처럼 들리고 있는 말이 되었네요. 여기에서 강남스타일과 관련된 싸이의 말춤을 살펴볼까요? 꽃미남도 몸짱도 아닌 그는 말하자면 혼돈의 남성상을 제시했지요. 말춤은 유목민족의 유전자를 가진 우리의 샤먼적 혼돈의 종합예술이자 잡종 예술입니다. 말춤에서 노래와 노랫말과 춤이 시간예술이지만, 수컷의 발정을 연상시키는 혼돈성의 이미지는 이러한 것들을 압도하면서 공간적인 조형성을 가지게 되는 것입니다.

잭슨 플록(1912~1956)의 추상화. 미국 출신의 그는 추상표현주의 회화의 선구자이자 대표자로 평가되고 있다. 캔버스에 페인트를 붓거나 떨어뜨리는 것을 드리핑 기법이라고 한다.

우리의 한류 문화는 혼돈적인 질서의 카오스모스, 흰 그늘이 깃든 문화라고 할 수 있겠습니다. 현대 사회를 지배해온 서구적인 이성적인 합리주의 문화와는 색이나 결이 다른 것이라고 하겠지요. 김덕수의 사물놀이에서 비롯해 말춤과 난타로 이어져 온 한국적인 엇박의 리듬과 비트는 새로운 성격의 무속 및 주술로 보기도 합니다. 대통령 선거 과정에서 논란이 된 그 무속과 주술 말예요.

자, 그러면, 마지막으로, 제가 과학에 관해 한마디를 하겠어요. 저는 과학이라면, 젬병 중의 젬병이에요. 그래도 제 나름대로 가리고 추린 독서 경험을 편집하여 말을 할게요. 20세기의 과학관과 21세기의 과학관은 어떻게 다른가? 전자가 사회에 의한 과학의 구성에 있다면, 후자는 과학에 의한 사회의 구성에 있다고 하겠어요. 20세기는 소립자와 고(高)에너지의 물리학이 과학을 주도했습니다. 모든 게 위계적인 환원주의의 구조를 가지고 있었대요. 미소의 냉전 체제 하에서 무기 증강과 관련된 이른바 거대과학이 과학의 주류를 형성한 거예요. 이데올로기의 사회가 과학에 큰 영향을 끼친 것이라고 하겠지요. 반면에 21세기에 이르면, 양자 역학이니 원자물리학이니 하는 것보다 인간 생활에 밀접하게 연관을 맺으면서 실용적으로 응용 가능한 분야에 집중하게 된 것입니다. 나노테크놀로지란 말, 들어 봤어요? 물질이나 기계를 원자, 분자, 초분자의 크기로 만드는 신기술이랍니다. 신기술로 제품화한 것이 있다면, 인간에게는 과학이 피부로 다가오지 않겠어요? 이를 두고 반(反)환원주의라고 해요. 이론과 원리 중심으로 환원하지 않는다면, 과학을 위한 과학이 아니라, 인간을 위한 과학으로 길을 열어 가겠지요. 예를 들어, 과학이 엄청난 유전자 정보를 개발한다고 합시다. 이를 바탕으로 암을 정복할 수도 있겠지요. 그러면 과학의 힘이 암이 없는 꿈같은 사회를 만든다는 것입니다. 이것이 바로 과학이 사회를 구성한다는 명제의 의미입니다.

금세기에 이르러, 물리학자들은 카오스 우주관의 모델을 제시하기도 합니다. 우주는 잘 짜인 초기 조건을 가지고 시작한 게 아니라, 카오스적 상태로부터 끊임없이 스스로를 복제하며 팽창한다고 해요. 그들은 우주에 우리가 해명하지 못하는 무수한 천체들이 있고, 이것들이 초창기 우주 생성을 해명하고, 또 지금도 팽창하고 있는 우주의 미래 운명을 암시할 새로운 증거를 내놓을 수 있다고 기대하고 있습니다. 얘기들이 무언가 모르게 '카오스모스'의 세계로 흘러가고 있지 않습니까? 여러분에게 생각의 여지를 남겨 둡니다.

긴 시간, 수고했어요. 여기에서 마칩니다.

말 한마디의 힘과, 글 한 줄의 깊이

하도 어이가 없는 말을 듣는 순간에, 듣는 사람이 이렇게 말하기도 합니다. 그게 말이냐, 글이냐. 특정한 말에 대한 부정적 반응에, 애꿎은 글까지 끌어들이네요. 이처럼 말과 글은 의사소통에 있어서 동전양면의 관계를 이루고 있지요. 말이 사람의 분절된 음성을 나타낸 것이라면, 글은 말의 시각적인 표시입니다. 말이 글이요, 글이 말인 것처럼 여겨지는 것은 결코 부자연스럽지가 않아요. 그렇지 않아요? 그러나 실제의 언어생활에 있어서 말이 글처럼 사용되지도 않고, 또 글이 말처럼 사용될 수도 없습니다. 말과 글이 가지는 서로 다른 성질이 있기 때문이에요.

물론 말을 잘 한다는 것은 미덕이요, 부러운 일입니다. 하지만, 어떻게 잘 하느냐, 궁극적으로는 진정성 있게 잘 하느냐에 문제가 있는 것 같습니다. 말을 잘하는 사람을 지칭해 '말짱'이라고 흔히 말하기도 합니다. 세상에, 어디 말짱만 있습니까? 얼짱도, 옷짱도, 몸짱도 있습니다. 이른바 세상의 갖가지 '짱'들은 속 비고 허한 사회의 병리 현상을 반증하고 있다고나 할까요? 나는 어릴 때부터 잡종의 말짱들을 보아왔어요. 이를테면, 시골 장터나 도심의 길거리나 공터에서 떠들어댄 약장수나

뱀 장수, 명절날에 라디오에 출연한 만담가, TV 속에서 재현된 청산유수의 변사, 라디오에서 격정적으로 중계방송을 하던 해외 파견의 아나운서, 시국강연회에 모인 군중을 향해 사자후를 쏟아내던 정치적인 선동가, 논리적인 담론을 소유한 지식인, 수사학적인 능변가, 종교적 진리를 전파하는 설교자 등등의…… 저에게는 이러한 것들의 이미지가 추억 속에 자리하고 있지만, 학생 여러분은 경험하지 못한 낯선 과거의 일에 지나지 않을 거예요. 제가 왜 이런 얘길 꺼냈냐 하면, 그 잡종의 말짱들이 저나 그 누구도, 또는 그 시대를 산 보통사람들을 감동시키거나 움직이지는 못했을 것이라고 전하고 싶어서입니다. 달변 속에 과연 진실이, 진정성이 담겼느냐가 확신되지 않았기 때문일 테죠.

말이 인간만이 가지고 있는 소통의 유력한 수단임에도 불구하고, 사람들은 말에 대해 늘 부정적인 반응을 보여 왔습니다. 말이 많으면 많을수록 그만큼 말이 헛되거나 교묘해지기 때문일까요? 현실을 채워주지 못하는 말로 인해 대화와 토론에 있어서의 언어적 상황에는 의사소통이 원활하지 못하고, 중구난방이 되거나, 허언(虛言)과 교언(巧言)이 난무해지기가 십상이지요. 아닌 게 아니라, 속이 빈 사람이 말 잘하고 속이 허한 사람이 말 많은 것은 개인만이 아니라, 그 사회의 속이 비고 허하다는 사실을 반증하는 것일 수도 있다는 겁니다. 특히 철학적으로나 사상적으로 볼 때 언어가 생각의 형식이듯이 지나치게 형식적이라는 데 착안해 생각의 알맹이나 실재(實在)를 제대로 혹은 깊게 반영하지 못한다고 보았지요.

서양 철학에서 베이컨은 말과 관련된 것을 '시장의 우상'으로 비유했어요. 저자거리에 떠도는 풍문, 즉 가짜뉴스 같은 것이 인간의 마음에 차지하는 오류와 같은 것을 의미해요. 베이컨이 지적한 우상은 헛것(곡

두), 허상이기보다는 편견이나, 잘못된 것입니다. 동굴의 우상은 우물 안의 개구리와 유사한 개념이고, 극장의 우상은 미신의 집회 장소인 극장에서 생기는 인간의 몰이성적인 측면을 말해요. 아마 베이컨은 진짜 종교는 교회에서 정상적으로 엄수되고, 사교(邪敎)는 극장 속에서 열광한다고 보았을 거예요. 이 극장은 종교적 도그마의 장소성을 은유한다고 보아도 될 것입니다. 오늘날에 있어서 시장은 인터넷 가상공간으로 확장되었고, 극장은 스포츠 영웅에게 열광하는 경기장으로까지 연결되고 있습니다. 짐작하건대 베이컨은 경험의 한계, 사이비 학설, 거짓된 언어로 인해 불러일으키는 잘못을 가리켜, 각각 동굴의, 극장의, 시장의 우상이라고 여긴 것 같습니다. 요컨대 언어는 인간에게 적폐가 되어가는 몇 가지 이돌라(idola : 우상) 중의 한 가지라는 겁니다.

한편 동양사상의 관점에서도 살펴볼까요? 불교의 선(禪)에서는 '실상이언'이라고 하는 말이 있어요. 실상(實相)은 철학에서 형이상학적인 실체와 같은 개념이에요. 실상이언은 사물의 본질이 언어로부터 벗어난다는 것. 유가에서도 공자가 말하기를, 말 잘하는 사람 치고 어진 이가 드물다, 라고 했었고, 노자는 한 술을 더 떠서 이런 말을 남겼지요. 지자불언(知者不言)이요, 언자부지(言者不知)라. 즉, 아는 사람은 말하지 아니하고, 말하는 사람은 알지 못한다고요.

이와 같이 이른바 언어에 대한 적대관은 말과 글 모두 싸잡아 비판한 것이기는 하지만, 글보다 말을 겨냥한 측면이 강합니다. 이것은 글의 시대가 낳은 사상이 아닌가 하고 충분히 짐작이 됩니다. 세계 자체에 대한 이해 및 인식을 목표로 하는 전통 철학에서의 언어의 역할은 부수적이고 도구적이었지요. 이에 비해 서구의 철학자들은 20세기에 이르러 언어에 대한 관심을 증폭해갔고, 언어에의 긍정적이고 적극적인 관심을 넘어 언어의 창조적인 기능에 관한 철학적인 의미를 규명하기에 이르렀습니다. 20세기 철학의 슈퍼스타라고 할 수 있는 루드비히 비트겐슈타인은, 모든 철학은 언어비판(적)이라고 선언했어요. 그는 언어야말로 철학의 가장 중요한 도구로 여기면서 일상 언어에 타당성이나 정당성을 부여합니다. 전통 철학이 대체로 역설의 언어로 이루어진 데 대해 일상 언어를 중시한다는 것은 큰 변화라고 하겠네요. 언어가 제1차 언어인 대상언어와 제2차 언어인 메타언어로 나누어진다고들 하는데요, 저는 이 나눔이 왜 필요한지에 관해 잘 알지 못하겠더라구요. 어쨌든 봅시다. 메타언어는 대상언어의 논리적 문법 및 정합성을 서술하는 언어입니다. 반면에, 메타언어에 의해 서술된 논리적 문법 및 정합성은 대상언어의 타당성과 유의미성의 기준이 된다고 해요. 이것을 여러분이 이해하도록, 저는 다음의 가상 대화록을 급히 만들어 보았어요.

> A : 신라의 밤 12시에 해의 끝이 밝았다고 하네요.
> B : 뭐라구요? 그 말이 진담이요, 농담이요.
> A : 진담이면 역설이고, 농담이라면 어거지겠죠.
> B : 진담과 농담 사이에 상담(相談)이 필요하네요.
> A : 그래요. 우리 진지하게 서로 얘기해 봐요.

신라의 밤 12시에 해의 끝이 밝았다. 이것은 중국과 일본의 불가에서 인용되곤 하는 유명한 선(禪)어록이래요. 이 문장 대신에 시인의, 고도로 기획된 언어인 유명한 시 한 행(行)을 첫머리에 제시해도 괜찮습니다. 겨울은 강철로 된 무지개와 같은……. 신라의 밤 12시에 해의 끝이 밝았다고 하네요. 이 문장은 문법적으로 완벽합니다. 의미론적으로나 화용론적으로 고개를 갸웃하는 사람들이 있겠지요. 농담이냐, 진담이냐를 따지는 것이 대상언어라면, 비유적이고 역설적인 언어 형식에 대해 특정의 규칙, 문법 체계, 논거의 타당성을 부여하는 것이 메타언어라고 하겠습니다. 무언가에 대해 상담하는 것은 상당한 비평적인 판단을 요합니다. 겨울은 강철로 된 무지개와 같다니, 신라의 밤 12시에 해의 끝이 밝았다니 하는 것은 난해한 문장입니다. 이런 걸 두고 언어도단이라고 하지요. 언어의 길이 끊겼다. 말문이 막혀버렸다. 군셈과 곡두가 결합된 결기의 시대상황이니, 시공간을 넘어서 전해오는 밝은 아름다움이니 하는 비평적 언어가 기능하면 이것이야말로 메타언어인 것입니다.

문학비평이 전통적으로 일종의 메타언어이듯이, 철학의 고유한 영역역시 대상언어에 대한 메타언어의 소산이라고 하겠습니다. 이런 점에서인문학은 반성의 학문이 아니어선 안 됩니다. 역사가 과거에 대한 집단적 반성의 소산이고, 문학이 개개인의 현존성에 대한 반성이라면, 철학은 반성에 대한 반성이라고 말할 수 있습니다. 요컨대 메타언어는 메시지 그 자체라기보다 메시지를 코드화한 경우라고 할 수 있어요.

전통적인 형이상학의 붕괴와 자연과학의 압도적 업적의 인상 속에서철학은 세계 자체를 탐구하는 제1차적인 학문으로 더 이상 자족할 수없게 되었습니다. 그래서 20세기의 철학자들은 언어에 깊은 관심을 가지게 되었던 것이죠. 또한, 그들은 언어의 창조적인 기능, 곧 일정한 상황 속에서 구체적으로 표현된 말이 삶의 현실을 창조하는 힘을 가진다고 보았지요. 이 사실을 가리켜 현실을 형성하는 '말의 힘(Potenz des Wortes)'이라고 하는 이름이 붙여지기도 합니다. 우리나라 철학자 가운데 말의 힘에 관한 관심을 최초로 드러낸 이는 이규호입니다. 그는 1968년에 『말의 힘 : 언어철학』이라는 책을 저술한 바 있었지요. 이 책은 또열아홉 살 나이의 제게 감화를 주기 시작해 무수한 세월이 흘러간 지금까지도 알게 모르게 적잖은 영향력을 미치고 있습니다. 이 책은 그가 타계하기까지 30년 이상 지속적으로 수십 판을 거듭하면서 발행해 왔지만, 제가 헌책 경매 사이트에 초판본이 나와 있어 적잖은 돈을 투자해 기념으로 사두기도 했습니다. 이 책의 내용 중에서 여러분이 관심과 흥미를 가질 수 있는 것은 사랑을 고백하는 말에 대한 언어철학적인 의미가 될 것입니다. 제가 한번 읽어볼 터이니, 잘 새겨 들어보겠습니까?

사랑을 고백하는 경우에도 한번 입에서 떨어진 말은 어떤 의미에서든지 하나의 사실을 굳혀 버린다. 인생의 모든 일이 그러하지만, 사랑은 늘 애매하고 유동적이고 구름처럼 걷잡을 수 없어서 사람을 애태우게 한다. 그러나 고백의 말이 떨어지면 그 되돌릴 수 없는 말이 하나의 사실을 굳혀 버린다. 우리는 많은 사랑의 고백이 빈말로 흘러가 버리는 것을 경험하지만, 그 고백의 말이 애매하고 유동적인 상태에서 어떤 하나의 사실을 굳혔다는 것은 부인하지 못한다. 사람이 그의 입에서 떨어진 말에 끝까지 충실하지 못한다는 것은 그의 초시간적인 인격의 실체가 자연적으로 주어져 있는 것이 아니기 때문에 그만큼 시련을 받는다는 것을 의미한다.

사랑의 감정만큼이나 유동적인 것은 없습니다. 어쩌면, '사랑합니다'라는 표현의 반대말이 '사랑하지 않습니다'라는 표현이 아니라 '사랑했어요'라는 표현이 될지도 모르겠습니다. 사랑한다는 것과 사랑하지 않는다는 것의 경계가 때로는 애매하고 모호할 수도 있습니다. 수많은 사람들이 감정의 회색 지대에 서 있는 경우가 실로 적지 않습니다. 이 지점에서 상대방에게 사랑한다거나 사랑하지 않는다거나 하는 말을 할 때 어떠한 결과를 초래할까요? 말에 의해 새로운 현실이 형성되지요. 사랑의 고백이 입에서 떨어지는 순간에 안개처럼 모호한 현실에 안개가 걷히면서 새로운 명확한 현실이 드러나는 것입니다. 이처럼 말은 상황을 지배하는 구속력을 갖기도 하죠. 사랑한다는 말이 당장 깨져버린다고 해도, 사랑한다고 고백하는 그 순간만은 말이 현실을 지배하거나 구속한다는 것이죠. 그도 그럴 것이, 사랑의 고백으로 말미암아 하나의 현실적인 구속력을 갖는 것은 분명하기 때문이지요. 이것이야말로 말 한마디의 힘인 거지요.

우리는 말 한마디의 힘이 결코 약하지 않다는 생각을 할 때가 적지 않습니다. 우리 속담에, 지성이면 감천이다, 라고 하는 말이 있듯이, 무엇이든 피가 마르도록 간절하게 바라면 이루어집니다. 이른바 '피그말리온 효과'라는 것도, 좀 우스개로 비유해 피가 마르도록 간절하게 바라는 데서 비롯한 얘기지요. 그리스 신화에 등장하는 조각가 피그말리온이 아름다운 여인상을 조각하고, 그 여인상을 진심으로 사랑하게 되었어요. 그는 날이면 날마다 감정 없는 조각품을 바라보면서 '난, 널 사랑해'

이 그림은 「피그말리온과 조각상」이다. 프랑스 화가 장 바스티 르뇨가 1786년에 그린 그림이다.

라고 하면서 주문처럼 중얼거렸을 터입니다. 여신(女神) 아프로디테는 그의 사랑에 감동하여 (감동이라기보다 안쓰럽게 여겼는지도 모르지요.) 여인상에게 마침내 생명을 불어넣어주었다죠. 그에게는 자신의 사랑이 자기충족적인 예언에 의해 끝내 실현되었던 것입니다.

말 한마디의 힘은 '나는 당신을 사랑합니다.'라는 말에서도 놀랍게 확인될 수 있습니다. 상생을 지향하는 긍정의 언어가 우리 인간에게 얼마나 필요한가를 알 수 있겠지요. 특히 사회학적인, 정치적인 의미의 상생의 언어는 현실의 갈등을 봉합하는 데 큰 역할을 할 것입니다. 역사상으로 볼 때, 그런 상생의 언어는 '나에게는 꿈이 있습니다.'라고 외친 킹 목사의 연설문만한 것이 없어요. 이 말이 씨가 되어 수십 년 후에 워싱턴에 아무런 인맥이나 정치적인 네트워크가 없는 오바마가 누구나 공감할 수 있는 말로써 통합과 진정성의 꽃을 피우면서 미국에서의 최초의 흑인 대통령의 탄생이라는 열매를 맺게 되었던 것입니다. 우리도 말의 힘으로 경제 위기와 진영 논리를 극복하면서 통합적 비전의 민주주의 완성에 기해야 할 것입니다. 우리의 말이 우리의 번영을 기약하는 힘이며, 결단이며, 또 영혼인 것입니다.

안녕하세요.

우리는 이 말 한마디와 함께 하루를 시작합니다. 안녕이란 말이 무얼까요? 이 말은 평안과 강녕의 준말. 좀 더 쉽게 말하자면, 안전과 건강의 뜻이 합성된 말이에요. 우리가 안녕하세요, 라고 말할 때 진심이 담겨 있는 게 보통입니다. 유대인들이 인사할 때 히브리어로 '샬롬'이라고 하고, 이는 또 아랍어로 '살람'에 해당된다고 하는데, 이 말들을 두고, 누군가가 우리말로 '평강(平康)'이라고 했어요. 히브리어와 아랍어의 인사말을 뜻하는 평강과 한국어의 인사말인 안녕은 결국 같은 말입니다. 평강이라는 글자 밑에 바로 안녕이라고 써보세요. 가로와 세로를 바꾸어서 읽어보세요. 앞서 말한 바처럼 평안과 강녕이 되잖아요?

사람들의 인사와 관련해, 우리나라에 이미 오래 전에 번역, 소개된 외국의 책 하나를 소개해 드릴까요? 레오 버스카클리아가 지은 『살며 사랑하며 배우며(Living, Loving, and Learning)』라는 책이 있었지요. 여기에, 썩 인상적인 부분이 있었어요. 인사말이 주는 경건함은 국경을 초월한다는 것이에요. 이 명제를 생각해볼 여지가 있어서, 저는 여러분에게 인용해봅니다. 미리 준비되어 있는 참고 자료를 한번 살펴볼까요?

나는 인도 사람들이 만날 때와 헤어질 때면 언제나 두 손을 모아서 앞으로 내밀면서 하는 인사말 '나마스테(Namaste)'라고 하는 목소리로써 끝을 맺고 싶습니다. 이 말에는 이런 뜻이 있습니다. "모든 우주를 품고 있는 당신을 존경합니다. 만일 당신이 당신 속에 있다면 나 역시 나 자신 속에 있습니다. 우리는 유일한 하나입니다." 자 그럼, 나는 다시 말해봅니다. ……나마스테!

나마스테 역시 아까 말했던 인사말, 안녕, 샬롬, 살람처럼 평화를 기원한다는 뜻을 머금고 있습니다. 나마스테는 국경만 초월하는 게 아닙니다. 서로의 종교마저도 초월한다는 뜻을 담고 있습니다. 나의 신이 당신의 신께 인사를 드립니다, 라는 그런 절대적인 타협과 관용의 정신 말입니다. 예수가 인류에게 샬롬, 즉 평화를 주기 위해 이 땅에 왔듯이, 나마스테라고 하는 말을 무시로 되풀이해 사용하는 인도, 네팔 등의 사람들은 인사말을 통해 진정한 의미의 평화 정신을 속 깊이 일깨우고 있는 것입니다.

그런데 말 한마디의 힘은 현실 창조의 힘뿐만 아니라, 현실 파괴의 힘도 가지고 있습니다. 말 한마디가 증오심과 적대감의 씨앗이 되고, 말 한마디 때문에 견고한 사랑이나 오랜 우정이 깨어지고, 말 한 마디로 인해 어떤 이는 평생토록 마음의 상처를 안고 살아가기도 해요. 중국의 관우는 중국인들이 가장 존경하는 역사 인물입니다. 하지만 그는 말 한마디를 실수하여 자신의 인생을 망쳤지요. 유비는 촉나라를 건국한 뒤에 의동생 관우에게 형주를 맡겼습니다. 이에 오나라의 손권이 양국의 우호를 다지기 위해 관우의 딸을 며느리로 삼을 것을 청했어요. 그러나 관우는 정중하게 거절하면 될 것을 단호하게 거절해서 문제를 일으켰지요. 아니, 이런 말을 했대요. "범의 자식과 개의 자식이 어찌 함께 할 수 있으리오." 물론 범의 자식이 관우의 딸이고, 개의 자식이 손권의 아들입니다. 남의 아들을 두고 개자식이라고 하는데 좋아할 그 '남'이 있겠어요? 아무도 없을 겁니다. 이 말 한마디로 인해 전쟁이 일어났고, 마침내 관우는 척살되었습니다. 비근한 예로, 노무현 대통령도 안 해도 될 말을 해 이에 깊은 상처를 안고 투신자살을 한 사람이 있었지요. 남상국 사장의 자살 사건 말입니다. 2004년 3월 11일, 노무현 대통령은 야당의 탄핵소추안에 타협하지 않고 이를 정면 돌파하겠다는 기자회견을 가졌죠. 본질에서 벗어난 얘기가 있었지요. (경기고와 서울대라는) 좋은 학교 나오고 (대기업 사장으로) 크게 성공하신 분이 시골에 있는 별 볼 일 없는 사람(노건평)한테 가서 머리 조아리고 돈 주고 하는 일이 없으면 좋겠다. 공개적인 생중계로 망신당한 그는 곧 바로 투신했습니다. 당시에 청와대 민정수석에 재직하고 있었던 문재인 현직 대통령의 회고록『문재인의 운명』(2017)에 이런 글이 나와요. 지금 제가 보여주고 있는 책의 294쪽 부분입니다.

옥의 티는, 그날 회견에서 대우건설 남상국 전 사장의 실명을 거명해 투신자

살의 빌미가 됐던 점이었다. 내가 나중에 그건 잘못이었다고 지적하자, 대통령은 그 사실을 기억하지 못했다. 실명을 말한 적이 없다는 것이다. 내가 틀림없다고 하자 기자회견 녹취록을 가져오게 해 확인했다. 대통령은 처음엔 실명을 언급하지 않았지만, 나중에 기자의 질문에 답변하면서 그만 실명을 언급하고 말았다. 대통령도 그 사실을 확인한 후엔 두고두고 후회했다.

노무현 대통령도, 문재인 대통령도 두고두고 회한이 되었을 이 사건을 두고 여러분은 어떤 감회를 가집니까? 이처럼 신중하지 못한 말 한마디가 사람을 사지로 내몰 수 있습니다. 참으로 안타까운 일이 아닐 수 없습니다. 여러분도 잘 알고 있듯이, 이로부터 5년 후에 대통령 자신도 투신자살을 하게 되지요. 우리 정치사에서, 유례가 없는 비극 중의 비극입니다. 한편으로는 뭔가 인과응보의 느낌도 지울 수가 없네요. 이 안타까운 일들은 모든 이의 타산지석이 되었으면 합니다. 여러분도 내가 무심코 뱉은 말 한 마디가 남에게 치명적인 상처가 된다는 것을 꼭 알아두기를 바랍니다.

내가 십여 년 전에 해운대에 책을 보관하고 집필할 수 있는 또 하나의 공간을 마련했어요. 해운대의 '해운(바다구름)'이 무엇인지 아세요? 신라 말의 대학자인 최치원 선생의 자호(自號)입니다. 그가 기울어져 가는 신라의 현실에 불만을 품고 수도 서라벌을 벗어나 처음으로 머문 곳이 지금의 해운대인 것으로 추정됩니다. 일반적으로는 그의 호가 고운, 즉 외로운 구름입니다만, 해운대에 머물 때 해운이라고 한 것 같습니다. 지금으로부터 7, 8년 전일 거예요. 여기에서 쉬고 있을 때마다, 집에서 아주 가까운 동백섬을 돌면서 자주 산책하는데, 평시에는 사람들이 많아요. 그날에 따라 거의 사람이 없었어요. 일흔 살 정도의 어느 할아버지가 계단으로 내려가는 길의 가장자리에 서서 무언가를 읽고 있어요. 소개하는 글 같아요. '문창후 최치원……'이라. 거, 참. 이름 한번 × 같네. 문창후 최치원은 한글로 적혀 있었어요. 이 분은 '문창후인 최치원'이 아니라, '문창후와 최치원'으로 알았던 모양이에요. 최치원은 신라가 망하기 직전인지, 직후인지 애매한 시점에 죽었어요. 그의 시호(諡號)는 후세 고려의 왕이 하사합니다. 시호는 충무공 이순신의 사례처럼 임금이 당사자의 사후에 지어주는 호가 아니에요? 문창후의 한자는 이래요. 글월 문(文) 자, 창성할 창(昌) 자, 존칭 후(侯) 자. 이 후는 제후나 귀족을 일반적으로 뜻해요. 여기에서는 존칭으로 쓰이는 말로, 분 혹은 양반에 해당합니다. 내가 서른 정도의 나이 때 서울의 숙소 인근에 단골 술집인 포장마차가 있었어요. 할머니가 내가 가면 늘 그랬어요. 부산 양반 오셨네 그려. 이 양반이, 하면서 시비할 때는 비칭이지만, 존칭으로도 쓰이지요. 문창후는 문장이 창성한 분, 글월이 아름다운 양반, 이런 뜻이라고 보면 되는 거지요. 성이 문 씨요, 이름이 창후……라고 이해했으니, 이름이 좀 이상했겠죠. 그렇다고 타인의 이름을 두고, × 같네, 하는 건 예의가 아니지요. 가치를 판단할 게 따로 있지. 이 무례한 할아버지는 옆으로 지나가는 나를 흘낏 바라보면서, 어 사람이 있었네, 하는 무심한 표정을 지어요. 머쓱한 태도도 없어요. 이 중얼거림 하나가 70 평생을 어떻게 살아왔느냐 하는 것을 단박에 알게 하잖아요? 말 한마디는 화자의 교양 수준, 품격, 인품은 물론, 방금 예거한 경우처럼 그 사람의 일생까지도, 정확하게 파악할 수 있게 하잖아요?

우리는 말 한마디와 글 한 줄을 허투루 여길 수 없습니다. 철학자 하이데거는 언어를 가리켜 '존재의 집'이라고 비유한 바 있었듯이, 우리는 개개인이 자신이 입으로 내뱉은 말 한마디마다, 자신이 쓴 글 한 줄마다 존재의 자기 증명을 알게 모르게 실현해 나아가게 된다는 사실을 알 수 있습니다. 다시 말하면, 나의 존재감은 말 한마디와 글 한 줄에 의해 증명될 수 있습니다.

 저는 이제까지 여러분에게 말 한마디의 힘에 대해서 이것저것 얘기했는데, 지금부터는 글 한 줄의 깊이에 관해서 견해를 밝혀볼까, 합니다. 오랜 세계사를 통해 한 줄의 명문장은 무수히 많이 전해오고 있습니다. 사람들은 이것을 통해 삶의 귀감과 좌우명으로 삼기도 합니다. 명언으로 유명한 한 줄의 글은 옛 그리스 시대의 이 글을 보세요. 고대 희랍어로 '그노티 세아우톤(γνῶθι σεαυτόν)'이란 글. 여러분은 처음 듣지요. 하지만 우리말로는 여러분이 너무 잘 아는 문장이에요. 너 자신을 알라. 누가 말했죠?

 (학생들 : 소크라테스요!)

 그럴 줄 알았어요. 이 문장은 소크라테스의 말이 아니라, 아폴론을 모시는 델포이 신전의 앞마당에 새겨진 글이래요. 이 앞마당의 기둥이거나 석조물 아니겠어요? 하도 의견이 분분해서, 누가 쓴 글인지도 잘 모른대요. 소크라테스가 이 문장을 인용한 것은 분명해 보입니다. 또 명문장 하나 볼까요. 우리나라가 국난에 처해 있었을 때 구국의 영웅이었던 이순신 장군도 고비마다 유명한 어록 및 문장을 여럿 남기지 않았어요? 이 중에서 '금신전선상유십이(今臣戰船尙有十二)'는 전력상 절대 열세의 명량해전을 앞둔 장군의 비장한 결의와 각오를 느낄 수 있게 하는 것. 이제 제게는 싸울 수 있는 배 열두 척이 아직 남아 있습니다. 임금에게 보낸 보고서 중의 한 문장입니다. 요즘도 결연한 자세의 정치인들이 선거를 앞두고 간혹 인용하는 글 한 줄이지요. 기왕 글 한 줄을 인용한 김에 하나 더 인용하겠습니다. 여러분은 교육대학교 학생이잖아요? 교육에 관한 명문장 하나. 철학자 칸트가 이런 글을 남겼다고 하네요. 인간이란, 교육을 통하지 않고는 인간이 될 수 없는 유일한 존재다. 이 글 한 줄에 저도 주석(註釋) 하나 달아볼까요? 나일 강이 준 선물이 이집트이듯이, 교육이 준 선물이 바로 우리 자신들, 즉 인간입니다.

자, 그럼 교육에 관한 얘기를 계속 이어가볼까요? 좋은 교육은 인간을 인간답게 만드는 것이 아닐까요? 좋은 교육영화 역시 인간에 대한 깊은 성찰과 애정이 담겨 있어야 하지 않겠어요? 여러분은 미국의 교육영화로 유명한 「죽은 시인의 사회」를 잘 알고 있지요?

(예)

이 영화를 지배하는 딱 한 줄의 글이 있습니다. 그것은 라틴어로 표현된 '카르페 디엠(Carpe diem)'이에요. 카르페 디엠, 이라. 이게 뭐죠? 두 단어로 된 한 문장이에요. 2인칭 주어가 생략된 명령문이에요. 카르페는 '카르포(붙잡다)'의 명령형이래요. 디엠은 영어 '데이(day)'에 해당하는 '디에스(dies)'의 목적격이구요. 요컨대 이 '카르페 디엠'의 말뜻은 영어의 '시즈 더 데이(Seize the day)'에 해당하는 것. 그러니까, 하루를 장악하라, 현재에 충실하라, 오늘을 즐겨라……이런 뜻이 됩니다. 이 영화는 1989년 미국에서 처음으로 개봉되었습니다. 우리나라에는 이듬해에 개봉되었는데, 이 해에 세 영화제에서 세 개의 상을 받았어요. 각본상과 작품상과 관객상……3관왕이네요. 이 상들을 받았다는 건 시나리오의 문학성, 연출의 역량, 수용자의 반응에서, 당해 영화제로부터 모두 인정되었다는 거예요.

영화 속의 학교는 학생들로 하여금 미국의 명문대학교로 진학하게 하는 분명한 목표를 내건 명문 사립 남자고등학교입니다. 학교 이름은 웰턴 아카데미. 실제로 존재하지 않습니다. 영화 속에서 허구적으로 극화된 학교이지요. 우리나라의 민사고나 영국의 이튼 칼리지 같은 학교입니다. 제가 2017년 영국과 아일랜드를 한 달간 돌아다닐 때 런던 교외의 이튼 칼리지를 기차 타고 가본 일이 있었어요. 이 학교는 아주 오래되어 건물도 돌로 만들어진 채 고색창연했어요. 전통을 유지한다고 리모델링도 잘 안 하나 봐요. 숙식하는 데 벌레가 나와도 학생들이 이 학교를 못 들어가 야단이랍니다. 영국 총리 19명을 배출한 학교. 학생들 절반 가까이가 '옥스브리지'를 입학한다나요. 옥스브리지는 옥스퍼드와 케임브리지의 합성어예요. 이튼 칼리지가 전통 · 명예 · 규율을 강조하는 학교이듯이, 영화 속의 웰턴 아카데미도 마찬가지입니다. 엘리트 의식도 강하구요.

규율이 강하고 현실적인 목표가 뚜렷한 이 학교에, 동문 선배이기도 한 국어교사 존 키팅 선생이 부임합니다. 매우 자유분방한 교사예요. (명배우 로빈 윌리엄스가 이 자유분방한 캐릭터를 맡습니다.) 그는 학생들에게 첫 만남에서부터 강조하는 말이 있습니다. 카르페 디엠! 하버드 의대 등과 같은 명문대 진학이라는 미래에 얽매인 학생들은 이 선생님이 매우 신선하게 다가왔을 터입니다. 학생들 일부는 존 키팅 선생의 학창시절이 어땠는지에 관해 뒷조사를 합니다. 그는 고등학교 학생 시절에 친구들과 함께 동아리를 만듭니다. 죽은 시인(들)의 사회. 즉 '뎃포위츠 소사이어티(Dead poets society).' 이 유명한 어구는 오역입니다. 오역인 줄 알면서도 굳어진 채 그냥 사용하는 겁니다. 영화 제목인 '가을의 전설'도 '타락의 전설'이며, 소설 제목인 '참을 수 없는 존재의 가벼움' 역시 '존재의 참을 수 없는 가벼움'입니다.

영화 속의 죽은 시인의 사회란, 작고(作故) 시인들을 기념하거나, 선양하거나, 연구하거나 하기 위해 만든 학생들의 클럽입니다. 이때 말하는 작고 시인들이란, 호라티우스, 셰익스피어, 휘트먼, 쏘로우 등의 시인들을 구체적으로 지칭합니다. 학교 방침인 진학 지상주의로 인해 학생들의 사적인 모임은 금지 되어 있었지요. 죽은 시인의 사회에 가담한 학생들은 이에 반발해 교외 동굴 속에서 비밀을 갖지요. 앞서 말한 '카르페 디엠'은 로마 시대의 셰익스피어라고 할 수 있는 호라티우스의 시에 나오는 문장이에요. 이 글 한 줄은 매우 의미심장해요. 이 짧은 한 문장을 인용한 존 키팅은 학생들에게 압도적인 영향을 줍니다. 물론 영화니까 과장된 측면이 있었겠지요. (영화는 하버드 의대에 진학하라는 아버지와 감정적으로 마찰을 일으킨 학생이 자살하는 것으로 서사의 전기를 마련합니다. 학교는 벌집을 쑤신 것 같이 되어버렸고, 자살한 학생의 학부모가 교사 중에 배후 인물이 있다고 난리를 칩니다. 학교에선 존 키팅을 희생양으로 삼습니다. 해고 통보. 학생들 일부는 책상 위에 올라서는 행동으로써 반발을 표시합니다. 존 키팅 선생은 이런 학생들을 향해, '보이즈, 생큐'라고 해요. 애들아, 고마워. 이 한마디 작별사와 함께 영화의 막은 내립니다.) 카르페 디엠이 포함된 시 전문을 다 인용할 수 없고, 그 일부만을 인용하려고 합니다. 이 시는 본디 장시입니다. 라틴어 원문과 몇 가지 역본을 참고해 제 나름의 텍스트를 고심 끝에 만들어보았습니다. 자, 여러분 앞에 놓인 유인물을 참고해 보세요. 내가 한번 읽어보겠습니다.

묻지 마라, 나나 그대의 운명을. 아는 게 불경하다.
레우코노에여, 우리의 마지막 삶은 언제일까.
바비론의 점성술을 믿지 마라. 주어진 대로 겪으리.
유피테르가 겨울을 몇 번 더 내주든, 티레니아의
파도가 맞은편의 바위를 마지막으로 깎든 간에

그러려니 하라. 그대여, 우리네 짧은 인생에 지혜와
포도주 맛에 너무 집착하거나 욕심을 부리지 마라.
우리를 시샘하고 있는 세월도 그렇게 흘러가고 있네.
내일을 너무 믿지 마라. 대신에 오늘을 즐겨라.

이 시의 본디 제목은 '오드(Ode)'입니다. 오드는 운문과 산문의 중간 형태의 장르입니다. 형식은 운문인데 내용은 산문인 경우를 두고 오드라고 해요. 옛 그리스 시대의 시인 핀다로스로부터 시작해 현대에 이르기까지 써온 서양 시의, 오랜 전통이 있는 한 갈래라고 할 수 있죠. 이런 중간 형태의 갈래는 중국의 부(賦)와 우리나라의 가사(歌辭)도 있어요. 동파 소식의 「적벽부」니 송강 정철의 「관동별곡」이니 하는 것은 고전적인 적례가 아닌가요?

자, 그러면 번역문을 하나하나 살펴볼까요?

이 시의 화자는 헬리오스(Helios)예요. 그리스 태양신이에요. 화자가 인간이 아니라, 신인 것은 거의 유례가 없는 일이지요. 물론 인간으로 극화된 신. 그래요. 그리스 신들은 신인지 인간인지 경계가 좀 모호해요. 헬리오스는 금발의 머리카락을 가진 미남 청년으로 묘사되어 왔어요. 이 용모 때문에 여자들이 좋아했겠지요. 그를 사랑하는 두 여자가 있었다지요. 요정 클리티에(Clytie)와 페르시아 공주인 레우코노에(Leuconoe) 말예요. 이들 사이에, 비극의 삼각관계가 형성됩니다. 클리티에는 원래 헬리오스의 연인이었지만, 그가 레우코노에를 사랑하면서 클리티에와 멀어집니다. 레우코노에는 처녀의 몸으로 헬리오스의 아이를 가집니다. 질투심에 사로잡힌 클리티에는 페르시아 왕에게 이 사실을 일러바칩니다. 분노한 왕은 이를 가문의 치욕으로 여겨 딸을 산 채로 매장해 죽여

버립니다. 이 사건으로 인해 헬리오스와 클리티에의 사이는 더 멀어집니다. 클리티에는 식음을 전폐하며 땅바닥에 누워 해만 바라보다가 죽어 꽃으로 변했습니다. 이 꽃의 이름이 '헬리오트로피움(heliotropium)'이라지요. 뜻은 글자 그대로 '헬리오스 바라기'입니다. 한자의 표현으로는 '향일화(向日花)'라고나 할까요? 우리가 잘 알고 있는 해바라기는 중남미가 원산지이지요. 이것이 16세기에 구대륙으로 옮겨왔어요. 헬리오트로피움은 우리가 알고 있는 해바라기 이전에 존재했던 또 다른 종류의 해바라기입니다.

인용한 시의 내용은 헬리오스가 새로운 연인 레우코노에게 우리의 운명이 어찌될 것인가를 알려고 하지 말자고 합니다. 운명은 신의 영역이라는 거지요. 헬리오스는 신이지만 인간으로 극화되어 있어요. 운명을 아는 것은 신에 대한 불경이라는 것이지요. 이 얘기는 계속 되풀이됩니다. 바비론의 점성술을 믿지 마라. 주어진 대로 겪으리. 바빌론, 즉 바빌로니아는 로마 이전의 고대 그리스보다 더 이전의 시대입니다. 바비론의 점성술은 고대 중국의 주역(周易)처럼 점토판의 설형(쐐기)문자로 된 도상 체계의 점사(占辭)인 것 같습니다. 이것을 믿지 말라는 건 운명을 믿지 말라는 것에 다름없습니다. 유피테르가 겨울을 몇 번 더 내주든, 티레니아의 파도가 맞은편의 바위를 마지막으로 깎든 간에, 그러려니 하라. 이것 역시 마찬가지입니다. 시의 화자인 헬리오스는 운명을 신의 몫으로 그냥 그대로 내버려두어야 한다고 말을 해요. 유피테르는 그리스어의 주피터, 영어의 제우스에 해당하는바, 그리스 신화의 주신(主神)에 해당하는 최고의 신입니다. 티레니아는 이탈리아반도의 서쪽바다를 가리킵니다.

그리스의 태양신 헬리오스의 부조상이다. 이 부조상은 트로이의 유적으로 전해지고 있다. 헬리오스의 신앙은 로마 시대까지 계승되었다.

그대여, 우리네 짧은 인생에 지혜와 포도주 맛에 너무 집착하거나 욕심을 부리지 마라. 여기에서 그대는 페르시아 공주 레우코노에입니다. 지혜와 포도주에 관한 단어에서도 할 말이 많네요. 이 대목에서 라틴어 공부를 잠시 해볼까요. 지혜는 원문이 '사피아스(sapias)'예요. 명사이거나 명사형인데, 형용사로는 '사피오(sapio)'……'현명하다, 지혜롭다, 슬기롭다'의 뜻이지요. 현재분사로는 그 유명한 말 '사피엔스(sapiens)'……'현명한, 지혜로운, 슬기로운'입니다. 호모 사피엔스는 두 가지 뜻이 있어요. 하나는 고인류를 분류하는 학명의 일종입니다. 호모는 속명이요, 사피엔스는 종명입니다. 생각하는 사람 호모 사피엔스는 50만 년 전의 고인류예요. 여기에서 진화된 것이 호모 사피엔스 사피엔스. 호모 사피엔스의 아종(亞種)으로서 4만 년 전에 존재했던 현생 인류의 기원인 고인류예요. 호모 사피엔스보다 더 깊이 생각하는 사람이란 뜻이에요. 학문적인 용어로는 '슈퍼지능 인간'이라고도 해요. 한편 호모 사피엔스를 가리키는 또 다른 의미는 인간을 보는 관점으로서의 생각하는 사람. 인간의 속성을 규정한 말이지요. 사색인이니 사유인이니 하는 용어도 가능하겠지요. (현자와 철인의 뜻으로도 쓰이기도 했다고 하네요.) 이처럼 인간의 본질이 이성적인 사고를 하는 데 있다는 관점은 18세기 합리주의 시대의 소산입니다. 이 시대에 살았던 블레즈 파스칼이 자신의 명상록인 『팡세』에서 이런 글을 남겼잖아요? '인간은 생각하는 갈대(L'homme est un roseau pensant)'라구요. 호모 파베르는 도구를 다루는 인간. 공작인이라고 하죠. 호모 루덴스를 유희인이라고 하고. 이것과 비슷한 것으로는 호모 페스티부스, 즉 축제인이에요. 요즘 흔히 쓰는 말로 호모 노마드가 있잖아요? 유목하는 인간, 즉 유목인, 혹은 유목민. 시의 원문에 포도주를 '비나 리쿠에스(vina liques)'라고 한 것도 뭔가 뜻의 깊이가 있어 보이네요. 로마 시대만 해도 포도를 발효시켜 찌꺼기를 물에 타서 만든 막포도주가 많았을 거예요. (지금의 막걸리에 해당되겠죠.) 이것보다 고급이 비나 리쿠에스, 즉 액체의 포도주입니다. 이를테면 물로 깨끗이 정제된 오늘날 와인의 원형에 해당하는 것. 리쿠에스는 그 이후 증류주의 뜻으로 쓰입니다. 더욱 정제한 것이지요. 영어의 '리퀴드'는 증류주로서 독주(毒酒)를 말합니다. 서유럽의 위스키, 러시아의 보드카, 중국의 백주, 한국과 일본의 소주가 대표적이지요. 인용한 시에서, 뭐니 뭐니 해도, 마지막 행이 가장 중요한 '글 한 줄'에 해당합니다.

Carpe diem, quam minimum credula postero.

이 라틴어 글 한 줄에는 사유의 심연이 놓여 있습니다. 이 부분을 발음부터 해볼까요. 카르페 디엠, 쿠암 미니뭄 크레둘라 포스테로. 라틴어로 발음이 이래요. 카르페 디엠이라고 하는 두 단어만으로 한 문장이 이루어집니다. 명령문이죠. 앞에서 말했듯이, 하루를 장악하라, 현재에 충실하라, 오늘을 즐겨라…… 이 다음에 오는 '쿠암'은 관계대명사입니다. (관계대명사가 우리말에 없으니, 이것을 번역할 수 없구요.) 카르페 디엠이 관계대명사절을 이끌고 있다는 점에서 문장을 좀 더 확장시키고 있네요. '미니뭄'은 '최소한' 혹은 '약간'을 뜻하는 말이에요. 이 단어를 가리켜 '적어도'나 '전혀'로 해석하면, 의미가 달라집니다. '크레둘라(credula)'는 '크레둘루스(credulus)'와 함께 '믿는, 믿음직한, 그럴싸한'의 뜻을 가지고 있어요. 이 낱말은 역사언어학적으로 영어의 '크레절러스(credulous)'로 이어집니다. 누군가의 말을 잘 믿을 때 쓰는 형용사이지요. '잘 믿는' 외에 '어리숙한'이나 '어수룩한'의 뜻도 있습니다. 누군가의 말을 곧이곧대로 너무 잘 믿으니, 사람 됨됨이가 좀 어리숙하다는 거지요. 신용카드를 가리켜 크레딧 카드라고 일컫는 것도 이런 역사언어학적인 맥락과 관련이 있어요. 마지막 단어는 '포스테로(postero)'네요. 이것은 '다음'이라고 하는 뜻인데요, 여기에서는 '포스테로 디에스(postero dies)' 즉 다음 날, 즉 내일을 가리키고 있습니다. 이 한 줄에서 문제가 되는 풀이는 '미니뭄'에 있어요. 기존의 역본들을 보니까, 대체로 '내일을 믿지 마라.'라고 풀이하고 있어요. 하지만, 내일을 너무 믿지 마라, 내일을 조금만 믿어라, 라고 이해하는 게 합리적이에요. 내일이란, 이를테면 운명론적인 점사(占辭)와 같은 것입니다. 내일을 지나치게 믿지 말라는 것은 운명이나 점사 따위를 너무 믿지 말라는 것입니다. 내일 무슨 일이 일어날지 아무도 알 수 없기 때문이지요.

그렇기 때문에, 시인 호라티우스는 하루를 장악하라, 현재에 충실하라, 오늘을 즐겨라고 표현한 것입니다. 작품 속에서는 시적 화자인 헬리오스에 의해 말하기가 극화되어 있지만, 시인이 그 시대의 로마 시민들에게 한 말이라고 해도 과언이 아니에요. 시편 「카르페 디엠」(원제 : 오드)은 앞에서 본 바와 같이, 주관적인 내성(內省)의 감정과 교훈의 가치가 잘 어울린 시심의 소산이라고 하겠습니다. 이런 점에서 볼 때, 시인은 인류의 위대한 교사라고 할 수 있겠습니다.

오늘 강의에서는 우리가 말 한마디와 글 한 줄이라도 허투루 여길 수 없다는 사실에 관해, 제가 말을 했습니다. 앞서 제가 얘기했듯이, 철학자 하이데거는 언어를 가리켜 '존재의 집'이라고 비유한 바대로, 우리는 개개인이 자신이 입으로 내뱉은 말 한마디마다, 자신이 쓴 글 한 줄마다 존재의 자기 증명을 알게 모르게 실현해 나아가게 된다는 사실을 잘 알 수가 있을 것입니다. 나의 존재감은 내가 무심코 드러낸 말 한마디와, 내가 표현한 글 한 줄에 달려 있습니다. 뿐만 아니라, 내가 읽은 글 한 줄의 깊이마저도 인생의 참뜻이나 가르침을 깨우쳐주기도 합니다. 때로 글을 읽는다는 것이 읽는 사람의 운명과 인생을 바꿀 수 있다는 사례는, 제가 굳이 밝히지 않아도 여기저기 무수히 널려 있습니다. 오늘 수업은 이 정도로 해서 마치겠습니다.

잘 들어주어서 고맙습니다.

셰익스피어의 4백주기를 기념하다

학생 여러분.

오늘부터 윌리엄 셰익스피어(1564~1616)에 관해서 수업을 진행하겠습니다. 셰익스피어는 우리나라 문학과 관련이 없을 뿐더러, 강의자인 제 전공이 국문학이지 영문학이 아니잖아요? 하지만 지금도 수많은 나라 사람들이 시대와 언어의 경계를 넘어 소비한다는 점에서, 그의 이름 자체가 글로벌 표준의 문학성을 지닌 것으로 충분히 인정이 됩니다. 또 그는 문학뿐만 아니라, 여러 분야에서도 영향력을 주고 있습니다. 그의 이름 자체가 여기저기에 파고들어 끊임없이 재생산되고 있습니다. 예를 들면 『셰익스피어와 매니지먼트』, 『셰익스피어와 섹스어필』 등과 같은 제목의 책을 보아도 충분히 짐작할 수 있겠죠. 그만큼 셰익스피어가 끼친 영향은 크다고 말할 수 있어요. 저는 여섯 시간에 걸쳐 '셰익스피어의 4백주기를 기념하다'라는 제목으로 작가작품론 수업을 진행하려고 합니다. 제가 오랫동안 이 '작가작품론'을 담당해 왔지만, 외국 작가를 다루는 것은 극히 이례적입니다. 작가작품론 속의 셰익스피어는 특강의 성격을 지향하고 있음을 먼저 말해 둡니다.

셰익스피어는 4백 년 전인 1616년 4월 23일에 세상을 떠났습니다. 그러니 올해 2016년은 그의 4백주기가 되는 해지요. 이를 기념하는 의미에서, 셰익스피어의 삶과 문학에 대해 마주하겠습니다. 우리나라 문학의 범주에선 벗어났지만, 생활 곳곳에서 마주칠 수 있고, 만날 수 있고, 접할 수 있는 문인 한 사람이 있다면, 바로 셰익스피어가 아니겠습니까? 그는 이미 세계화된 존재입니다. 여기에는 영어가 언어로서 세계화된 것과 상당히 밀접한 관계가 있습니다. 이 시대에 아직까지 영어에 필적할만한 언어는 없습니다. 스페인어도 중국어도 아니지요. 영어가 언어에 있어서 세계를 지배하고 있다고 할 수 있어요. 그 이유는 19세기에 영국이 가장 강대국이었기 때문입니다. 당시의 시대적인 성격을 두고 '팍스 브리타니카'라고 합니다. 20세기부터는 '팍스 아메리카나'라고 하죠. 미국이 세계를 지배하고 있지요. '팍스(pax)'라는 것은 영어로 '피스(peace)'에 해당됩니다. 팍스 로마나는 로마의 평화, 로마의 국력으로 인해 세계의 평화가 이루어지던 시대를 의미합니다. 19세기와 20세기는 영어를 사용하는 나라가 정치경제적인 지배력을 가졌던 게 사실이지요. 이 지배력이 문학에도 영향을 준 겁니다. 영어가 가장 영향력 있는 세계의 언어가 되고, 영미문학이 가장 영향력 있는 세계의 문학이 되었습니다. 덩달아 셰익스피어도 세계화되게 된 것이지요. 영국인들의 존경과 사랑을 독차지하고 있는 작가 셰익스피어에 대해, 영국의 사상가 토머스 칼라일은 '영국은 언젠가 인도를 잃게 될 것이나, 셰익스피어는 영원히 사라지지 않는다(Indian Empire will go, at any rate, some day; but this Shakespeare does not go, he lasts forever with us.).'라는 말을 남긴 것으로 유명하잖아요? 우리에게는 이 말이 와전된 감이 있었지요. 셰익스피어를 인도와 바꾸지 않는다고요. 인도인들이 들으면 굉장히 모욕적인 말이겠지요. 그렇다고 칩시다. 그런데 셰익스피어를 어떻게 인도와 바꿀 수 있겠어요? 인도야말로 붓다와 아소카 왕과 타지마할과 간디와 타고르 등으로 표상되는 나라인데. 물론 맥락은 비슷하지만, 이것저것 사이에, 말의 결이 다르잖아요?

여러분이 잘 아는 셰익스피어와 세르반테스는 같은 해 같은 날인 4월 23일에 세상을 떠났습니다. (두 사람이 생전에 만난 일도 없고, 같은 날에 죽은 것도 우연의 일치입니다.) 세르반테스는 「돈키호테」의 작자가 아니에요? 한 사람은 영국의 문인이고, 한 사람은 스페인 작가입니다. 평범한 문인, 작가의 수준을 넘어서기 때문에, 과거에는 문호(文豪)라고 칭했어요. 그런데 한 나라는 떠들썩한 걸 지나, 난리를 치고 있죠. 영국은 현재 한 해 내내 축제 분위기입니다. 영국의 셰익스피어가 태어나고 자란 조그만 마을에는 매년 천만 명 정도의 관광객이 모여듭니다. 연극이나 이벤트도 많이 열리지요. 올해는 4백주기니 더 많은 관광객이 방문할 겁니다. 저는 올해는 좀 여건이 안 되고 내년 여름방학 때 회갑 기념으로 영국 전역을, 특히 셰익스피어의 고향인 '스트랫퍼드 어폰 에이번(Stratford-upon-Avon)'을 방문할까, 계획하고 있어요. 그의 고향이 이름이 매우 길지요. 외우기도 힘이 드는 지명이네요. 영국 내륙의 전형적인 소도시래요. 이번 주말에 런던 템스 강 일대에서는 셰익스피어 작품에 대한 라이브 프로그램이 상영될 예정이래요. '완벽한 산책' 프로젝트로 이름이 된 거래요. 영국 총리 데이비드 캐머런은 이 행사 홍보를 위해 올해 초에 직접 쓴 기고문을 세계의 주요 신문에 실은 바 있었지요.

반면에, 세르반테스는 셰익스피어와 같은 날 죽었지만, 스페인은 잠잠한 분위기래요. 세르반테스 타계 4백주기 추모식은 조촐하게 준비되어 있대요. 이처럼 그가 조명을 덜 받는 것에 대해 스페인의 한 비평가는 그의 문체가 너무 어려워 스페인 국민조차도 50쪽 이상을 넘기기 힘들어한다고 설명합니다. 지난해 한 설문조사에 따르면, 스페인 성인의 18%만이 「돈키호테」 전문을 읽었다고 합니다. 셰익스피어 작품들을 영화로 만들면 흥행에 성공하지만, 돈키호테를 영화화하면 모두 실패한다는 얘기도 있습니다. BBC 방송은 '셰익스피어의 광채에 세르반테스가 가려지고 있다.'라는 말을 하고 있어요. 지금에 형성된 분위기로는 한 쪽이 떠들썩하지만, 다른 한 쪽이 썰렁하다고 하겠습니다. 사후의 두 사람으로선 이처럼 명암이 엇갈리고 있네요.

셰익스피어의 작품은 우리나라에서 그 동안 번역이 아주 많이 이루어졌는데, 사실 셰익스피어의 작품은 거의 대부분 운문으로 되어 있습니다. (산문인 로맨스도 일부 있습니다.) 시라는 의미입니다. 그런데 우리나라에서 이루어진 번역은 모두 산문입니다. 이건 잘못된 것입니다. 따라서 셰익스피어의 작품을 희곡이라고 보는 것은 무리가 있습니다. 희곡은 산문을 의미하지요. 셰익스피어의 작품은 희곡이라기보다 극시라고 보아야 합니다. 산문의 희곡이 아니라 운문의 극시입니다. 따라서 셰익스피어를 극작가라고 칭하기보다 더 정확한 표현은 극시인, 즉 시인입니다. 당시의 영국에는 유럽의 정형시라고 하는 소네트라고 하는 게 있었습니다. 셰익스피어는 소네트를 많이 창작했지만 소네트에 대한 평가는 제대로 받지 못하고 있어요. 극시가 워낙 현저하니까요. 여러분이 알고 있는 그의 유명한 작품들 「로미오와 줄리엣」, 「햄릿」과 같은 작품들은 모두 극시입니다. 따지고 보면 셰익스피어는 극작가라기보다 극시인, 서정시인이라고 할 수 있겠지요. 우리나라에서의 셰익스피어 번역이 산문으로 되어 있는 건, 비유하자면 바지나 치마를 웃옷으로 착각해 뒤집어 쓴 것과 다름이 없습니다.

영문학자들이 말하기를, 셰익스피어를 전공하면 셰익스피어에서 벗어나기가 힘들다고 합니다. 다른 것은 더 할 수 없고 거기에만 매달려야 하기 때문이지요. 그만큼 셰익스피어의 작품들이 양적으로 풍성하고 질적으로 심오하다는 의미입니다. 그래서 셰익스피어만 공부해도 평생이 모자란다는 말이 있을 정도지요. 셰익스피어를 정신분석학적으로 접근하면, 한도 끝도 없이 아득해지겠지요. 셰익스피어 전문가 중에 연세대학교 영문학과 최종철 교수가 있는데, 셰익스피어의 작품을 운문으로 번역한 유일한 사람입니다. 스스로도 셰익스피어의 작품을 운문으로 번역했노라고 자부하는 사람이기도 합니다. 정리해 볼까요. 일반적으로 볼 때, 셰익스피어 문학의 장르는 비극 · 희극 · 사극 · 소네트 · 장시 · 로맨스로 나누어집니다. 로맨스 빼고 모두 운문입니다. 로맨스는 오늘의 개념으로는 소설에 해당하지요. 그의 문학 중에서 가장 비주류에 속합니다.

그러면 이제부터 셰익스피어의 개인적인 삶에 대해서, 얘기할게요. 셰익스피어의 삶에 관한 자료가 그다지 많지 않습니다. 우리나라 시인 중에 58년 전에 죽은 정지용이 있지요? 정지용의 고향인 충북 옥천에 있는 기념관에는 여러 물건들이 전시되어 있지만 정지용과 직접적으로 관련된 것은 딱 한 가지뿐입니다. 어느 화가가 그린 수묵담채화 옆에 두보의 시 몇 자 적은 그의 필적인데, 그것조차 처음에는 진짜인지 가짜인지 의견이 많았습니다. 그러다 얼마 전에 비로소 진짜로 판명되었지요. 이렇게 60년 전에 죽은 사람의 자료도 별로 없는데 4백 년 전에 죽은 사람의 자료가 많을 리가 없지요. 이런 제한된 자료로 셰익스피어의 생애를 재구성한다는 건 상당히 어려운 일입니다. 셰익스피어의 작품이 많이 남아있지만, 그것 또한 셰익스피어가 직접 남긴 것이 아니라 셰익스피어의 지인들이 셰익스피어가 죽고 난 뒤에 모여서 작품을 더 이상 망실되지 않게 하자는 의미에서 그의 전집을 출판한 것입니다. 그 시대의

윌리엄 셰익스피어의 이미지와, 고향마을에 복원된 생가. 그의 문학은 책을 통해, 무대를 통해, 또 스크린을 통해 소비되고 있다.

사람들이 그가 한 시대의 시인이 아니라 모든 시대의 시인이기를 바라는 마음에서 간행했지요.

 스티븐 그린블랫이라고 하는 미국의 셰익스피어 전문 연구가가 있습니다. 이 사람이 『세계를 향한 의지』라는 셰익스피어 평전을 냈습니다. 페이지가 7백 쪽 정도 되는 굉장히 방대한 책인데, 셰익스피어 평전 중에서도 가장 자세한 것입니다. (책을 보여준다.) 이에 대한 서평이 잘 된 신문기사가 있어서 복사해 왔어요. 매일경제신문에 셰익스피어가 죽은 4월 23일자 기사로 난 글입니다. 제가 이 서평을 요약해 볼 게요. 셰익스피어가 재산도 없고 좋은 가문 출신도 아니었고 또 대학 교육도 받지 못해도, 문학 작품을 통해 엘리트와 문맹자를 모두 만족시키고, 촌부부터 여왕까지 매혹시켰다는 것. 그는 38편의 희곡(사실은 극시)과 154편의 소네트(정형시의 일종) 등의 방대한 작품을 남겼지만, 개인적 기록은 찾기 힘듭니다. 저자는 평전을 쓰기 위해 재산 거래 내역, 결혼 허가증서, 세례 기록, 그가 연기자로 참여한 공연의 출연자 목록, 세금 고지서, 사소한 법률 각서, 영수증, 마지막 유언장 등을 광범위하게 조사해 이 극작가의 흐릿하고 비밀스러운 삶을 추적했어요.

스티븐 그린블랫이 쓴 셰익스피어 평전에 의하면, 셰익스피어의 위대함은 보통 사람들을 위한 연극을 추구해 한 시대가 아니라 영원히 남을 작품을 썼다는 데 있습니다. 셰익스피어의 가장 빛나는 재능은 일종의 현실감각이란 것. 그는 시대의 천재였고, 동시에 흥행의 마술사였어요. 볼 만한 가치가 있는 연극이란, 인간의 운명을 다루는 내용이어야 하며, 또 교육 수준이 높은 소수의 엘리트 집단뿐 아니라 평범한 대중도 충분히 공감할 수 있는 내용이어야 한다는 것. 셰익스피어의 연극관은 이 두 가지로 집약됩니다. 그럼에도 불구하고 1616년 4월 23일에 당한 그의 죽음은 거의 주목받지 못했지요. 그가 무대에서 주연으로 쓴 리처드 버비지의 죽음이 전 영국을 비탄에 빠뜨린 것과 비교하면 너무나 조용한 소멸이었지요. 그가 죽은 후에야 벤 존슨의 셰익스피어 재발견과 함께, 남겨진 방대한 작품의 정리로 인해서 뒤늦게나마 세계적인 극시인이 될 수 있었습니다. 이상으로 제가 한 말들이 서평의 요지예요. 그는 살아생전인 당대에는 비평적으로 주목을 받지 못했다는 것. 사후에 재평가된 인물이란 점은 살아생전에 그림 한 편 겨우 팔린 고흐와 비슷하다고 할 수 있겠네요. 그의 희극인 「십이야」의 광대 페스티는 이런 작별의 노래를 부르는데요, 셰익스피어 자신의 삶을 대변하는 것 같네요.

아주 오래전에 이 세상이 시작되었지
헤이, 호, 바람과 비와 함께

하지만 이게 전부, 우리의 연극은 끝났다.

그리고 우리는 매일같이, 여러분을

즐겁게 해 드리고자 열심이라네.

그는 좋은 무대를 위해 그냥 열심히 살았던 사람이에요. 열심히 산 사람이 어디 그뿐이겠어요? 그는 당대의 사람들을 웃기고 울리기 위해 분투하는 과정에서, 저잣거리로 내려간 덕분에 불멸의 생명을 얻었던 것입니다. 이것 역시 제 말이 아니라 평전의 저자인 스티븐 그린블랫의 말입니다.

셰익스피어는 1564년에 영국의 시골마을에서 태어났습니다. 농업에 초점을 두자면 시골마을이지만, 상업에 초점을 두면 소도시예요. 우리 나이로는 쉰셋에 죽었습니다. 그는 런던 극장가에 진출해 처음엔 연기자로 성공하려고 했어요. 무대의 배우로 성공하지 못하자 대신에 극작가로서 이름을 떨쳤는데 은퇴를 하고 고향에 가서 집을 짓고 여생을 잘 보내려고 했어요. 그런데 낙향한 지 두세 해만에 죽었다는 거예요. 물론 그 시대의 평균수명만큼은 살았네요.

영국에서 옛날부터 내려오던 전통적인 귀족을 가리켜 '올드 하이(old high)'라고 합니다. 반면에 신흥계급은 '뉴 하이(new high)'라고 해요. 셰익스피어의 아버지인 존 셰익스피어는 뉴 하이입니다. 일종의 신흥 자본가입니다. 전통 귀족과 평민 사이의 새로운 계급이 생기는데요, 이를 두고 젠틀맨이라고 해요. 영국의 신사는 유명하죠? 옷을 잘 입고 다녀서 신사라고 부르는 것이 아니고 올드 하이 바로 밑에서 소위 갑질하는 새로운 기득권 집단, 사회적 지위를 가진 사람들이 바로 신사지요. 귀족은 못 됐지만 귀족 바로 턱밑까지 올라간 사람들을 젠틀맨이라고 할 수 있습니다. 존 셰익스피어는 이 젠틀맨의 칭호를 얻기 위해 무진 노력했지만 실패하고 맙니다. 아무나 할 수 있었던 건 아니었던 거죠. 결국 젠틀맨이라고 하는 칭호를 얻는데 실패하고, 이때부터 존 셰익스피어는 서서히 기울어지게 됩니다. 그렇게 존 셰익스피어의 신분 상승은 여기서 끝이 났지요. 귀족과 자유민의 사이에 낀 뉴 하이로서 오를 수 있는 사회적인 지위인 젠틀맨의 칭호를 얻지 못하고 주저앉게 된 것입니다. 이런 과정 속에서 셰익스피어는 열여덟 살에 스물여섯 살 처녀와 결혼을 하게 됩니다. 정황상 보면, 잘못된 육체관계 때문에, 어쩔 수 없는 선택이겠지요. 연상 아내의 아버지는 자기 아버지와 친구지간이었는데, 결혼할 당시에 아내의 아버지는 즉 그의 장인은 1년 전에 죽은 상황이었대요. 결혼하고 6개월 만에 딸을 낳았다고 하니, 결혼 전의 섹스에 빠져 어쩔 수 없이 결혼한 것으로 보입니다. 셰익스피어가 결혼하고 18년 후인 1600년의 스트랫퍼드의 자료를 보면, 남자가 초혼을 하는 평균 나이는 스물여섯 살입니다. 그런데 셰익스피어는 평균보다 8년이나 빨리 결혼을 했거든요. 지금의 고등학생 나이에 결혼을 하게 된 것입니다. 그 당시에 신랑이 여덟 살 아래인 경우는 극히 드문 일이었답니다. 이런 사실도 이번 평전에서 밝혀지게 되었어요.

(이화여대 명예교수 최영은 재작년인 2014년, 셰익스피어 탄생 450주년 기념 논문 「세상은 하나의 무대」에서 셰익스피어의 아버지가 1596년에 젠틀맨 계급으로 신분이 상승했다고 하는데, 스티븐 그린블랫의 평전 내용과 어긋나네요. 참고 바랍니다.)

셰익스피어의 시대만 하더라도 이른바 '서재극(closet drama)'이라고 해서 읽기 위한 희곡들이 존재했습니다. 공연을 통해 보는 드라마가 아니라, 창문도 없는 서재에서 책으로 보고 읽고 감상하고 즐기는 그런 드라마의 극본이 유행했습니다. 그 당시의 영국 국민의 60%가 글을 읽을 수 있었다니 참 대단하지요. 그 당시의 한중일 동북아시아는 어림 반 푼 어치도 없는 일이었지요. 그러나 셰익스피어는 극본 중심의 읽기용 서재극으로부터 탈피해서 무대 위에서 공연하기 위한 것으로 쓰여야 한다는 신념을 가지게 되었습니다. 그런데 이 '연극'이라는 것은 어디에서든지 정치적인 행위입니다. 원래 연극은 제사적인 기능을 하고 있었지만 나중에는 정치적 기능을 가진 것으로 변질되게 됩니다. 그 당시의 런던엔 이미 2, 3천 명을 수용하는 원형 극장도 있었습니다. 그래선지 수많은 극단도 있었고요, 이 극단들끼리 살벌한 경쟁을 하면서 살아갔습니다. 그런데 정치적인 발언, 시사적인 화제 거리를 다루면 다룰수록 관객들이 환호하니까, 대부분의 극단은 자꾸만 그 쪽에 빠지게 됩니다.

그러나 셰익스피어는 이러한 정치적인 연극의 한계를 느낍니다. 시사적인 연극에 지나치게 관심을 기울이면 좋은 작품이 되지 못함을 깨달은 거지요. 그래서 셰익스피어는 관객의 본질적인 흥미, 그러니까 표피적인 흥미보다는 인생의 심오한 의미가 더 중요하다고 본 것입니다. 그는 인간이 인간이란 무엇인가를 스스로 성찰하고 인간 문제를 근원적으로 돌이켜보며 본질적인 의미를 부여하는 내용의 대본이 작품성이 있다는 것을 알게 되면서, 이러한 것으로써 관객들을 유인할 수 있도록, 유혹할 수 있도록 작품을 써야겠다는 생각에 이릅니다. 관객의 속 깊은 욕망이나 원초적인 두려움들을 자극해야 한다는 생각을 하게 되지요. 그래서 셰익스피어의 극본을 보면 유령, 귀신, 환상적인 이야기, 원초적인 공포를 다룬 이야기들이 많습니다. 셰익스피어가 원초적인 세계에 관한 것들이 작품성을 담보할 수 있다고 스스로 생각했기 때문입니다.

셰익스피어의 생각대로 관객들은 점점 정치적인 발언보다는 인간의 본질적인 문제, 원초적인 문제를 다룬 것에 관심을 가지게 됩니다. 이 때문에 셰익스피어의 인기는 수직 상승하고 내는 작품마다 흥행하게 됩니다. 4백년이 지나도 흥행하고 있지 않습니까? 셰익스피어는 인간이 보편성의 문제에 강렬하게 고착될 수 있다는 것을 깨닫고 그런 심원한 주제의식을 연극에 끌어들이게 된 것입니다. 1590년대에는 사극과 희극이 중심이었고, 1600년대는 비극이 중심이었어요. 그의 비극이 절정기의 작품이었다면, 심원한 주제의식과 관련이 있겠네요. 그가 자신의 시대에 걸맞은 정치적, 도덕적, 풍속적인 표준에만 매몰되었다면, 오늘날의 사람들에게 어떤 감동을 줄까요? 인간의 보편적인 가치문제가 그를 오늘날의 셰익스피어를 만든 겁니다. 한때 우리나라 TV드라마의 우상이었던 극작가 김수현의 작품이 한 시대를 통속적으로 공명시킬 수 있었어도 다음 시대로 이어질 수 없는 까닭도 그 보편성의 문제에 있습니다. 경쟁 극단의 극작가들이 배고픈 예술가의 길에서 허덕일 때 셰익스피어는 돈을 벌고 50대에 은퇴해서 고향 가서 집 짓고 여유 있는 여생을 보내려고 했을 정도였지요. 그런데 고향에서 여생을 보내려고 했던 그에게 죽음이 일찍 찾아왔던 거예요.

셰익스피어가 죽은 후에 그의 동료들은 그의 작품을 오랫동안 보존해야 한다는 생각을 가집니다. 그가 이룩한 문학적인 위업이 그의 죽음과 함께 사라지는 게 아쉬웠던 모양입니다. 그래서 셰익스피어의 극본을 모아 전집을 만들어내고 천 부를 출판합니다. 그 당시 출판 상황에서 보면, 천 부면 대단한 것인데요. 현재 남아 있는 당시의 원본은 파본까지 포함해서 스물대여섯 권 정도라고 합니다. 이 중에 열 개 정도는 쓸모가 있어서 완벽하게 보존해 놓았다고 해요. 그 당시에 함께 생활했던 연극 동료들이 셰익스피어의 전집을 만들어주지 않았다면, 셰익스피어의 작품은 공중분해 되어서 오늘날까지 전해지지 못했을 겁니다. 동료들이

후세에도 남길 만한 가치가 있다고 생각해서 출판한 거지요. 그 당시에 극본을 출판한 경우는 거의 없었는데도 말입니다. 셰익스피어 작품이 세계화되어 현대에 이르기까지, 셰익스피어 시대에서 오늘날까지 4백 년 시간이 흘렀습니다.

그 당시에 영국의 지식인들은, 당시에 대학이 있었는데요, 당시에도 옥스퍼드, 케임브리지는 나와야 사람 구실을 할 수 있다고 생각했습니다. 그런데 대학도 못 나온 이 시골뜨기, 런던에 오는 데 나흘이나 걸리는 이 비주류의 지방 출신인 셰익스피어라는 평범한 청년이 런던에 입성해서 당대 최고의 극작가로 성장하는 뭐랄까, 일종의 성공 스토리라고 볼 수도 있겠지요. 그의 학력은 고향에서 문법학교 겨우 나온 정도예요. 짧은 라틴어 실력과 이보다 못한 옛 그리스어 실력으로 최고의 극작가가 된 거예요. 모국어(영어)만으로 극본을 쓰는 데 한계가 있던 시대였어요. 라틴어와 옛 그리스어에 날고 기는 명문대 출신의 극작가들은 역사 속으로 사라졌잖아요? 그의 성공 요인은 전 이렇게 봐요. 그는 연극 배우로서의 무대 경험과 (소네트) 시인으로서의 언어감각이 그를 위대한 드라마 작가, 즉 극시인으로 만들었던 것입니다.

스티븐 그린블랫의 평전은 시골뜨기 셰익스피어가 런던에 와서 자수성가한 이야기를 담은 내용의 책이라고 볼 수 있겠습니다. 이 책을 듬성듬성 읽어보아도 재미있는 내용이 적지 않습니다. 이 시기에 영국은 부랑자법을 만들었다고 합니다. 함부로 길거리를 돌아다니면 안 된다는 내용의 법이지요. 길거리 돌아다니면, 너 자작농이냐 소작농이냐 하는 질문을 해서 자작농이라고 한다면 땅문서를 보여 달라고 하고, 소작농이라고 대답하면 네 주인이 누구냐고 되묻습니다. 주인은 봉건 지주죠. 우리말로 하면 지주가 누구냐 물어서 자기 땅문서를 보여주지 못하거나 지주가 누구인지 대답을 하지 못하면 부랑자라고 간주했지요. 이 법 때문에 연극배우, 음유시인, 거지 등은 모두 부랑자가 되어버렸어요. 연극배우나 음유시인이 사회적으로 지위가 높지 않았다는 것을 말해주는 군요. 그 당시 영국의 사회사적인 미시한 측면까지 세세하게 밝혀놓은 것을 보면, 소소한 재미나, 지적인 흥미를 가질 수도 있습니다. 그 당시에 유랑극단도 적지 않았는데, 유랑극단도 따지면 부랑자 집단이지요. 그래서 함부로 거리를 돌아다니다보면 경찰에 잡혀서 혼이 나곤 했음에도 불구하고, 유랑극단이 상당히 성행했다고 합니다. 이런저런 배경 덕에 셰익스피어 시대에 이미 런던에 2천 명 이상을 수용할 수 있는 원형극장이 생길 수 있었던 것이겠지요. 원형극장이 생기니까 유랑극단은 하나 둘씩 사라지기 시작해요. 붙박이 극단을 운영하려면 최소한 스무 개 이상의 극이 있어야 하는데, 이런 것이 없고 옛날 것들을 우려먹는 극단은 자연도태가 됩니다. 이처럼 연극의 새로운 레퍼토리들이 많이 요구되던 시대에, 셰익스피어는 시류에 잘 편승해서 최고의 극작가가 된 케이스라고 할 수 있지요. 그에게는 모든 세상이 하나의 연극 무대요, 모든 사람이 한 사람의 연극배우나 다름이 없었습니다.

지난 시간에 말한 것처럼 올해가 바로 셰익스피어의 4백주기입니다. 여러분은 지난 시간에 한 시간 분량으로 편집된 영화 「햄릿」을 감상했는데, 이번 시간에는 30분 정도로 편집된 「오셀로」를 보았습니다. 만약 「햄릿」을 셰익스피어가 썼던 극본 그대로 연극을 한다면, 무대 위에 작품을 올린다고 생각한다면, 얼마 정도의 공연 시간이 걸릴 것 같습니까? 올해 셰익스피어 4백주기를 맞아 서울에서 원작 그대로, 무삭제 버전의 「햄릿」을 공연하고 있습니다. 일주일 전부터 해서 10월 2일인가 3일에 끝나는 연극을 하고 있는데, 우리나라에서는 처음 있는 일이라고 합니다. 공연 시간이 얼마 정도냐? 그러니까 3백 분이라는 거지요. 관객도 배우도 쉬는 시간이 필요해요. 이것을 인터미션이라고 해요. 이것이 없다면, 다섯 시간 동안 환기도 안 되는 답답한 영화관에서 「햄릿」을 상연한다면, 질식을 각오하면서 그걸 보러가는 사람이 있겠습니까? 아무도 없을 겁니다.

　일반적으로 연극은 1시간 30분에서 2시간 정도로 상연해 왔습니다. 영화로 재구성한 셰익스피어 극도 보통 이 정도의 러닝타임이지요. 이 정도의 시간이라면 대체로 축약본이라고 할 수 있겠는데, 연출가에 따라 편집하는 부분이 현저히 달라지겠지요. 그런데 우리가 지난 시간에 감상한 로렌스 올리비에(Laurence Olivier : 1907~1989)의 영화 「햄릿」(1948)은 거의 초창기의 영화용 「햄릿」이어서 러닝타임이 비교적 깁니다. 원래 상영 시간은 2시간 35분인데, 제가 여러분에게 지루하지 않게 보여주려고 1시간 분량이 되게 줄인 것입니다. 저는 여러분에게 멀티비전 큰 화면에 비디오테이프로 보여주기 때문에 미리 편집할 수 있었던 거지요. 오늘 감상한 「오셀로」도 본디 상영 시간이 거의 2시간 정도가 될 것입니다. 제가 양적인 면에서 편집용 동영상이 원작에서 반감했다고 해도, 질적인 측면에서는 영화로서 집중해야 하기 때문에 이 동영상의 몰입 밀도는 도리어 배가될 수도 있습니다.

　셰익스피어의 문학적 절정기는 대체로 1600년에서 1610년까지입니다. 17세기의 그의 작품이 20세기에 이르러 본디의 모습에서 적잖이 변화를 겪습니다. 그 대표적인 것 중의 하나가 햄릿의 캐릭터가 바뀌었다는 데 있습니다. 셰익스피어의 햄릿 상이 17세기 초에 만들어졌고, 한동안 무대에서 상연되던 게 스크린에서 상영하려는 목적으로 옮겨간 시점이 20세기 중반이니까 350년의 시간이 흘러간 셈이네요. 로렌스 올리비에의 영화 「햄릿」은 1948년의 작품이었습니다. 이미 이때는 종래의 햄릿 상이 변화되었습니다. 어네스트 존스라고 하는 영국의 정신분석학가가 햄릿에게 프로이트 이론을 적용하면서, 지금까지 햄릿에게서 아무도 발견하지 못했던 '오이디푸스 콤플렉스'를 제안했어요. 이 용어는 너무 유명한 가설이지 않습니까? 이때가 1930년대였는데요, 오이디푸스 콤플렉스로 투영된 새로운 햄릿상이 로렌스 올리비에의 영화「햄릿」에도 영향을 끼친 겁니다.

종래의 햄릿은 '침울한 햄릿'이었어요. 3백년 이상 이 햄릿상이 무대 위에서 유지되어 왔었지요. 하지만 어네스트 존스 이후에는 햄릿이 우울하기만 한 것이 아니라 침울하면서도 동시에 웃기도 하는 햄릿으로 그려집니다. 이런 심리 상태가 병적인 단계로 향해 나아가게 된 것을 두고, 조울증이라고 하지요. 과거의 햄릿은 우울증을 앓고 있는 햄릿에 가깝다면, 정신분석학과 영화의 시대에 접어들면서, 즉 어네스트 존스의 독창적인 가설이 등장하고, 또 올리비에 로렌스가 스크린에서 햄릿 상을 연출하고 연기함으로써, 햄릿은 우울증을 앓는 햄릿에서 조울증을 앓는 햄릿으로 바뀌어가게 되었습니다. 여러분. 조울증에 관해 얘기를 들어본 일이 있어요? '조' 자는 팔딱팔딱 뛴다는 것을 의미해요. 다시 말하면 기분이 좋아서 즐거워하는 것을 말하지요. 한자로 말하면 '조양'입니다. '양' 자는 '떨칠 양' 자예요. '울'이라고 하는 글자는 억울, 사실 억울이라는 의미가 맞지만 억울이라고 하는 기존의 말이 지닌 뜻이 가진 이미지로는 의미의 간섭을 받게 되니 정확한 의미를 전달하기 위해 침울이라는 말을 사용하겠습니다. 사실은 '조양억울'의 준말이 '조울'입니다. 여러분이 지난 시간에 감상한 로렌스 올리비에의 햄릿은 조양억울, 즉 조양침울의 증세가 있는 햄릿입니다. 이 증세는 어떤 때는 기분이 업(up)되고, 어떤 때는 기분이 다운(down)되는 종잡을 수 없는 모순을 보이는 병적인 상태지요. 그러니까 1930년대 이후부터는 우울증에다

액션이 가미된 햄릿이 등장하게 되었던 겁니다.

로렌스 올리비에는 연극 무대와 스크린을 오가면서 셰익스피어의 작품을 연출하고 셰익스피어의 인간상을 연기한 불세출의 연극영화인이었습니다. 연출가로서는 셰익스피어 해석의 대가였고, 연기자로서는 20세기를 대표하는 명배우였습니다. 그의 이름 'ren'의 발음이 '렌'인지 '런'인지에 대한 뒷말이 있는데, 미국 발음은 사실상 '런'에 가깝습니다. 그래서 요즘은 '로런스 올리비에'라고 발음, 표기하는 경우가 많습니다. 저는 오랫동안 익숙하게 보아온 대로 로렌스로 발음하고 표기하려고 합니다. 그는 주로 영국에서 활동했어요. 영국인이니까요. 그런데 그는 미국에서 연기한 적도 있습니다. 로렌스 올리비에와 비비안 리는 미국의 연극무대에서 공연을 하는 과정에서, 두 사람의 눈에 사랑의 불꽃이 튀었습니다. 두 사람 다 유부남, 유부녀였는데도 말입니다. 1940년은 두 사람에게 의미 있는 한 해였죠. 두 사람이 「로미오와 줄리엣」의 연극 무대 위에 올라 공연하고, 각자의 배우자와 이혼한 후에 재혼도 하고, 영화 「폭풍의 언덕」에 함께 출연했지요. 두 사람은 대중의 스타이면서 최고의 연기파 배우였습니다. 그런데 오래 인연을 이어가지 못하고 이혼을 했어요. 비비안 리의 조울증 때문이었지요.

로렌스 올리비에가 영화 「햄릿」에 출연할 때는 마흔 한두 살 정도 되는 나이였습니다. 극본의 햄릿보다 스무 살 정도나 많은, 늙은 햄릿인 셈이지요. 그는 이 영화를 만들 때 애초에 햄릿 캐릭터를 비(非)오이디푸스화할 것을 밝혔습니다. 말하자면 전통적인 햄릿, 침울한 햄릿을 만들겠다고 했지요. 자신의 영화 텍스트에 프로이트적인 요소를 억지로 가미하지 않겠다고 공언했지만, 실제로 영화를 만드는 과정에서 그의 햄릿은 상당히 오이디푸스적인 햄릿으로 만들어졌어요. 애초의 계획과

세기의 명배우인 로렌스 올리비에와 비비안 리가 연극무대에서 「로미오와 줄리엣」을 공연했다. 공연한 후, 무대 파트너인 두 사람은 실제 부부가 되었다.

는 달라졌다는 얘깁니다. 자, 그러면, 오이디푸스적인 햄릿, 그러니까 조울증이 있는 햄릿, 침울하면서도 액티브한 햄릿을 다룰 때에는, 햄릿의 어머니가 중요한 모티브가 됩니다. 햄릿 모친의 이름은 거트루드입니다. 햄릿 숙부의 이름은 클로디어스고요. 이 두 사람은 애초에 어떤 관계입니까? 형수와 시동생의 관계이지요? 그런데 햄릿의 아버지가 죽고 나서는 두 사람이 부부가 됩니다. 우리나라에서는 이해하기 힘든 가족관계지요. 오이디푸스화된 햄릿을 만들기 위해서는 햄릿의 엄마가 어때야 할까요? 햄릿의 엄마가 섹시해야 합니다. 적어도 아들 햄릿에게 성적인 매력이 있는 어머니가 되어야 한다는 것이 오이디푸스화된 햄릿의 전제 조건이에요. 어머니가 성적 매력이 있으니까 햄릿이 자신의 숙부에게 엄마를 빼앗긴 것에 대해 좌절하고 분노하면서 복수를 꿈꾸는 것이지요. 그러니까 클로디어스는 숙부인 동시에 자신에게 연적이 되는 것입니다.

　로렌스 올리비에 영화에 출연한 햄릿의 어머니 역은 에일린 헐리라고 하는 무명 여배우가 맡았어요. 반면에 오필리어는 유명한 여배우가 연기했습니다. 소녀 시절부터 이름이 잘 알려진 19세의 진 시먼스였지요. 이 영화에 출연해 1948년 베니스영화제에 여우주연상을 받고, 1950년대에 세계적인 스타로 발돋움했어요. 에일린 헐리의 실제의 나이는 아들 역을 맡은 올리비에 로렌스보다 오히려 13세 아래였습니다. 그러나 그 시절의 탁월한 기술적 분장력으로 인해 로렌스 올리비에의 어머니 역을 잘 소화할 수 있었습니다. 그러니까, 에일린 헐리는 성적으로 상당히 매력적이면서도 섹시한 햄릿 엄마를 연기하는 데 성공을 거둡니다. 이때부터 햄릿의 영화마다 어머니는 섹시한 왕비로 공식화, 관습화되기에 이릅니다. 이미지가 굳어가는 것이지요. 햄릿의 두 명의 여자 주인공은 상당히 상반된 이미지를 가지게 된 것. 섹시한 거트루드와 청순가련

영화 「햄릿」에서 햄릿 역으로 출연한 로렌스 올리비에의 모습.

한 오필리아로 말이에요.

　로렌스 올리비에는 『어느 배우의 고백』이라는 자서전을 낸 적이 있었습니다. 이 책에는 '나는 컬러보다는 흑백을 선택했다.'라는 문장이 나옵니다. 물론 이 당시에도 컬러 영화가 존재했지만 로렌스 올리비에는 흑백을 선호했다는 얘깁니다. 이어서 '화려한 운문의 치장보다는……' 이라는 구절이 나오는데요. 물론 컬러가 아무래도 화려한 모습이지요.

옛날 컬러 영화와 흑백 영화가 공존하던 시대에는 흑백 영화를 좀 더 선호하는 사람들도 많았는데 요즘엔 온통 컬러 영화뿐이지요. 어쨌거나 '운문'이 뭐지요? '시'를 의미하는 것이지요. 운문의 치장보다는 장대한, '장대한'이라고 번역되어 있는데 번역이 잘못된 것 같습니다. '장엄함'으로 번역하는 것이 더 어울리지요. '나는 컬러보다는 흑백을 선택했다. 화려한 운문의 치장보다는 장엄한 시적 영상을 만들어내기 위해서였다.' 요즘 말로 하면 화장한 여성이라기보다 민낯인 여성의 실감나는 아름다움을 보여주기로 했다는 것과 비슷하지 않겠습니까? 또 이 책에는 '이 영화에서 가장 유명한 장면은 내가 공중에서 날았던 장면인데 4·5m 상공에서……'라는 구절이 나옵니다. 2층이 몇 미터나 되나요? 2층보다는 더 높겠죠? 2층보다 더 높아 보이는 층고에서 실제로 뛰어내렸습니다. 사람이 이 높이에서 뛰어내렸을 때 어떻게 되느냐? 그 여러 가지 결과에 대한 반응을 조사했습니다. 다섯 가지가 있대요. 불구자가 되는 경우, 반쯤 뼈가 부러져서 6개월 후에 움직일 수 있는 경우, 무사한 경우 기타 등등이라고 합니다. 그의 경우는 영화 「햄릿」에서 실연(實演)을 했어요. 아래로 떨어지는데 걸리는 시간이 1초반이었다고 해요. 그는 '나는 분명히 낙하하는 장면에는 1초반만을 투자했는데 영화 「햄릿」에 대한 사람들의 반응과 담론의 3분의 2가 뛰어내리는 장면, 낙하 장면에 있더라.' 고 말하기도 했어요. 이 영화의 낙하 장면 속에는 클로디어스 왕이 왕관을 쓰고 있는 뒷모습을 보여주는 장면이 있습니다. 그런데 이 장면이 위험하기 때문에 상대역은 배우가 아니라 직업적인 역사(力士), 그러니까 역도 선수나 레슬러 같이 힘 넘치는 장골이 맡았어요. 로렌스 올리비에의 말을 들어볼까요? '직업적인 역사가 공중에 뛰어든 내 몸을 받쳐주었는데, 이 사람이 역사인데도 불구하고 나와 부딪힌 뒤 기절했다. 그런데 뛰어내린 나는 아무 데도 다치지 않았다.' 이렇게 얘기하고 있습니다. 자서전에서요. 또한 '그 1초반은 꿈처럼 지나갔다.'고도 말하고 있어요. 여하튼 영화 「햄릿」의 최고 명장면을 두고, 사람들은 이 장면을 꼽는 데 주저하지 않습니다. 요즘 영화 같으면 충분히 눈 속 임수를 쓸 수도 있었겠지만, 그 당시만 해도 부상을 무릅쓰고, 실제로 뛰어내렸던 겁니다.

남자 배우 중에서 햄릿 역에 잘 맞는 배우들이 참 많이 있어요. 가장 잘 맞는 배우는 지금까지 공부했듯이 영국의 로렌스 올리비에가 아니 에요? 한 가지 옥의 티가 있다면 20대 초반의 남자 배우가 햄릿을 맡아 야 하는데……. 그러니까 지금의 우리나라 배우 같으면, 유아인이나 송 중기 같은 배우가 햄릿을 맡아야 하는데, 장동건이나 송승헌 같은 40대 초반의 배우가 이 햄릿을 맡은 격입니다. 장동건이니 송승헌이니 하는 배우들은 햄릿을 연기하기엔 지금 나이가 너무 많지요. 40대가 넘었지 않습니까? 그런데 요즘 우리나라에서도 남자 스타의 등용문이 대체로 세자 역입니다. 송중기도 왕세자 역을 했고, 유아인도 사극영화에서 사 도세자 역을 소화했지요. 또 누가 있습니까? 김수현도 TV드라마 「해를 품은 달」에서 세자 역할을 맡은 적이 있잖아요? 왕세자와 황태자는 어 떻게 다르지요? 얘기가 길어지니까, 결론을 말할게요. 그냥 같은 개념 이라고 보면 됩니다. 역사상 왕세자 중에서 가장 불행한 왕세자가 누구 일까요? 극에서는 햄릿이지요. 그렇다면 현실에서 가장 고독한 왕세자 는 누구일까요? 제 생각으로는 현재 영국의 왕세자인 찰스일 것입니다. 제가 알기로는 한 40년간 왕세자만 하고 있습니다. 어머니인 엘리자베 스 여왕이 양위를 해주지 않잖아요? 반면에 일본 아키히토 일왕은 얼마 전에 왕세자에게 양위를 한다고 선언했지요. 극 중에서 가장 고독한 왕 세자는 햄릿이요, 현실에서 가장 고독한 왕세자는 찰스라고 말할 수 있 습니다. 둘 다 공통점이 있나요? 공통적으로 영국 사람이지요? 아닙니 다. 셰익스피어 극 속의 햄릿은 덴마크 왕자입니다. 셰익스피어의 작품 속에는 덴마크, 베네치아, 아테나, 스코틀랜드, 프랑스, 이집트 등과 같은 낯선 곳을 주로 배경으로 삼았습니다.

연극이나 영화의 초장에 햄릿의 죽은 아버지, 즉 선왕의 유령이 나타나지요 이것은 일종의 초자연 현상입니다. 그런데 초자연 현상이 현실적으로 증거를 가질 수 있느냐? 가질 수 없느냐? 이 때문에 햄릿은 깊은 고민을 합니다. 분명 아버지의 유령이 자신의 눈앞에 나타나서 '나는 클로디어스에게 살해당했다. 그에게 복수해 달라.'고 말했지만, 그는 이것이 현실적인 증거 능력이 있는지 알 수 없었습니다. 햄릿은 이 문제를 해결하기 위해서 유랑 극단을 왕궁으로 불러옵니다. 그리고는 자신의 이야기와 비슷한 내용을 담은 연극을 공연하게 하지요. 이러한 장치를 '극중극'이라고 합니다. 햄릿은 이 극중극을 통해서 클로디어스 왕의 동태와 심경의 변화를 유심히 파악하려 합니다. 숙부인 클로디어스가 죄책감에 사로잡힌 것이 확인되는지 동태나 심경의 변화를 관찰하다, 결국 '아 숙부가 정말로 내 아버지를 죽였구나.'를 확인하게 되는 겁니다. 그런데 「햄릿」의 결말은 어떻게 됩니까? 나중에 햄릿의 일가족이 모두 죽지요? 아버지가 죽고, 어머니가 죽고, 숙부가 죽고, 본인이 죽고. 모두들 죽지 않습니까. 이것을 두고 일가족 전몰이라고 합니다. 복수의 비극인 동시에, 멸문지화의 비극이지요. 모두가 죽고 나서야 사태가 마무리됩니다. 그런데 일가족 모든 사람이 죽었으니 왕위를 물려받을 사람이 없지 않아요? 그래서 햄릿은 결국 노르웨이 왕자에게 왕권을 넘겨주고서야 눈을 감습니다. 우리나라 속담으로 이러한 상황을 '죽을 쑤어서 개 준다.'라고 하지요. 엄청나게 고생해서 일을 이루었으나, 다른 사람에게 좋은 일 한다, 뭐 이런 뜻을 내포하고 있는 속담인데, 이렇게 햄릿이 노르웨이 왕자에게 왕권을 물려줄 때 영국의 대사들이 그 상황을 지켜보고 있는 장면이 나옵니다. 덴마크 왕세자가 노르웨이 왕자에게 왕위를 물려주는 것을 영국의 대사들이 지켜본다는 것은 영국이 변방에 있는 나라지만 높은 위치에 있다는 것. 암묵적으로는 외교적으로 우위에 있음을 의미합니다. 노르웨이 왕자가 덴마크의 왕위를 물려받는 것을 영국이 암묵적으로 승인하고, 묵인해주고 있음을 말해요. 그러니까 영국은 노르웨이나 덴마크보다 한 수 위에 놓여있는 나라임을 은연중에, 보여주는 것이지요. 중국이 조선 국왕을 책봉하듯이 말입니다.

　우리나라에서 최초로 햄릿의 역을 연기한 사람이 이해랑이라고 하는 분이라고, 저는 알고 있습니다. 이해랑 선생은 지금으로부터 꼭 백 년 전인 1916년생에 태어난 분입니다. 돌아가신 지도 꽤 오래되었고요. 우리나라 연극인 중에서도 상당히 이름이 있는 분이었지요. 이 분은 일제 강점기에 아주 좋은 집안의 자제로 태어났습니다. 몇 대조 올라가면 임금을 지낸 조상이 나오기도 해요. 게다가 이해랑 선생의 조부는 고종 황제를 모시던, 요즘 식의 비서실장이었습니다. 아버지는 일제 때 세브란스 병원 외과부장이었구요. 이해랑 선생은 이런 유서 깊은 집안에서 형제도 자매도 없는 외아들이요, 장손으로 태어난 분입니다. 제가 예전에 이 분을 우연히 만난 적이 있었습니다. 1984년 초여름이었습니다. 서정주라고 하는 시인을 아시죠? 유명한 시가 있잖아요? 「국화 옆에서」라고. 유명한 시인이요, 제 은사였는데, 이 분에게 지도교수의 심부름으로 서울 인사동에서 물건 하나를 전해주러 간 일이 있었지요. 그 당시에 저는 5년 만에 복학을 한 상황이라 나이가 타 학생들보다 많은 편이었죠. 동기들은 이미 졸업한 시점인 스물일곱 살에 대학을 다니고 있었지요. 당시 서정주 선생께서 '자네 심부름을 해줘서 고맙네.'라고 하시더니, 기왕 왔으니 차 한 잔 하고 가게, 했어요. 옆에 있는 사람 누군지 아느냐고 물으시기에 '아니요. 잘 모릅니다.'라고 대답했더니 이런 말을 해요. 이해랑 선생도 몰라? 연극계에서 아주 유명한 이해랑 선생님이라고 제게 소개를 해주셨어요. 20여분 동안 두 분이 이야기를 나누는 것을 듣다가 나왔는데 이해랑 선생은 아주 신사였습니다. 연극을 하셨으니 목소리도 좋았죠. 나이가 마흔 살 정도 차이 나는 후학에게 아주 친절한 목소리로 '고향이 어디십니까?'라고 질문을 하시던 모습이 마치 어제 일처럼 생생하네요. 지금 생각하면, 부드러운 표정과 목소리에 고매한 인품까지 깃들어져 있는 분 같았어요. 아주 오래된 일입니다. 이 이해랑 선생이 일제강점기부터 햄릿 연기를 자주 했습니다. 해방 후에는 주로 연출만을 하셨지만. 이 분부터 우리나라 햄릿이 시작됐다고 해도 지나친 말이 아니에요. 일제 강점기만 해도 햄릿을 일본어식으로 '하믈레토'라고 발음했어요. 연극의 전통이 일천한 우리나라에, 침울한 햄릿을 다루었다면 아무도 연극「햄릿」을 보러 오지 않았겠지요. 그래서 우리나라에서의 햄릿은 애초부터 액티브한 햄릿으로 다루어졌습니다.

이해랑 선생을 우연히 만난 이듬해에, 그러니까 1985년이었어요. 호암 아트홀 개관 기념으로 연극「햄릿」을 공연했어요. 당시에 장안(서울)의 화제가 되었지요. 이해랑 선생이 연출한 것이었어요. 햄릿 역은 배우 유인촌. 우리나라에서 햄릿 역을 가장 많이 했다는 배우입니다. 유인촌 씨도 나이가 상당히 많은 편입니다. 1951년 생이니까 나보다도 여섯 살 많아요. 이명박 대통령 시절에 문화체육관광부 장관도 했었지요? 1985년 당시에 그는 서른 넷. 극중의 햄릿보다 적어도 10년 위이네요. 유인촌이 능숙하고 화려하게 펜싱을 하던 모습은 지금도 잊혀지지 않네요. 아주 신기에 가까울 정도였어요. 실제 펜싱 선수와 함께 얼마나 연습을 많이 했으면, 저런 연기를 할 수 있을까를 생각했지요. 극중에는 결투하는 장면도 나오고 하거든요. 굉장히 액티브한 칼부림의 햄릿 상을, 이해랑 선생이 연출한 것이지요. 2016년 올해에도 유인촌 씨가 무대 위의 햄릿 역을 맡았어요. 이해랑 선생 탄생 백 주년 기념 연극이었지요. 몇 달 전에 있었지요. 65세 나이로 한 햄릿 연기, 아마도 세계적으로 최고 령 배우가 맡은 햄릿 역이 아닐까, 해요.

그럼, 다시 이야기를 옛날로 돌아가 봅시다. 1985년 그때 오필리아 역 으로 나온 여배우는 유지인이었는데, 전문 연극배우는 아니었지요. 당 시에 가장 인기가 있는 영화계 여배우였지요. 햄릿의 어머니 역에 황정 아라고 하는 그 당시의, 좀 성숙한 여배우가 햄릿 어머니 역을 맡았는데 그녀는 배우이기도 했지만 성우이기도 했어요. 성숙한 여인의 아름다움 이랄까, 40대 여인의 성적 매력이랄까, 당시에 20대 청년인 제가 흠뻑 매료될 정도였지요. 정신분석학적으로 재해석된 20세기의 햄릿 상, 바 로 오이디푸스화된 햄릿 상의 어머니인 거트루드 상이라고 할 수 있겠 습니다. 제 젊은 날의 이해랑은 인상적인 노신사인 동시에, 무대를 지배 하는 노익장이기도 했습니다. 이 연극이 있은 지 4년 후인 1989년에, 연 극계의 거목인 그분은 세상을 떠났지요.

셰익스피어 비극 중의 「오셀로(Othelo)」를 알고 있나요? 오늘은 이 작 품을 중심으로 공부하겠어요. 오셀로는 자수성가형 인물, 자기 개척의 인물이지요. 원작에서는 어떤 인물로 나옵니까? 흑인으로 나오지요. 정 확하게는 아프리카의 무어인으로 나옵니다. 무어인이 어떤 인종이냐 하 면, 북부 아프리카 흑인이랑 아랍인이 혼혈된 인종이랍니다. 그런데 연 극과 영화, 심지어 오페라에서도 오셀로의 역을 맡은 배우는 대부분 백 인이었어요. 하얀 얼굴에 검은 칠을 한. 최근에야 가물에 콩 나듯이 흑 인 배우 오셀로가 픽업되기도 해요.

영화의 역사 중에서 가장 위대한 시네아스트(영화인)는 누구일까요? 살아서는 빚더미에 개고생하면서 죽어선 영화의 금자탑을 세운 이로 칭송되고 추모되는 오슨 웰스예요. 이 사람에 관해 얘기하려면 얘깃거리가 아주 많지만, 이 시간에는 영화 「오셀로」에 관해서만 얘기할게요. 이 사람 이름이 과거에도 여러 가지로 표기되었지만, 대표적인 표기가 '오손 웰즈'였어요, 지금의 규범적인 외래어 표기로는 '오슨 웰스'입니다. 오셀로 역을 맡은 그는 흑인이었을까요, 백인이었을까요? 백인입니다. 얼굴에 까만 분장을 한 오셀로였지요. 셰익스피어가 창안한 인물 오셀로는 흑인으로서 스스로 자수성가한 인물입니다. 극의 배경은 베네치아. 예나 지금이나 흑인이 성공하면 배 아파하는 사람들이 많지요. 셰익스피어의 「오셀로」는 간단히 말해 오셀로의 성공에 배가 아파하는 사람이 꾸민 계략으로 오셀로가 피해를 보면서 비극으로 치달은 연극이라고 보면 됩니다. 「햄릿」의 공간적인 배경이 덴마크이고, 「오셀로」의 그곳은 베네치아입니다. 여러분이 잘 아는 「베니스의 상인」도 그 당시에 독립국이었지만 지금은 이탈리아에 포함된 베네치아를 배경으로 삼고 있습니다. 셰익스피어의 이야기는 왜 이렇게 베네치아에서 있어났나? 어떠한 자료를 보더라도 셰익스피어가 이탈리아를 갔다는 기록은 없습니다. 그런데 증거는 남아 있지 않아도 셰익스피어가 이탈리아에 다녀왔다고 말하는 사람도 있어요. 그런 주장을 바탕으로 리처드 폴 로의 『셰익스피어의 이탈리아 기행』(2013)이라는 책이 나오기도 했지요. 증거는 없지만 놀랍게도 정황이 잘 들어맞습니다.

영국은 그때까지만 해도 엘리자베스 1세의 시대입니다. 셰익스피어가 살았던 엘리자베스 1세 때만 하더라도 영국은 아직까지 유럽 내륙에 비해서 문화적으로나 경제적으로 뒤떨어진 나라였습니다. 이때까지의 세계 문학의 중심지는 지중해 권역이었습니다. 그러니까 옛 그리스 시대 때는 그리스 문학이 세계의 대표적인 문학이었고요, 로마 시대에는 라틴 문학이 세계의 문학의 중심이었습니다. 그리고 중세에는 문학 자체가 존재하지 않았는데 르네상스 시대에 이르러 주로 이탈리아가 중심이 됩니다. 여러분이 잘 아는 단테도 이탈리아 사람입니다. 요약하자면 지중해 연안 국가 외에는 한 마디로 말해 야만인이었다는 것. 영국 문학이 세계화된 것은 셰익스피어 덕분이라고 할 수 있어요. 마찬가지로 독일 문학이 세계화된 것은 괴테 덕분이라고 하겠지요. 그러니까 셰익스피어 이전에는 영국이 문화적으로 경제적으로 낙후된 후진국이었다는 것입니다. 후진국에서 선진의 대륙을 향해서 동경의 마음을 가지는 것은 당연하겠지요. 이것을 두고, 변방 콤플렉스라고 합니다. 영국이 가지고 있는 변방 콤플렉스, 변방에 있는, 변방에 치우친 나라로서의 열등감이 있었다는 뜻인데요, 이것은 일본에서도 찾아볼 수 있는 현상입니다. 동아시아에서 문화의 중심은 중국이었지요. 이러한 문화의 중심, 중국에서 떨어진 섬나라 일본이 가진 콤플렉스는 이루 말할 수 없었지요. 이것을 '섬나라 근성'이라고도 합니다.

초기 자본주의가 싹이 튼 곳이 바로 이탈리아 반도이며, 특히 나폴리, 피렌체, 베네치아(베니스)와 같은 항구도시 쪽은 세계에서 자본주의의 꽃을 처음으로 피우던 곳이었습니다. 특히 십자군 전쟁 당시에 유럽 병사들이 시리아로 원정을 갔을 때 베네치아 사람들이 원조를 해준 역사가 있습니다. 거기에 대해 감사함을 느낀 유럽 사람들이 베네치아가 무역을 할 수 있도록 무역 중심지로서의 특혜를 부여합니다. 그래서 베네치아는 무역 중심지가 되었고, 거기에 여러 문화가 들어갔다 나왔다 하게 되지요. 요즘식의 말로는 베네치아가 다(多)문화적인 공간이라고 할 수 있겠습니다. 다문화 공간에서는 어떤 일이 일어납니까? 다른 인종 간의 결혼이 일어나지요. 예컨대 아랍인과 유럽인, 흑인과 백인이 결혼하는 경우가 생깁니다. 오셀로는 흑인으로서 전공을 크게 세워서 장군이 되고 자수성가를 한 인물입니다. 외적으로는 아주 성공을 거둔 사람인데,

오셀로에게도 개인적인 결함이 있었습니다. 첫째는 열등감이요, 둘째는 순간적으로 욱하는 성질이었다고 합니다. 오셀로의 휘하에는 두 명의 장군이 있었습니다. 하나는 선한 사람이었고, 하나는 악한 사람이었습니다. 선악 이분법과도 통하는 부분이지요. 그런데 오셀로가 캐시오를 높게 받들어 주었으므로 이아고가 여기에 대해 앙심을 품게 되면서 캐시오와 오셀로의 아내 데스데모나가 바람을 피웠다. 바람을 피운 증거가 바로 손수건이다. 이런 식으로 모함을 합니다. 그리고 도둑맞은 손수건을 모함의 현실적 증거로 만들어버립니다. 여기에서 오셀로의 비극이 시작됩니다.

그렇다면 연극「오셀로」를 통해서 셰익스피어가 궁극적으로 말하고자 한 바가 무엇일까요? 셰익스피어는 오셀로를 통해서 인간들은 악의 손아귀에서 놀아난다, 인간들은 악 앞에 무력하다, 인간은 본질적으로 온전치 못한 인간이다, 인간 중에 완벽한 사람은 없다, 라고 하는 이야기를 드러내고자 한 것입니다. 오셀로는 흑인으로서 신분 상승의 욕망을 실현했지만, 자신의 혈통은 온전하지 못하니까 자기를 만족시킬 수 없는 집안과 인종의 문제를 결혼을 통해 해결하고자 했습니다. 그래서 아내만은 베네치아 최고의 가문, 그러면서도 아름다운 백인 여성을 아내로 삼으려 했습니다. 또한 데스데모나는 베네치아적인 것들을 초월하고 싶어 하는 인물이었습니다. 데스데모나는 베네치아에서 가장 좋은 집안에서 태어난 여성이에요. 부족할 것도, 아쉬울 것도 없는 인물이지요. 그러다 보니 데스데모나의 이상은 베네치아에서만 머무는 것이 아니라 이를 넘어서고자 합니다. 그래서 아주 낯설고 이질적인, 뭔가 모르게 마술적이고 초자연적인 힘이 있는 것 같은 흑인 남성을 만나 열정적인 사랑에 빠지게 된 것입니다. 베네치아적인 것으로부터 초월하는 것을 원하면서도 낯선 것에 대한 동경을 가진 데스데모나와 자신의 혈통과 인종에 만족하지 못했던 오셀로의 생각이 맞아떨어진 것입니다. 서로가 서로의 필요에 따라 만난 것이라고도 하겠지요. 개인과 개인이 사랑해서 이루어 진 결혼이긴 하지만, 동시에 정치적인 성향을 띠기도 해요. 정략결혼은 아니어도 정치적인 성격의 결혼인 것은 사실입니다.

오셀로와 데스데모나의 결혼은 다(多)문화적이고 간(間)인종적인 결혼이잖아요? 여기에 관해 저도 할 말이 있어요. 꼭 지금의 한일 커플 같다는 생각이 듭니다. 요즘은 한국인과 일본인 사이에 결혼이 잘 이루어집니다. 서양인과의 결혼보다 덜 이질적이지요. 언어도 배우기 쉽고, 생김새도 비슷하고 해서. 문화인류학적 측면으로 볼 때 일본 여자는 한국 남성에 대해 쉽게 끌린다고 하겠어요. 그도 그럴 것이, 전통적으로 일본 남자는 사실 마초적이에요. 일본 영화나 사극에서도 쉽게 찾아볼 수 있는 장면이 있는데, 우리가 좀 이해하기 힘든 면인데요, 남자가 여자를 묶어 놓고 때린다는 사실이 이를 뒷받침해줘요. 그런데 요즘 흥행하는 한류 드라마에서는 배용준의 경우처럼 한국 남자의 이미지가 부드럽잖아요? 일본 여자들은 이질적인 것을 찾았던 데스데모나처럼 자신들이 봐온 남자들과는 다른 한국 남자를 선망하게 된다나, 어쨌다나요. 오셀로와 데스데모나는 한국 남자와 일본 여자의 커플로 보아도 큰 무리가 없다는 게 제 소견이에요. 한국 남자와 일본 여자가 연애하면, 과시적인 면이 있어요. 주변의 관심을 끌구요. 이들이 결혼하면, 오셀로와 데스데모나처럼 파멸에 이르지는 않아도, 생각보다 쉽게 시들해져 이혼율도 높고요. 반면에, 일본 남자와 한국 여자의 커플도 일본에 있으면 종종 볼 수가 있는데, 소리 소문 없이 연애하고 결혼하지요. 결혼 생활 중에 일본 남자가 마초처럼 굴어도 한국 여자는 그러려니 하면서 살아요. 이혼도 잘 안 하고요. 일본 여자들이 실제로 육식도 하지 않은 '초식 남'을 선호하는 이유를 알겠지요? 초식 남은 마초적인 남성상이 아니니까요.

왼쪽은 오슨 웰스가 연출한 영화 「오셀로」(1952)의 한 장면이며, 오른쪽은 올리버 파커가 연출한 또 다른 영화 「오셀로」(1995)의 한 장면이다.

제가 하고자 하는 말은 오셀로에게는 초식 남의 이미지는 전혀 없고, 마초적인 무골(武骨)의 이미지가 넘친다는 사실입니다.

일들의 실타래가 얼크러졌는지 결국 오셀로는 비극적인 인간으로 파멸합니다. 여러 가지 요인이 있지만 그 자신의 성격적인 결함도 비극의 원인이 되었지요. 오셀로와 같은 인간형을 요즘의 속된 말로 표현하자면, '단무지' 형 인간상이라고 하지요. 단무지가 뭐냐? 단순, 무식, 지X이라는 말이 축약된 거랍니다. 이런 유형의 사람을 가리켜, 요즘 젊은이들은 '단순하고 무식한 게 지X한다.'라고 그래요, 거 참. (학생들, 웃음) 그의 결혼은 아름다운 백인 아내를 얻은 흑인 남자의 승리이기도 하지만, 이 승리를 오래오래 지키고 또 유지하기에는 아슬아슬한 고비가 많지 않겠어요? 그는 이 고비를 넘지 못합니다. 질투입니다. 아내가 부정을 저질렀다는 가짜 제보. 이것을 그대로 믿어버린 그는 정말 단순, 무식한 인간이네요. 자기 아내가 불륜을 저질렀다는 거짓말에 눈이 뒤집힌 채 중얼대는 그의 독백은 아주 유명한 대사입니다. 미리 나누어준 참고 자료를 보세요. 제가 읽어볼게요. 제가 짐짓 연극배우의 톤을 흉내 내겠지만, 연극배우의 발성 수준에는 어림도 없습니다.

마음의 안정은 영원히 사라졌도다. 승리의 만족과도, 깃털로 장식된 투구와도, 야심을 자극하는 군대와도 이제는 작별이어라. 울부짖는 군마여. 드높은 나팔소리여. 전의를 돋우는 북소리여. 고막을 찌를 듯한 피리소리여. 장엄한 군가와, 자존심과, 무훈(武勳)의 화사한 영광과도 이제 영원한 작별이어라. 위력적인 대포여. 그 거친 소리가 불멸의 주피터(제우스) 신이 우렁찬 목소리로 울림하였건만, 이제는 '안녕'이어라. 이 오셀로의 임무는 사라졌노라.

여러분. 어때요? 연극의 대사로 감지되나요? 셰익스피어의 느낌이 다가옵니까? 이 유명한 독백은 오슨 웰스의 영화 「오셀로」에도 그대로 반영됩니다. 지난 시간에 제가 편집한 영화를 통해서도 확인할 수 있었지요. 오셀로의 오판. 이것은 심리학적인 용어로 일종의 확증편향이라고 할 수 있어요. 이 오판이 그와 그의 아내를 파멸로 이끌고 갑니다. 그들이 파멸의 끝 간 데로 가기까지, 그들을 지배하는 게 있지요. 그게 바로 악입니다. 이 악의 개입으로 인해 결함이 있는 인간의 성격은 돌이킬 수 없게 만듭니다. 이야고. 이 악인의 형상. 이 형상이야말로 셰익스피어 문학의 승리라고 말할 수 있을 것입니다.

셰익스피어의 악에 대한 성찰을 진지하게 보지 못하면, 우리는 그의 문학적인 진가를 확인할 수 없습니다. 세상은 선악으로 뒤섞여 있습니다. 선악의 혼돈상이 우리네 인생이요 사회입니다. 가해자가 있으면, 선의의 피해자가 있게 마련이지요. 비극 「오셀로」에서 선악이 결국 공멸하잖아요? 악은 이야고 뿐인데, 선의의 피해자는 다수예요. 소수가 다수를 지배하는 거잖아요? 이게 악의 본질인 것입니다. 악은 한자로 모질 악 자 아니에요? 모진 기운이 모이게 되면 단단해져요. 악은 그래서 돌멩이처럼 힘이 셉니다. 반면에, 선은 유리잔처럼 깨지기 쉽구요.

여러분은 아직까지 직장 생활을 안 해 봐서 잘 모를 텐데요, 물론 다 그런 건 아닙니다만, 직장에서 모진 사람이 승승장구로 승진하는 사례가 적지 않아요. 우리 사회에서 악이 성공하거나, 선이 실패하는 사례도 많아요. 왜 그렇죠? 제가 인생 선배로서 얘기할게요. 맹자가 사람은 저마다 '남에게 차마 모질게 하지 못하는 마음(不忍人之心)'이 있다고 주장했지만, 우리 사회는 이야고 같은 악종(惡種)들이 많이 있어요. 저는 늘 이렇게 생각해 왔어요. 악은 악을 통해 번성한다고. 악이 저절로 생기고 저절로 소멸되는 것은 아니라는 얘깁니다. 개인과 사회가 그물망처럼 형성되어 있듯이, 악과 악은 보이지 않게 서로 도웁니다. 선인보다 악인이 사회적으로 성공할 가능성이 높습니다. 저는 여러분보다 세상을 오래 살아오면서 이런 경우를 자주 보았어요. 악인들은 반드시 담합해요. 인사권자는 악인이 돌멩이와 같으니까 악인을 승진하게 해요. 때로는 돌멩이가 자신을 보호하기도 하니까요. 유리잔 같은 선인들은 필요가 없는 거지요. 악은 악을 통해 번성하니까, 약자와 선인을 희생의 제물로 삼지 않을 수밖에 없지요. 동물의 세계에서도 육식동물들이 서로 단결해 초식동물의 무리에서 힘이 약해 보이는, 소외된 한 마리를 집중적이고 동시에 달려들잖아요? 이야고는 오셀로와 싸우기 위해, 먼저 착하고도 무고한 오셀로의 아내에게, 없는 죄의 너울을 뒤집어씌웁니다. 약자이고 선인 데스데모나를 먼저 희생의 제물로 삼았던 거죠. 모두가 죽습니다. 선악이 공멸에 이릅니다. 악이 타도되는 건 당연하지만, 애꿎은 선이 파멸하기 때문에 비극인 거지요. 셰익스피어식의 선악관을 잘 보여주는 게 그의 비극의 본질이요, 실상입니다.

오슨 웰스는 세계의 영화계에서 가장 위대한 영화인입니다. 그는 젊은 나이에 자신의 영화 인생에서 최고의 대표작이라고 할 수 있는 「시민 케인」(1941)을 연출했습니다. 참담한 흥행 실패는 그를 평생 생활고의 늪에서 허우적거리게 했지만, 이 영화는 영상 테크닉의 기술적인 진보를 이룩한 영화사의 금자탑이지요. 이 영화는 1930년대 미국 사회에 만연해있던 물질주의에 대한 성찰을 담고 있습니다. 앞만 보고 달려오던 미국 시민들에게 경종을 울린 영화였지요. 영화도 과시용 영화와 성찰용 영화로 나눠볼 수 있습니다. 과시용은 국민계몽영화라고 말할 수 있습니다. 사회주의 사상을 선동 선전하는 그런 영화들, 미국 영화 중 「국가의 탄생」이라고 하는 영화, 그리고 박정희 시대의 반공 영화 같은 영화들을 일컫습니다. 성찰형 영화는 대체로 좋은 영화라고 할 수 있습니다. 개인의 삶은 사회 구조의 전체상으로부터 결코 자유로울 수 없습니다. 영화 「시민 케인」은 개인의 승승장구와 사리사욕에 사회의 구조적인 모순이나 사회악의 연결고리와 알게 모르게 관련되어 있음을 성찰하고 있어요.

1948년 베니스(베네치아) 영화제에서 오슨 웰스의 「멕베스」와 로렌스 올리비에의 「햄릿」이 경합을 벌이게 됩니다. 그런데 정통의 「햄릿」이 실험의 「멕베스」를 누르고 그랑프리인 황금사자상(최우수작품상)을 받습니다. 반면에 프랑스 전문 비평가들은 오슨 웰스의 「멕베스」에 대해 대단한 호평을 아끼지 않았습니다. 올리비에 로렌스의 「햄릿」과 오슨 웰스의 「오셀로」도 비교의 대상이 됩니다. 이 역시 정통적, 실험적으로 나누어집니다. 서로 살펴보자면, 올리비에 로렌스의 「햄릿」이 실내 세트의 연극적인 영화라면, 오슨 웰스의 「오셀로」는 야외 촬영의 영화적인 영화입니다. 또 영화 제작에서 편집이냐, 연출이냐를 놓고 볼 때 쟁점이 될 수 있습니다. 로렌스의 「햄릿」이 편집적이라면, 오슨 웰스의 「오셀로」는 연출적이라고 할 수 있지요. 전자가 데코파주 기법을 사용하여 장면과 장면 사이를 오리고 잘라서 가져다 붙이는 편집 위주의 영화라면, 후자는 화면 구성, 딥 포커스 등의 요소 하나하나를 염두에 두고 있습니다. 벽돌과 회랑이 있고, 그 앞에는 오셀로가 서 있고 그 10m 뒤 쯤 데스데모나가 서 있는 장면. 이런 식으로 입체적인 공간의 깊이, 공간적 깊이의 미학을 보여주는 감독의 연출이 두드러져 보입니다. 전자가 인공조명을 주로 사용했다면, 후자는 자연광을 이용합니다. 반면 「햄릿」은 인공조명을 사용했습니다. 한마디로 말해 오슨 웰스의 「오셀로」는 아치, 회랑 등과 석조물을 질서정연하면서도 구조적으로 배치한 극단적인 조형 미학은 물론 인간 행동의 본능적인 성향마저 잘 보여줍니다.

제가 이때까지 셰익스피어의 문학적인 확장으로서 영화에 관해 많은 시간을 할애한 것 같습니다. 왜 영상 이미지 속의 셰익스피어여야 하느냐에 관해 말을 하려고 합니다. 영화는 문학성을 지닐 때, 하나의 문학이 됩니다. 이때의 문학을 가리켜 영상문학이라고 하지요. 문학에는 해석의 다의성이 있습니다. 여러 가지로 해석될 수 있는 문학이 좋은 문학이기도 해요. 성경이나 역사의 기록문보다는 문학 작품들에는 다양한 해석의 여지가 있습니다. 노벨문학상을 받은 멕시코의 시인 옥타비오파스는 자신의 저서 『활과 리라』에서 "셰익스피어의 세계에서 우리는 혼돈의 복귀를 목격한다. 사물과 존재 사이의 경계는 사라지고, 범죄가 덕이 될 수 있으며, 결백은 죄가 될 수 있다. 적법성의 상실은 세계를 동요하게 만든다. 현실은 꿈이며 악몽이다. 우리는 또다시 환영 사이를 걷는다."라고 말했어요. 셰익스피어가 만들어낸 캐릭터 즉 그가 만들어낸 인간상이라는 것은 꿈이에요. 그 꿈은 악몽이 될 수도 있고, 백일몽이 될 수도 있습니다. 셰익스피어 문학의 다양한 해석, 이것은 영화에서도 그의 작품이 다양하게 해석될 수 있다는 것을 의미합니다. 19세기까지의 셰익스피어는 영국의 무대에서만 표현되었지만 20세기에 이르러 무대 미학으로만 충족될 수는 없었지요. 쉽게 말하면 19세기까지는 무대 미학으로만 충족되었다는 것. 영화의 시대에 그의 문학이 영상의 이미지로 빚어졌고, 셰익스피어의 4대 비극은 영화의 스크린 위에 무수히 그려집니다. 그를 영화적인 언어와 문법으로 해석한 대표적인 시네아스트는 로렌스 올리비에와, 오슨 웰스 등이 있었답니다.

지금까지의 논의들을 정리하는 의미에서, 다시 한 번 셰익스피어 문학의 영화적인 해석 및 재해석의 양상에 관해 다른 방식대로 얘기할까 합니다.

로렌스 올리비에가 셰익스피어의 영화에 참여한 시점이 1936년부터니까, 아주 오래되었지요. 그는 「헨리 5세」에 출연하여 셰익스피어 고전 사극을 충실히 재현했고 「햄릿」, 「리처드 3세」, 「리어왕」 등에도 연출하기도, 출연하기도 했지요. 그는 셰익스피어의 작품 중 다섯 작품에 출연하고, 네 작품을 연출했어요. 그래서 그를 두고 사람들은 '영화판의 셰익스피어'라고 말하기도 했어요. 셰익스피어의 작품 중에서 영화화한 것을 보면 햄릿만 해도 104편이었습니다. 지금은 물론 훨씬 늘어났을 수도 있어요. 로렌스 올리비에의 셰익스피어 영화를 보면 셰익스피어의 있는 그대로의 텍스트를 영화에 반영하려고 했지요. 따라서 그는 연극적인 영화를 만든 사람이라고 하겠어요. 대사를 할 때에 가장 셰익스피어 시대의 분위기를 낼 수 있었던 사람이 로렌스 올리비에라고 보면 됩니다. 이에 반해 오슨 웰스는 영화적인 영화를 만드는 것에 부심합니다. 영화의 화면 구성을 '딥 포커스'의 방식 즉 공간적인 깊이를 드러낸다고 하는 것입니다. 로렌스 올리비에가 셰익스피어를 그저 쫓기만 했다고도 할 수 있겠지만, 오슨 웰스는 셰익스피어를 끊임없이 해석, 재해석하려고 했던 것입니다.

오슨 웰스는 로렌스 올리비에와 동시대를 살았지요. 그는 어릴 적부터 셰익스피어와 인연을 맺었어요. 그는 5세 경에 「한여름 밤의 꿈」이라고 하는 어린이용 도서를 선물 받은 것을 계기로 7세 때에 「리어왕」의 대부분 내용을 암송할 수 있었다고 해요. 그는 생애를 두고 셰익스피어에 관한 영화 네 편을 만들었어요. 그는 로렌스 올리비에와는 달리, 셰익스피어에 대해 충성심이 부족했어요. 그는 자신의 방식대로 셰익스피어의 영화를 만들었고, 자신의 색깔을 입힌 셰익스피어를 재해석하는 데 정성을 기울입니다. 그가 영화 「오셀로」를 만드는 데에 4년이라는 시간이 걸린 이유는 제작비가 부족했기 때문이었죠. 또한 색채 필름을 사용할 제작비가 부족해 흑백 필름을 사용하였지요. 그가 이 작품으로 칸 영화제에서 대상을 받기도 하였지만, 그는 보수적인 셰익스피어 연구자들로부터 그가 셰익스피어를 오독하고 문학을 모독했다는 비난을 받습니다. 누군가가 그랬지요.

just a little Shakespeare, a lot of welles.

이 말은 다름이 아니라 셰익스피어의 흔적이 적고, 오슨 웰스의 흔적이 많다는 말이에요. 그의 영화 「오셀로」에는 그의 흔적이 너무 많이 남아 있습니다. 딥 포커스, 즉 화면의 공간적 깊이, 등장인물의 심리적 환경의 반영, 절벽 아래 바닷가와 바위에 부딪히는 거친 파도를 보여준 격노의 수사학……그는 이런 말을 했대요. 나의 영화 「오셀로」는 영화이기를 희망한다. 카메라를 통한 영상언어의 표현이 결코 셰익스피어를 싸구려로 만든 것이 아니었음이, 영화 시대에 셰익스피어를 재해석한 오슨 웰스의 위대성을 반증한다고 하겠습니다.

　이 두 사람 이후에 등장한 셰익스피어의 영화적인 해석가들은 여러 가지 방식으로써 햄릿을 비틀었는데, 이 중에서 프랑코 제피렐리는 활기차고 외향적인 복수자로서의 햄릿을 그렸습니다. 햄릿의 원작의 이미지는 차갑고 내성적이고 의기소침하였지만, 프랑코 제피렐리 영화에서의 햄릿 상은 활기찬 복수자이기도 했습니다. 그리고 또 다른 영화에서의 햄릿은 히피족을 연상시키기도 했고, 뉴요커로 등장하기도 했고, 미국 남북전쟁 시대의 남부 농장주의 모습으로도 재활용되기도 했어요. 오필리어 역시 원래는 순종적이며 청순한 이미지를 가지고 있었지만, 프랑코 제피렐리의 영화에서의 오필리어는 도전적이고 육감적인 오필리어로 그려지기도 했어요. 영화에서는 새롭게 변형된 셰익스피어의 작품성과 이미지를 다양하게 보여주었습니다.

　이제 셰익스피어를 문학과 역사 쪽으로 얘기의 초점을 돌려, 전체적인 수업 내용의 총량을 혼돈되지 않게 정리해 보려고 합니다.

　셰익스피어가 살던 시대에는 유럽에 초기 형태의 자본주의가 싹이 겨우 트던 시대입니다. 영국도 대륙에 비해 낙후되었지만 셰익스피어 시대에, 영국이 스페인 무적함대와 싸워 승리한 후에 국가 위상이 새롭게 높아졌고, 자본주의와 부르주아 계층이 생겨날 싹이 엿보였습니다. 자본주의를 가장 활발하게 받아들였던 곳이 바로 이탈리아 반도의 여러 도시국가들이었습니다. 그의 작품에 베네치아(베니스)를 배경으로 삼은 두 작품이 있지요. 「베니스의 상인」에는 기독교와 유대인의 갈등 양상을, 「오셀로」에서는 흑인과 백인의 갈등 양상을 보여주고 있는데, 그 이유가 셰익스피어가 이런 역사문화적인 배경 속에서 살았기 때문이라고도 할 수 있어요. 오셀로와 데스데모나가 타 인종과 결혼을 하게 된 것은 이를테면 중세 기독교의 코스모폴리타니즘(cosmopolitanism)이라고 할 수 있습니다. 이것은 온 세계의 사람들은 동포와 다름없다는 사해동포주의, 세계동포주의와도 의미가 상통합니다. 흑인과 백인은 모두 하나님의 아들딸이므로 결혼하는 것은 무방하다는 겁니다. 그런데 근대 자본주의 사회에서 이익을 추구하고 개별성을 강조하면서 이러한 생각에 변화가 생깁니다. 따라서 「오셀로」는 새로운 자본주의가 형성되는 과정에서 일어난 비극의 산물이라고도 하겠습니다. 셰익스피어에게는 항상 양가감정, 모순적 감정이 존재합니다. 정치적으로는 근대 시민사회를 맞이하면서도 봉건주의에 대한 애틋한 마음이 남아 있는 것입니다. 「리어 왕」에서 리어왕과 막내딸이 봉건주의를 대표하는 인물이라고 한다면 첫째 딸과 둘째 딸은 전형적으로 이익을 추구하는 자본주의적 인간입니다. 「리어 왕」의 마지막에서는 결국 신흥 자본주의가 승리를 맞이하고, 봉건주의는 몰락하게 되지요. 이 작품에서 몽매한 늙은 리어 왕의 절규가 우리의 가슴을 치게 합니다. "누가 내게 말해줄 수 있는가, 내가 누구인지를(Who is it that can tell me who I am?)." 인생이란 별 게 아니잖아요? 운명과 성격이 부여한 역할에 따라 살아가는 게 인생이죠. 이런 점에서 리어 왕은 리어 왕의 그림자일 뿐이에요. 오이디푸스 왕을 그린 소포클레스의 비극 이후, 서양의 비극은 이처럼 나를 찾아가는, 자아를 성찰하는 이야기입니다. 햄릿의 저 중얼거림, 오셀로의 타오르는 질투, 리어 왕의 메아리치는 것 같은 절규는 셰익스피어가 가졌던, 다가오는 새로운 시대에 대한 낙관적인 감정인 동시에, 사라져가는 시대에 대한 안타까운 감정, 모순적인 감정도 가졌다는 것의 반증이기도 합니다. 지금 제가 제시한 작품들은 중세 가치관과 근세 가치관이 서로 충돌하면서 위태롭게 공존하는 과도기적 혼돈상을 보여주는 것이 아닐까요?

셰익스피어의 극본에서는 모순적인 인간이 많이 나타나기도 합니다. 「맥베스」는 왕위를 찬탈하는 이야기입니다. 이 이야기는 잔인하면서도 미스터리적인 요소가 많아서 관객의 집중도를 잘 이끌어낼 수 있습니다. 「맥베스」 역시 의미 있는 셰익스피어 비극 중의 하나지요. 여러분이 잘 아는 「로미오와 줄리엣」은 너무 유명하지 않습니까? 지금의 나이로는 남고생과 여중생의 어린 나이의 소년소녀가 연애를 하는 이야기를 다뤘는데, 셰익스피어는 이에 대해 썩 긍정적으로 생각하지는 않았습니다. 셰익스피어 시대에도 결혼 적령기는 25세 정도였거든요. 우리나라처럼 조혼하는 풍습이 없었지요. 「로미오와 줄리엣」 역시 이탈리아 베로나를 배경으로 하고 있는데, 현대에서는 로미오와 줄리엣의 사랑을 가문의 반대를 넘어선 순수하고 정열적인 사랑으로 높게 평가하지만, 셰익스피어는 그런 좋은 시각으로 보았던 것은 아닌가 봐요. 첫눈에 반하는 사랑은 위험한 사랑이라는 것을 보여 사회에 경종을 울리기 위해서 작품을 연출, 제작한 것이지요.

요컨대 셰익스피어의 비극은 봉건주의와 초기 자본주의의 갈등의 산물이라고 봐야겠지요. 셰익스피어 시대에는 봉건적 생산양식의 잔재가 남아있었고, 자본주의 생산에 눈을 뜨는 곳이라고는 영국, 네덜란드, 이탈리아 항구도시 정도가 전부였습니다. 이때 본원적 축적의 시기에 접어드는 시기가 바로 셰익스피어가 살았던 시기이고요, 본원적 축적의 시기란 말을 들어보았어요? 자본주의가 성립되기까지의 2백년 정도의 준비 기간을 말해요. 영국 자본주의의 형성기가 19세기라면, 적어도 17, 8세기가 영국 자본주의의 본원적 축적의 시기라고 합니다. 셰익스피어의 극이 열매를 맺던 17세기 초반은 그 시기의 시작이라고 해야 하겠지요. 따라서 셰익스피어가 그려낸 많은 인물들은 중세에서 근대로 넘어가는 과도기적 인간상, 다문화적인 인간상이 많습니다. 「베니스의 상인」에 등장하는 샤일록이 바로 자본주의로 넘어가는 대표적인 인간상이라고 할 수 있겠습니다. 제가 앞에서 언급한 리처드 폴 로의 『셰익스피어의 이탈리아 기행』에 의하면, 셰익스피어 작품 속의 장소성이 이렇게 분석됩니다. 사극의 배경은 대부분이 영국입니다. 희극과 비극, 즉이 양자의 개념을 합하면 허구적인 극이 되겠지요. 그에게 허구적인 극이 대체로 스무 편인데요, 이 중의 딱 반이 이탈리아를 배경으로 삼고있어요. 나머지 열 군데는 아테네, 트로이, 덴마크 등 영국이 아닌 외국이에요. 그의 작품의 배경이 왜 이렇게도 이탈리아가 많은지요? 허구적인 극에서 영국이 빠졌는지요? 셰익스피어의 사고 자체가 다문화성을지향한다는 것, 자본주의에 대해 긴가민가하면서도 선망한다는 것이 아닐까요? 셰익스피어 연구가 G. 그리어(Greer)는 셰익스피어의 문학적 가치를 이렇게 요약한 바 있었죠. 이를테면, 관용, 다원주의, 타협하는 능력, 그리고 민주주의에 대한 심오한 헌신……. 이런 것들 때문에, 그의의식은 조국 영국으로부터 자꾸 벗어나려고 했던 것은 아닐까요?

여러분. 올해는 셰익스피어 4백주기가 되는 해입니다. 그는 아직도 전세계인에게 많은 공감을 주는 인물을 창조했습니다. 그의 문학이 세계화된 데는 영국과 미국의 정치외교적인 팽창주의도 한 몫을 했겠지만, 우리가 이것들을 지나치게 염두에 두지 않는다 하더라도, 그는 오페라와 영화와 뮤지컬을 만들어도 흥행을 보장하는 불패의 신화를 창조한작가라고 생각해볼 수 있습니다. 한국 문학과 셰익스피어는 직접적으로관계가 없지만 세계인의 한 사람으로서, 세계문학에 포함된 한국 문학을 향유하는 사람으로서, 위대성에 대한 거라면 인정하는 생각을 가지십시오. 여러분들이 그러한 생각들을 가지고 앞으로 선생님이 된 후에도 많은 책을 읽고, 고전을 읽고, 끊임없이 공부를 하는 사람이 되었으면, 합니다. 마지막으로, 「뜻대로 하세요」 2막 7장에 나오는 좋은 대사를 읽으면서 오늘 수업을 마칩니다. 미리 나누어준 자료를 보면서, 제가 먼저 읽을 테니, 여러분은 제 따라 읽어봅니다.

세상의 모든 곳이 연극무대라네.
모든 남녀는 단지 배우일 뿐이네.
다들 저마다 여기로 나들이하네.

All the world is a stage.
And all the men and women merely players.
They have their exits and their entrance.

(학생들의 낭송과 함께 수업이 끝나다.)

학생의 강의 소감

여섯 시간에 걸쳐서 셰익스피어에 관한 강의를 들었다. 셰익스피어의 작품은 워낙 많고, 유명하기 때문에 여섯 시간 동안 다 배울 수는 없어서 조금 아쉬웠다. 주로 햄릿과 오셀로를 위주로 셰익스피어의 삶과 시대에 초점을 두었는데, 단순히 작품만을 배우는 것이 아니라 시대적 배경, 우리나라 인물과의 비교 등을 통해서 알아보니 더욱 재미있는 수업이었다. 내가 근래 책을 많이 읽지 못해서 아쉬운 느낌이 있었는데 수업 시간을 통해 글 읽기의 욕구가 충족된 것 같아서 너무 좋았고, 임용 고사가 끝난 후 셰익스피어의 작품을 다시 읽어봐야겠다는 의지도 생겼다. 주제가 재미있는 주제이고 내용도 들어보지 못한 내용이어서 그냥 수업만 듣고 있어도 재미가 있었던 시간이었다. 단순히 셰익스피어에 관한 책 한 권을 정해서 작품 내용을 분석하거나 발표형식으로 하는 것보다, 교수님이 문학은 물론 영화에까지 확장해 관심의 폭을 넓혀서 재미있게 말씀해주시니까 그냥 이야기를 듣는 기분이 들고, 잘 알지 못했던 내용들이 많아서 흥미 있게 들을 수 있었다. 또, 수업시간에 놓친 부분을 녹음파일을 들으며 다시 정리하다 보니 이제 셰익스피어의 햄릿과 오셀로에 대해서는 완전히 꿰고 있는 것 같은 느낌이 들었다. 완성한 과제를 보니 뿌듯하기도 하고! (손희경)

이광수의 「무정」 백년을 기념하다

여러분. 오늘 수업을 시작합니다.

본격적인 수업에 앞서, 먼저 라틴어 어구 하나를 살펴보겠습니다. 라틴어의 관습적인 표현 중에서 '안누스 미라빌리스(annus mirabilis)'라는 말이 있어요. 물론 자주 쓰는 말은 아니에요. 가장 가까운 직역으로는 '불가사의한 한 해'가 되겠지요. 여기에서 말하는 미라빌리스(mirabilis)는 기적, 경이를 뜻하는 명사 '미라쿨룸(miraculum)'의 형용사형입니다. 그러니까 안누스 미라빌리스는 경이의 한 해, 기적의 한 해라고 해도 그리 틀린 말이 아닙니다. 큰 사건이 있었던 해도 안누스 미라빌리스입니다. 예컨대, 한국사에서 임진왜란이 있었던 해인 1592년이라든지, 영국사에서 런던에 대형화재와 페스트가 있었던 1666년이 안누스 미라빌리스예요. 일반적으로는 경이나 기적을 가져온 획기적인 한 해를 두고 이런 표현을 쓸 수 있습니다. 아무도 예상하지 못했던 한국의 월드컵 4강은 한국 축구의 안누스 미라빌리스인 게 틀림없는 사실입니다.

세계의 과학사에서는 두 개의 획기적인 한 해가 있었지요. 1666년과

1905년이 바로 그런 해입니다. 1666년은 뉴턴이 운동의 세 가지 법칙을 발견한 해이고요, 1905년은 아인슈타인이 특수상대성이론 등 획기적인 논문 다섯 편을 발표한 해이기도 하지요. 미국의 역사에 있어서도 미국이 영국의 식민지 지배를 받다가 1776년 7월 4일에 독립했습니다. 미국인들은 1776년을 가장 획기적인 한 해로 꼽습니다. 내가 대학생 1학년이었던 1976년에 막 방학이 시작될 때 부산 집에 와 있었어요. 초여름인 7월 4일에, 낮에는 맑았고, 밤에는 엄청나게 쏘아낸 불꽃놀이에 정신이 아뜩할 정도였어요. 내 평생토록 그런 장관의 불꽃놀이는 본 적이 없었습니다. 부산 도심에 아주 큰 미군부대가 있었는데, 본국 독립 2백주년의 축일을 기념하는 불꽃놀이 행사였어요. 부산 시민들과 기쁨을 함께 하겠다는 뜻이겠지요. 우리나라 현대사에서도 1919, 1945, 1950, 1988 등등의 네 자리 숫자는 굳이 말을 하지 않아도 획기적인 한 해라고 말할 수 있겠지요.

오늘은 예고한 대로 이광수(1892~1950)의 「무정」(1917) 백년을 기념하는 강의를 하겠습니다. 두루 알다시피, 올해는 이광수의 「무정」이 발표된 지 백년이 되는 해입니다. 이 소설은 우리나라 최초의 근대 소설입니다. 근대문학의 이정표를 세운 획기적인 작품인 것이지요. 지금으로부터 정확히 백 년 전인 1917년은 우리나라 근대문학사의 시작을 알린 획기적인 한 해, 즉 1917년은 한국 근대문학의 안누스 미라빌리스예요. 이광수의 「무정」은 자신의 나이 25세 때인 1917년에, 그 당시에 조선총독부 기관지이자 유일한 한글 신문인 매일신보(每日新報)에 연재된 소설입니다. 매일신보 1917년 1월1일자에서 6월 14일자까지 발표했습니다. 그리고 이듬해 1918년에 단행본으로 발간이 되어 책으로 묶어져 나왔죠. 본문의 내용이 똑같지는 않고 약간의 차이가 드러납니다. 어느 것을 정본으로 삼아야 하는가? 최초의 신문 연재본이 정본인가, 아니면 단행본인가? 물론 논란이 있지만, 여러분에게 강의 자료로 나누어준 몇 가지 본문은 최초의 신문 연재본에서 따왔습니다. 그래서 오늘 강의는 최초의 연재본 표기대로 공부를 할 것입니다.

이광수의 친일 문제 때문에, 올해 「무정」백주년을 기념하는 아무런 행사도 없습니다. 특히 촛불 혁명을 넘어 진보 진영에서 정권을 잡다 보니 과거의 친일 문제가 더욱 부각되면서 전혀 행사가 없는 것 같습니다. 이광수의 「무정」은 그 당시에 비추어볼 때 가장 진보적인 문학이었습니다. 아무런 백주년 행사가 없었지만, 여러분은 오늘날 정치적인 시속의 차원을 넘어서 뭔가를 역사적으로 기념하는 공부를 한다는 경건한 마음을 가지고서 경청하기 바랍니다. 국어교육과 학생으로서 외면할 수 없는 것이 이광수의 「무정」이라고 생각되기 때문이지요. 이 소설의 이야기 시작은 1916년 6월 27일 오후부터 시작합니다. 1917년의 시작과 함께 이 소설이 신문에 매일 발표해 가는데 그해 이야기를 쓸 수 없잖아요? 그러니까 소설 「무정」속의 서사는 한해 전인 1916년의 이야기라고 보면 되겠습니다. 1916년의 있음직했던 이야기입니다. 작가 이광수는 자기 시대의 이야기를 쓴 것입니다. 본문 내용을 봅시다. 제1장부터 볼까요.

경성학교 영어교사 리형식은 오후 두시 사년급 영어 시간을 마초 나려쏘이는 륙월볏헤 쌈을 흘니면서 안동 김장로의 집으로 간다. 김장로의 짤선형「善馨」이가 명년 미국류학을 가기위하야 영어를 준비홀초로 리형식을 미일 한시간식 가뎡교사로 고빙하야 오날 오후 세 시부터 슈업을 시작하게 되엿슴이라 리형식은 아직 독신이라 남의 녀자와 갓가히 교제하야 본젹이 업고 이러케 슌결한 청년이 흔히 그러한 모양으로 졂은 녀자를 디하면 자연 수졉은 싱각이 나셔 얼골이 확々 달며 고기가 져절로 슉어진다. 남자로 싱겨나셔 이러홈이 못싱

겻 다면 못싱겻다고도 ᄒᆞ려니와 져녀ᄌᆞ를 보면 아모러ᄒᆞᆫ 핑계롤 어더셔라도 갓가이 가려ᄒᆞ고 말 ᄒᆞᆫ마디라도 ᄒᆞ여보려ᄒᆞᄂᆞᆫ 잘 난 사ᄅᆞᆷ들 보다는 나으니라 (제1장에서)

소설의 주인공은 '경성학교 영어 교사 리형식'입니다. 지금하고 표기가 다르죠? 경성학교는 실제 존재한 학교였을까요. 실제로는 존재하지 않았어요. 경성학교는 소설 속의 가상의 학교인데 실제의 학교로 추적을 한다면 서울 안국동에 있는 휘문의숙이라고 할 수 있습니다. 지금은 서울 강남구 대치동에 있는 휘문고등학교. 이 학교가 모델일 가능성이 높습니다. 소설이 발표될 무렵에 이 학교에 앞으로 시인으로 유명하게 될 김영랑, 정지용이 입학했습니다. 또 이 무렵에 휘문의숙은 휘문고등보통학교로 교명이 바뀝니다. 그러니까 경성학교는 지금의 중학교와 고등학교를 통합한 중등학교입니다.

이광수의 집필하는 모습과, 매일신보에 연재된 소설 「무정」의 첫 회분.

소설의 주인공 이형식은 작가 이광수 자신이 투영된 결과입니다. 즉 자신을 모델로 삼았던 거예요. 이광수가 소설에서 근대적 인간상 이형식을 설정했듯이, 자기 자신을 근대적 인간상으로 여겼던 것입니다. 안동은 지금의 안국동입니다. 안국동이 지금 어디 있는가 하면, 서울 인사동에 가봤어요? 제 젊었을 때는 헌책방과 출판사가 많았는데, 지금은 작은 상점들이 죽 늘어선 거리로서 외국인들의 관광 코스가 되었어요. 진주에도 인사동이 있어요. 골동품 파는 동네. 서울 인사동 끝에 안국동이 있어요. 조선시대 양반들이 많이 살던 곳입니다. 안동 김장로는 신흥 개화인입니다. 이형식이 안국동에 사는 김씨의 성을 가진 장로의 집으로 간다. 김장로의 딸 김선형에게 영어를 가르치기 위해섭니다. 그녀는 17세 쯤 되는 처녀 아이입니다. 가정교사로 초빙하여 오늘 3시부터 수업을 시작하게 되어 있습니다. 가정교사는 요즘으로 말하면 사교육, 과외하는 사람을 가리킵니다. '고빙하야'는 요즘 말로 '초빙하여'라는 말입니다. 서술어 '되엿슴이라'와 '되었다' 중에서 여러분은 어느 것이 더 익숙합니까? 말할 필요도 없이, '되었다'가 친숙하지요. 이광수 때에 이르기까지 문어체가 잔존하고 있다는 것을 여기에서 잘 알 수가 있습니다. 구어체를 지향하는 것이 근대소설의 지향하는 바인데 이 소설에서는 온전한 구어체를 쓰지 않고 있네요. 여러분이 고등학교 때에는 언문일치라고 배웠을 것입니다. 문어체와 구어체를 따로 써서는 안 되고 모든 글은 말로 하듯이 써야 한다는 것. 글말이 아니라 입말을 지향해야 한다. 아직까지도 전근대성이 남아있음을 알 수 있습니다. 리형식을 가뎡교사로 고빙하야……식의 옛 글투는 문체의 근대성을 온전히 극복하지 않았음을 보여줍니다.

소설가 이광수는 소설 속의 이형식처럼 영어를 잘했을까요? 그는 일본 도쿄에 있는 와세다대학 철학과를 중퇴했습니다. 졸업하지 않고 중도에 귀국을 하여 소설가로 활동을 하게 되는데 그는 머리도 굉장히 좋았어요. 그는 소설가로서 영광의 인물이지만, 평생 불행한 삶을 살았지요. 고아로 자라면서, 죽을 고생을 많이 했어요. 또한 청년 시절에도 매우 가난했어요. 평생을 풍파를 안고 산 사람이었어요. 해방 직후에 친일을 했다고 난리를 치는 바람에 마음고생은 이루 말할 수 없었고, 한국전쟁 때는 인민군들에게 납북되어 북한에서 고적하게 죽었지요. 어쨌든 그는 젊었을 때 일본에서 대학을 졸업하지 못하고 돌아와서 소설을 씁니다. 1927년에 조선에도 대학이 생깁니다. 이름하여 경성제국대학교. 최근에 발굴된 이 학교의 학적부를 보면, 이광수가 영문과에 선과생으로 입학을 하였음이 밝혀집니다. 무시험으로 제1회 입학생으로 입학했어요. 그가 일본에서 대학을 잠시 다녔으니까 학력을 인정받았기 때문입니다. 일제 때 대학생은 본과생과 선과생으로 나누었습니다. 선과생은 선택과목만 이수해도 졸업이 됩니다. 본과생은 전문성이 더 높이 인정된다는 점에서, 취직을 할 때 선과생보다 더 유리하지요. 일본에 유학한 조선인들은 대부분 선과생이에요. 윤동주도 그렇구요. 경성제국대학교 영문과 1회 입학생으로 입학한 이광수는 그때 나이 35세였어요. 당시 교수의 나이로 학생이 되었던 겁니다. 이런 얘기가 있어요. 이광수는 미국 유학을 갔다 온 일본인 영어교수와 영어로 대화를 합니다. 대화를 해보니까 이광수의 영어 실력에 일본인 영어교수도 깜짝 놀랄 정도였다고 해요. 영어를 어디서 배웠기에, 이렇게 잘 하시오, 라고 했다는 거예요. 발음도 놀랄 정도였대요. 이광수는 그만큼 영어를 잘했습니다. 사교육을 시켜서 큰 인물이 된 인물도 있었어요. 수필가와 영문학자로 유명했던 피천득 선생도 어릴 때 이광수의 집에서 영어 사교육을 받았지요. 해방 후에는, 소녀 나영균도 그랬지요. 나영균은 경기여고와 이화여대 영문과를 졸업하고 번역가와 모교 교수로서 살아 왔어요. 한때 영문학자로서 유명했던 분이에요. 이광수는 일본 유학 시절에 화가 나혜석과 그렇고 그런 사이였는데, 나영균은 나혜석의 조카딸이었지요. 여러분. 할머니 탤런트로 유명한 나문희씨 알죠? (예) 나혜석이 고모할머니예요. 나씨 집안의 3대 여인들, 화가 나혜석, 영문학자 나영균, 탤런트 나문희……가문의 영광이네요.

자, 얘기가 다시 돌아갑니다. 이광수는 실제로 이형식처럼 영어를 잘했습니다. 머리가 본래 좋은 사람이에요. 독신이란 말이 나오지요. 독신은 문맥상 미혼이라는 뜻입니다. 남의 여자와 가까이 교제하여 본 적이 없고 이렇게 순결한 청년이다. 즉, 요즘말로 하면 숫총각이다. 여자와 만난 적도, 육체관계를 맺은 적이 없다는 뜻이에요. 흔히 그러한 모양으로 젊은 여자를 대하면 자연 수접은(수줍은) 생각이 나서 얼골(얼굴) 확확 슉어진다(수그러든다). 남자로 생겨나서(태어나서) 이러함……남자로 태어나서 수줍음을 타는 것이 못생겼으면 못생겼다지만 저 여자를 보면 아무러한 평계를 대고 어디서라도 가까이 가려하고 말 한마디라도 하여 보려는 잘난 사람(여자)들을 집적거릴 줄 아는 남자가 잘난 남자라고 보는 것. 지금 입장에서 볼 때는 말도 안 되는 말이지요. 성인지 감수성이 전혀 없는 말이에요. 이 문장은 소설 속의 화자에 의한 편집자적 논평이라고 할 수 있습니다. 옛날 소설에 자주, 혹은 많이 쓰이는 말버릇이에요. 아직까지도 「무정」에는 전근대적인 잔재가 남아있습니다. 사실은 소설의 지은이 이광수의 말인데 소설 속 작가가 개입을 못하니까 편집자라고 하는 거예요. 사실은 편집자라고 하는 것이 곧 작가인데, 작가가 소설 속에 함부로 들어갔다 나왔다 할 수 없으니까, 이를테면 편집자적 주석, 편집자적 논평이라고 하는 겁니다. 자, 그리고 이 소설의 언어가 오늘날의 관점에서 이질적이라는 사실을 살펴볼까요. 실례를 나열할 게요.

위선 : 우선

처음 보입니다. : 처음 뵙겠습니다.

미상불 : 아닌 게 아니라

묘방 : 묘책과 방도, 좋은 생각.

비호다 : 배우다

비홈 : 배움

백년 만에 표기가 이렇게 바뀌었습니다. '비호다'와 '비홈'이 '배우다'와 '배움'으로 바뀐 게 의미가 있지 않아요? 이승만 대통령이 2차 세계 대전 끝날 무렵에 미국 동포에게 라디오 방송을 하였는데, 조선 민중들이여 싸호라, 라고 말했어요. 이는 조선 민중들이여 싸우라는 뜻이다. 싸홈, 즉 항일 투쟁을 부추긴 표현입니다. '싸호다'와 '싸홈'이 '싸우다'와 '싸움'으로 바뀐 시점은 생각보다 그리 오래되지 않았다는 겁니다. 윤동주의 동시 제목인 '겨을'이 '겨울'로 바뀐 시점도 해방 이후의 일입니다.

소설 「무정」이 시작되는 정황은 남녀 간의 만남을 앞두고 있다는 것. 주인공 이형식과 김장로의 딸 선형입니다. 작가 이광수는 주인공의 내면 심리를 그리고 있습니다. 마음속의 비밀스러운 이야기가 펼쳐집니다. 주인공의 내면세계를 그리고 있다는 것이 소설의 근대성으로 향해 한 걸음 나아갔다고 볼 수 있습니다. 이전 소설에는 없는 게 있죠. 자유 연애 사상 말입니다. 근대소설은 다른 것이 아니라, 자유연애의 가능성을 추구하는 것. 서양의 경우도 마찬가지예요. 연애편지를 쓰면서, 자유 연애의 감정을 서로 소통하면서 근대적인 자각의 세계로 이끄는 중요한 모멘트가 되는 것이 바로 근대소설입니다. 과거의 남녀 간에는 봉건적인 연애관과 결혼관이 굳건히 자리하고 있었지요. 누가 맺어주느냐?

아버지가 맺어준다. 이게 말이 됩니까? 아버지가 자녀의 인생을 대신 사는 게 아니잖아요? 너는 누구의 집 아들 혹은 딸과 혼인해야 하느니……하면서 미리 혼처를 정해버려요. 이를 가리켜 정혼(定婚)이라고 해요. 본인의 행복추구권이란 게 전혀 없던 시절의 얘기지요. 자기결정권에 의해 배우자를 선택하지 않고 부모가 정해준다? 이 말도 안 되는 케케묵은 풍속에서 벗어난 게 소설 「무정」의 이야기예요. 김장로가 딸이 이형식과 결혼하면 좋겠다고 중개자적 역할을 하지만 본인의 결정에 의해 혼인을 결정한다는 점에서, 김장로 역시 그 당시로서는 진보적인 인물입니다. 이 소설에서 두 사람의 결혼은 어찌 되었는지 모릅니다. 약혼하고 미국으로 가는 내용으로 끝이 나지요. 이 얘기가 만약 사실이라면, 미국의 교회에서, 두 사람은 아마 혼인했을 겁니다.

소설 「무정」에는 자유연애뿐만 아니라, 남녀의 삼각관계도 보여줍니다. 물론 삼각관계는 전근대의 소설에도 나옵니다. 김만중의 「사씨남정기」도 한 남자와 두 여자의 이야기 아니에요? 소설 「무정」에는 이형식과, 신여성 김선형과 구여성 박영채가 등장합니다. 신구 갈등의 제도적인 측면이 미리 예견되어 있어요. 시기적으로 볼 때 이형식과 박영채가 먼저 정혼을 하는데, 뒤에는 이형식과 김선형이 약혼하는 것으로 진행됩니다. 여자에 따라서 정혼 관계에서 약혼 관계로 바뀝니다. 여기에서, 봉건적인 것과 근대적인 것의 충돌 양상을 보여줍니다. 세 사람의 성이 김, 이, 박이네요. 우리나라에서 가장 많은 숫자의 성이 아니에요? 이광수가 자신의 소설이 현실의 표준에서 벗어나지 않게 하려고 고심한 흔적이라고 하겠네요. 이 소설에서는 전근대적인 열녀불사이부론과 근대적인 자유연애론이 충돌하고 있는 게 사실이에요. 열녀는 두 지아비를 따르지 않는다? 물론 문제가 많지요. 근데 저는 자유연애도 정도가 지나치면 안 된다고 생각해요. 뭐, 결혼 전에 여러 사람하고 사귀었다고 해서 문제가 될 게 크게 없어요. 그런데 결혼하고 나서 바람을 피우면서 가정의 불행을 불러일으키는 것은 안 된다는 거지요. 배우자가 결정된 이후에 배우자보다 더 멋있거나 아름다운 사람이 눈앞에 나타나도 이를 거부하는 것이 바로 인간으로서의 도덕적인 힘이에요. 요즘 영화나 드라마를 보면 불륜이 난무하고 있는데, 배우자가 아닌 사람과 혼외의 사랑에 무분별하게 빠져드는 것도, 과연 자유연애라고 말할 수 있겠는가……전 이렇게 생각해요.

자, 다시 자료를 보면 첫 부분이 중요한 것은 자유연애의 사상이 암시되었다는 것이에요. 아직까지 남녀칠세부동석의 사회에서는 남녀가 마주 앉아 영어를 가르치고 배운다는 것은 그 당시에 보기 힘든 이야기이지요. 이런 와중에 이형식의 하숙집에 한 여인이 찾아와요. 서울의 북촌은 교동과 향교가 있는 마을이지요. 박영채예요. 이형식의 은사요, 은인인 박선생의 딸인 박영채. 그녀는 그동안 기구한 삶을 살았어요. 기생이 되어 있던 거지요. 감옥에 갇힌 아버지를 살리기 위해, 돈을 벌기 위해 평양 기생이 되었습니다. 이것을 본 이형식의 마음이 착잡하지요. 이형식은 기생이 된 박영채가 정절을 잃었을 것이라고 의심마저 하고 있어요. 본문에 이런 부분이 있어요. "혹 어떠한 남자에게 안겨 더러운 쾌락을 탐하지나 아니하는가, 이러한 생각을 하니 가슴 속에 와락 불쾌한 생각이 난다. 아까 내 앞에서 하던 모든 가련한 모양이 말끔히 모두 일시의 의식이로다." 의식은 원본의 오식이에요. 따라서 의식이란 여기에서 외식인 것. 외식(外飾)이란, 겉모양만 꾸미는 것을 가리킵니다. 스스로를 불쌍한 처지인 것처럼 꾸미고 있다는 것. 사전에 의하면, 이 생소한 단어는 '면치레'로 순화하고 있어요. 이처럼 박영채에 대한 이형식의 실망이 삼각관계 형성의 중요한 요인이 됩니다.

이광수 부모가 호열자(콜레라)로 죽고 이광수만 가까스로 살아남았는데 지나가던 동학의 지도자 박 대령이라는 사람이 불쌍한 고아 이광수를 데리고 가서 씻기고 밥을 먹여 동학장학생으로 중학교를 입학시켜 줬어요. 대령은 동학 지도자의 직위였어요. 교주, 접주, 대두령 아래에 대령이 있었습니다. 10만 명의 동학교도를 책임지는 자를 수청대령(水淸大領), 5만 명의 교도를 책임지는 자를 해명대령(海明大領), 1만 명의 교도를 책임지는 자를 의창대령(義昌大領)이라 칭하였죠. 이 박 대령이 소설「무정」에 나오는 박 선생에 해당합니다. 실제로 박 대령이 어린 이광수의 은인이라면, 소설 속의 박 선생은 이형식의 은인이지요. 작가의 삶과 경험이 작품에 적잖이 수용되어 있어요. 이광수 연구의 제1인자는 저명한 국문학자인 김윤식 선생입니다. 그는 이「무정」을 가리켜 '고아로 자라서 교사에 이른 이광수의, 빈틈없고 정직한 자서전'이라고 했어요. 이 표현이 물론 은유적, 과장적인 표현이긴 하지만, 그다지 틀린 말은 아니라고 봐요. 자, 그러면 소설의 제29장에서 인용한 참고 자료를 보세요.

밤은 셔늘ㅎ다 종료 야시에는 싸구려 ㅎ는 물건 파는 쇼리와 길다란 칼을 내어두르며 약광고ㅎ는 쇼리도 들린다. 여긔져긔 수십명 사름이 모혀션 것은 아마 무슨 갑싸고 쓰기 됴흔 물건을 푸난것인 듯 사름들은 져녁의 셔늘ㅎ흔 맛에 취ㅎ야 아모 목뎍업시 왓다갓다 흔다 그 스이로 어린 학생들은 둘식셋식 떼를지어 무슨 분주흔 일이나 잇눈드시 무어라고 짓거리며 숨들 사이로 뛰어다닌다. 아직도 장옷을 쓴 부인이 계집ㅇ희에게 등불을 들리고 다니는 이도 잇다. 우미관에셔는 무슨 소위 대활극을 ㅎ는지 셔양 음악대의 소요흔 소리가 들리고 청년회관 이층에셔는 알굴리기를 ㅎ는지 쾌활ㅎ게 왓다갓다 ㅎ는 청년들의 그림자가 얼는 얼는흔다 압셔가는 희경은 사름들이 모혀션 곳마다 곳마다 조곰식죠곰식 엿보다가는 형식의 발자취가 들리면 또 가고가고 흔다 가물다가 비가 왓

슴으로 잇다금 훅근흙니가 올라온다. 형식과 희경은 종각모통이를 돌아 광충교로 향훈다 신룡산행 뎐차가 커다란 눈을 부르뜨고 두 사룸의 압흐로 다라난다 두 사람은 컴흔 다방골 쳔변에 들어섯다 쳔변에눈 셤겻거를 펴고 사나희며 계집들이 셕겨안져 무슨 이야기를 ᄒ고 웃다가 두사룸이 갓가히 오면 이야기를 아니보이리만ᄒ면 또 이야기와 웃기룰 시작훈다 혹 뒤창으로 기웃 엿보눈 행량까지의 동박기름 번젹번젹ᄒ난 머리도 보인다. 희경은 각금 길을 니즌듯ᄒ야 웃둑 셔 ᄉ방을 돌아보다가는 그대로 가기도 ᄒ고 혹 잘 못 왓습니다 ᄒ고 우스며 오류보나 뒤로 물러와 좁은 골목으로 들어가디고 혼다 엇던집 문밧게눈 호로씨운 인력거가 노히고 인력거군이 그 인력거의 발등샹에 걸안져 가늘게 무슨 소리를 혼다 계옥이니 셜매니 ᄒ는 고은 일홈에 쓴 광명등이 보이고 혹 어듸션지 모르나 반나마ᄒ눈 시조의 쳣귀절이 떨려 나오며 그 뒤를 따라 이삼인 남ᄌ가 함께 웃는듯한 우슴쇼리가 들린다. 형식은 화류촌이구나 ᄒ얏다 쳐음 이러흔 곳에 오눈 형식은 이상ᄒ게 가삼이 셔늘홈을 깨달앗다 그래셔 그눈 행여 누가 보는가 ᄒ고 얼는 고개룰 돌려 뒤를 돌아보기도ᄒ얏다 남치마 입은 기생이 두엇이 길모통이에셔 량인(인용자—이형식과 그의 제자 휘경)을 보고 슉은슉은ᄒ며 웃고 지나갈 때에 형식은 남모르게 가삼이 뛰고 얼골이 훅군ᄒ다. 량인은 아모 말도 업시 간다 량인의 구두 소리가 벽에 울려 이샹ᄒ게 떠벅떠벅 혼다 희경은 몃번이나 길을 일헛다가 마참내 여긔올시다 ᄒ고 엇던 광명등 단 집을 가라친다. 형식은 더욱 가삼이 셔늘ᄒ며 그 대문 압헤 웃둑 셔셔 광명등을 보앗다 계월향! 계월향 ᄒ고 형식은 고개를 흔들엇다 그러면 월향은 영채가 아니런가 기생이 되뫼 일홈은 고칠지언뎡 셩죠차 고쳣스랴 그러면 월향은 영채가 아닌가 그러면 영채눈 기생이 아니되얏는가 (제29장에서)

인용한 부분은 굉장히 의미 있는 내용입니다. 묘사는 하나하나 그림 그리듯이 한 근대적 풍속도랄까? 이 근대적 시정의 묘사는 인구 30만이 못되었던 그때 당시의 서울(경성)을 그림 그리듯이 묘사하고 있지요.

마치 세밀화를 보는 것 같아요. 종로를 기준으로 종각, 반대편에는 화신 백화점, 이게 지금은 없어졌지요? YMCA건물과 청계천이 있었어요. 청계천에는 광종교가 있었지요. 종로 북쪽인 북촌에는 18, 9만 정도의 조선인들이 살고 있었고, 종로의 남쪽에는 일본인들 6, 7만 정도가 살고 있었어요. 당시 서울 인구의 3분의 1 이상이 일본인이라고 할 수 있어요. 종로는 조선인들과 일본인들이 만나는 중간 지대예요.

지금 본 인용문에서는 이형식이 기생이 된 박영채를 찾으려 다니고 있습니다. 자신의 제자 휘경 군과 함께 말예요. 먼저 종로 야시장의 묘사가 있네요. 이것은 1916년 6월에 개장했대요. 이 야시장은 외형적으로 서울이 근대 도시로 간주되는 결정적인 증거라고 할 수 있지요. 말하자면 이 소설은 근대적인 모습으로 형성되어가는 서울을 묘사하고 있어요. 그 당시에 일본, 서양, 중국의 무성영화가 영화관에서 상영되었음을 알 수 있네요. 우미관은 당시의 우리나라 극장이었지만, 우리나라 영화는 아직 없었던 시대예요. 소설 「무정」이 발표되던 해의 2년 후인 1919년에 만들어진 연쇄극 「의리적 구토」가 우리나라 최초의 영화였지요. 어떤 영화인지는 구체적으로 잘 알려지지 않고 있어요. 필름도 상영한 후에 곧장 사라졌겠지요. 재활용해야 하니까요.

광종교 언저리는 조선시대에서부터 가장 번화한 거리로 지금도 위치가 남아있어요. '신룡산횡 던차'은 지금의 신용산역 근처로 가는 전차예요. 다방골은 일본 기생인 게이샤들이 있는 곳이야. 이 문장을 보세요. 해석이 돼요? "호로씨운 인력거가 노히고 인력거군이 그 인력거의 발등상에 걸안져 가늘게 무슨 소리를 흔다" 이 정도를 해석해야 국어교육과 학생답다고 하겠지. '호로씨운' 인력거는 포장한 인력거를 가리켜요. 포장을 씌운 마차를 두고 포장마차라고 하잖아요? 지금은 마차라고 해도 말이 없는 임시용 술집이지만. 옛날 미국의 서부영화에 진짜 포장마차가 많이 나왔지요. 포장마차를 일본어로 '호로바샤' 라고 발음했어요. 우리식의 표기로는 '황(幌)마차'였지요. 근데 이 황 자는 일본의 한자예요. 우리 한자로는 검색이 안 돼요. 이 황마차는 정지용과 윤동주의 시에도 나오는 단어입니다. '발등상'은 발등상. 지금의 표준국어대사전에도 등재되어 있어요. 나무를 상 모양으로 짜 만들어 발을 올려놓는 데 쓰는 기구예요. 발등상에 '걸안져' 가늘게 내는 소리는 무슨 소리일까요? 인력거꾼이 발등상에 걸터앉아 '인력거 타세요.' 하는 호객 소리예요.

화류촌은 수준 낮은 기생들이 있는 곳을 가리킵니다. 수준 낮은 세칭 3패 기생들은 술을 팔구요, 수준 높은 기생일수록 전통춤을 추거나, 시조창을 하거나 하는 등 예술을 해요. 이 기생을 가리켜 예기(藝妓)라고 합니다. 이형식이 박영채가 계월향이라고 하는 기명으로 이 화류촌에 있을지 모른다는 생각에 고개를 심하게 흔듭니다. 자기부정의 제스처입니다.

(소설이 전개되는 본문의 실제 강독은 중략됨.)

소설의 발단이 글자 그대로 이야기의 단서가 시발하는 부분이어서 그리 길지 않습니다만, 이야기가 전개하는 부분은 아주 길게 늘어지지요. 전개와 관련된 본문 강독은 여기에서 대충 마무리하고, 짧게 다시 요약하겠습니다.

박영채는 아버지의 제자인 이형식을 7년 만에 찾아갔는데 냉담한 반응을 보여 실망을 하던 차에 기생이 된 자신의 신분이 노출되는 것을 부끄러워합니다. 그녀는 사회지도층 남자들에 의해 겁탈을 당합니다. 기생이면, 남자들이 데리고 노는 여자 정도로 보던 사회 통념 때문이지요. 이 남자들 중의 한 사람이 이형식이 재직하고 있는 학교의 배 학감(교감)입니다. 이 소설에서 악인적 형상이 뚜렷한 인물이지요. 그녀는 여러 남자들에게 돌아가며 겁탈을 당하고 살 필요가 없다고 생각하고 고향인 평양의 대동강에서 빠져 죽기로 결심하고, 이형식에게 '선생이시여, 이형식 선생님이여'로 시작하는 편지글 유서를 보냅니다. 하지만 결국에 그녀는 자살하지 않습니다. 한 여인과의 우연한 만남으로 뭔가 깨닫게 된 바 있어서였죠. 이 여인이 신여성인 김병욱입니다. 박영채가 죽으러 가는 길에서 자유의지와 삶의 희망을 가지게 한 김병욱은 생명의 은인이요, 삶의 길잡이입니다. 박영채는 그녀로 말미암아 스스로의 의식을 변화시키는 긍정적인 인물로 도약합니다. 즉, 비로소 근대적인 각성에 이릅니다. 박영채와 김병욱은 요즘 말하는 페미니즘의 이른바 '시스터 우드(sister-wood)'와는 결이 다릅니다. 근대적 각성의 인간들끼리의 연대이지요. 한편 이형식은 박영채가 스스로 죽은 줄만 알았어요. 그에게도 새로운 세상이 열립니다. 사랑스러운 신여성 미인 김선형과의 꿈같은 약혼, 게다가 일석이조로 '형식의 마음이 안이쓸리고 엇지 흐랴…… 일싱에 원흐던 셔양류학!'이 이루어집니다. 여기에서 말하는 서양 유학은 미국 유학입니다. 유학비용은 장차 처가가 될 안동 김장로 집안에서 부담할 것입니다. 가난한 이형식은 결혼이 곧 비즈니스와 같은 것. 그는 결혼을 통해 신분이 상승하는 겁니다.

이제 소설의 절정 부분에 들어섭니다.

이형식과 김선형 일행과, 김병욱과 박영채 일행은 부산으로 가는 도정에서 우연히 만납니다. 박영채와 김병욱은 부산을 거쳐 함께 동경으로 가고, 이형식과 김선형은 부산을 거쳐 함께 미국으로 가려는 심산이

영화감독 박기채가 연출한 영화 「무정」(1939)의 한 장면. 신여성의 상징물인 양산을 쓰고 있는 김선형 역을 맡은 배우 김신재(왼쪽)와, 이형식(가운데) 역과 김장로(오른쪽) 역을 맡은 배우들이 각각 보인다.

었지요. 그런데 갑자기 남부 지방에 장마가 오고, 물난리가 나서 오도 가도 못하고 있을 때 경남 삼랑진에서 두 일행은 우연히 만납니다. 한 총각과 세 처녀가 이 조선인들을 계몽시켜야 한다는 데 공감합니다. 김 병욱은 이광수가 여인으로서 잠시 흠모했던 신여성 나혜석을 모델로 삼 았다고 보는 의견이 많습니다. 이 네 사람 사이에 오가는 대화 중에, 다 음의 대화가 가장 중요하지요. 여러분도 어디선가 본 일이 있었을 거예 요. 소설 「무정」의 주제 의식이 가장 선명한 부분이지요.

「힘을 쥬어야지오. 문명을 쥬어야지오.」

「그리ᄒ랴면?」

「가라쳐야지오! 인도ᄒ야지오!」

「엇더케요?」

「교육으로, 실힝으로.」

(123장에서)

여기에서 김병욱이 가장 적극적으로 대화에 참여하고 있으며, 이형식은 추임새라도 넣듯이 고무하고 있는 입장에 있습니다. 이들에 비해, 김선형과 박영채는 그저 바라만 보고 있는 입장입니다. 김병욱은 조선이 문명으로 인도되려면, 전근대의 늪에 빠진 조선의 덜 개명된 민중에게 교육과 실행이 우선이라고 말합니다. 이 대목에서 우리가 떠올릴 수 있는 단어는 '계몽'입니다. 계몽은 열 계(啓) 자에, 어두울 몽(蒙) 자입니다. 계 자와 뜻이 비슷한 개(開) 역시 열 개 자예요. 교사라면, 계발과 개발의 뜻이 무엇을 연다는 점에서 비슷하지만, 어감의 구별은 분명해야 해요. 계발은 정신적인 것을 열어서 어떤 능력을 발휘하는 것으로서, 예컨대 상상력 계발이니, 이성 계발 등이 있어요. 개발은 물질적인 것을 열어서 무언가를 발전시키는 것으로서, 예컨대 국토 개발이니, 경제 개발 등이 있습니다. 표준국어대사전에도 설명되어 있듯이, 계발은 '슬기나 재능, 사상 따위를 일깨워' 주는 것이고, 개발은 '토지나 천연자원 따위를 유용하게 만'드는 거예요. 요컨대 계몽은 인습에 얽매인 무지몽매한 사람들을 개발해 개화의 상태로 인도하는 것을 말합니다. 이런 점에서 볼 때, 이광수의 「무정」 역시 계몽소설이라고 할 수 있어요.

박영채와 김선형과 김병욱이라는 여인들 속에 둘러싸인 이형식은 바로 이광수 자신이라고 할 수 있어요. 소설 「무정」에는 작가 이광수의 전기적 삶의 경험이 녹아 있습니다. 이광수는 제1차 일본 유학을 하고 돌아와서 오산학교 교사가 되는데요, 그때 스무 살 정도의 약관의 나이였어요. 요즘 식으로 치면, 고등학교 과정을 마치고 돌아온 것입니다. 민족지도자인 남강 이승훈이 1907년 평안북도 정주군에 오산학교를 세웠습니다. 이 학교는 중등 교육기관으로 우여곡절을 겪으면서 일제강점기에 계속 유지되었죠. 조만식, 신채호, 김억, 이광수, 염상섭 등 유명한 지식인들이 교사로 부임해 학생들을 가르친 곳입니다. 이광수는 오산학교 교사를 하면서 한 여인과 만나게 됩니다. 이름은 백혜순. 이광수도 의지가지없는 몸에다 재산도 없었지요. 이 백혜순도 부잣집 여자도 아니고 시골 여자, 글을 모르는 여자였지요. 이광수와 말도 잘 통하지 않았어요. 부부가 지적 수준이 비슷해야 함께 살아갈 수 있는데 그러지를 못했어요. 이 여자가 그에게 조강지처인 것은 사실이에요. 남편을 묵묵하게 바라지해주는 시골 여인, 전통적인 여인이었지요. 그들은 1910년 7월에 결혼을 하였지만, 부부 사이에는 아이도 없었답니다. 여자에게 신체적으로 문제가 있거나 애정관계가 없었거나 하였겠지요. 아내 백혜순은 사실상 소박데기였습니다. 요즘은 이런 말이 성립이 되지 않지만, 과거에는 남편으로부터 소박(疏薄) 즉, 소외와 박대를 받는 여자들이 많았습니다.

이광수는 일본에 두 번째로 유학을 떠납니다. 자신도 와세다대학에 입학했고, 동경에 유학 온 여자들하고 서로 만남의 기회를 가집니다. 그의 눈은 신여성에게 돌아가게 되었지요. 처음으로 좋아했던 여자는 나혜석. 우리나라 최초의 여성 화가이며, 페미니스트였죠. 알고 보니, 이광수가 기혼자라는 것. 기혼자와 연애하는 것이 말이나 되느냐 해서 둘이는 서로 헤어졌습니다. 나혜석에게는 허영숙이라고 하는 친구가 있었죠. 이광수의 관심은 나혜숙에서 허영숙으로 옮아갑니다. 그녀는 그 당시에 동경여자의학전문학교에 다녔습니다. 이광수가 그녀에게 말한 첫마디는 "내가 폐병에 걸렸는데 좋은 약이 없겠소?"였다고 해요. 허영숙은 자신의 지도교수에게 가서 어떤 약이 좋으냐고 물어보고 소개해주었다고 해요. 이것이 계기가 되어 두 사람은 가까워졌습니다. 그러니까 조강지처 백혜순은 박영채, 개업한 최초의 여의사인 허영숙은 김선형과 같은 존재입니다. 전통적 여인과 애정이 없이 도저히 부부라고 할 수 없는 관계를 유지해오던 이광수에게, 신여성 허영숙은 「무정」속에 나오는 김선형과 같은 여자였어요. 허영숙은 서울의 부잣집 딸로, 아들 없는 네 자매 중의 막내딸이었지요. 최근에는 허영숙을 소재로 한 소설까지 나왔습니다. 제목은 「태양의 천사」입니다. 이광수가 가지고 있었던 이혼의 욕망이 소설 「무정」을 통해 투사되고 있습니다. 작가 이광수의 마음속에 있는 이혼에 대한 욕망이 꿈틀거렸던 거지요. 두 사람은 중국 북경을 사랑의 도피처로 삼다가 1921년 5월에 결혼했어요. 이 과정에서, 조강지처 · 무지렁이 · 소박데기로 지칭되던 본래의 아내 백혜순에 대한 미안한 감정이 없을 수가 없었겠지요. 이 착잡한 감정은 소설 속의 박영채에 대한 감정이기도 했어요.

아— 니가 잘못홈이 아닌가 니가 넘어 무정홈이아인가 니가 좀더 오리 영치의 거쳐를 챠자야 올흘것이아인가 설수 영치가 죽엇더라ᄒ더라도 그 시체라도 챠자보아야홀것이아니던가 그러고 대동강가에 셔셔 쓰고온 눈물이라도 오리 흘려야 홀것이 아니던가 영치는 나를 싱각ᄒ고 몸을 죽엿다 그런데 나는 영치를 위ᄒ야 눈물도 흘리지아녀 아— 니가 무정ᄒ고나 니가 사롬이아니로고나 ᄒ얏다 남대문을 향ᄒ고 달아나는 챠를 걱구로 셰워 도로 평양으로 누려가고십다 ᄒ얏다 그러나 형식은 마음은 평양으로 쓸리면서 몸은 남대문에 와 누렷다 (66장에서)

인용문은 소설에서 주인공 이형식의 독백이 장탄식으로 이어지다가 서술자의 시점으로 돌아옵니다. 이형식은 은사의 딸이자 정혼자인 영채가 7년만에 찾아와도 다소 냉정한 반응을 보입니다. 억울하게 잡혀간 아버지와 오빠를 구하기 위해 화류계에 입문한 그녀가 마침내 몸을 더

럽히자 자살하겠다면서 편지를 보내고 잠적하자, 그는 그녀를 찾아 나서지만 결국 찾지 못해요. 기생인 영채를 냉대한 것에 대한 이형식의 (진정성 여부는 차치하고서라도) 자기반성이 엿보입니다. 표제가 되기도 한 '무정(無情)'이란 표현은 소설의 본문에 24회나 등장하는 단어에요. 이 중에서 대부분인 17회는 박영채에 대한 무심하고도 배려 없는 내면풍경을 가리키고 있습니다. 실제로 이광수가 백혜순에게 그런 감정을 가졌는지는 알 수 없지만요.

이광수의 전기적인 삶과, 어둠을 열어서 민중을 일깨워주는 계몽소설 「무정」의 등장인물과 비교해 살펴보자면, 실제의 백혜순과 소설속의 박영채는 전통적 여인입니다. 반면에, 실제의 허영숙과 소설 속의 김선형은 신여성입니다. 백혜순에 대한 이광수의 '이혼의 욕망'과, 박영채에 대한 이형식의 '파혼의 욕망'은 상응 관계를 맺습니다. 이 두 가지는 '몽매의 덫'과 관련됩니다. 반면에, 허영숙에 대한 이광수의 '재혼의 꿈'과, 김선형에 대한 이형식의 '신혼의 꿈'은 개명(開明)의 의지와 관련됩니다. 이광수의 현실과 소설 속에서는 몽매의 덫과 개명의 의지가 서로 부딪치고 으르렁거리면서 갈등을 일으키고 있습니다.

현실의 허영숙 집안과 소설 속의 김선형 집안은, 본래는 중인이었지만 서울의 신흥계급에 속했습니다. 그 조건은 근대식 교육, 기독교, 친일 세력, 상업 자본 등을 꼽을 수 있겠죠. 이 중에서 두어 개만 해당되어도 신흥계급이라고 할 수 있어요. 여기에서 가장 중요한 것은 상업 자본이겠지요. 소설 속의 김 장로는 허영숙의 아버지처럼 상업 자본가일 개연성이 매우 높습니다. 전통적인 경영형 부농인 천석꾼, 만석꾼이 아니라, 도회지 중심으로 새로운 계급을 형성한 것이 1910년대 당시의 부르주아입니다. 근대소설을 가리켜 '부르주아 서사시(the bourgeois epic)'라고도 이르는데, 이 대목에서 이 용어는 지언(至言 : 극히 당연한 말)이라고 할 수 있어요. 고대의 서사시가 집단의 이념을 형상화한 영웅의 일대기라면, 근대소설은 사회 구조의 전체상을 반영한 부르주아 개인(이형식)의 서사시입니다. 이광수든 이형식이든 간에, 불완전한 부르주아에서부터 결혼이란 제도를 통해 명실상부한 부르주아로 승격하게 되었던 것입니다. 그 당시에 대단한 성인군자가 아니고선 박영채보다 김선형을 선택할 수밖에 없었을 것입니다. 소설의 발전사에서 회피할 수 없는 개념이 바로 스노비즘(속물근성)이 아닌가요? 의지가지없는 고아로서 살아온 이광수나, 이형식도 좋은 집안의 사위가 되면 처가 덕을 좀 보겠지요. 이것이 바로 근대 작가 내지 근대소설의 인간상이 보여준 근대적 욕망 혹은 속물근성이라고 할 수 있겠지요.

이광수가 일본 유학 시절에 알았던 신여성들은 그 후 어떻게 살았을까요? 허영숙은 자신의 아내가 되었어요. 유명한 여의사로 살았지요. 부도 축적했지요. 남편 역시 사회적인 공인으로서 이름이 있었지요. 해방 직후에 남편 이광수가 친일파로 몰려 사회적으로 매장되고, 한국전쟁 때는 납북되어 두 번 죽습니다. 이광수와 연인관계로 짐작되는 나혜석은 유부녀로 살다가 다른 남자와 불륜 관계를 파리에서 맺었다가 들통이 났어요. 시댁에서 쫓겨나고 집안에서도 재산을 받지 못하고 사회적으로도 개망신을 당합니다. 결국 친정 식구들로부터도 버림을 받고 가난하게 살다가 길거리에서 죽는 등 말로가 비참했습니다. 그녀의 고향은 수원인데, 지금은 수원시에서 동상도 세워주면서 재평가하고 있습니다. 시대를 잘못 만난 불행한 여인이었죠. 남녀가 불륜을 저질러 매장되면 상대방 남자도 그래야 되는 것 아니에요? 왜 여자만 악녀가 되고 마녀가 되어야 합니까? 요즈음에는 있을 수 없는 일이지요? 김명순은 최초의 근대 여성 소설가였습니다. 김동인의 소설 「김연실전」의 모델이라고들 하는데 정확한 것은 알 수 없어요. 방탕한 여성, 남성편력의 소유 자라고 알려져 있지만, 그녀는 오늘날 새롭게 조명되고 있습니다.

이제 소설의 결말 부분을 살펴볼까요.

소설 「무정」의 결말인 126장은 이 소설의 종장(終章)이에요. 이광수는 후일담 형식으로 된 미래상의 그림을 그리고 있어요. 이로써 이야기는 마감이 되고 소설은 대미를 장식합니다. 소설의 계몽적 기획의 서술 담론은 정점에 달하고 있어요. 서술자에 의해 말해지는 조선의 긍정적인 미래는 어떠한가요? 문명의 보급으로 인한 장족의 진보와, 상공업의 발달과 진흥은 식민지근대화의 타율성이 아닌 우리 손으로, 이를테면 자력갱생으로 이룩되는 민족의 주체적인 역량에 의해 성취될 것이라고, 소설의 서술자는 바라 마지않습니다.

나중에 말홀것은 형식일힝이 부산셔 비를 탄뒤로 죠션젼톄가 변홀 것이다 교육으로 보던지 경졔로 보던지 문학 언론으로 보던지 모든 문명ᄉ상의 보급으로 보던지 장쪽의 진보를 ᄒ얏으며 더육 하례홀 것은 상공업의 발달이니 경셩을 머리로ᄒ야 각 대도회에 셕탄연긔와 쇠마치소리가 안이나ᄂᆫ데가 업스며 년리에 극도에 쇠ᄒ얏던 우리의 상업도 졈ᄎ 진흥ᄒ게 됨이라 아ᄾ 우리 ᄯ ᆼ은 날로 아름다워간다 우리의 연약ᄒ던 팔쭉에ᄂᆫ 날로 힘이 오르고 우리의 어둡던 졍신에ᄂᆫ 날로 빗치 난다 우리ᄂᆫ 맛참ᄂᆡ 남과곳치 번젹ᄒ게될것이로다 (126장에서)

소설의 막바지에 이르러서야 이 소설의 서술적 정체성이 분명해군요. 작가 이광수가 새로운 언어와 담화를 창조하는 계몽의 저자라면, 서술자, 즉 서술적 화자는 그의 대변자로서의 소위 '웅변적 서술자'(김열규)예요. 또한 '계몽정신의 표상자'(정연희)이기도 하구요. 한마디로 말해, 이광수의 소설「무정」이 왜 최초의 근대소설인가 하는 근본적인 물음에 대한 대답의 하나로서, 우리 소설사 내지 문학사에서 음독의 전통 및 전근대성을 넘어서 먹물이 깃든 근대적인 독자들이 수행할 수 있었던 묵독의 가능성을 타진하였던 획기적인 작품이라는 사실을 꼽을 수가 있습니다. 새로운 서술자의 정체가 이를 반증하기도 하지요.

독일어로 '자인(Sein)'과 '졸렌(Sollen)'이라는 말이 있어요, 우리말로는 존재와 당위라고 하죠. 본디 신칸트학파의 법철학 용어에서 나왔는데 인문학 분야에서도 두루 적용되는 용어입니다. 자인이 타율적이고 강제적인 삶에 얽매인 자연적인 존재라면, 졸렌은 자율적이고 자유의지에 부합하는 삶을 추구하는 합목적적인 가치개념이에요. 소설「무정」에서는 이 개념들이 '무정'과 '유정'의 관계로 나타납니다. 저개발의 조선, 몽매한 조선이 무정에 해당된다면, 새로운 조선, 개명된 조선이 바로 유정이에요. 무정은 내가 무정했구나, 하는 생각조차 반성해야 할 전근대적이요 패배주의적인 삶의 조건을 가리킨다면, 유정은 가멸차고 굳센 생각을 가지고서 미래지향적으로 열어가는 삶의 조건이에요. "우리 땅은 날로 아름다워간다 우리의 연약ᄒᆞ던 팔쭉에는 날로 힘이 오르고 우리의 어둡던 정신에는 날로 빗치 난다." 이런 삶의 조건이 바로 유정한 삶의 조건인 것입니다. 가멸차고, 굳세게 이제는 유정한 세상을 우리가 맞이해야 한다는 게 이 소설의 주제입니다. 당시로서는 보기 드물게, 진보적인 사상, 세계관, 이데올로기가 담긴 소설이라고 하겠습니다. 상당히 애국주의적 열정이 가득한 소설이죠. 말로만 듣던 최초의 근대소설「무정」을, 우리가 보게 된 것입니다. 누군가 그랬어요. 이광수가「무정」을 썼다기보다는 무정이 이광수를 만들었다고요. 소설이 반성적 의식의 산물이라는 사실을 본격적으로 제기한 최초의 소설이에요. 하지만 그 이전의 고전소설, 신소설에서는 작가 의식의 반성적인 것까지 나아가지는 못했어요. 반성이라는 것은 사회적인 차원에서의 개선된 의식, 사회 개선의 의지를 말하는 것입니다. 이 소설이야말로 최초로 반성 의식을 부여한 소설이다. 그래서 최초의 근대소설이라는 것이라는 겁니다.

이광수의 「무정」에서 보여준 근대적인 인간상들은 한 총각과 세 처녀로 나타나는데 이들은 모두 사회적으로 깨인 사람, 근대성을 자각한 사람이라고 할 수 있습니다. 이 소설에 보면 '속샤롬'이란 단어가 몇 차례 나오는데 이 속사람이 근대적으로 자각한 인간입니다. 반성적 각성의 인물이구요, 그가 소설을 통해 극화한 캐릭터들, 예컨대 「무정」의 영어 선생인 이형식, 「개척자」의 과학자, 「흙」의 농촌계몽가, 「허생」의 경세가 등이 속사람인 거죠. 「무정」의 종장인 제126장에는 이런 속사람들을 구체적으로 적시하고 있어요. 이를테면 교육가, 실업가, 예술가, 발명가, 종교가 등입니다. 이들이 지체된 조선 사회에 활력을 불어넣어줄 근대적인 인간상인 거죠. 이광수는 조선 후기의 실학, 한말의 애국계몽사상, 일제강점기의 도산 사상에 영향을 크게 받았습니다. 대외적으로는 톨스토이 인도주의 사상에도 크게 감화를 받았고요. 속사람은 겉만 좋은 사람이 아니라, 속이 깊고, 정신적으로 완성된, 성숙한 사람이라고 볼 수 있겠습니다. 무정의 개인적 차원을 넘어 유정의 사회적 차원을 실현할 사람 말이에요. 요컨대 속사람이 일반적으로는 품성이나 인격의 됨됨을 가진 사람을 가리키지만, 이광수는 근대적 각성 및 실현의 전문가에 방점을 찍었습니다.

참, 빠뜨린 얘기가 있어서 보충할 게요. 제가 앞서 세 처녀라고 했는데, 이광수는 당시의 수준에서 볼 때 젠더 감수성의 수준이 높았던 사람이었던 것 같아요. 조선이 개명하려면, 여자도 깨어나야 한다고 보았던 거지요. 소설 「무정」보다 십 수 년 전에 세상에 유포되었던 「열녀춘향

젊은 모습의 이광수와 허영숙. 이들은 도쿄 유학 시절에 만났다. 일본식의 헤어스타일 및 복장을 한 허영숙의 모습이 눈에 거슬린다.

「수절가」의 춘향은 근대 여성에까지 나아가지 못하고 그저 열녀의 수준에만 머물고 있었잖아요? 다만 여기에서는 미혼의 젊은 여자를 가리켜 '처자'라고 했는데, 「무정」에서는 일본어식 표현으로 추정되는 '처녀'로 대신한 점이 좀 거슬리네요. 이광수의 근대성이 일본과 무관치 않게 받아들였다는 점을 쉽게 떨칠 수 없어서 말예요. 일본 여성의 복장을 한 처녀 허영숙의 사진을 보면, 지금의 우리에게 그다지 개운치 않은 마음도 남기고 있어요.

그런데 일본인 하타노 세츠코의 이광수 연구에 의하면, 독자의 입장에선 사뭇 다르다는 데 주목합니다. 소설 「무정」의 삼각관계에서 독자의 지지를 받은 쪽은 신여성 김선형이 아니라 기생 박영채였습니다. 영화도 박영채 편이었습니다. 소설「무정」이 영화화된 사례는 두 차례인 데요, 모두 박영채가 주인공이 되어서 등장합니다. 박기채 감독의 영화 「무정」(1939)은 필름이 전해지지 않고 있습니다. 다만 박기채가 각색한 시나리오만이 당시의 유명한 잡지『삼천리』(1938. 5)에 영화 제작에 앞서 미리 실려 있습니다.

이 영화에서 박영채의 역을 맡은 배우는 한은진. 그녀의 데뷔작입니다. 1950년대 이후에 조연으로서 어머니, 할머니의 역을 맡아 수많은 영화에 출연한 분이에요. 제 세대만 해도 매우 낯익은 배우예요. 박기채 감독 및 제작자 측은 동아일보사가 주최한 연극경연대회에서 여우주연 상을 수상한 한은진을 박영채로 픽업했어요. 원작자 이광수 역시 이 영화를 보고나서 주인공의 연기에 만족감을 표했어요. 과백(科白 : 대사)도 동작도 없는 연기가 관객의 주목을 받았다고요. 신파조 대사나 오버액션이 거의 없었던 모양이지요. 김선형 역은 예쁘고 앳된 용모의 여배우 김신재가 맡았어요. 일제강점기에 (해방 후 월북해 북한 인민배우가 될) 최고의 여배우였던 문예봉에 버금가는 유명한 여배우였지요. 김신재는 한국전쟁으로 인해 가정적으로 큰 비극을 맞아 극심한 우울증에 빠졌고 이를 극복한 후 조연 배우로 우리나라 영화에 크게 기여한 인간 승리의 배우입니다. 요컨대 주인공을 맡은 배우 한은진은 성공했어요. 반면에 소설가 김동인은 불만을 나타냅니다. 춘원(이광수)의「무정」이 아니라, 박기채의「무정」이라고요. 원작에서는 박영채가 일본으로 유학을 떠나지만, 끝내 대동강에서 자살을 하게 되거든요. 지순한 사랑의 패배가 죽음으로써 신파화된 것입니다. 신파화? 여러분 수준에선 이해하기 어려운 말이네요. 신파극의 관객처럼 소설의 독자를 과잉된 감정으로 유인했다. 이 정도로 이해해 주세요.

이강천의 영화 「무정」(1962)은 필름이 없는 것으로 알려졌는데, 한국 영상자료원이 대만에서 필름을 발견해 최근에 올해 5월에 두 차례 시사회를 가졌어요. 몇 달 전이었네요. 저는 만사를 제쳐 놓고 이 영화를 보았어요. 이 영화 역시 여배우 최은희가 주인공으로 출연해요. 명배우 중의 명배우이지요. 박영채의 아버지인 박진사의 역은 '온리 원' 최고의 명배우였던 김승호가 조연으로 출연합니다. 이강천 감독이 연출한 영화 「무정」에는 박영채 역을 주도적인 캐릭터로, 이형식 역을 보조적인 캐릭터로 삼고 있어요. 박기채 감독의 영화 「무정」과 마찬가지예요. 이 영화는 당시의 군사혁명 정부가 지향하는 근대화 사업, 민중 계몽의 사업에 부합하는 것이란 점에서 일종의 국책 영화라고 하겠어요. 이 영화에서는 박영채가 죽지 않고, 두 사람이 재결합하는 데서 끝납니다. 이 영화에서 이형식은 '영채씨, 용기를 내세요. 사람들은 우리들 편입니다.'라고 말합니다, 이에 대해 박영채는 '저 같은 것은 잊어버리고 부디 큰 일을 하시라우요.'라고 응수해요. 그 당시에 독자나 관객은 이형식-김선형 커플보다 이형식-박영채 커플에 손을 들어주었을 겁니다. 그러니까 두 편 다 이형식이 주인공에서 탈각된 것이지요. 신파화된 영화 「무정」들은 원작의 근대적 서사를 퇴행시켰습니다. 이광수의 소설적 이상을 실현시키지 못하고 왜곡한 것입니다.

올해에 반일을 표방한 문재인 정부가 들어섰고, 이와 관련된 정치적인 문제로 인해 근대문학 백주년 행사조차 지원하지 않았습니다. 올해도 세 달 정도밖에 남지 않았어요. 그냥 지나가는 것이지요. 아직 우리는 문화 위에 정치가 놓이고 있습니다. 정치 위에 문화가 자리할 때, 비로소 우리에게 바람직하고 맑고 밝은 미래 사회가 눈에 보일 것입니다. 권불십년이라, 정치권력은 잠시이겠지만, 젊은 날의 이광수가 소설 「무정」을 통해 표방한 진보적인 기획, 애국주의적인 열정의 정신은 앞으로도 영원할 것입니다. 문화에 관한 한, 우리 사회는 아직도 흐릿합니다. 우리 근대문학, 신(新)문학의 '안누스 미라빌리스(annus mirabilis)'인 올해 2017년은 작가 이광수를 기억해야 하는 게 아니라 작품 「무정」을 기념해야 합니다. 이런 뜻에서, 저는 국어교육과 4학년 학생을 대상으로 심화과정 수업인 「작가작품론」에서 백주년 기념 특강을 수행한 것입니다. 학생 여러분이 이 특강을 진지하게 경청해주어 고맙다는 말을 전합니다.

오늘 수업을 마칩니다.

학생의 수업 소감

내 고향은 서울이다. 서울에서 20년 넘는 시간을 살아오면서 가장 마음을 붙인 곳은 우리 동네가 아닌 종로였다. 임용 고시 준비로 인한 힘듦으로 인해 고향에 대한 그리움이 커져갈 즈음에 들은 이 수업은 나에게 잠시 근대 초기의 서울로 데려간 것 같은 느낌을 주었다. 친숙한 동네의 이름이 나올 때마다 문득 문득 지금의 종로의 모습과 비교해가면서 수업을 들을 수 있었다. 이광수의 필력은 대단한 것 같다. 머리에서 그 당시 서울의 모습이 그려졌고, 또 이런 기록으로 말미암아, 그 때 당시의 시대상을 간접적으로 체험할 수 있다는 것은 실로 큰 축복이다. 특히, 그 당시의 언어 표기법으로 강독을 하니 더 생생하게 느껴졌다. 이것이야말로 문학이 주는 힘이다. 그 시대에서도 변하지 않게 사람들이 사는 모습들을 보여주었고, 또 지금과는 너무 다른 그때의 모습을 보여주는 건 지금의 내게 쏠쏠한 재미였다. 올해 백년을 맞이한 근대소설 「무정」의 탄생을 기념하여 이렇게 강독을 들을 기회를 가져, 내게 큰 보람이 있었다. (장현아)

역병 시대에 성찰하는 부조리의 사상
—알베르 카뮈의 소설 「페스트」

학생 여러분. 안녕하세요. 송희복 교수입니다.

오늘은 제11강, 비대면으로 하는 마지막 수업이네요. 다음 시간인, 즉 제12강부터는 세 차례에 걸쳐 대면으로 수업이 진행될 예정입니다. 오늘은 비대면의 마지막 수업이라서, 좀 특별한 강의 내용을 준비해보았습니다. 알제리 출신의 프랑스 소설가인 알베르 카뮈(1913~1960)의 유명한, 일종의 재난 소설이기도 한 「페스트」를 특강 형식의 교재로 선택했습니다. 지금은 전(全)지구적으로 '코로나-19'라고 하는 역병(疫病)을 앓고 있는 시대가 아닌가요? 전쟁에 버금가는 난세라고 할 수 있는 시대이지요. 오늘 공부는 초시대적인 원리에 대한 담론이라기보다, 우리 시대의 맥락을 짚어볼 수 있는 시의적절한 공부라고 할 수 있겠어요. 결론부터 말할게요. 세상에 희망이 없다고 해서 반드시 세상을 절망하는 것이 결코 아니라는 것. 여기에 카뮈의 문학과 그의 사상에 관한 요체가 놓여있습니다.

강의의 첫머리에서부터 좀 심각한 얘기를 끄집어냈네요. 자, 저나 여러분의 마음을 편안하게 가라앉히기 위해 농담 하나 해볼까요. 오래된 얘기네요. 제가 1980년대 중반에 대학원 재학할 때였어요. 한 교수가 그 당시로선 최근의 입시 면접을 한 경험을 대학원생들 몇 사람 앞에서 재미삼아 한 얘기가 있었지요. 곧 고등학교를 졸업할 예정이었던 한 남자 학생에게 물었대요. 학생, 소설가 '까뮈(카뮈)'의 성이 무엇인가요? 그 학생이 생각 끝에 고개를 갸웃거리면서 하는 말이, '까' 씨 아닌가요, 하더래요. 그 당시에는 카뮈를 '까뮈'라고 했어요. 그 이름의 원음을 우리말로 음사(音寫)해보면 '알베흐 까뮈'라는 표기에 가깝겠습니다만, 1980년대 말에 제정된 외래어 표기법 원칙 중에서 중요한 한 가지 원칙이 있었지요. 즉, 된소리로 적지 않는다는 원칙. 이에 따라 규범적으로는 '알베르 카뮈'로 표기하게 되어 있습니다. 카뮈의 성은 카뮈이고, 그 이름은 알베르입니다. 알베르의 '르'도 우리식 관념에 가까워요. 제가 코로나 직전, 여름과 겨울에 프랑스에 두 차례 갔는데 모두 50일 정도 있었어요. 우리말 '봉주르'의 '르'도 '흐'에 가깝게 들려요. 사실은 '르'와 '흐'의 중간 발음이라고 하는 게 맞겠지요. 알랭 로브그리예, 흐브그리예, 알베흐, 봉주흐……

그는 1913년 알제리에서 태어나 성장했지요. 노동자 아버지와 문맹자 어머니 사이에 태어난 빈농의 아들, 우리나라 요즘 젊은이들의 관용어에 의하면 '흙수저'인 셈이지요. 그나마 아버지는 그가 태어나자마자 제1차 세계대전에 참전해서 전사합니다. 아버지의 보살핌을 전혀 받지 않고 자란 불행한 아이. 그래도 공부는 잘해 알제리에서 알제대학교를 다녔어요. 부모님은 그저 그래도, 학교의 선생님들은 잘 만났어요. 대학에서 유명한 장 그로니에를 스승으로 모셔, 큰 영향을 받았지요. 그는 젊었을 때 평탄하지 않았지요. 약관의 나이에 결혼한 후에 1년 만에 이혼했구요. 공산당에 입, 탈당한 적도 있었어요. 폐결핵으로 고생을 하기도 했지요. 교수가 되려고 했으나, 건강 때문에 포기하고, 대신에 작가로 살아갑니다. 1942년에 소설 「이방인」과 에세이 「시시포스의 신화」를 발표해 프랑스 문단에서 비평적인 주목을 받게 됩니다. 그가 중년에 노벨문학상을 받음으로써 세계적인 인물이 됩니다. 이 상의 수상 소감을 발표하는 자리에서, 수상의 영광을 초등학교 시절의 한 선생님께 돌립니다. 여러분도 마찬가지입니다. 초등학교 교사로서 정성껏 헌신한다면, 직분을 다한다면, 세계적인 인물이 될 제자를 키울 수가 있다는 사실을 잊지 말아야 합니다. 저는 고등학교 시절에 한 좋은 선생님을 처음으로 만났는데 좋은 선생을 만나는 일은 빠르면 빠를수록 좋다는 점에서 초등학교 선생님이 개개인에게 얼마나 중요한지 알 수가 있지요. 그는 안타깝게도 1960년에 교통사고로 세상을 떠납니다. 마흔 일곱이라는 때 이른 나이에 말입니다.

카뮈가 1942년에 소설 「이방인」과 에세이 「시시포스의 신화」를 발표했을 무렵에 명성이 자자할 정도는 아니어도 작가로서의 이름이 어지간히 알려져 있었습니다. 오늘, 우리가 공부할 그의 텍스트인 소설 「페스트」는 제2차 세계대전이 끝이 난 1947년에 간행되었어요. 이때 그의 나이는 34세. 아직 젊은 작가였지요. 반응은 즉각적이었지요. 초판으로 찍은 2만 2천 부가 6월 10일이 간행된 지 한 달 만에 매진되었고요, 그해 가을이 지날 무렵에 10만부가 팔렸다나요. 세월이 한참 지난 지금까지 판매된 부수는 프랑스어판을 한정해 대략 6백만 부가 추산됩니다. 외국어판은 집계가 안 되고 있지요. 더욱이 지금은 그의 저작권마저 말소되었으니까요. 어쨌든 출판된 그해에 이 작품이 '비평가 상(賞)'으로까지 이어졌으니, 상업적으로나 비평적으로 큰 성공을 거두었습니다. 이 소설이 간행되자마자 카뮈의 작가적인 명성은 비상하였고, 유럽에서는 그가 노벨문학상 수상자 후보로 조심스럽게 거론되기 시작합니다. 반면

알베르 카뮈는 알제리 출신의 문인이자 사상가이다. 알제인의 대부분인 아랍계는 아니다. 독일 점령 하에서 저항 활동을 했다. 1957년에 노벨문학상을 받았지만, 만46세에 교통사고로 사망했다.

에, 그가 서거한 지 32년이 지난 1992년에 제작된 영화 「이방인」은 대실패를 하고 맙니다.

카뮈의 소설 「페스트」는 애최 계획된 제목이 '수인(囚人)들'이었다고 해요. 왜 수인들이었을까요? 역병 페스트로 폐쇄된 도시는 비유하건대 거대한 감옥이며, 따라서 시민들이 감옥에 갇힌 수인들이란 의미로 정해진 제목인 듯싶습니다. 소설의 배경은 시공간적으로 나누어집니다. 시간적 배경은 1940년대 어느 한 해이고요. 지은이인 카뮈는 정확한 연도를 특정하지 않았지요. 공간적 배경은요? 알제리의 오랑 시. 바닷가 언덕 위의 해안도시랍니다. 당시의 인구는 20만 정도였는데, 지금은 60만이 넘는다고 하지요. 알제리의 북서부의 소도시인데, 지중해가 보이는 곳이랍니다. 시민의 종족 구성에 있어서는 예나 지금이나 대부분이 아랍인들이라고 해요. 작가 카뮈는 실제로 이 도시에서 1년 8개월 동안 머문 적이 있었다고 해요. 오랑은 그가 재혼한 아내의 고향이라고 해요. 그는 이 기간에 걸쳐 말하자면 처향(處鄉 : 아내의 고향)살이를 한 셈이 됩니다. 이 기간에 교사로 재직했다는 말도 있는데, 정확하게는 잘 모르겠습니다. 여기에서 간과할 수 없는 얘기가 있어요. 오랑에 실제로 페스트가 유행한 적은 없었다는 사실입니다. 어디까지나 소설에서 오랑이 페스트라는 괴질로 인해 총성 없는 전쟁터가 되었던 거죠. 주지하듯이, 소설은 허구에 지나지 않습니다. 그가 이 도시에서 잠시 머물 때 인근 지역이 장티푸슨지 발진티푸슨지 하는 전염병에 피해를 입은 적이 있었다고 해요.

저는 오늘 여러분에게 강의하기 위해 이 작품을 다시 읽었는데, 김용훈 옮김의 텍스트를 이용했습니다. 소설 「페스트」의 한국어판 몇 가지 역본을 제가 가지고 있습니다만, 늙어가면서 글씨가 작은 것이 읽기 불편해 가장 글씨가 큰 것을 읽었는데 이것이 바로 김용훈 역본의 「페스트」입니다. (학생들에게 화면을 통해 책의 표지를 보여준다.) 표지에 현대 논술 문학 시리즈의 하나라고 적혀 있네요. 1996년, 고등학교 학생들을 위해 만든 책입니다. 옮긴이 김용훈은 그 당시에 이미 명예교수라고 했으니, 지금은 작고한지도 모르겠네요. 성균관대학교 불문과 교수와, 같은 학교의 총장을 지냈으니, 아마도 제1세대 불문학자인 듯해요. 이 책의 간행을 목적으로 번역한 것은 아닌 듯하고, 이미 번역한 것을 고등학생들에게 읽히기 위해 재활용한 것 같아요.

카뮈의 소설 「페스트」를 잘 이해하기 위해서는 이 소설의 작중 인물을 잘 분석해야 합니다. 몇몇 작중인물 중에서도 소설의 본문에 가장 자주 등장하고 있는 인물이 주인공이겠지요. 소설 속의 베르나르 리유가 주인공입니다. 김용훈 역본에서는 '리외'라고 표기되어 있지요. 물론 이것은 원음에 가까운 표기지만, 우리의 규범적인 표기법에 따라 리유로 수정해서 인용하거나 낭독할 것입니다. (최근의 역본은 대부분 리유로 표기되어 있습니다.) 리유는 병든 아내를 요양 병원에 보내 놓고 노모와 함께 살고 있는 30대 중반의 의사예요. 그는 이야기 속의 객관적인 증인이요, 독자에게 충실한 서술자(내레이터)라는 점에 있어서, 작가 카뮈의 분신과 같습니다. 장 타루는 투박한 용모에 육중한 체구를 지녔으면서 무엔가 메모하는 일에는 매우 섬세합니다. 호텔에서 장기간 투숙하면서 스페인 무용수들과 잘 어울리는 외지인. 그가 누구인지 왜 오랑에 왔는지 아는 사람이 아무도 없지요. 하지만 작중 인물과의 대화중에 사람 됨됨이가 슬그머니 드러나고 있어요. 아버지인 검사로부터 사형이 구형된 죄인이 실제로 사형되자 이에 충격을 받고 가출한 이, 그럼에도 불구하고 상당한 재산을 물러 받은 이로 여겨집니다. 사형을 폐지하는 사회 운동에도 관여한 것으로 보이는 인물예요. 사람이나 사물을 늘 미시적으로 바라보고, 전차 안에서나 길거리에서 주위들은 대화와 정보도 꼼꼼히 기록하는 그는 일종의 메모광이라고 하겠지요. 이 점에선 소설의 작자인 카뮈와 비슷합니다. 사형 제도에 반대하고 페스트에 맞선 그는 카뮈가 지고의 가치로 여긴 이른바 '반항적 인간'의 전형이란 점에서, 그가 생각한 가장 이상적인 인물이라고 하겠지요. 또 다른 인물인 조세프 그랑 역시 작가 카뮈의 자전적인 경험이 반영된 인물입니다. 그가 젊었을 때 시청에 비정규직으로 근무한 적이 있었듯이, 도청의 말단 공무원인 서기입니다. 성이 그랑이면, 크다, 위대하다의 뜻이 되겠지요. 그가 초라한 모습에다 보잘것없는 지위에 놓여 있지만, 페스트에 맞선 헌신적이요 이타적인 인물로 묘사되어 있습니다. 요컨대, 리유는 이 작품에서 역병과의 투쟁의 중심에 서 있는 주인공입니다.

리유, 장 타루, 조세프 그랑……이 세 사람은 이 소설에서 대체로 긍정적인 인물이에요. 모두 헌신적이고 이타적이지요. 이들은 오랑에 페스트가 엄습하자 자원보건대를 조직합니다. 여기에는 리유의 동료 의사로서 혈청을 만들어 방역을 하겠다고 연구하는 노(老)의사도 있어요. 불문학자 김화영 님은 사익을 따지지 아니하면서 방역의 최일선에 선 작중 인물 조세프 그랑을 두고 이 조직 내에서 '조용한 미덕의 실질적인 대표자'라고 치켜세운 적이 있었지요. 세 사람 모두 소설의 내용 속에서 자원보건대 일에 최선을 다하는 사람이에요. 뭐랄까요? 허위단심 형의 인물이라고 할까요? 허위단심이라고 하니까, 마치 한자로 된 4자 성어(成語) 같지요. 우리의 토박이말입니다. 허우적거리면서 무척 애를 쓴다는 뜻입니다. 그런데 분명히 말을 하자면, 이들은 영웅이 아닙니다. 카뮈의 소설 「페스트」 속에는 영웅이 없어요. 저마다의 직분을 성실하게 수행할 따름이지요. 자원보건대원으로서 공동선을 실천하는 데 여념이 없는 사람들이 지요. 우리나라의 경우를 살펴볼까요? 코로나 방역 초기인 작년 상반기에 어땠어요? 입만 열면 'K-방역'이니 '코로나의 영웅'이니 말하지 않았어요? 지금 생각하면, 참 부질없는 일이었지요. 그 이후의 상황을 미루어 볼 때, 이러한 유의 자화자찬이 얼마나 성급하고 얼마나 현실과 동떨어진 미화적인 표현이었던가를 잘 알 수 있지 않아요?

그 밖의 인물들도 살펴볼까요?

파리에서 파견된 신문기자인 레이몽 랑베르는 전쟁 중에 가족과 떨어져 있어야 했던 카뮈와 닮았지요. 그는 알제리에 거주하는 아랍인들의 생활 조건을 취재하기 위해 오랑 시에 파견되었다가 도시가 폐쇄되어 오도 가도 못하는 신세가 되었지요. 그는 파리의 사랑하는 아내에게로 돌아가려고 무진 애를 씁니다. 이 상황에서 탈출은 불법이지만, 자기만은 꼭 살아야겠다고 생각했겠지요. 하지만 리유, 장 타루, 조세프 그랑이 자원보건대에서 공익, 공동선을 위해 이타적으로 실천하는 모습에 감화되어 그 역시 자원보건대의 일에 한 길로 매진합니다. 자리에서 이타로, 이기적인 사랑에서 공동체적인 사랑으로 변화되는, 소위 입체적인 인물의 유형에 속한다고 할까요? 소설의 작중인물 중에 파늘루 신부도 있어요. 그는 페스트야말로 타락한 인류에 대한 신의 징벌이라고 공공연히 대놓고 주장하는 인물이지요. 역병을 사회적인 질병의 관점에서 인식하는 게 아닌 종교적인 관점에서 이해하려들면 들수록 사태 해결에 있어서 실효성이 문제가 되겠지요. 그는 희생자의 편에 철저히 서 있는 리유, 장 타루, 조세프 그랑과 대조적인 행보를 보이고 있는 인물이라고 하겠습니다. 마지막으로 이 소설에서 가장 부정적인 인물로 그려지고 있는 코타르를 봅시다. 이 인물은 시민들이 불행하게 된 페스트의 와중에서 사익 챙기기에만 혈안이 된 캐릭터예요. 그는 말합니다. 내가 페스트균을 뿌리고 다니는 것도 아니고, 이것이 각자에게 저절로 찾아들 뿐, 이 덕분에 내게 유리하게는 되었지만 내 이득은 내 탓이 아니다……라구요. 최근에 발생한, 초미의 시사적인 사건인 대장동 사건의 당사자들이 하는 말인 것처럼 들립니다. 코로나 사태가 해결될 기미가 아직도 보이지 않는데 자영업자들의 삶이 붕괴되어가고 있는 최악의 사정 속에서, 일확천금의 대장동 사건이 터져버림으로써 민심의 불길 위에 기름을 확 부은 형국이 되고 말았지요. 카뮈는 소설 속의 인물들을 놓고 이렇게 생각했는지도 모릅니다. 자원보건대원 세 사람을 반항적 인간상으로서의 레지스탕스로, 랑베르를 확신 없는 모호한 인물이거나 기회주의자로, 파늘루 신부를 아전인수의 자기중심주의자로, 코타르를 나치 점령 하의 부역자로 말입니다.

소설 「페스트」의 첫머리에 보면, 이런 말이 나옵니다. 소설이 시작하자마자 한 페이지도 지나지 않아 나오는 말이지요. "어느 한 도시를 이해하기 위해서는 그곳의 시민들이 어떻게 일하고, 어떻게 사랑하며, 어떻게 죽는가를 살펴보면 된다." 인간들의 삶에 있어서 일과 사랑과 죽음은 일상과 같은 거지요. 인간이 살아 있어도 죽음과 무관한 건 결코 아니랍니다. 우리는 매일 타인의 죽음을 간접적으로 경험하고 있지 않습니까? 결국 인간의 죽음도 삶의 일부인 것이지요. 특히 몹쓸 역병이 발병한 지 2년이 가까워지고 있는 지금처럼 위중증 환자가 급증하고 있는 코로나-19의 시대에 있어선 말이지요. 인용문은 소설의 전문을 지배하는 토픽 센텐스, 즉 주제문이라고 할 수 있겠습니다. 질병에 대한 편집자의 논평이나, 진행될 사건에 대한 예언의 코멘트처럼 들리기도 하네요.

소설은 1940년대 어느 한 해 4월 16일 아침에서부터 시작합니다. 의사 리유는 병원 건물의 계단에서 죽은 쥐를 발견합니다. 처음엔 예사롭지 않게 생각했겠죠. 4일째가 되던 날, 쥐들이 떼를 지어 밖으로 나와 죽어가기 시작합니다. 쥐들은 쥐구멍에서, 지하실에서, 창고에서, 하수구에서 비실비실 줄을 지어 올라 와서는 밝은 광선에 비틀거리다가 제자리에서 빙글빙글 돌다가 사람 곁에서 숨을 거둡니다. 소설의 화자는 오랑, 이 작은 도시 자체가 건강했던 한 사나이가 갑자기 검붉은 피를 마구 토해내는 모습과 같다고 말할 정도였지요. 4월 25일에는 단 하루만에 6,231마리의 쥐를 수거해 소각했다는 보도도 나옵니다. 오랑의 시민들은 당국의 무능함을 비난하면서 근본적인 대책을 요구합니다. 해안 별장의 소유자들은 피신할 움직임을 보이기도 하구요. 병원의 수위도 열병에 걸립니다. 입술은 흙빛, 눈꺼풀은 밀랍의 빛깔, 호흡은 당장이라도 끊어질 것 같이 가쁜 숨결……증상에 대한 묘사가 꽤 사실적이네요. 이 범속한 해안 도시인 오랑에, 죽은 쥐들이 넘쳐나기 시작하면서, 까닭 모를 열병에 시달리는 환자들이 속출합니다. 이 까닭 모를 열병이 페스트로 판명된 것은 오래 되지 않았겠지요. 페스트란, 주지하듯이 쥐로 인해 발병하는 전염병이 아닌가요? 마침내 도지사는 페스트 사태를 선언하고, 공무원들에게 도시의 봉쇄를 명합니다. 외부와의 서신 교환도 안됩니다. 외부와 소통할 수 있는 유일한 수단은 전보뿐이지요. 작중 인물중의 한 사람이 이렇게 말하지요. 우린 모두 미치고 말 거예요, 틀림없이. 오랑 시민들은 평소에도 와인과 같은 알코올성 음료를 즐기곤 했는데, 페스트가 왕성하게 유행하면서 도시에는 '순수한 알코올 성분이 세균을 박멸시킨다.'라고 하는 가짜 뉴스가 돕니다. 유언비어는 사람들 마음 위에 깃드는 불안의 그림자예요.

(미리 준비한 낭독을 들려준다.)

단지 며칠 동안의 일이긴 하지만, 황혼 무렵이면 거리마다 인적이 끊기고 부질없는 바람만이 윙윙거리는 정경이 되고 말았다. 저 멀리 물결이 높은 바다에서는 해초와 염분 냄새가 바람을 타고 올라왔다. 먼지로 인해 하얗게 되고, 바다 내음으로 가득 찬 이 황량한 도시는 바람의 외침만 요란한 가운데 마치 무인도처럼 보였다. 지금까지 페스트는 도시보다는 사람들이 우글거리는 변두리 지역에서 훨씬 많은 희생자를 내 왔다. 그런데 페스트가 갑자기 도심에까지 엄습해 온 것이다. 시민들은 바람이 전염시킨 것이라고 못마땅해 했다.

"바람이 모든 것을 망치고 말았어."

호텔 지배인이 투덜거렸다.

그러나 어쨌든 중심 지역의 주민들은 한밤중에, 더군다나 가면 갈수록 더욱 빈번하게 울리는 굵직하고 음울한 구급차의 경적을 듣게 되었다. 그리고 모든 사람들은 자기들의 차례가 가까이 다가오고 있다는 사실을 알게 되었다.

(……)

거의 같은 시기에, 특히 서쪽 문 근처 별장 지대에서 화재가 빈번하게 일어나는 사태가 벌어졌다. 진상을 조사해 본 결과, 격리와 장례 등 많은 슬픔과 불행을 겪은 나머지 실성한 사람들이 페스트를 태워 없애 버리겠다는 환상에 사로잡혀 자기네들 집에다 불을 지르는 것이었다. 이러한 짓을 저지시키기 위해 다방면으로 대책을 강구해 보았으나 번번이 일어나는 화재는 맹렬한 바람을 타고 그 지역 일대를 끊임없는 위험의 도가니로 몰아넣고 있었다.

당국에서 실시하는 가옥 소독만으로 페스트의 전염을 막을 수 있다고 아무리 강조해 알려 주어도 소용이 없자, 마침내 당국에서는 그 죄 없는 방화자들에게 엄중한 처벌을 내리겠다고 공표하기에 이르렀다.

—김용훈 역본, 174〜5쪽에서

알베르 카뮈의 소설 「페스트」는 폐쇄된 도시에 남은 시민들이 각자의 방식대로 페스트에 저항하는 이야기, 절망 속에서 운명과 맞서 싸우는 인간들의 이야기입니다. 여름이 되어가면서 도시에는 바람이 불어옵니다. 오랑과 같은 서안 지역의 지중해성 기후는 여름에 건조하지만 서늘한 바람이 불어와 햇볕 강렬한 열기를 식혀줍니다. 반면에 우기(雨期)의 겨울에는 습하지만 바다에서 따뜻한 바람이 불어와 곡물과 작물의 재배를 가능케 하지요. 이 도시는 일 년 내내 편서풍의 영향을 받지만, 여름과 겨울에 바람이 심하대요. 초여름에 오랑에 바람이 불어오기 시작하면서 피해자들과 희생자들이 도시의 변두리에 속출하던 것이 갑자기 도심으로까지 엄습해 옵니다. 시민들은 바람이 페스트를 금속도로 확산시킨다고 보는 거지요. 호텔 지배인이 중얼거리는 소리가 인상적입니다. 바람이 모든 것을 망치고 말았어! 바람의 이미지와 페스트는 상관성을 맺고 있네요. 실제 그런지의 여부는 과학적으로 확인이 되지 않지만 말예요. 실성한 사람들은 페스트를 태워버리겠다는 환상에 사로잡혀 방화를 일삼습니다. 화재는 맹렬한 바람을 타고 번져가겠죠. 당국은 방화자를 엄중히 처분하고 처벌하겠다고 공표해요. 그럼, 두 번째 인용문을 들어보겠습니다.

(미리 준비한 낭독을 들려준다.)

출구 쪽으로 가던 그가 갑자기 돌아보며 웃었다. 리유는 페스트가 발생한 이후 그가 웃는 모습을 처음 보았다.

"한데 선생님은 왜 내가 떠나는 것을 막지 않으시지요? 충분히 그렇게 하실 수 있을 것 같은데요."

늘 하던 버릇대로 리유는 고개를 끄덕이며, 이것은 랑베르 자신의 문제이며 그가 택한 행복의 길인 셈이니 자기 처지로서는 반대할 만한 뚜렷한 이유가 없다고 말했다. 이 문제에 있어 그는 어떤 게 옳고 어떤 게 그른지 도저히 판단할 수 없다는 생각이 들었기 때문이었다.

"그러시다면, 왜 나에게 빨리 서두르라고 하셨습니까?"

랑베르의 말에 이번에는 리유가 빙긋이 웃으면 말했다.

"그건 나 역시 당신의 행운을 돕기 위해 무엇인가 해 주고 싶었던 겁니다."

—같은 역본, 204~5쪽에서

레이몽 랑베르는 파리로 돌아가려고 합니다. 하지만 일이 뜻대로 되지 않아요. 폐쇄된 도시는 사람을 오지도 가지도 못하게 하지요. 코로나-19 초기에 있었던 중국의 우한처럼 말이에요. 랑베르는 오랑을 벗어나 파리로 가려고 하는데 거기에는 애인이 있다지요. 역본마다 차이가 있어서 애인인지 아내인지 잘 모르겠어요. 어쨌든 그는 행복과 사랑을 찾아 떠나려고 해요. 도와줄 사람은 의사 리유인데, 불법을 저지르면서까지 도와주려고 하지 않아요. 하지만 리유의 생각이 좀 바뀝니다. 랑베르가 행복과 사랑을 찾아가려고 하는 시도를 불법인줄 알면서도 굳이 말리려고 하지 않게 되지요. 사실은 리유 역시 병든 아내와 헤어져 있지 않아요? 뉴욕대학교 교수를 역임한 문학연구가 C. C. 오브리앙은 『작가와 역사의식』이라는 제목의 저서에서, 이렇게 얘기한 바 있었지요. 소설 「페스트」의 핵심 테마 중의 하나는 '단절의 고통'이라구요. 소설에서는 기자 랑베르와 파리의 애인이, 의사 리유와 요양 중인 부인이 서로 격리되어 있지 않아요? 이 소설의 작자인 카뮈 역시 마찬가지였어요. 1942년 11월, 카뮈의 부인이 친정인 오랑으로 돌아갑니다. 그녀와 카뮈는 부부로서 전쟁으로 인해 현실적으로 단절이 됩니다. 이런 경험이 소설 「페스트」에 반영되었다는 것이지요. 이 단절의 고통은 카뮈 소설의 주제론적인 개념인 '부조리'와 자연스레 관련을 맺게 되지요.

불문학자 김화영은 이상의 인용문의 내용과 관련해서, 자신의 역본에 있는 장문의 '작품 해설'에서, 부정 속에서 긍정을 찾으려는 카뮈의 작가 정신을 파악할 수 있다고 해요. 물론 작가 정신의 원인이 되는 것은 작중 인물인 랑베르와 리유가 각각 지니고 있는 '부조리(성)'이랄 수 있습니다. 도대체 무엇이 부조리일까요? 모순, 배리(背理), 비합리, 불가해, 무의미, 무목적성 등이 부조리예요. 반항 속에서 행복에 대한 조바심을 내는 랑베르나, 랑베르의 행위가 위법인줄 알면서도 묵인하는 리유야말로 부조리의 인간상이라고 할 것입니다. 또 한편으로 부조리의 사상이란, 인생의 의미나 의의를 발견할 가망이 없는 상황에서 인간과 세계의 불합리한 관계, 절망적인 관계를 형이상학적으로 인식하는 것을 두고 말하는 게 아닐까요? 부조리니 부조리의 사상이니 하는 것은 이번의 키워드라고 할 수 있습니다. 나중에 다시 설명할게요. 자, 세 번째 인용문을 낭독하겠으니, 잘 들어보기를 바랍니다.

(미리 준비한 낭독을 들려준다.)

페스트에 휩쓸린 시민의 생활은 크리스마스 때까지 변함이 없었다. 전과 다름없이 타루는 침착한 모습을 잃지 않았다. 랑베르는 리유에게, 전의 그 두 젊은 경비병 덕분에 아내와 편지 연락 방법이 마련되었다고 털어놓았다. 그는 가끔 아내의 편지를 받고 있다고 했다. 그는 리유에게도 그 방법을 이용하도록 권해, 리유는 거기에 동의했다.

리유는 여러 달 만에 처음으로 편지를 써 보았는데 몹시 힘이 들었다. 그 동안 써야 할 말을 잊고 있었던 것이다. 그러나 좀처럼 답장이 오지 않았다. 코타르는 코타르대로 경기가 좋아져 그 동안 벌인 조그마한 투기가 성공을 해 재산을 늘리고 있었다. 그런데 그랑만은 그다지 재미를 보지 못했다.

이 해의 크리스마스는 복음의 축제라기보다는 지옥의 축제였었다. 불이 꺼진 채 텅 빈 가게들, 진열장에는 장식된 모조 초콜릿과 빈 상자들, 어두운 표정을 지닌 사람들을 가득 태운 전차 등 지난날의 크리스마스를 연상시키는 것이라곤 하나도 없었다.

예전 같으면 부자나 가난한 사람이나 모두 한데 모여 즐기던 이 축제에, 이제는 때가 찌든 가게 뒷방에서 일부 특권층의 인간들이 돈으로 수중에 넣은 외롭고 수치스러운 몇 가지의 즐거움밖에 더 이상 아무것도 찾아볼 수가 없었다.

성당은 감사의 기도보다 오히려 애원으로 가득 차 있었다. 음울하게 얼어붙은 거리에서는 몇 명의 아이들이 어떤 위협을 받고 있는지도 모르는 채 뛰어놀고 있었다.

―같은 역본, 260~1쪽에서

소설 속에서 4월에 발병한 오랑의 페스트는 12월 말인 크리스마스에까지 이어집니다. 크리스마스가 되어도 상황은 호전되지 않습니다. 서양인들은 크리스마스가 되면, 한 해의 재앙을 벗어나려고 합니다. 우리식으로 말하자면, 이 날에 소위 '액땜한다.'라고 말하지요. 리유는 사회적으로 헌신하지만 가정적으로는 불우해요. 병중의 아내는 요양병원에 보내져 있고요. 코타르는 페스트의 소용돌이 속에서 투자에 성공해 재산을 증식하는 등 이속을 얻고 있어요. 이것을 우리 현실에 비춰볼까요. 코로나-19로 인해 자영업자들의 삶이 무너지고 있는데, 이 상황 속에서 대장동 사건이 발생해 천배니 만배니 하는 걸 보고 속이 터지는 이들이 많아졌겠지요. 다시 소설 안으로 돌아갑시다. 소설은 크리스마스가 복음의 축제가 아니라, 지옥의 축제라고 해요. 성단에선 감사의 기도가 아니라, 애원성으로 가득 차 있어요. 절망 속에서도 한 가닥 희망의 빛을 볼 수 있는 건, 랑베르가 헌신하는 사람들에 의해 감화되어 파리로 돌아가지 않으려고 한 사실이 아닐까요? 소설의 얘깃거리가 거의 다 진행될 무렵에, 이야기에 반전이 일어납니다. 소설에서 새로운 혈청(血淸 : 면역 항체나 각종 영양소가 함유된 피말강이)이 개발되면서 상용화되자, 오랑의 페스트는 한물 꺾입니다. 페스트는 퇴각하면서 마지막 맹위를 떨칩니다. 그런데 자원보건대에서 공익을 위해 헌신하던 장 타루가 이 마지막

알제리 오랑 시의 현재모습이다. 지중해가 보이는 해변 도시이다. 실제로는 페스트가 유행한 적이 없는
곳이다.

처절한 싸움에서 페스트에 감염되는 지경에 이르고 맙니다.

(미리 준비한 낭독을 들려준다.)

리유 앞에는 이미 미소가 사라진, 무기력한 가면이 하나 놓여 있을 뿐이었
다. 그렇게 다정했던 인간적인 모습이 초인간적인 고통을 이기지 못해, 하늘이
내리는 온갖 증오에 휩쓸리며 바로 자신의 눈앞에서 페스트의 검은 물결 속에
침잠되어 가고 있었다. 그러나 그는 아무 도움도 줄 수 없었다. 그는 이 재앙 앞
에서 다시 한 번 맨 손을 부여잡고 가슴을 뒤틀며, 의지할 데도 없이 페스트의
강가에 머물러 있어야 했다. 그리고 마침내 자신의 무력함을 한탄하는 눈물이
앞을 가려, 리유는 갑자기 타루가 벽을 보고 돌아누워 마치 몸 한구석에서 가

장 중요한 선 하나가 툭하고 끊어져 버리는 것처럼 맥없이 비명을 토하면 숨을 모으는 것조차 알지 못했다.

곧 이어 찾아든 밤은 투쟁의 밤이 아니라 침묵의 밤이었다. 세상과 단절된 이 방에서, 지금은 옷깃을 여며 놓은 시체의 머리맡에서, 리유는 전에 페스트를 내려다볼 수 있던 테라스 위에서 도시의 경계를 지키던 초소를 습격한 후의 그 놀랄 만한 정적이 떠돌고 있는 것을 느꼈다.

그때에도 그는, 자기가 죽게 내버려 두고 온 사람들의 침대에서 떠오르는 침묵을 생각했던 것이었다. 그것은 언제 어디서나 동일한 휴식, 동일한 엄숙의 순간, 투쟁 끝에 오는 동일한 진정이었으며 패배의 침묵이었다.

—같은 역본, 288~9쪽에서

이 인용문은 장 타루가 페스트에 감염되어 죽어갈 때의 한 대목을 서술한 것입니다. 리유는 죽어가는 한 인간, 한 동지를 두고 의사로서의 무기력함을 느끼고 있습니다. 죽음의 심연 앞에 마주 선 이 헌신적인 활동가에 대해, 화자 리유는 깊디깊은 내면적인 감회에 잠깁니다. 필치도 성찰의 깊이가 있네요. 죽어가는 이에게 있어서 밤은 더 이상 투쟁의 밤이 아닙니다. 이 밤은 침묵의 밤이요, 또 이 침묵은 패배의 침묵이랍니다. 만약 승리의 침묵이었다면, 장 타루의 죽음은 '시적 정의(poetic jus-tice)'가 결코 될 수 없을 것입니다. 시적 정의란, 시처럼 장엄하거나 비장하다는 걸 뜻하는 게 아닙니다. 시적이란, 현실을 넘어 정신적인 차원에 이른 것을 말합니다. 이순신 장군은 7년 전쟁의 막바지에 퇴각하는 왜군을 살려 보낼 수 없다면서 공세를 가합니다. 왜군 역시 퇴각하면서 모든 화력을 쏟아 붙습니다. 마지막 맹위를 떨치는 오랑의 페스트처럼요. 이순신 장군은 빛나는 개선장군이 되지 못하고, 최후의 발악적인 총탄에 의해 죽음을 당합니다. 그의 몸은 죽어도 정신적으로 승리합니다. 이게 바로 시적 정의인 것입니다. 『삼국지연의』에서 유비 3형제나 이를 계승한 제갈공명이 한실 부흥을 이루지 못했지만, 후세의 독자들에게 심원한 영감을 남깁니다. 이게 바로 시적 정의예요. 장 타루의 죽음에 대해 시적 정의를 부여할 수 있는 것도 초현실의 승리감을 감지할 수 있기 때문이지요. 리유는 우정을 표현할 겨를도 없이 장 타루를 저 세상으로 보냅니다. 이튿날 아침에는 아내가 일주일 전에 요양병원에서 죽었다는 통보도 받습니다.

이듬해 2월이 되자 페스트는 온전히 물러갑니다. 어느 맑게 갠 날, 매스컴에서는 고립된 오랑에 경계선이 해제되었다고 보도해요. 도시는 이제 시민들의 새로운 삶을 기다리고 있습니다. 마지막으로 낭독할 인용문은 소설 「페스트」의 마지막 단락이기도 합니다. 소설은 이 단락과 함께 마무리됩니다.

(미리 준비한 낭독을 들려준다.)

페스트균은 결코 죽지도 사라지지도 않으면 수십 년의 세월을 가구나 속옷 사이에서 잠자며 살아남을 수 있고, 또 방이나 지하실, 트렁크나 손수건, 헌 종이 같은 것들의 갈피 속에서 여전히 집요하게 기다리고 있을 수 있다는 점이다. 그러다가 앞으로 언젠가는 인간들에게 불행과 교훈을 동시에 일깨워 주기 위해 또다시 저 쥐들을 흔들어 깨워서 어딘가 평화로운 도시로 몰아넣어 그 곳에서 죽게 할 날이 오리라는 것을 알고 있었던 것이다.

—같은 역본, 308쪽에서

소설에서는 페스트는 물러갔지만 언제든지 쥐들을 흔들어 깨워서 인간 곁으로 다시 돌아올 수 있다고 경고합니다. 이 마지막 대목에 이르러, 카뮈는, 아니 카뮈의 소설 「페스트」는 지금의 우리를 성찰하게 하는

군요. 소설 속의 페스트는 퇴각했지만, 현실의 코로나-19는 아직도 건재합니다. 외국에 비해 꽤 양호한 우리나라에서마저 지금 매일 2천 명대의 확진자 수를 양산하고 있지요. 문제는 확진자에게 국한되지 않다는 사실이지요. 코로나에 걸리지 않은 사람이라고 할지라도 늘 마음에는 병들어 있지 않나요? 만약 우리 시대에 코로나가 물러간다고 해도 언제든지 이것과 유사한, 아닌 더 독한 바이러스가 다시 우리에게 다가올 수 있습니다. 농약의 오용 및 남용이 더 저항성이 강한 잡초를 진화시켜온 아이러닉한 결과를 한번 생각해 보면, 그 사실을 잘 이해할 수 있을 것입니다. 코로나-19의 시대에 백신이 이미 나왔고 또 머잖아 치료제가 나올 것이라고 예상되어도 부조리한 인간 조건은 쉽게 달라지지 않을 것입니다.

알베르 카뮈는 소설 「페스트」를 통해 인간이 재난과 재앙의 운명 앞에서 어떠한 선택을 해야 하는지에 관해 자신의 실존주의 사상을 밝히고 있습니다. 인간의 삶 속에서 악은 결코 사라지지 않습니다. 어딘가에 늘 숨어있지요. 세계의 무너지지 않을 거악과, 이에 반하는 인간 의지의 관계는 늘 모순적이며, 부조리하지요. 여기에서 다시 부조리에 관해 말할까, 해요. 부조리가 뭐예요? 비리? 부정부패? 본래 그게 아니에요. 글자 그대로 해석하자면, 이래요. 조리가 없다. 논리적인 연결고리가 없다. 어처구니없고 이해할 수 없는 것……. 말하자면, 우연성, 불안, 희망 없음이 부조리라는 용어의 하위 목록이라고 하겠어요. 여기에서, 희망이 없다고 해서 반드시 절망을 가리키는 건 아닙니다. 부조리는 영어로 '업서드(absurd)'라고 하고, 프랑스어로는 '압시흐드(absurde)'라고 해요. 형용사로는 '부조리한'이며, 명사로는 부조리 내지 부조리성입니다. 부조리의 특성을 지닌 것을 부조리성이라고 하겠는데, 문학적으로는 카뮈보다 사르트르의 문학에 이미 엿보인다고 해요. 사르트르의 소설 「구토」(1928)에 말예요. 누군가 그랬어요. 여기에 반영된 부조리성이란, 마로니에 나무의 뿌리와 같은 사물 그 자체를 직시할 때 감지되는 우연한 사실성, 혹은 여기에서 비롯된 인간의 불안 따위를 가리킨다지요. 제가 아까 말했잖아요? 우연성과 불안 운운하는 하위 목록을 말예요. 요컨대, 부조리한 인간 조건은 불안한 인간 존재, 불길한 시대 상황과 관련되어 있습니다. 부조리성은 관계성의 일종입니다. 구체적으로는 전쟁과 질병과 죽음을 가리킵니다. 페스트에 걸린 장 타루가 이것과 사투를 벌이는 대목이 있습니다. "장 타루는 꼼짝도 않고 페스트와 맞서 싸우고 있었다. 밤새도록 고통이 밀려오는 것을 그대로 참아내며, 육중한 육체와 철저한 침묵으로 맞서 싸우고 있었다."(같은 역본, 284쪽.) 이것이 예컨대 부조리한 인간 조건이라고 할 수 있습니다. 카뮈는 장 타루라고 하는, 성스럽고도 처절한 '반항적 인간'상을 창출해낸 것입니다.

　알베르 카뮈의 부조리(성)는 문학적으로 소설 「이방인」(1942)과 에세이 「시시포스의 신화」(1942)에 이르러 정점에 도달합니다. 두 작품은 장르가 서로 달라도 같은 해에 발표되었네요. 소설 「이방인」 속의 반항적 인간은 이방인 뫼르소. 일상에서의 논리적 일관성을 상실한 주인공이지요. 카뮈는 뫼르소의 행위를 통해 인생의 갖가지 부조리를 부각합니다. 에세이 「시시포스의 신화」 속의 반항적 인간은 신에게 도전하는 반신반인인 시시포스. 그가 신의 반복되는 형벌을 반복적으로 수행하는 것이 바로 부조리한 인간 조건인 것이지요. 그의 반복적인 행위가 다름 아닌 반항인 셈이지요. 합리적인 인간과 비합리적인 세계의 틈새에서 부조리가 존재하는 것입니다. 햇빛 때문에 자행한 우발적인 살인, 무의미한 반복의 행위 자체가 부조리인 것이지요. 자아와 세계의 낯선 관계 속에서 탄생한 반근대적인, 비합리적인 인간상이 바로 반항적 인간상이지요. 뫼르소나 시시포스처럼 말예요. 한마디로 말해, 카뮈의 문학은 데카르트 이후의 근대 합리주의가 지향해온 필연성에 대한 회의인 것입니다. 이 회의야말로 반성이요, 또 반항인 거예요.

전 이렇게 생각해요. 카뮈의 소설 「페스트」야말로 매우 논쟁적인 소설이다. 논쟁적이라고 하는 것은 욕망과 가치관의 다름이나 다툼, 세계를 인식하는 준거와 이데올로기 문제와도 관련이 있다는 얘기가 되겠습니다. 이밖에도 소설 속의 내용에도 인물들끼리 입씨름 즉 논쟁을 벌였을 뿐만 아니라, 이 소설이 간행된 이후에도 작가의 사상을 둘러싸고 작자와 여타의 문인들 사이에 논쟁적으로 전개되어 갔습니다. 저는 이 소설에서 랑베르와 장 타루의 입씨름에 주목했어요. 두 사람 모두 타향(오랑)에 와서 재난을 경험하고 있는 외지인들이잖아요? 김용훈 역본 170쪽에서 171쪽의 내용을 요약해 랑베르(A)와 장 타루(B)의 논쟁을 다음과 같이 정리해 보았어요.

A : 당신은 사랑을 위해 목숨을 바칠 수 있습니까?
B : 글쎄요. 지금 마음 같아선…….
A : 당신들은 하나의 관념을 위해 죽을 수 있을 겁니다. 난 관념을 좇아 목숨을 버리는 이들에게 진절머리가 납니다. 나는 영웅주의를 경멸합니다.
B : 관념이 인간의 전부일 순 없습니다.
A : 당신의 행동은 분명히 관념이에요. 그것도 아주 어설픈 관념 말예요.

장 타루는 랑베르에게 관념이 인간의 전부일 순 없다고 말합니다. 관념적인 것을 부분적으로 인정하지만, 전부가 아니라는 것. 관념만이 가진 사람이 어디 있겠느냐는 뜻이겠지요. 실존이란, 관념의 상대 개념 아니겠어요? 인간의 사랑도 실존이라고 여겨집니다. 랑베르는 보건대의 참여에 주저하는 입장에 서 있었지요. 특히 파리에 있는 애인을 만나야 하니까, 확신이 없으면, 결단하기도 어려웠겠지요. 이에 반해 징 타루는 보건대에 헌신적으로 참여하는 쪽이었잖아요? 결국 그는 죽습니다. 이 죽음 역시 부조리한 인간 조건의 하나 아니겠어요? 불교적인 관점에서 볼 때, 랑베르와 장 타루는 자리(自利)와 이타(利他), 소승과 대승의 차이를 보였지요.

소설 「페스트」를 둘러싼 논쟁은 카뮈가 에세이 문학 「반항적 인간」(1951)을 발표함으로써 벌어집니다. 「페스트」에서 헌신적인 활동가로서 페스트에 저항한 장 타루와 같은 이가 소위 '반항적 인간'이라고 하겠지요. 장 타루 같은 이는, 다시 말해 반항적 인간은 끝까지 고독하기를 원하는 유형의 인간입니다. 페스트는 고독하면서도 고독하기를 원치 않는 사람을 공범자로 삼지요. 일제강점기의 소설가였던 춘원 이광수는 우리 근대문학의 기념비적인 존재이잖아요? 그는 고아로 자란, 정말 고독한 사람이었지요. 그가 끝까지 고독하기를 원치 않았기에, 마침내 친일하기에 이릅니다. 반면에, 조선어학회 사건으로 피체된 환산 이윤재는 끝까지 고독하고자 했기에, 차가운 옥중에서 순국을 한 거구요. 소설 「페스트」에서 장 타루는 고독하기를 원하는 사람이었고, 역병의 소용돌이 속에서 이속을 챙긴 코타르는 고독을 원치 않은 사람이었죠. 페스트가 부조리한 인간 조건으로서 제2차 세계대전으로 상징되는 것처럼, 카뮈는 마르크시스트 이데올로기의 허구성을 신랄하게 비판한 것으로 보아서 이를 미래의 페스트로 간주했던 것 같아요. 그에 의하면, 좌파 지식인들과 공산당원들은 어설픈 관념의 영웅주의자였던 것이었겠죠. 이런 배경 속에서, 소설 「페스트」를 비판하는 목소리가 좌파 진영에서 나오게 됩니다.

프랑시스 장송은 소설 「페스트」의 주제를 놓고 '적십자사의 모럴'이라고 폄하합니다. 또한 이것을 두고, 3인칭으로 서술된 객관적 연대기 형식의 고백록이니, 고질적인 부르주아적 시각이니 하는 말도 아끼지 않았어요. 물론 카뮈 자신도 소설 「페스트」를 두고 소설이라고 하지 않고 이른바 '연대기'라고 잠정적으로 칭했습니다. 독자들이 허구적인 서사가 아닌 르포르타주처럼 보아주기를 원했기 때문이지요. 인간 진실의 직접적인 전달 방식이랄까요. 다시 말하자면, 반항적 인간을 구현하는 데 소설이 한계가 있게 마련이지요. 그는 소설이란 장르를 두고 이렇게 말한 바 있었지요. "소설의 세계는 우리가 살고 있는 세계의 수정에 지나지 않는다." 어쨌든 쏜살처럼 논쟁이 시작되었구요, 카뮈는 논쟁의 서막을 연 그 프랑시스 장송에게, 너는 사르트르의 똘마니(하수인)가 아니냐고 말해요. 그리곤 사르트르에겐, 부르주아 마르크시스트라고 몰아붙입니다. 이 개념은 우리 식으로 말해, 강남좌파 아니겠어요? 사르트르도 가만히 있지 않았지요. "자네가 옛날에는 가난했을 수도 있지만, 지금 자네는 부르주아일세." 이 대목에서 친구이면서 한때 동지였던 카뮈와 사르트르의 사상적인 대립을 살펴볼 수가 있겠습니다.

먼저 사르트르와 카뮈는 출신 성분부터 달랐죠. 사르트르는 명문가 출신이랍니다. 우리가 잘 아는 슈바이처 박사는 그의 어머니와 사촌형제입니다. 즉, 그의 외당숙이지요. 그가 나온 학교는 파리고등사범학교. 우리나라와 일본에서만 파리고등사범학교라고 해요. 이 학교의 개교는 프랑스 시민혁명 직후였다는데, 본디 목적은 엘리트 중등학교 교사를 양성하는 데 있었지요. 그래서 우리나라와 일본에선 아직까지 파리고등사범학교라고 하지요. 하지만 세월이 많이 흐른 지금에는 세계적인 석학을 양성하는 곳이에요. 상위 0.2%의 엘리트가 입학할 수 있다는 이 학교는 프랑스식 대학의 옥상옥 구조인 '그랑제콜' 중의 하나로, 약칭으로는 ENS라고 해요. 에콜 노르말 쉬페리외르, 즉 최고문리대학이라고 할 수 있죠. 문과(인문학)의 철학 분야가 배출한 이들 중에 20세기 최고의 사상가들 이름이 줄줄이 나오구요, 이과(자연과학)의 물리학 분야는 노벨상 수상자만 14명을 배출했대요. 노벨상 없는 수학 분야는 수학 분야의 노벨상이라고 하는 상을 세계에서 가장 많이 받았다나요. 사르트르가 명문가와 명문 학교 출신이라면, 노동자인 아버지와 문맹자인 어머니 사이에 태어난 카뮈는 빈민가 출신에 지방 대학의 중퇴자예요. 카뮈처럼 식민지 알제리로 이주한 프랑스인의 2세를 두고 검은 발, 즉 '피에 누아르(pieds-noirs)'라고 한다죠. 그들이 포도밭에서 노동하는 모습을 두고 생긴 말이 아닐까요? 그 2세는 대부분 하층민이었대요. 어쨌든 카뮈와 사르트르는 결이 다른 출신이랄까요? 요즘 금수저니, 흙수저니 하잖아요? 그런 관계예요.

사르트르와 카뮈의 관계에 대해 알고 싶어 제가 소장하고 있는 책 중에서 『사르트르와 카뮈-우정과 투쟁』, 『실존주의자로 사는 법』을 뒤적거려 보았습니다. (이 두 가지 책을 화면을 통해 보여주다.) 오래 산 사르트르가 교통사고로 일찍 죽은 카뮈의 「페스트」를 다시 읽어보니 카뮈의 집단정신을 재평가할 수 있다고 했으며, 자신에게 있어서의 실존주의의 개념 속에는 자유와 책임의 필연성이 강조되어 있다고 했어요. 두 사람의 실존주의에는 각각 다른 면모가 드러난 셈이었죠. 적어도 제가 보기에는 그래요. 카뮈에게는 개인과 개인의 연대의식이라는 집단정신이, 사르트르에게는 개개인의 자유와 책임이라는 개인의식이 중시되어 있다는 겁니다. 어쨌든 카뮈에게 있어서의 악의 개념인 페스트는 제2차 세계대전, 이 중에서 수천만 명의 목숨을 빼앗은 독소전쟁, 이를테면 극우와 극좌의 대립인, 극악의 나치즘과 거악의 스탈린주의 간의 대립으로 볼 수 있겠습니다. 왜 나치즘이 극악인가요? 유대인과 집시와 슬라브족을 과녁으로 삼은 극심한 인종차별주의 때문이지요. 그렇다면, 스탈린주의는 왜 또 거악인가? 소련이 땅이 크고, 공산주의 영도력을 가졌었고, 또 공산주의의 연대가 냉전 시대에 세계의 반을 차지할 만큼 영향력이 컸기 때문이지요. 이런 점에서, 카뮈는 전후의 상황 속에서 엄존할 공산주의를 또 다른 페스트로 보았던 겁니다. 그는 누구나 치명적인 전염병에 걸려 죽을 수 있다, 누구나 전쟁에서 죽을 수 있다, 누구나 빨갛게 물들어버릴 수 있다. 이렇게 말하는 것 같아요. 한때 공산당원이었던 그가 좌파 지식인들을 비판한 것의 논거는, 이들이 목적을 위해 수단을 정당화하려고 펴는 논리에 있었던 거지요. 이 논리를 두고 요즘 세상에서는 '내로남불'이라고 하지요.

카뮈는 자기 시대의 제2차 세계대전을 치명적인 페스트로 은유했고, 앞으로는 공산주의의 결속된 연대가 될 것이라고 예견하기도 했지요. 지금으로부터 10년 전의 일이에요. 중앙일보에 '명화로 읽는 고전'이란 연재물이 있었지요. 그때 문소영 기자가 카뮈의 「페스트」에 관한 칼럼(중앙일보, 2011. 8. 11)을 발표하였는바, 저는 우리 시대의 증오범죄가 21세기의 페스트가 될 것이라는 취지에 적잖이 공명하였지요. 당시 칼럼의 헤드라인은 이래요. (오린 채 보관한 신문을 화면에 보여준다.) 21세기의 '증오 페스트'를, 카뮈는 예견했을까요? 소설 「페스트」의 역사적 현재성을 잘 성찰한 글이었지요. 물론 여기에서 역병이 제2차 세계대전의 폭력성과 파시즘을 상징한다고 했지만, 지금에 있어서는 훨씬 폭넓게 해석될 수 있지요. 그 당시에 무슨 일이 있었느냐 하면요, 2011년 7월 22일, 증오범죄의 청정 지역이라고 일컬어진 노르웨이에서 대학살 사건의 증오범죄가 있었지요. 범인은 기독교 근본주의자인 브레이비크. 그는 이민자를 받아들이는 정부의 방침에 반감을 품고, 이슬람 세력으로부터 유럽을 지켜야 한다는 명분을 내걸고 청소년 행사에 참가 중인 무고한 아이들에게 총을 난사해 77명을 죽였습니다. 희생당한 이들은

이 그림은 화가 니콜라 푸생이 중세의 페스트 참상을 묘사한 상상도이다. 제작 연도는 1630년이다.

이민자 자녀들도, 이슬람 세력도 아닌데도 불구하고 말이죠. 극우 테러리스트이자 반다문화주의자인 브레이비크는 체포된 후에 자신이 제2차 세계대전 이후 가장 거대한 괴물로 기록될 것이라고 말할 만큼 히틀러 수준의 망상가였어요. 이 대목에서 저는 인간을 위해 종교가 존재하는 것인지, 종교를 위해 인간이 존재해야 하는 것인지 잘 모르겠어요. 노르웨이 총리는 이 사건 이후에 더 확산되고 강화된 관용주의(톨레랑스)의 정책을 펼 것이라고 했어요. 요컨대 증오범죄는 21세기의 페스트입니다. 코로나 팬데믹 이후 외국에서는, 특히 미국에서 아시아인들에 대한 증오범죄가 확산되고 있습니다. 참 안타까운 일입니다.

이제 강의를 마무리할까, 합니다.

강의의 결론은 작품 자체의 비평적 담론보다는 우리 시대의 담론에 관해 몇 가지 얘기를 남길까, 해요. 역사의 고유한 경험을 비추어볼 때, 큰 사건 이후에는 새로운 질서가 형성됩니다. 큰 사건이란, 전쟁이나 역병, 외환위기, 앞으로 있을 수 있는 기후 위기 등의 사례가 되겠지요. 저는 새로운 질서가 역사적으로 다문화를 수반해왔듯이, 코로나 이후에도 또 그렇게 되리라고 예견합니다. 지구의 역사가 45억 년이라지요. 박테리아 역사는 35억 년이래요. 그럼 바이러스의 역사는요? 정확하게 알 수 없지만, 이것은 박테리아보다 앞선 역사를 가지고 있다고 해요. 그냥 40억 년이라고 해둡시다. 지구의 역사는 한마디로 말해 바이러스와 박테리아와 함께 해온 역사라는 겁니다. 인류는 비로소 19세기 후반에 박테리아의 존재를 알았었고, 1932년에 이르러서야 가까스로 바이러스의 실체를 확인합니다. 즉, 바이러스 역사 40억 년 중에서, 인간이 바이러스를 인지한 시점은 90년이 채 되지 않는다는 사실입니다.

천연두와 홍역이 뒤섞인 이른바 '안토니우스 역병'(165~180)은 로마 황제이자 위대한 철인이요 문필가인 마르쿠스 아우렐리우스가 걸린 병이랍니다. 그의 이름을 따서 안토니우스 역병이라고 하지요. 그가 전쟁터에서 이 역병으로 인해 사망하게 되자 저 '팍스 로마나'의 시대도 이 시점에서 서서히 저물어갑니다. 로마의 평화는 로마의 국력에 의해 유지된다는 것이지요. 강대국 하나가 있으면, 전쟁이 일어나지 않습니다. 나라 여럿이 국력이 비슷한 채 놓여 있으면, 춘추전국 시대가 되는 것이지요. 불멸의 제국인줄 알았던 서로마가 몰락하면서 유럽의 고대도 끝장이 납니다. 이 이후부터는 중세가 시작되었었죠. 1인 황제 체제에서 지방 영주 체제로 바뀌어가면서 이 영주들은 일종의 '제후왕'으로 군림하지요. 지방마다 소국의 군주로 군림했던 중세 봉건 체제는 다문화 체제로 재편되었던 것입니다. 10세기에서부터 14세기에 이르면서 지구의 평균 기온이 상승합니다. 지금도 이 사실이 문제이지요. 그런데 유럽 인구는 그때 네 배로 급증하지요. 1346년은 역사의 큰 분기점이었지요. 쥐벼룩을 태운 아시아 상선이 유럽을 침투한 한 해이었지요. 이때부터 '페스트 박테리아의 시기'(1346~1353)가 이어집니다. 유럽이 초토화된 건 말할 필요조차 없구요, 페스트가 라틴어로 지독한 병, 흉한 죽음이라고 하듯이, 수많은 유럽인들은 지독한 병에 걸려 흉하게 죽어갑니다. 페스트를 한자로 표기하면, 사람의 몸이 새카맣게 변해 죽는다고 해서 흑사병이라고 칭하지요. 사람들이 너무 많이 죽었기에 노동력이 급감한 것. 중세 봉건제가 붕괴되면서, 르네상스, 또는 초기 자본주의의 형태가 싹이 튼 것이지요. 라틴어 식자층이 감소되는 대신에, 다양한 민족어 사용자가 증가하였지요. 모든 것이 단일성에서 다양성으로 바뀝니다. 산업은 농업에서 농업과 상공업이 결합된 사회 구조로, 문화는 기독교 독점주의에서 다문화적인 인간주의로 변화되어 갑니다. 역병은 신대륙에서도 빅 체인지를 불러오지요. 천연두 바이러스에 의한 '아즈텍 몰락'(1529)이 대표적이지요. 아즈텍 종족이 특히 이 바이러스에 유전적으로 취약했는지, 치사율이 거의 십중팔구였대요. 유럽은 유럽 역병의 전파를 통해 점차 중남미를 잠식해 갑니다. 중남미와 동남아시아로 이어지는 대농장(플랜테이션)의 형성은 역사적으로 유례가 없을 만큼 참혹한 인권 침해의 사례인 흑인 노예제로 연결됩니다. 대륙과 인종이 다양해진 새로운 지배-피지배 질서는 장차 서세동점의 세계사적인 양상으로 향해 치닫습니다. 중국사에서도 '명과 청의 교체기'(1641~1644)라는 게 있었지요. 한족인 명나라가 만주족인 청나라에 의해 멸망한 것의 이유는 여럿인데요, 한반도 파병, 관리의 부정부패, 기온 급강하, 흉년과 아사자의 대량 발생 등이 있지만, 1641년에 출현한 흑사병에 대한 치병을 제대로 하지 못했다는 걸 가장 큰 원인으로 꼽을 수 있다고 해요. 중국 대륙의 주인공이 된 청나라의 융성으로 인해 과거에도 있었지만 질적인 차이가 있는 중국사의 새로운 호한(胡漢) 체제를 형성하였지요. 이 호한 체제는 지배-피지배의 구조로 된 중국적인 색깔의 다문화 체제이었죠.

　마지막으로, 포스트 코로나 시대를 논하면서 제 강의를 마감해야겠지요. 코로나가 언제 종식될지 아무도 모릅니다. 언제일지 모르지만, 코로나가 제 스스로 무력해지면서 퇴각하면, 다음 시대는 기후 변화와 기후 위기의 시대로 전환될 것이 명약관화해요. 사회문화적으로는 초융합, 초연결의 시대가 저절로 찾아올 것으로 보입니다. 물론 이 시대가 되면, 디지털 전환이 가속화되고, 산업이 스마트화되고, 글로벌 네트워크가 다변화될 것이 확실해 보입니다. 저는 이 정도의 미래상을 그려보면서, 오늘 강의를 마칠까, 합니다. 긴 시간을 시청한 여러분에게 감사의 뜻을 전합니다.

　그럼, 다음 시간에 만나요. 오늘 수업을 마칩니다.

작품론 : 나희덕의 「뿌리로부터」

학생 여러분, 안녕하세요.

여러분은 지금 교대 4학년으로서 임용고시를 준비하느라고 수고로운 나날을 보내고 있을 것입니다. 코로나의 악화로 인해 학교 건물이 봉쇄되어 오늘 강의도 이렇게 비대면 방식으로 하지 않을 수밖에 없네요.

오늘은 시인 나희덕의 「뿌리로부터」를 놓고 여러분과 함께 공부를 하겠습니다. 시인 나희덕은 1966년 충남 논산에서 출생했고요, 연세대학교 국문과와 같은 대학원 박사과정을 졸업했어요. 시인은 1989년 중앙일보 신춘문예에 시 「뿌리에게」가 당선되어 시단에 등단했어요. 그는 시를 학문적으로 공부하면서, 시 창작에 몰두해온 시인이죠. 왕성하게 활동해옴으로써 적지 않은 시집을 상재(간행)하기도 했습니다. 문학적인 성취가 두루 인정되어, 그 동안 문학상도 많이 받았어요. 조선대학교 문예창작과 교수로 오래 재직하다가, 최근에 서울과학기술대학교 문예창작과 교수로 직장을 옮겼답니다. 저는 젊었을 때부터 이 시인을 알았지만, 수인사를 포함해 네댓 번 우연히 본 정도에 불과해요. 이 작품은 제가 일반인을 대상으로 하고 있는 유튜브 강의에서 한번 다룬 적이 있던 작품입니다. 시인 나희덕 님이 제게 저작권 사용을 허락해주셔서 가능했던 일이었구요. 언제나 쉽게 볼 수 있는 동영상 강의를 바탕으로 다시 한 번 더 여러분에게 이 작품을 강의하려고 합니다. 그러면 먼저 이 작품의 전문을 낭독해 보겠습니다.

한때 나는 뿌리의 신도였지만
이제는 뿌리보다 줄기를 믿는 편이다

줄기보다는 가지를,
가지보다는 가지에 매달린 잎을,
잎보다는 하염없이 지는 꽃잎을 믿는 편이다

희박해진다는 것
언제라도 흩날릴 준비가 되어 있다는 것

뿌리로부터 멀어질수록
가지 끝의 이파리가 위태롭게 파닥이고
당신에게로 가는 길이 조금씩 보이기 시작한다

당신은 뿌리로부터 달아나는 데 얼마나 걸렸는지?

뿌리로부터 달아나려는 정신의 행방을
정확히 알 수는 없지만
허공의 손을 잡고 어딘가를 향해 가고 있다.

뿌리 대신 뿔이라는 말은 어떤가

가늘고 뾰족해지는 감각의 촉수를 밀어 올리면
감히 바람을 찢을 수 있을 것 같은데
무소의 뿔처럼 가벼워질 수 있을 것 같은데

우리는 뿌리로부터 온 존재들,
그러나 뿌리로부터 부단히 도망치는 발걸음들

오늘의 일용할 잎과 꽃이
천천히 시들고 마침내 입을 다무는 시간

한때 나는 뿌리의 신도였지만
이미 허공에서 길을 잃어버린 지 오래된 사람

　지금부터 이 시의 내용을 더듬어가면서 공부를 해보겠습니다. 이 시는 계간 문예지 『문예중앙』 2011년 겨울 호에 발표되었습니다. 지금으로부터 10년 전에 발표된 작품이로군요. 어떻게 시작하고 있죠? 한때 나는 뿌리의 신도였지만……한때 나는 뿌리의 신도였다고 하는 것은, 시인의 등단작이 「뿌리에게」(1989)를 염두에 두고 한 표현 같아요. 이 등단작은 20대 초반에 쓴 작품이라고 하네요. 20대의 시인이 쓴 「뿌리에게」와 40대의 시인이 쓴 「뿌리로부터」는 서로 다르기 때문에 내용을 대조해 가면서 감상하는 것도 하나의 읽기 방식이라고 할 수 있겠죠.

　뿌리라는 말부터 얘기할까요. 이런 학문도 있네요. 언어연대학. 세상에는 수많은 언어들이 있고, 갖가지의 언어 사이에는 관계성이 있지요.

이를 밝히려고 하는 학문이 언어연대학인가 봐요. 언어들 사이의 계통 및 친족관계를 밝히려고 하자면, 어휘통계학을 기본적으로 이용한다고 해요. 언어연대학자들의 연구에 따라 100대 핵심 기본 어휘 목록표를 작성했다는데, 나, 너, 우리가 각각 1, 2, 3위를 차지했대요. 그러면 '뿌리'라는 어휘는 몇 번째 정도 될까요? 26위라고 합니다. 상당히 사용 빈도가 높은 어휘네요. 농경사회든 유목사회든 간에, 우리 인간에게 영향력이 매우 큰 어휘라는 게 밝혀진 셈이라고 하겠네요.

먼저 「뿌리에게」를 간단하게 제가 말씀 드리면, 너와 나의 관계로 설정되어 있습니다. 너는 뿌리이고 나는 흙인데요. 시적 대상과 시적 화자가 일원론적인 동화의 관계를 설정하고 있는 시라고 할 수 있습니다. 네 뻗어가는 끝을 하냥 축복하면 나는 어리석고도 은밀한 기쁨을 가졌어라, 하는 부분. 네 뻗어가는 끝. 네가 그러니까 뿌리가 뻗어가는 끝을 어쨌다구요. 하냥 축복하다. 이 '하냥'의 뜻이 두 가지가 있지 않습니까. 김영랑의 유명한 시 「모란이 피기까지는」에 나오는 시어가 아니에요? (윤동주도 사용한 시어이구요.) '늘'이라는 뜻도 있고, '함께'라는 뜻도 있어요. 김영랑에게는 '늘'이었지만, 여기에서는 '함께'가 더 나아 보이네요. 쟁점이 된다면, 중의법(뜻겹침)이 됩니다. 그러니까 뿌리와 흙이 서로 함께 축복한다는 것. 뻗어가는 것을 뿌리가 축복하고, 이것을 나(흙)도 축복한다. 뻗어가는 것을 축복하는 나는 어리석대요. 왜 어리석습니까? 지나치게 이타적인 헌신을 하는 것 때문예요. 모성애 같은 게 그렇지요. 부모가 가지고 있는 부성애나 모성애를 생각해 보세요. 조건이 없거든요. 그러니까 어리석은 거지요. 자신을 희생하고, 자기 삶의 손실을 감수하면서, 자녀의 성장이나, 성공 같은 것을 기원하니까요. 뭐, 어리석긴 하지만 사실은 지혜롭지요. 또 어리석지만 은밀한 기쁨을 가질 수 있지 않아요? 이런 흙과 뿌리가 혼연일체가 되는 생태학적 상상력의 일원론적 세계관……. 이런 것을 보여 준 게 1989년 나희덕 시인의 등단작인 「뿌리에게」의 뭐랄까요, 주제랄까, 세계관이랄까……이런 것을 우리가 생각해 볼 수 있지요.

네, 다시 「뿌리로부터」로 돌아가 봅니다.

나는 한때 뿌리의 신도였지만 이제는 뿌리보다 줄기를 믿는 편이다. 이로부터 가지, 잎, 꽃으로 이어져 갑니다. 이처럼 계속 말꼬리를 이어서 전개되는 방식을 두고 수사법에서 연쇄법이라고 하지요. 뿌리보다는 줄기를 믿고, 줄기보다는 가지를 믿고, 가지보다는 가지에 매달린 잎을 믿고. 또 잎보다는 하염없이 떨어지는 꽃잎을 믿는 편이다, 라는 것. 이 연쇄법을 보면 뿌리로부터 점차 멀어지는 것을 믿는다고 해요. 이것이 하나의 믿음으로 나타내고 있습니다. 이 믿음은 어떠한 믿음이냐? 관계로부터 멀어질수록 좋다는 믿음이에요. 지나치게 이 관계성에 집착을 하는 것보다는, 이 관계성으로부터 멀어질수록 좋다는 믿음! 시인은 26년의 세월을 보내면서 젊었을 때 가졌던 생각을 중년의 이르러서 스스로 바꾸어 가고 있습니다.

뿌리로부터 멀어진다는 것의 표현은, 이 시의 본문에 나타난 또 다른 표현으로서 희박해진다는 것입니다. 희박해진다는 것이 바로 뿌리로부터 멀어진다는 것과 의미의 등가성을 지니고 있는데, 또 있습니다. 길을 잃어버린다는 거. 길을 잃어버릴수록, 뿌리로부터 멀어지지요. 뿌리가 있고, 뿌리로부터 멀어지고, 희박해지고, 길을 잃어버리고. 이 시에서 정도를 나타내는 표현이 두 가지가 있는데, 하나는 뿌리로부터 멀어지는 것이 얼마나 걸리느냐, 이며, 또 하나는 이 멀어지는 게 어딘가로 향하느냐, 하는 겁니다. 앞엣것이 시간 개념이라면, 뒤엣것은 공간 개념이에요. 이것이 구체화된 것이, 바로 허공이죠. 뿌리로부터 멀어지는 것은 다름 아니라 허공으로 향해 가고 있다는 것. 허공은 시나 노래에서 많이 이용되는 소재라고 할 수 있죠. 일반적으로 허공이라고 하면 조용필의 노래 「허공」도 있습니다만, 무슨 허무니, 무상이니 하는 뜻을 머금고 있어요. 근데, 여기에서의 허공은 좀 다른 차원의 허공으로 보아야 할 것 같아요. 시인의 창의성이 돋보이는 시어라고 할 수 있겠습니다. 적어도 허무니 무상이니 하는 개념은 아니라는 겁니다.

일반적인 서정시의 관습으로 볼 때, 이 시는 행수가 비교적 길지요. 한 중간에 좀 넘어가는 지점을 보면 뿌리 대신 뿔이라는 말은 어떤가. 이렇게 기발하게 서로 두 개념을 병치하고 있네요. 시인은 뿌리와 뿔을 나란히 놓고 있습니다. 우리말 소리의 유사성을 엮었네요. 아까 허공이 창의성이 돋보이는 시어라고 했는데요, 역시 뿔도 마찬가집니다. 창의적인 시어 선택으로 아주 돋보이는 것이라고 볼 수 있겠네요. 뿌리와 뿔. 발음은 비슷해도 서로 다른 뜻으로 사용되고 있어요. 뿌리와 뿔은 서로 반대되는 개념, 모순되는 개념이에요. 특히 뿔은 더 나아가서 무소의 뿔로 구체화되네요. 무소의 뿔 하면 공지영 소설 제목과 이를 바탕으로 한 영화 제목으로 유명하지 않습니까? 이 비유의 근원은 『숫타니파타』라고 하는 초유의 불경에서 온 말이 아닙니까? 그러니까 이 시에서는 다소 관습적인 은유로 사용되고 있습니다. 결단, 자유, 정진, 점수(漸修)……이런 개념이거든요. 한마디로 말해, 무소의 뿔은 실존적인 결단의 의미로 받아들여집니다. 십자가를 희생이라고 하는 관습적인 의미로 받아들이면, 시에서는 치명상이 될 수가 있겠는데, 무소의 뿔이란 관습적인 은유가 그런대로 괜찮아 보이는 건 웬일일까요? 생각의 여지가 남습니다. 여러분 나름대로 생각해 보세요.

이 시의 주제와 관련해서 시인이 말하고자 하는 바는 시의 본문에서도 확인을 할 수 있어서, 이 시에서 시인이 어떠한 주제의식을 가지고 있고, 어떠한 세계관을 보여주는가를, 우리는 잘 살펴볼 수가 있습니다. 그렇기 때문에, 저는 이 시가 사실은 쉬운 시다, 평이한 시라고 생각합니다. 읽으면 읽을수록 무언가의 말맛을 느낄 수 있고, 또 시인의 주된 생각, 고유한 생각이 평이하고도 친숙하게 다가오고 있어요. 이런 관점에서 볼 때, 모더니즘 시의 난해성과 다른 성격의 시라고 할 수 있겠죠. 그러면 이 시는 어떤 내용을 담고 있는 시냐? 시인이 궁극적으로 말하고자 하는 생각의 틀은, 뿌리로부터 멀어질수록 길이 조금씩 보이기 시작한다는 겁니다. 또 길을 잃어버릴수록 길이 조금씩 보인다는 겁니다. 물론 뿌리로부터 멀어질수록 길이 조금씩 보이고, 길을 잃어버릴수록 또 다른 길이 조금씩 보이기 시작한다는, 다소 모순적이요, 뭔가 어긋나는 말의 운용 속에 일종의 긴장감이 느껴집니다. 이 정도의 표현으로는 시의 난해성 운운하기가 좀 그래요.

자, 그렇다면 뿌리가 무엇이냐, 하는 겁니다. 한자로 말하면 근본이 되겠죠. 근본 말이에요. 저 사람 근본이 나쁘다. 이런 말들을 일쑤(곧잘) 하지 않습니까? 이 근본을 두고 어떤 개념으로 재무장화하면 바로 근본주의라고 말합니다. 근본주의 하면 무슨 이슬람 근본주의가 곧잘 연상되지 않아요? 뭐 과격하고 폭력적이고 하는 것 말예요. 불교에서도 근본불교가 있습니다. 석가모니의 근본적인 가르침을 근본불교라고 하지요. 우리 동아시아 불교인 선(禪)불교와는 조금 다르지요. 이처럼 근본주의가 다 나쁜 것은 아니지만, 근본주의가 조금 과격하게 반응할 때 문제가 생긴다는 것입니다. 우리가 지나치게 근본을 따지면 우리에게도 생각의 틀이 근본주의로 이렇게 익스트림화할 수밖에 없겠지요. 우리는 한때 출신 성분이니 출신 학교니, 출신 지역이니 하는 동아리 집단정신을 강조하면서 살기도 했지요. 무슨 동문회, 무슨 학우회, 무슨 전우회, 무슨 향우회 하는 대한민국 4대 결속력 집단이 있기도 했지요. 공동체 정신이니 집단의식이니 하는 게 다 나쁘다는 것은 아니죠. 왜? 좋은 것도 있어서요. 공동선을 추구한다는 점에서 공동체 정신은 좋기도 합니다. 우리나라에서는 공동체 정신이 많이 강조되어 있습니다.

우리나라에서 공동체의 정신은 농경이 시작된 삼한 시대부터인 것으로 파악됩니다. 우리의 원초적인 결사(結社) 즉 '모둠살이'는 '두레'와 '계(契)'의 형태로 나타납니다. 딱 맞아떨어지는 것은 아닙니다만, 두레가 공적이라면, 계는 사적인 성격을 지니고 있죠. 또 서로 혼재된 가운데서도, 전자는 노동을, 후자는 친목을 중시합니다. 촌락 공동체 구성원들이 상호부조의 삶을 지향하기 위해 결성된 두레와 계는 오랜 연원과 유구한 역사를 가지고 있습니다. (이웃나라인 중국과 일본 역시 농경 사회이기 때문에, 우리의 두레와 계 같은 촌락 조직이 있습니다. 중국의 '후이(會)'와 일본의 '무진(無盡)'과 '타노모시코'가 그것입니다.) 촌락 단위의 노동 공동체인 두레의 경우에, 구성원들이 특히 농번기 때 서로 품앗이하는 일이 많았습니다. 지금도 일부 계모임이라는 게 존속하고 있듯이, 계는 계원들 간에 친목을 도모하는 전통의 협동 조직이었다고 생각하면 되겠습니다.

연고주의는 우리의 벼농사 문화와 관계가 있습니다. 벼농사는 혼자 지을 수 없고 마을 사람들이 다 같이 함께 모여 짓게 되는 것이 효율적이지요. 그러다 보니까 자연스럽게 유교 정신이 우리의 삶 속으로 스며들 수밖에 없었죠. 공동체 정신을 강조하니까 충이나, 효, 이런 개념들이 강조될 수밖에 없습니다. 이것이 좀 극단화되면 부정적인 것으로 빠져듭니다. 연고주의에 얽매이게 되면, 두말할 나위가 없이 공정성을 해

치게 되지요. 우리나라가
다른 나라에 비해서, 즉
미국이나 유럽 같은 나라
에 비해서 연공서열이 아
주 강하지요. 나이나 경력
이 많은 사람을 우대한다
든지 하는 것은 바로 벼농
사에서 시작한 우리의 공
동체 정신을 가치의 윗부
분으로 두는 그러한 전통
때문에 생겨난 것이라고
생각해요. 이런 말들이 많
았어요, 내 젊을 때. 근본
을 속이는 사람이 가장 나
쁜 사람이다. 근본이 뭐냐
하면, 나이를 속인다든지
학력을 속인다든지 고향
을 속인다든지 하는 것.
그 당시에서는 근본에 방
점을 찍었습니다만, 물론
요즘 와서는 속인다는 것
에 방점이 찍혀야 하겠죠.

시편 「뿌리로부터」와 유사성을 보이는 이미지로서, 이 책의 저
자가 무료 이미지 사이트인 '픽사베이'에서 따왔다.

아무튼 근본이 나쁜 게 아니라 근본주의가 나쁘다. 뿌리에 문제가 있는
것이 아니라 뿌리에 집착하고 강조하는 게 문제적이다. 애국이 나쁜 것
이 아닙니다. 애국주의가 나쁘지요. 누가 또 기독교를 비판한다고 합시
다. 기독교가 비판의 대상이 될 수도 있겠죠. 그러나 기독은 비판의 대

상이 될 수가 없습니다. 기독이 바로 예수입니다, 예수는 여러분도 알다시피 예수를 믿거나 믿지 않거나 간에, 인류의 보편적 사랑을 실천한 사람이지요. 기독은 비판의 대상이 될 수 없는 성인입니다.

20세기 현대 철학에서 말이죠. 인간은 누구인가 하는 물음을 던지는 것이 바로 존재론적 입장이라고 해요. 존재론적 입장에서 볼 때, 인간은 어떤 존재냐? 크게 두 가지로 나눌 수가 있습니다. 하나는 피투성. 조금 어려운 말을 했어요. 한자말입니다. 피동의 뜻을 가진 피(被) 자. 즉 던짐을 당하다. 다른 하나는 기투성. 던지다, 하는 말입니다. 기투. 거꾸로 하면 투기(投企) 아닙니까. 무엇을 투기했다, 투자했다는 그런 얘기를 자주 하지 않습니까? 기투는 뭔가를 던지는 것을 말하는 것입니다. 그러니까 존재의 피투성(Geworfenheit)이라고 하는 개념은 인간은 던져진 존재다, 라는 의미를 전제로 한 개념이에요. 특히 이것은 실존주의 인간관으로도 유명합니다. 반면에, 기투성은 인간은 스스로 던지는 존재다. 스스로 허공을 향해서 던진 존재다. 뿌리에 집착하고 뿌리를 강조하는 것이 존재의 피투성이라면, 뿌리로부터 벗어나고 멀어지려고 노력하는 것은, 존재의 기투성입니다. 던져진 존재, 즉 존재의 피투성이란 개념은 태어나는 것 자체가 우연에 지나지 않는다는 것에 있습니다. 뭐, 반드시 내가 어느 가문에 태어나야 하는 어떤 운명을 가지고 태어난 게 아니라는 이야기죠. 그저 우연히 태어났을 뿐이지요. 운명과 실존은 상대 개념이에요.

이 대목에서, 또 철학에서는 결정론과 자유의지라고 하는 서로 다른 개념이 있음을 알 수 있습니다. 결정론이라고 하는 것은 모든 게 이미 결정되어 있다, 라고 하는 그런 사고이죠. 특히 이 결정론은, 근세 과학에 의해 더 공고해졌습니다. 17, 18세기를 지나면서, 인간의 운명이 또 세상의 이치가 이미 결정되어 있다는, 이를테면 결정론이 힘을 얻게 되는데요, 결정론에도 운명결정론이 있고 환경결정론이 있고……환경에도 무슨 기후 환경을 말하는 것인지, 혹은 사회 환경을 말하는 것인지, 여러 가지의 형태로 나눌 수가 있겠죠. 결정론은 근세 과학이 발달하면서 과학적인 데이터 속에서 생긴, 사상적인 뭐랄까, 축적의 소산이라고 말할 수 있겠습니다. 근대 문예사조에서 결정론을 강조하는 것이 바로 자연주의입니다. 자연주의라고 하는 것은 인간도 동물적인 조건에 처해 있는 존재에 지나지 않는다는 것을 생각의 기본적인 틀로 삼습니다. 유전과 사회 환경에 의해 인간이 지배를 받는다고 하는 것이야말로 바로 자연주의의 기본 조건인 거죠.

뿌리가 결정론이라고 한다면, 뿌리로부터 벗어나는 건 자유의지예요. 개인이 개인의 행동이나 의사를 스스로 결정하는 것을 두고, 우리는 자유의지라고 합니다. 주어진 조건이나 환경 혹은 운명이라고 해도 좋겠습니다만, 이것을 스스로 자기가 개척해서 삶을 영위해 나가는 것이 바로 자유의지입니다. 나희덕의 「뿌리로부터」는 존재론적으로 볼 때는 피투성이 아니라 기투성이요, 또 결정론이냐 자유의지냐 하는 철학의 관점에서 볼 때는 자유의지의 어떤 사상이 담겨 있는 그런 시라고 볼 수 있겠습니다. 허공의 손을 잡고 어디로 향해 나아가고 있죠? 이 시의 내용을 살펴보자면, 허공은 어떤 허공일까요? 뿌리로부터 벗어난 공간인 허공입니다. 허공에다 손을 붙잡으면서 항상 어디론지 나아가려고 하고 있다. 이것이 바로 뿌리로부터 멀어지는 것. 또 길을 잃는 것. 길을 잃어버릴수록 이렇게 새로운 길을 찾을 수 있다고 하는 것이에요. 여기에 이르러 뭔가 역설적 긴장의 의미가 함축되어 있네요.

제가 얼마 전에, 알라딘이라는 헌책방에서, 이런 책이 있어서 하나 샀습니다. 책의 제목이 '나의 대표시를 말한다'예요. 간행한 지는 몇 년 지났습니다. 63명의 시인들이 자신의 대표작 한 편을 선택해서, 셀프-해설한 책이랄까요. 일종의 시인들이 쓴 시 창작 노트라고 할 수 있겠죠. 여기에서 시인 나희덕은 「뿌리로부터」를 자신의 대표작이라고 말하면서 자신의 견해를 몇 페이지에 걸쳐서 밝혀놓고 있습니다. 그러니까 이 책에서, 시인은 이런 말을 하고 있습니다.

> 길을 잃어버린 자가 되어야 한다. 바람을 찢으며 온몸으로 흩어지는 존재가 되어야 한다. 잎처럼 흩어지는 존재가 되어야 한다.

여러분이 생각해도, 상당히 강한 울림으로 다가오지 않아요? 이 시를 이해하는 데 좋은 자료가 될 것입니다. 바로 허공에 나를 던지는 것을 의미하는 거죠. 이때 나는 허공에 던져진 존재입니다. 태어날 때부터 어떤 운명 속에 던져진 존재가 아니라 운명을 개척해야 할 허공 속에 던져진 존재다. 자율의지적인 인간관, 자유의지적인 존재론, 선택과 결단의 실존의식……이런 것을 보여주고 있네요. 요컨대 시인은 이 시에서 삶과 존재의 기투성, 자유의지 등을 말하고 있습니다.

미스트롯이란 인기가 있는 오디션 예능 프로그램을 잘 알지요? 준결승에서, 미국 처녀애 마리아가 세간의 화제가 몰고 왔었지요. 한국에 온 지 몇 년 되지 않은 20대 초반의 마리아가 주현미의 옛날 노래 '울면서 후회하네'를 불렀는데요. 가창력도 가창력이지만 발음이 너무 정확해요. 한국에서 겨우 2년 정도 살았다는데 말이에요. 저는 거 참, 기가 막히고 대단하다. 하는 생각을 가졌어요. 이 노래는 1980년대 중반경에 만들어진 노랜데요, 제가 1986년에 강남의 모 여자중학교 국어 선생으로 1년 간 근무한 적이 있었을 때, 숙제 안 해온 학생들한테 울면서 후회해도 소용이 없어요, 라고 하면 아이들이 웃곤 했었는데. 그때는 그러려니 하는 노래인줄 알았는데. 수십 년이 지나서 그 마리아가 다시 부르는 것을 들으니까, 또 다른 노래처럼 새로운 느낌이 다가오네요. 아, 노래에 대한 재인식이랄까, 재조명이 이루어지는 것이죠. 특히 전혀 인연이, 연고가 없는 미국 처녀애가 우리나라에 와서 부르니까, 더욱 더 그렇다는 느낌이 있어요. 미국에서 온 그 마리아는 아무런 인연, 연고가 없는 한국에 와서 미국이라는 자신의 뿌리를 극복해서 성공해 나아갈 것입니다. 여러분. 우리는 뿌리로부터 온 존재들입니다. 그러면서도 뿌리로부터 부단히 도망치는 존재요, 또 이런 발걸음들을 가진 존재이기도 해요.

시인은 어릴 때 어머니가 총무로 일하던 보육원에서 부모 없는 아이들과 함께 자랐다고 합니다. 이때 부모는 뿌리로 은유됩니다. 뿌리가 있는 아이로서 뿌리로부터 멀어진 아이들과 함께 자랐다는 경험과 기억이 「뿌리로부터」라는 시를 쓰게 되었는지 모릅니다. 『제14회 미당문학상 수상작품집』(2014)에서 시인 문태준과 대담할 때도 이 시에 관해 자신의 견해를 밝히기도 했지요. 이 책의 93쪽을 인용해 여러분에게 들려주겠습니다.

「뿌리에게」를 썼던 스무 살 무렵에는 세계에 대해 비교적 낙관적이었어요. 순정한 사랑의 힘으로 변화시키지 못할 것은 없다고 믿었지요. 일반적으로는 젊은 시절에 부정적인 정신이 강했던 사람도 나이가 들면서 조금씩 세상과 화해하고 긍정의 미학을 갖게 된다던데, 저는 거꾸로 된 것 같아요. 사는 것도 쓰는 것도 갈수록 불안정해지고 불편해져요. 그 위태로움의 이유가 「뿌리로부터」에 나와 있는 셈이지요. 대지적 세계로부터 어떻게 떨어져 나와 길을 잃고 살게 되었는지를…… 그 대칭적 지점을 드러내기 위해 제목을 그렇게 붙여 봤어요.. 그러나 세계에 대한 부정과 긍정이, 합일과 이탈이 서로 단절되어 있는 것은 아니지요. "우리는 뿌리로부터 온 존재들. / 그러나 뿌리로부터 부단히 도망치는 발걸음들"이라는 대목에서처럼, 뿌리에 대한 구심력과 원심력은 동시에 작용하면서 서로 길항하고 있지요. 그 길항의 보폭과 자장이 강할수록 시적인 것에 좀 더 근접해가는 게 아닐까 싶어요.

시인이 밝혀 놓은 상기 어록에서, 시편 「뿌리로부터」가 확실히 어떤 성격의 시적 장르의 관점을 지향하는지가 분명해지고 있네요. 장르를 보는 관점은 세계를 보는 관점이기도 하지요. 일원론적인 서정시의 본령이 동화적인 융합이라면, 이원론적인 서사 문학의 그것은 이화(異化)의 표상이라고나 할까? 무척 어려운 얘기지요? 시인의 등단작인 「뿌리에게」가 서정시의 장르적 특성을 잘 보여주었다면, 「뿌리로부터」에 이르러서는 시인이 동화와 이화, 융합과 표상, 화(和)와 불화, 구심력과 원심력 등의 경계선에 서 있게 되었다는 데 의의를 둘 수가 있을 것입니다. 시적 긴장감이 예전보다 확실히 강화되었음을 의미하겠지요. 이런 점에서 볼 때, '우리는 뿌리로부터 온 존재들. 그러나 뿌리로부터 부단히 도망치는 발걸음들'이 시의 전문 중에서 가장 울림이 큰 부분이라고 하겠지요.

마지막으로 이 시에 대해서 제가 또 한 마디 덧붙인다면, 모든 시가 다 짧으면 짧을수록 좋다는 것은 아닙니다만, 뭐 짧고 긴 것이 시를 평가하는 결정적인 준거가 될 수 없습니다만, 뭐 어떤 시는 길어야 좋은 시가 되는 것이 사실입니다만, 이 시라면 좀 짧았으면 어땠을까, 하는 생각도 좀 듭니다. 약간은 좀 산문적인 형태라고 하는 생각이 들어서죠.

여러분, 어떻습니까? 제 강의, 공감하는 바가 있나요? 오늘은 작가작품론 중에서도 작품론에 관한 공부를 했습니다. 작가론이 원인적 조건을 중시하지만, 작품론은 생산의 결과에 방점이 찍히지요. 작가와 작품이 문학원론의 입장에서 볼 때 이와 같이 서로 충돌하는 관계이지만, 한편으로는 떼려야 뗄 수 없는 관계가 되기도 하지요. 작가론이라고 해서 작품을 분석하지 않을 수 없으며, 작품론이라고 해서 작가의 삶, 사상, 세계관을 도외시할 수 없습니다. 그러면 다음에도 다른 좋은 문학 작품을 가지고 와서 여러분에게 선을 보이고, 또 함께 생각하는 기회와 시간을 가져보겠습니다.

오늘 강의는, 여기에서 마치겠습니다.

제3부

영화 속으로

희극배우 찰리 채플린의 생애와 영화

학생 여러분.

　세상에 웃음이 존재하지 않는다면, 어찌 될까요? 세상은 삭막하고 황
폐한 곳이 아닐까요? 이런 세상에는 비웃음이나 쓴웃음이 난무하겠지
요. 거의 반세기가 된 1970년에, 서울에서 세계작가대회가 성대하게 열
렸습니다. 그 당시에 후진국인 우리나라에서 세계의 유명한 문인들이
참여하는 대회가 열린 것은 뜻밖의 일이었습니다. 대회의 주제는 '동서
(東西) 문학의 해학'이었습니다. 저는 이때 간행한 두꺼운 회의록을 소장
하고 있습니다. 제가 보기엔 토니 메이어(T. Mayer)라는 프랑스 문인이
발표한 내용의 「해학과 기지의 차이」가 가장 준비를 잘한 발표문이었어
요. 한국적인 해학의 본질도 꿰뚫어보았어요. 말하자면, 가장 한국적인
해학이란 이런 거래요. 장례식에 가서 통곡을 한 후에, 누가 죽었냐고
묻는다. 물론 정확한 번역은 아니에요. 장례식이 아니라 초상집이어야
하고, 통곡이 아니라 그냥 곡(哭)이어야 하죠. 통곡이 자연발생적인 감
정의 발로라면, 곡은 애고, 애고 하는 의례적인 읊의 형식이에요. 초상
집에서의 곡은 지금은 볼 수 없어요. TV사극에서나 볼 수 있는 광경이

죠. 초상집에서 곡한 후에 누가 죽었냐고 하면, 이건 자다가 봉창 두드리는 소리가 아니에요? 이 비슷한 얘기를 제가 언젠가 들은 적이 있었어요. 서울의 명문대학교 국문과 얘긴데요, 1960년대 중반이었어요. 그당시에 남녀 공학 대학에 여학생들이 거의 없을 때였죠. 국문과에 여학생이 한두 명 있을 때였대요. 캠퍼스 커플이 탄생한 거예요. 굉장히 축하할 일이었죠. 한 노교수가 주례를 섰지요. 이 교수는 평소에 술을 아주 좋아하는 분이래요. 신혼부부가 여행을 한 후에 주례 교수님께 감사의 인사를 드리기 위해 댁에 방문했대나? 초저녁에 이미 술에 대취해 있었대요. 인사하러온 두 사람을 보더니 이런 말을 하더래요. 너희는 결혼을 언제 할 거냐? 근데 여러분은 이 얘기 듣고도, 왜 안 웃어요?

(……)

좀 썰렁하네. 이런 걸 두고 '아재개그'라고 하나? 웃길 때, 웃어주지 않는다면? 웃기는 사람이 좀 난처하겠지요. (웃음소리) 제 경험 하나 얘기할게요. 1980년대에 서울에서 대학원에 재학할 때 용돈이 좀 필요해서 한 여자중학교에서 국어강사 노릇을 1년 동안 했어요. 여중생들이 한참 웃기를 좋아하는 나이라서, 제 얘기 하나하나에 웃는 일이 많았지요. 또 그때 저도 우스갯소릴 잘 했구요. 생활이 힘들었으니까, 제 스스로 웃음거리를 찾았는지 모르지요. 하루는 모든 학생에게 꾸짖은 일이 있었어요. 그 후론 아이들이 웃질 않아. 그런가 보다 했는데, 한번은 두어 명 아이가 웃으니, 나머지 아이들이 눈총을 주잖아. 우리 웃지 않기로 했잖아? 나직한 소리가 들려와요. 웃길 때 웃어주지 않은 게, 분위기를 썰렁하게 만드는 게 무슨 보복하는 거라고요. 강남의 유명한 치과의사의 딸이라는 고약한 반장 애가 선동한 일이었대요.

오늘은 웃음에 대한 공부입니다. 더 정확하게 말하면, 웃음의 대명사인 한 사람을 강의의 소재로 삼을 겁니다. 저는 올해에도 2학기 영상문학 특강을 기획했습니다. 오늘부터 세 차례에 걸쳐서 할 특강 제목은 '희극배우 찰리 채플린(1889~1977)의 생애와 영화'예요. 이번 학기 강의 중에서도 핵심 부분이 되겠습니다. 해마다 영상문학의 강의를 해오면서 늘 해오던 가르칠 거리 외에, 저는 해마다 그해의 새로운 강의 내용 한두 가지 정도를 추가하곤 합니다. 추가하는 게 바로 핵심이에요. 늘 해오던 특강은 재탕, 재방송이 없습니다. 해마다 그랬듯이, 당해에 각별히 준비한 강의는 당해의 학생들을 위해 준비한 소재이기에, 일회용이라고 할 수 있겠습니다. 보통은 특강의 소재가 개별적이요 시사적인 것과 관련되는 것인데, 이번 채플린의 경우는 보편적이며 또한 역사적입니다. 오늘은 코미디 영화의 보편성 영역 및 역사의 모범적 텍스트로, 여러분을 초대합니다.

저는 찰리 채플린에 대해서 '불멸의 영화인'이라는 인식을 가지고 있습니다. 최신 영화보다 고전영화를 좋아하는 제가 찰리 채플린의 삶과 그의 작품에 관심이 많았던 데는, 찰리 채플린이 고전영화계에서 없어서는 안 될 존재이기 때문입니다. 인생은 가까이서 보면 비극이지만, 멀리서 보면 희극이다(Life is a tragedy when seen in close-up, but a comedy in long-shot). 그가 남긴 많은 어록 중에서도 가장 잘 알려진 어록입니다. 이 한 문장에 얼마나 묵중한 무게감이 실려 있으며, 그 자신의 존재감을 나타내주는 어록이겠습니까? 그가 남긴 최고의 대표작인 「모던 타임스」를 통해 그가 왜 불멸의 희극배우이자 코미디 영화의 위대한 감독인지를 증명해주고 있습니다. 그는 제도적인 교육도 제대로 받지 못하고 성장했지만, 연기와 연출은 물론 작곡까지 하는 등 다방면의 끼가 충만한 천재적인 기질의 인간상이었습니다. 천재가 천재를 알아본다고, 오죽하면

문단에서 창작과 비평을 가리지 않고 다양하게 활동한 공로로 인해 노벨문학상을 받은 조지 버나드 쇼가 채플린을 가리켜, 영화 산업에서 나온 유일한 천재이다, 라고 극찬했겠어요? 한마디로 말해, 그의 영화적 생애와 관련해 비유하자면, 163센티의 작달막한 키와는 사뭇 이질적인 그 위업의 이미지를 두고, 그가 한때 코미디 영화계의 오직 한 사람인 '작은 거인'이었다고 표현할 수 있겠지요.

  그는 1889년 4월 16일에 이스트 런던의 월 워스라고 하는 빈민가에서 태어났습니다. 그는 주로 템스 강의 남쪽에서 성장했지요. 아버지인 찰스 채플린과 어머니인 해너 채플린 모두 직업 배우로서 당시의 런던에 있던 전문 극장에서 연기를 했지요. 그때의 런던은 전문 극장이 성행하던 시기였는데요, 총 수십 군데의 전문 극장이 있었고, 그밖에도 2백여 개의 소극장이 있었다고 해요. 대단하지요. 그 당시의 영국에서는 연극이 거의 유일한 문화 향유 수단이었대요. 찰리 채플린의 아버지는 뮤직홀에서 오늘날의 밤무대 가수처럼 직업가수로 일하기도 했고, 그의 어머니는 하녀 역의 전담 배우였어요. 아버지의 직장이 뮤직홀이었던 만큼 손님들의 술을 거절할 수 없어서 결국 알코올중독에 걸렸고, 때 이른 나이에 세상을 떠나게 됩니다. 그는 1062면의 큰 책인 『나의 자서전』 한국어판(김영사, 2007)에서 '술을 많이 마셨다는 것 외에 달리 아버지에 대해 아는 것이 없다.'(26면)고 말했어요. 그의 어머니는 힘들게 살림살이를 하면서 그의 형제를 키웠고, 그 사이에 그는 두 번이나 보육원에서 생활했어요. 그의 형 시드니는 여객선의 선상 가수로 데뷔했어요. 아무래도 채플린 집안에는 연예인 끼의 유전자가 흘렀던 모양이에요. 그가 죽은 후에 태어난, 그가 태어난 해보다 95년이 지나 태어난 외손녀는 지금 스페인 여배우로 활동하고 있어요. 우나 채플린. 채플린과 달리 큰 키에 미인이에요.

그는 1898년 10세 무렵에 아동극단인 맨체스터 극단에 입단하여 2년 간 순회공연을 하면서 자랍니다. 그는 극단에서 온갖 잡일을 도맡았지요. 부모님을 비롯한 주위 환경에서 연기를 일상적으로 접하면서 자라온 채플린은 즉흥연기의 달인이라고 할 수 있어요. 하지만 희극배우가 천한 신분이었고, 더욱이 소년 코미디언이 어릿광대에 지나지 않았기에, 10대 소년시절의 그는 매우 가난했고, 불우했어요. 극중 역할이 그랬듯이, 현실에서도 하류인생의 잡역꾼처럼 살았어요. 온갖 궂은일들을 다 했어요. 이발사 조수, 잡화상, 병원심부름꾼, 호텔보이, 제지공장·유리공장·인쇄소의 직공, 정기여객선의 나팔연주자 등…… 이런 경험들이 향후 그의 연기력의 바탕이나 자산이 되었겠지요. 그가 마침내 입신할 기회를 가집니다. 채플린은 좋은 스승을 만납니다. 열아홉 살에 그는 영국 최고의 극단인 프레드 카노의 극단에 들어갑니다. 극단 이름이 '펀 팩토리(fun-factory)', 즉 웃음공장이라던가? 그는 여기에서 희극배우로서의 기초를 갈고닦습니다. 촌극 흥행주인 카노는 거칠고 무례한 성격에다 갑질의 끝판왕이었지만 익살스러운 장면을 발상해내고 촌극의 흐름을 이어가는 데 천재적인 재능이 있었지요. 19세에 만난 스승인 카노에게 큰 영향을 받게 되면서, 자신만의 희극관을 갖게 이릅니다. 그는 희극을 희극으로 만족하지 않고 비극적인 분위기나 감성적인 터치에 의해 품격을 높이는 방법을 고안해냅니다.

채플린은 1913년 24세의 나이에 미국의 키스톤 영화사와 계약하게 됩니다. 이듬해인 1914년부터 영화에 출연하게 되지요. 채플린은 자신이 출연한 영화 초기부터 감독을 맡기 시작했어요. 주로 슬랩스틱(slapstik)이라는, 이를테면 엎어지고 자빠지는 코미디를 선보였지요. 슬랩스틱은 말을 하지 않고 마임으로만 승부하는, 과장된 제스처의 코미디예요. 당시의 비평가들은 저속한 코미디라고 비판하였으나 대중들이 크게 열광하였지요. 특히 당시 세계 각지에서 온 영국과 미국의 노동자들, 저학력이거나 영어를 유창하게 말하지 못하는 이민자들이 열광했대요. 내용은 주로 사회적인 풍자로 이루어집니다. 사회적인 부정부패를 풍자적으로 그려 관객들의 사회 불만의 공감대를 형성해 줍니다. 다수의 힘없는 대중들은 잠시나마 위안을 얻고 기운을 내기도 하지요. 축구의 긴 패스나 단독 드리블이 이들에게 신분 상승의 대리만족이었듯이, 힘없는 자가 힘 있는 자에게, 못가진 자가 가진 자에게 골탕을 먹이는 것은 하나의 카타르시스였지요.

채플린의 초기작은 1914년부터 한 10년간에 걸쳐 이어집니다. 1914년, 그가 출연한 첫 번째 영화 「생활비 벌기(making a living)」는 흥행에 실패합니다. 그 다음의 영화인 「마벨의 이상한 재난(Mabel's Strange Predicament)」에서, 채플린의 캐릭터가 완성됩니다. 둥근 중산모, 꽉 낀 윗도리, 헐렁한 바지, 작은 콧수염에다 짧은 지팡이를 쥐고 버벅대거나 좌충우돌하는 모습 말입니다. 채플린의 모자를 두고 중절모라고 하는데, 꼭대기가 푹 파여 있어야 중절모 아닌가요? 그의 모자는 정수리가 둥근 형태인 중산모라고 해야 할 것 같아요. 특히 영화의 시대잖아요? 무대에서야 셰익스피어 희극처럼 유창하거나 유식한 영어가 필요했겠지요. 더욱이 무성영화의 시대잖아요? 버벅대거나 좌충우돌하는 그의 모습에서 저학력층과 이민자들이 좋아할 수밖에 없었지요. 물론 이 두 영화는 백년이 넘었네요. 아쉽게도, 필름이 남아있지 않습니다. 1914년부터 약 10년간에 걸친 채플린의 코미디 영화가 그의 초기작이라고 하겠어요. 이것들 이후에 발표된 남아있는 필름 중에서 이미 편집된 것을 보여주겠어요. 저도 무슨 제목의 영화인지 모르겠어요. 여기저기에서 따온 거라서. 대체로, 1920년대 초에 제작된 오버액션의 단편 영화입니다. 이 정도의 정보를 가지고 잠시 감상해보세요. 강의실 블라인드가 내려가면 불이 꺼집니다.

(영상 자료 감상)

　채플린 이름 자체가 초기에 이미 일종의 팬덤 현상이 되었어요. 사람들 사이에서 채플린의 인기는 갈수록 높아졌고, 그는 어딜 가더라도 마음 편히 쉴 수가 없었지요. 비평가들의 비평에 따르면 수준 낮은 코미디일 뿐인데 우당탕하고 넘어질 뿐인데 이 작고도 보잘것없는 희극배우에게 사람들이 푹 빠진 것입니다. 그의 인기가 치솟을수록 그의 인간적인 고독은 깊어져갔을 뿐입니다. 채플린의 지인인지 팬인지 하는 사람의 이런 증언이 있어요. 겨울 어느 날에 길거리에서 채플린이 낯선 개와 우연히 만난 적이 있다고 해요. 채플린이 그 개에게 손을 내밀자 개가 앞발을 내밀었지요. 채플린이 이 개를 데리고 유명한 단골식당에 들어가 요리사에게 내 친구(개)에게 먹을 것을 넉넉히 주시오, 라고 말했다고 해요. 한 사람의 인간이 얼마나 고독했으면 만난 지 얼마 되지 않은, 잠깐 서로의 교감을 나누었을 뿐인 동물을 가리켜 친구라고 했을까요? 채플린은 자서전에서, "고독은 거북살스럽다, 고독은 슬픔의 전조와 마찬가지다, 그래서 가까이 두기에는 좋은 감정이 아니다."라고 서술한 적이 있었어요. 사람들이 고독하면 할수록 웃음거리를 찾지 않겠어요? 소설「인간의 굴레」를 쓴 것으로 유명한 서머싯 몸은, 찰리 채플린의 웃음이 단순하고 경쾌하지만 그 웃음 속에서 인간의 페이소스를 감지할 수 있다고 했어요. 그의 웃음 속에는 삶의 애환이랄까, 우수와 같은 게 짙게 베여있는 걸 느낄 수 있습니다. 우리나라 여성소설가 김별아도 채플린에 관한 책을 쓰기도 했는데, 그녀 역시 채플린이 마냥 대중을 웃기고만 싶지 않아서 웃음 속에서 눈물을 그려 나갔다고 했어요.(『스크린의 독재자 찰리 채플린』, 2003, 이룸, 98쪽, 참고.) 인생을 가까이서 보면 비극이지만, 멀리서 보면 희극이다, 라는 어록의 진정성이 후세의 평가에서도 확인이 되네요. 그의 희극은 한마디로 말해 인생극이에요. 그가 만든 극중의 세상은, 인생극장이고요.

찰리 채플린의 희극이 고독의 감정이나 삶의 애환을 웃음으로 담아내고 있다는 것은, 그의 희극 속에 웃음 속에 가려져 있는 눈물의 의미가 담겨있다는 것은 자신의 불우한 어린 시절에서 비롯된 것이라고 하겠습니다. 연극에서의 하녀 역 전담배우였던 어머니는 아버지가 미국 순회공연을 간 사이에 다른 배우와 불륜을 저질러 아버지로부터 이혼을 당하고, 어머니는 배우로서 성공하지 못하고 극단을 옮겨 다니기에 급급했고, 너무 많은 극단의 일로 늘 목이 쉬어있었죠. 어느 날 어머니는 목이 쉰 상태로 노래를 불러 공연을 망치게 되었고, 어린 채플린은 이 모습을 우스꽝스럽게 따라해 주점의 군인들에게 팁을 받았다고 해요. (그가 어른이 되어 성공한 이후에 이 일은 돌이킬 수 없는 감정적인 상처가 됩니다. 회한의 깊은 늪에 빠집니다.) 결국 어머니는 연극 일을 포기하고 재봉사로 일하면서 가족의 생계를 책임지게 되요. 어린 시절의 배고픔과 간고한 삶을 채플린은 평생 잊지 못했어요. 설상가상으로 어머니가 정신분열증에 걸려서 정신병원에 입원하게 되었지요. 찰리는 형 시드니와 함께 빈민 구호소에 맡겨지기도 했었지요. 그가 지낸 빈민 구호소가 바로 찰스 디킨스의 소설 「올리버 트위스트」에서 묘사된 빈민 구호소인데, 그는 소설가 찰스 디킨스를 좋아했기에 항상 품에 이 소설을 품고 다녔다고 해요. 그는 미국에서 성공을 한 후에 몸이 안 좋은 어머니를 극진히 모셨지만, 결국 1928년에 이르러 저 세상으로 보냅니다.

채플린은 영화 회사의 스튜디오가 아닌 자신만의 스튜디오를 따로 만들어서 자신이 원하는 영화를 제작하려고 했어요. 자기만의 스튜디오를 운영하면서 영화를 만들려는 그의 바람은 마침내 그의 나이 31세가 되던 해인 1920년에 이루어지게 됩니다. 1921년에, 그가 감독을 맡아 연출한 첫 장편영화 「키드」가 개봉하게 됩니다. 자신의 자전적인 경험이 반영된 영화지요. 불우한 처지에 놓인 그의 어린 시절 말입니다. 물론 결과는 성공적이었습니다. 다만 예술성에 대해선 의문 부호가 붙습니다. 반면에 1923년에 제작한 「파리의 연인」은 예술적으로는 상당한 성과를 이룬 작품이었지만 흥행 면에서는 참담한 결과를 거두었죠. 채플린에게서 웃음을 기대했던 관객들이 일종의 예술 작품 같은 영화에 실망한 것이에요. 게다가 이 영화에서 흥행의 보증수표와 같았던 채플린이 짐꾼으로 잠깐 등장할 뿐이었던 걸요. 채플린은 이때부터 비극적인 희극을 지향합니다. 채플린 영화가 오락성과 예술성, 비극성과 희극성이 어우러진 것은 「황금광 시대」(1925)에서 시작되었다고 봐야 하겠습니다.

그러면 지금부터는 채플린의 전성기들의 작품들에 관해 하나하나 알아봅시다. 영화의 제목인 '황금광 시대'를 알아봅시다. 본디 제목은 '더 골드러시(The gold rush)'예요. 금광이 있을 가능성으로 향해 사람들이 몰려드는 것을 가리켜 골드러시라고 해요. 황금광의 광 자가 금광을 가리키는 광(鑛)맥일 수도, 황금에 미쳐 날뛴다는 뜻의 광(狂)기일 수도 있습니다. 이 영화는 이 광맥을 찾는 사람들을 다룬 영화로서 '한탕주의'의 사회문제를 비판한 영화입니다. 이 영화가 개봉된 4년 후에 같은 이유인 '한탕주의'로 인한 뉴욕 월스트리트의 갑작스러운 주가 폭락으로 인해서 뉴욕발 경제 대공황이 시작됩니다. 세계 경제에 엄청난 영향력을 행사한 큰 사건이었지요. 우연의 일치인지는 모르겠지만 후세 사람들은 뉴욕 대공황의 전조 현상을 채플린이 예측한 것이 아닐까라고 생각하기도 했어요. 그 시대는 식민지 조선 역시 1930년대에 소설가 김유정의 소설 제목처럼 '금 따는 콩밭'의 시대였어요. 그 당시의 사람들은 금맥을 찾기 위해서 많은 논밭을 파헤치기도 했어요. 실제로 금맥을 찾아서 부자가 된 사람도 있었지만, 그 확률은 극히 낮았으므로, 결론적으로 논밭과 환경의 파괴만을 불러왔지요. 채플린의 영화 「황금광 시대」는 1846년 미국에서 엄청난 행렬이 금을 찾으러 산맥을 넘다가 조난을 당하는 사고가 발생했던 실화에서 모티프를 얻었습니다. 160명의 행렬에서 겨우 18명만이 살아남았다고 전해진 그 사건의 영화적인 재현. 이때 조난자들 중 일부는 실제로 죽은 동료의 시체를 먹고, 자신의 구두를 먹으며 살아남았다고 해요. 영화에서도 구두를 삶아서 먹는 장면이 나옵니다. 영화 속에서 채플린은 구두끈을 스파게티 면처럼 먹고, 구두의 징은 마치 뼈처럼 발라먹으며 관객의 웃음을 자아냅니다. 이 구두는 감초로 만들어졌는데, 감초 구두를 먹은 찰리 채플린은 복통을 일으키며 심한 고생을 했다고 해요. 이런 유명한 장면들을 짧게 봅시다.

(영상 자료 감상)

실화에서는 사건의 발생지가 캘리포니아인데, 영화에서는 알래스카로 슬쩍 바꾸어집니다. 사람이 얼마나 배가 고팠으면, 구두를 삶아먹었겠어요? 문제는 환각 상태에 빠진 거예요. 구두끈을 스파게티 면처럼 먹고, 구두의 징은 마치 뼈처럼 발라먹는 것. 사람을 암탉으로 본 것도 극심한 배고픔에 대한 일종의 착란이지요. 사람들은 미치지 않으려고 웃습니다. 또 미쳐서 웃기도 합니다. 이 영화에는 채플린이 자본주의 체제와 욕망을 냉소적으로 비판하는 은밀한 전략이 감추어져 있어요. 그가 훗날에 영화계의 공산주의자로 몰려 미국에서 추방된 것도, 즉 매카시즘의 희생양이 된 것도 반(反)자본주의적인 사상적 성향에 있었던 거

미국영화연구소는 2007년 미국 100대 영화를 선정했다. 여기에 채플린 영화 세 편이 포함되었다. 특히 영화 「시티라이트」는 11위에 랭크되었다.

지요. 도시의 부랑자가 백만장자에게 취중에 거액을 내놓을 수 있게 한 대목이 자본주의의 정신적 병리 현상을 은근히 풍자한 것으로 짐작하게 한 「시티 라이트」(1931)도 채플린의 반자본주의 관념을 슬며시 엿볼 수 있습니다. 사회적 소득 재분배의 개념은 말하자면 사회가 선순환의 구조 속에서 잘 돌아가야 한다는 의미가 내포된 것이 아니겠어요? 영화 제목인 '시티 라이트(City Lights)'는 글자 그대로 '도시의 빛'이에요. 개안 (開眼)의 선행(善行)을 담고 있는 말이지요.

이 영화의 주인공은 채플린 자신이에요. 그는 이 영화에서 도시의 낭인(浪人)으로 등장합니다. 낭인이란 일정한 직업도 없이 이 거리, 저 거리를 돌아다는 사람을 말해요. 부랑자라고 해도, 떠돌이라고 해도 좋습니다. 이 낭인은 시대의 산물로 보아도 됩니다. 이 영화를 찍는 데 무려 21개월이 걸렸지요. 이 제작 기간 중에 세계사적인 대사건인 대공황이 일어났지요. 물론 직장을 잃은 낭인들이 뉴욕의 거리에 넘쳐났겠지요. 어쨌든 영화의 내러티브는 이 낭인이 꽃집 가게의 소녀와 친숙해집니다. 소녀는 눈이 먼 맹인 소녀. 수술을 받으면 눈을 뜰 수가 있대요. 그는 이 눈먼 소녀의 눈을 뜰 수 있도록 청소부도 하고, 권투선수도 해요. 영화 속의 권투 경기 장면은 무성영화 시대의 막바지에 보여준 '슬랩스틱' 코미디의 정수라고 평가됩니다. 하루는 낭인이 길에서 한 신사를 만납니다. 알코올중독증에다 우울증의 백만장자였어요. 증세는 둘 다 극심한 수준. 그가 자살을 시도할 때마다 낭인은 그의 자살을 막습니다. 이 백만장자는 취중에 낭인에게 소녀의 눈 수술비를 건네줍니다. 이때 오해가 생겨 낭인은 강도로 몰립니다. 백만장자에게 받은 수술비를 눈먼 꽃집 소녀에게 건네준 뒤 경찰에게 체포됩니다. 백만장자는 술에서 깨어나니 낭인이 자신의 은인인 줄도, 그에게 수술비를 선뜻 내놓은 사실도 알 리가 없지요. 시간이 지나고, 교도소에서 출소한 낭인은 흉측한 몰골을 하고 거리에서 다시 방황하게 되지요. 이때 꽃가게 소녀는 눈을 떠서 정상적인 사회 활동을 하게 됩니다. 낭인은 마침내 눈을 뜨고 자신의 꽃가게를 차린 소녀를 보는 것만으로 만족합니다. 자신을 응시하는 채플린이 누구인지 알아보지 못하고 거지꼴을 한 낭인을 불쌍히 여겨 동전 하나를 건넵니다. 하지만 소녀는 낭인의 손길을 감지함으로써 낭인이 자신의 눈을 뜨게 해준 은인임을 알아봅니다. 지금부터 여러분은 권투시합을 하는 채플린의 연기 장면과, 낭인과 소녀가 재회하는 마지막 장면을 감상하겠습니다. 무성영화니까, 말소리가 없지요. 무언의 대사를 대신한 자막을 주목하세요.

(영상 자료 감상)

마지막 장면 대사

소녀 : you?

낭인 : you can see now?

소녀 : yes, I can see now.

　영화 「시티 라이트」의 마지막 장면을 보고 감동의 눈물을 흘린 사람이 있었습니다. 과학자로 유명한 아인슈타인입니다. (저를 도와준) 당신? (낭인이 고개를 끄덕이면서) 이제는 앞이 보여요? (소녀도 고개를 끄덕이며) 네 이제는 보여요. 이 무언의 대사를 보면서 감동을 받지 않을 사람이 있겠어요? 가장 냉철하고 가장 이성적인 과학자도요. 채플린과 아인슈타인은 한 자리에서 이 영화를 함께 보았대요. 채플린이 초대를 했겠죠. 아마 시사회 때였을 겁니다. 두 사람은 영화를 보고나서 이런저런 대화를 나누었겠지요. 알려진 바로는, 아인슈타인이 채플린에게 당신의 연기가 세상 사람들에게 즐거움을 주어서 고맙다고 했어요. 채플린은 이에 대해 세상 사람들에게 존경을 받고 있는 당신이 부럽다는 정도의 가벼운 응대를 했답니다. 서로가 서로에게 덕담하는 수준이었을 것입니다. 서로 잘 모르는 가운데 유머나 농담을 일삼으면 예의가 아니겠지요? 서로 잘 아는 사이라고 해도, 유머나 농담에 공감대가 형성되지 않으면, 오해가 있기 십상입니다. 어쨌든 채플린은 자신의 영화 「시티 라이트」의 제작에 심혈을 기울였고, 영화의 음악까지도 스스로 작곡할 만큼 완벽을 기했지요.

　그의 대표작 중에서도 대표작이라고 할 수 있는 「모던 타임스」(1936)를 언급하지 않을 수 없겠지요. 이 영화는 기계와 물질이 지배하는 가상의 동시대가 배경이 되는 작품이에요. 공업도시 디트로이트는 그 당시에 자동화된 공장이 많았는데, 여기의 공장 임금이 높았기 때문에 시골의 농부들이 일자리를 찾아 많이 왔다고 합니다. 그런데 무척 반복적이고 고된 일을 해야 했대요. 채플린은 네다섯 해 이상 일한 근로자 중에서 4할은 신경쇠약에 걸린다는 얘기를 누군가에게 전해 듣습니다. 이 영화의 모티프는 여기에 있어요. 인간의 황폐화는 극중에서 '모던 타임스'의 공장에 취직한 배우 채플린의 모습을 통해 나타납니다. 극중의 그는 공장의 벨트컨베이어(연속운반장치) 시스템에서 너트를 조이는 반복 작업을 하게 됩니다. 그러다가 그는 일이 끝나도 계속해서 너트를 조이는 이상한 증세를 보입니다. 일종의 강박이지요. 또한 영화는 첫 장면에서 공장으로 들어가는 많은 노동자들과 양떼를 겹치게 편집해 보여줍니다. 사람과 양떼의 유추관계는 상징적인 영상언어라고 할 수 있겠습니다. 자본주의 사회에서의 인간을 희생양으로 삼는다는 하나의 관념인 것이지요. 채플린의 이런 관념은 대공황 시대로 인해 수많은 부랑자가 생기고, 인간의 노동을 기계가 대신하면서, 고용불안이 확산되던 사회 현상을 슬며시 비추어준 것이기도 합니다.

이 영화의 등장인물은 '노동자-집 없는 처녀-카바레 주인'로 단순하게 구성되어 있습니다. 이전의 영화 「시티 라이트」에서 보여준 '낭인-눈먼 소녀-백만장자'와 유사한 패턴을 보여줍니다. 업루츠(uproots) 즉 뿌리 뽑힌 남녀와 자본가로 이루어진 인물의 3각 구성이랄까요? 극중의 노동자는 반복되는 작업과, 자동 식사장치와 톱니바퀴에 빨려 들어가는 사고를 겪고 나서 정신적으로 강박적인 사람이 됩니다. 결국 그는 해고당해요. 그가 부랑자로 떠돌면서 같은 처지의 젊은 여자를 만나게 되었지요. 둘은 함께 길거리 생활을 합니다. 그 이후 여자는 카바레 클럽의 댄서로 취직을 하게 되었어요. 그녀는 아름다웠고 춤을 잘 추었기에, 금세 클럽의 인기 댄서가 되고, 전직 노동자는 같은 카바레에 웨이

터로 취직합니다. 영화의 압권은 극중 배우인 채플린이 엉터리 외국어로 노래하는 장면. 카바레 손님들의 환호를 받습니다. 이 영화가 무성영화임에도 불구하고 이 부분만은 유성으로 입힙니다. 극히 제한적인 유성영화라고 할 수 있죠. 이 두 사람은 행복한 삶을 누릴 것으로 예상하였지만, 우여곡절을 겪으면서 경찰관에게 쫓기는 신세가 됩니다. 두 사람이 새벽의 희망과 함께 탈출의 길을 걸으면서, 영화의 막은 내립니다. 그러면 제가 편집해온 것을 여러분에게 보여주려고 해요. 지금부터 여러분은, 한 인간이 기계의 부속품처럼 빨려 들어가는 희한한 작동원리를, 엉터리없는 난센스 노랫말로 극중의 관객과, 극장 안의 관객을 동시에 우롱하는 것 같은 명장면을, 「시티 라이트」의 경우처럼 등장인물 두 사람의 삶이 행복하게 될 것이라고 예감케 하는 마지막 장면을, 제가 미리 편집한 대로 두루 감상할 수 있을 것입니다.

(영상 자료 감상)

이 영화는 웃음의 사회적 의미, 대공황의 위기에 맞선 시대정신, 물신주의로부터 소외된 근대적 인간상 등이 반영된 것이기도 하지만, 채플린 자신의 연출의 역량을 최대치로 발휘한 예능적인 완성도를 지닌 것이기도 했습니다. 제가 오랫동안 보존하고 있는 책이 하나 있는데 그의 아들 찰리 채플린 2세가 쓴 『나의 아버지 채플린』(중앙일보사, 1978)에서 이런 말이 있어요. 이 책의 84쪽에 있는 내용이네요. 영화 「모던 타임스」의 특징은 놀랄 만큼 정교하게 짜인 세트에 있다고요. 그는 또 영화 속의 거대한 톱니바퀴야말로 악마의 나라에나 있음직한 공장 같은 인상을 준다고도 했어요. 채플린은 배우로서의 연기력 못지않게 영상 스타일리스트로서 미장센의 명장(名匠)이기도 했다는 것입니다. 그가 끝까지 무성영화를 고집한 것도 이런 맥락과 무관치 않을 것입니다. 이 영화가 개봉될 때, 최초의 유성영화인 「재즈 싱어」가 관객들에게 선보여진 지 9년이 되던 해였습니다. 채플린은 이때까지 무성영화를 고집했던 것. 요컨대 채플린의 「모던 타임스」는 무성영화의 이상향을 마지막으로 제시한 것이에요. 앞에서 그가 아인슈타인과 「시티 라이트」를 함께 보면서 서로 덕담을 나누었다고, 제가 말하지 않았습니까? 「모던 타임스」와 관련해서는 그는 또 한 사람의 세계적인 명사를 만났어요.

이번에는 몽타주 영화 이론으로 유명한, 위대한 시네아스트의 한 사람인 소련의 에이젠슈타인이었죠. 영화사(映畵史)에서 유례없는 최고 거장으로서 쌍벽이기도 한 두 사람의 만남 자체가 한편의 영화처럼 극적인 장면이라고 할 수 있습니다. 두 사람이 미국에서 만난 시점이 「모던 타임스」 직후였던 것 같네요. 연령이나 경력에서 볼 때, 에이젠슈타인이 채플린에 비해 후배라고 할 수 있어요. "채플린은 시대적 관심사에 응답했다. 「어깨 총」에서 전쟁의 어리석음에 응답했다면, 「모던 타임스」에선 초현대주의로 치닫는 세상에 응답했다." 「어깨 총」은 1918년의 영화로서 2차 대전 직후에 만들어졌지요. 지금은 필름이 남아있을 것 같지 않은데, 아마 짐작컨대 반전(反戰) 내용의 코미디일 것 같네요. 번역된 '초현대주의'는 지금 얘기되는 포스트모더니즘이 아닐까, 생각되네요. 후기 근대의 사회상이나 그 시대상이랄까? 영화 「모던 타임스」를 후기 근대의 삶 의식과 관련해서, 채플린을 포스트모던한 인간상으로 본데 대하여 에이젠슈타인의 번뜩이는 혜안이 놀랍습니다. 물론 채플린에게 시대의 관심사를 넘어 시대를 앞서가는 감수성도 있었던 거지요. 채플린도 에이젠슈타인에 관해 한마디 말하기도 했어요. 마지막 대작인 「이반 대제」를 두고, 그가 역사를 시적으로 다루는 데 탁월한 재능을 발휘했다고요. 채플린은 영화예술이 역사책보다 역사를 더 진실하게 바라본다고 생각한 거예요.

영화 「모던타임스」는 인간과 산업권력의 관계, 인간과 인정주의의 도타움을 그린 한 시대의 수작이다. 이것은 근대에 대한 문제의식은 물론, 후기 근대의 징후까지 내다보고 있다.

영화 「모던 타임스」에 관해 마지막으로 한마디를 덧붙일까, 해요. 생애 그 자체가 동북아시아 역사요 한 편의 대하소설인 소설가 김학철(1916~2001)이 이런 증언을 했어요. 그는 1936년에 상하이의 프랑스 조계에 있는 한 영화관에서 「모던 타임스」를 보았대요. 그때의 감동은 평생을 두고 잊지 못했다고도 했지요. 그는 이 영화를 가리켜 한마디로 이렇게 평했지요. "권력과 인간의 문제를 해학의 기법으로 해부한 절세의 수작이다." 이보다 적확한 평이 있을까요? 여기에서 말하는 권력의 정체는 무엇일까요? 과거의 농경사회에는 땅이 곧 부를 생산하고 권력을 가져다주었지만요, 산업 시대에 이르면 자원 원료를 바탕으로 공장에서 수많은 제품들을 생산하였으며, 공업 생산을 위한 각종 기계 및 원료가 가장 중요한 자본 형태가 되었던 것이죠. 자본주의 사회에서, 이 자본 형태가 권력인 것이지요.

마지막으로 「위대한 독재자」(1940)를 살펴볼까요? 이 영화는 1937년부터 제작에 들어갔는데, 2차 세계대전이 일어날 즈음에 개봉했어요. 채플린이 연출하고 제작한 최초의 유성영화예요. 유성영화를 발성영화라고도 합니다. 유성영화가 선을 보인 지 13년만의 유성영화입니다. 제목이 '위대한 독재자'인 사실은 히틀러를 염두에 둔 결과이지요. 그 당시까지만 해도 이 영화의 모티프가 된 히틀러는 악인으로 평가받지 않았어요. 미국의 보수주의자들도 히틀러를 그리 나쁘게 생각하고 있지 않을 때였지요. 하지만 채플린은 이 영화에서 히틀러를 날카롭게 풍자합니다. 이런 점에서 볼 때 채플린은 히틀러의 본질을 꿰뚫어 보고 있었지요. 채플린이 이 영화에서 히틀러와 파시즘을 세계 인류의 공적으로 과감히 비판한 데는 그가 예리한 정치 감각과 깊은 통찰력을 가지고 있었기 때문이었지요. 이 영화의 개봉을 앞두고 당시 미국의 대통령이었던 프랭클린 D. 루스벨트도 국제관계에 나쁜 영향을 끼칠 수 있다는 우려감을 이례적으로 표하기도 했지요. 채플린이 미국의 보수주의자들에게 미운 털이 박히게 된 탓도 이 영화에 있다고 볼 수 있어요.

먼저 줄거리를 간단히 알고 나서 영상 자료 요약본을 보겠습니다. 이 영화에 나오는 대부분의 이름이나 지명은 실제의 것을 패러디한 것입니다. 나라가 모두 가상의 나라입니다. 토매니아(Tomainia)는 독일, 오스테를리히(Osterlich)는 오스트리아, 박테리아(Bacteria)는 이탈리아. 토매니아의 총리 힌켈은 독일 총통 히틀러입니다. 쌍십자당은 나치당, 쌍십자 문양은 나치당의 상징인 하켄크로이츠이고요, 박테리아의 독재자인 나폴리니는 이탈리아의 무솔리니를 가리켜요. 히틀러를 풍자한 것의 예를 들자면, 영화 속에서 힌켈이 어린이처럼 지구본과 풍선을 가지고 노는 것을 들 수 있어요. 풍선이 터지자 그가 애처럼 울기 시작하지요. 이것은 히틀러가 세계를 정복하려는 유치한 야심을 품고 있는 것을 조롱한

공길이 연산군을 비판했듯이, 채플린은 히틀러를 풍자했다. 우리 전통 사회에서, 현실을 비판하거나 권력을 풍자하는 희극배우를 일컬어 얼럭광대라고 했다. 채플린은 위대한 얼럭광대다.

것입니다. 이 영화에서 채플린은 1인 2역을 맡습니다. 하나는 유대인 이발사 역이고, 하나는 토매니아의 총리인 힌켈 역입니다. 이발사와 힌켈이 외모가 빼닮았기 때문이지요. 이발사는 1차 세계대전에 참전한 용사예요. 1918년 1차 세계대전이 끝나는 마지막 시점에 토매니아 젊은 장교를 도와줍니다. 하지만 타고 있던 비행기가 추락해요. 그래서 이발사는 기억상실증에 걸리고, 토매니아 장교는 승승장구하여 힌켈의 측근이 되지요. 힌켈이 유대인을 탄압할 때, 병사들은 힌켈을 이발사인 줄 알고 잡아갑니다. 빼닮은 외모로 인해 자연스럽게 역할 전복이 이루어진 셈이지요. 대신에 이발사는 총통이라고 대접받아요. 그러면서 마지막으로 이발사는 힌켈이 되어서 일장 연설을 해요. 거기에는 힌켈의 사상과 반대되는 평화, 민주주의와 관련된 발언이 담겨 있지요.

(영상 자료 감상)

유성영화를 끝까지 제작하지 않으려는 그가 유성이라면 '차라리' 하는 생각을 했을 거예요. 미묘한 반감이라고 하겠지요. 그러면, 좋아. 유성이라면, 차라리 다변의 일장연설을 보여줄게. 당시에 많은 사람은 이 마지막 장면을 실패한 것이라고 보았어요. 이 부분이 지나치게 해설적이라는 이유에서였지요. 하지만 지금에 이르러서는 채플린의 정치적인 이상과 신념을 보여주는 명장면으로 꼽힙니다. 2차 세계대전이 발발해 진행되면서 채플린의 선견지명은 높이 평가되기도 했죠. 관객들도 이에 응답해 영화가 개봉되자마자 모여들었습니다. 어쨌든 이 영화는 채플린의 영화 가운데 가장 많은 관객을 동원한 기록적인 작품으로 남아있어요. 히틀러의 본질적 사악함을 간파할 수 있었던 혜안이 정확하게 예측된 것이라는 점에서, 영화의 예언적인 기능이란 것도 생각해볼 수 있네요. 요컨대 채플린이 일종의 선지자라면, 그의 영화 「위대한 독재자」는 선지자적인 반전 영화라고 하겠어요. 그의 유일한 무기는 웃음이에요. 웃음 중에서도 냉소적인 웃음인 풍자예요. 그의 풍자 정신이 그 시대의 위대한 시대정신이었던 거지요.

1952년, 채플린의 마지막 영화인 「라임라이트」가 개봉됩니다. 미군을 한반도에 파병한 한국전쟁이 아직 진행 중이었고, 미국 내에는 극우 정치인 조지프 R. 매카시(McCarthy)가 주동이 되어 각계의 용공분자를 색출하는 일들이 벌어지고 있었지요. 무고한 사람에게 용공의 죄를 뒤집어씌우는 것을 두고 저 악명의 매카시즘이라고 합니다. 일종의 정치적 마녀사냥이랄까요? (유신 때 박정희 정권이 인혁당 사건을 과장해 관련자들을 사법적으로 살인한 사건도 한국판 매카시즘이지요.) 매카시즘이라는 시대적 분위기 속에서 이 영화가 개봉된 것이지요. 이 영화는 그동안 채플린이 만든 희극영화와는 조금 다른 면이 있었어요. 희극이라기보다 희극과 비극이 뒤섞인 희비극 영화라는 점입니다. 그는 이 영화에서 더 이상 공연의 기회조차 주어지지 않는 한물 간 늙은 희극배우 역으로 등장합니다. 희극배우로서 노쇠해가는 자기 자신을 가리키기도 하였지요. 인생의 회한, 인간관계의 애틋함, 비극성이 짙게 배인 희극 영화예요. 채플린 자신이 썼지만 미발표 원고로 남아 있던 중편소설 「풋라이트」(1948)가 이 영화 「라임라이트」의 원작이 되었다고 합니다.

그는 1952년에 미국 사회에 선풍을 몰고 온 매카시즘의 표적이 되어 활동의 거점이었던 미국에서 추방됩니다. 이 이후에, 그는 고국인 영국으로 돌아가 두 편의 영화를 더 연출합니다. 그의 영화 「뉴욕의 왕」(1957)과 「홍콩에서 온 백작부인」(1967)은 그의 나이 68세와 78세에 각각 연출된 영화예요. 앞엣것은 그가 출연한 마지막 영화라는 데 의미를 둘 수 있고요, 뒤엣것은 그의 마지막 작품이요 유일한 색채영화로서, 말론 브란도와 소피아 로렌이라는 두 명배우가 출연한 로맨틱 코미디 영화예요. 1972년, 그가 미국에서 추방된 지 20년 만에 아카데미상 명예상을 수상하기 위해 다시 미국 땅을 밟습니다. 오랫동안 그가 남긴 불멸의 업적을 기리기 위한 상이었습니다. 시상식장에 모인 모든 사람들은 기립박수로 그를 맞이했고, 그는 감격의 눈물을 쏟았지요.

자, 그러면 영화인 채플린에 관해 정리를 해봅시다.

앞에서, 여러분은 영화 「위대한 독재자」의 일부를 감상하였지요? 이발사인 가짜 독재자는 진짜가 되고, 진짜 독재자는 가짜가 되잖아요? 외모의 닮음으로 인한 역할의 전도 현상이랄까요? 또한 이 영화에는 가짜 독일어가 나와요. 가짜 독재자가 일장연설을 할 때, 히틀러의 말투를 빌려왔지만 사실은 횡설수설 지껄이는 말 흉내에 지나지 않았죠. 말하자면, 가짜 독일어잖아요? 채플린 아들이 훗날에 쓴 『나의 아버지 채플린』에 의하면, 이 가짜 독일어는 독일인마저 놀라 자빠지게 했다고 증언했지요. 진짜 독재자와 가짜 독재자, 진짜 독일어와 가짜독일어. 세상에는 이처럼 진짜와 가짜가 혼재합니다. 이 진짜와 가짜를 일컬어 철학에서는 실재와 현상이라고 해요. 진짜인 실재보다 가짜인 현상에 손을 들어주었다는 점에서, 그는 스크린의 현상론자, 경험주의자라고 하겠어요. 영화는 본질적으로 가상현실입니다. 아무리 영화가 다큐멘터리나 리얼리즘 영화와 같이 핍진성에 이른다고 해도, 영화는 현실 그 자체가 아니에요. 현실의 그림자에 지나지 않아요. 철학사에서 실재론자, 이성주의자의 원조는 플라톤이에요. 철학자 카를 포퍼는 자신의 저서인 『열린사회와 그 적들』(1945)에서, 플라톤이 20세기에 새로운 야만을 불러온 전체주의의 정신적 시조라고 했지요. 또 그는 20세기의 전체주의가 히틀러와 공산주의로 요약된다고도 했어요.

채플린에게는 개운치 않은 뒷맛을 남긴 생애도 남아있습니다. 사상이 불그스름하다는 건 그 시대의 논리에 휘둘리는 것이라고 칩시다. 매카시즘이 불순한 저의를 가지는 거니까요. 그가 소녀에 대한 성적 취향이 있었어요. 만약 그렇다면, 요즘의 성인지 감수성의 기준에서 볼 때 큰 문제가 있는 위험한 인물이에요. 이런 사람을 두고 이른바 '페도필리아'라고 해요. 특정의 소녀에게 성적 욕망을 가졌다는 어두운 면의 그림자가 그의 의식을 정녕 지배했을까요? 물론 그는 어릴 때 애정결핍증에 시달렸어요. 아버지의 알코올 중독, 어머니의 정신분열증, 경제적 빈곤, 부모의 이혼……만약 그에게 그런 점이 있었다면, 그의 깊숙한 마음속의 '소녀에의 성적 욕망'과 같은 어두운 그늘을 한편으로 만들지 않았을까? 또 하나의 이유도 있어요. 런던의 극장 무용수였던 15세 소녀 '헤티 켈리'에 대한 첫사랑의 실패와도 관련이 있을 것입니다. 그녀는 1918년에 온 세상을 뒤덮은, 저 악명 높은 스페인 독감에 의해 요절합니다. 이런 이유라면 가슴 저미는 얘기랄 수 있겠네요. 또 하나 덧붙이자면, 그의 영화마다 주인공 소녀가 등장하는 것도 의구심을 증폭한 계기가 되지는 않았을까요? 채플린의 성적 취향에 관해선, 이와 관련된 팩트와 의구심의 경계에 관해서도, 저 역시 별다른 정보를 가지고 있지 않습니다. 이 문제는 더 이상 언급하지 않겠습니다.

채플린은 1977년에 세상을 떠났습니다. 88세의 나이였었지요. 저는 그때 대학교 2학년의 나이였어요. 한 동안 신문마다 그를 다루고 추모했지요. 이런저런 잡지에도 그에 관한 글들이 적잖이 실렸어요. 한 잡지에 이런 글이 실려 있었어요. 채플린이 1920년경에 어느 시골을 지나가는데 채플린 모방 대회를 하더라는 겁니다. 그 역시 자신의 신분을 짐짓 감추고 참가했대요. 결과는 3등. 본인이 본인의 연기를 하는데 3등이라니? 왜 1등을 못했을까요? 책에는 별다른 이유를 달지 못했지만, 예술은 대상의 모방에서 멈추지 않습니다. 대상을 재해석하는 것이 진정한 예술이 아닐까, 전 그렇게 생각해요. 40년 전의 일인데, 아직도 기억이 생생해요. 독서 경험이 얼마나 중요한가, 알겠지요? 동시대의 수많은 대중이 열광했지만 우당탕하기만 했지 사색의 깊은 맛이 없어서 비평가들이 비판했다는 그의 코미디. 하지만 저는 '레트로(복고) 감성'으로써 그의 초기 영화가 세월이 지날수록 높은 평가를 받게 되리라고 예상해봅니다. 한편 그의 코미디는 「황금광 시대」와 「모던 타임스」와 「위대한 독재자」에 이르러 전무후무한 빛을 발휘합니다.

우리나라 전통 사회에서 연행에 종사한 배우나 가창을 일삼은 소리꾼을 두고 광대라고 했는데요, 배우는 주로 궁정이나 시정에서 웃음거리를 유발하는 말과 행동의 연행자였어요. 희극인인 광대에도 둘로 나누어져요. 새끼광대와 큰 광대로 말예요. 새끼광대가 초장이나 막간에 등장해 여흥을 이어주면서 바람몰이를 했다면, 큰 광대는 무대나 마당의 본바탕을 장악해갑니다. 새끼광대를 두고 어릿광대라고 해요. 들어보았지요? 어릿광대란 말을……. 큰 광대를 가리켜 뭐라고 하는 줄 아세요? 이른바 '얼럭광대'라고 해요. 물론 처음 듣는 말일 테지요? 얼럭광대는 세태를 풍자하거나 현실을 비판합니다. 재치 있는 말이나 까부는 재주는 주로 어릿광대에게 맡깁니다. 이 얼럭광대를 가리켜 또는 '정작광대'라고도 해요. 토박이말 정작은 주로 부사로 자주 쓰이는데, 여기에서는 요긴(要緊), 진짜를 가리키는 명사예요. 정작광대는 마당(무대)에 정작 나서야 할 광대예요. 요즘 우리나라 희극인들이나 방송인들이 정치적인 진영논리에 빠져 권력의 편에 서는 경우가 적지 않은데, 이런 경우는 얼럭광대가 아닌, 어릿광대가 하는 짓거리예요. (과거의 박정희 시대에 유신을 찬양하는 희극인이 있었는데, 이 사람도 어릿광대예요.) 지금의 우리 시대는 정작으로 나타나야 할 광대가 나타나지 않은 시대가 아닌가, 해요. 정치인들도 마찬가지예요. 제 진영의 논리에 빠져 자신만만해하는 그들은 정작의(진정한) 정치인이 아니라, 어릿광대 같은 정객에 지나지 않지요.

　한자어 배우는 배(俳)와 우(優)로 나누어집니다. 배는 희극배우요, 우는 비극배우예요. 영화 「왕의 남자」에 나오는 공길은 실제 인물인데요, 연산군 시대에 한낱 배우로서 할 말을 해서, 정치적인 비판 발언으로 인해 유배형을 당했어요. 실록인 『연산군일기』에서는 공길의 신분을 '배우'라고 했어요. 배우라는 말이 참 오래되었군요. 중국에서는 더 오래 거슬러 올라갑니다. 여기에서의 배우는 광대 배 자에 방점을 찍은 배우입니다. 이런 점에서 볼 때, 공길이나 채플린은 얼럭광대라고 할 수 있지요. 공길은 연산군이라는, 채플린은 히틀러라는 절대 권력자를 비판했어요. 특히 채플린은 「황금광 시대」와 「모던 타임스」와 「위대한 독재자」에서, 황금에의 욕망, 자본주의의 산업 구조, 전체주의와 정치권력 등의 문제에 대하여 비판적인 태도를 보여준 한 시대의 진정한 얼럭광대였지요. 또한 그는 예능적인 에스프리(기지)나 영감을 마음껏 발휘한 열린 노름바치(연희전문인)이구요. 그는 까불고 쩔는 새끼광대를 넘어선 큰 광대였지요. 한낱 어릿광대가 아니라, 시대의 얼럭광대였다……. 이렇게 평가할 수 있겠습니다. 시인이요 영화감독인 이세룡이라고 하는 분이 있어요. 제보다 나이가 열 살 위인 사람이에요. 1990년대 중반에 딱 한 번 만나 대화한 적이 있었어요. 영화 연출의 실제 경험에 관해 얘기를 들었지요. 그는 시인으로서 『채플린의 마을』(고려원, 1988)이라는 시집을 간행했었어요. 여기에 채플린을 소재로 한 연작시 중에서, 그가 채플린을 두고 '코미디의 법왕(法王)'이라고 한 것이 기억에 오래 남아있어요. 코미디 분야에서의 신성한 지존(至尊)이랄까요?

마지막으로 '노름바치'라고 하는 단어를 공부합시다. 국어 공부예요. 국어과 공부는 국어 시간에 하는 공부이지만, 국어 공부는 (특별한 계획이 없이) 틈틈이 하는 공부예요. 노름바치란, 광대나 재인(才人)을 두고 말합니다. 표기법으로는 '놀음바치'라고도 해요. 발음은 같지만, 어느 표기가 규범적인지는 더 생각할 여지가 있네요. 접미사인 '—바치'는 전문적인 기술이나 기능(예능)을 가진 사람을 말해요. 가죽 제품을 잘 만드는 전문 기술자를 두고 '갖바치'라고 하듯이 말입니다. 이상으로, 절세의 노름바치였던 채플린에 관한 세 차례, 여섯 시간의 강의를 여기에서 마칩니다.

강의, 잘 들었어요?

(네에)

수고했습니다.

학생들의 소감 및 여담

나는 영화의 분위기와 느낌을 직접적으로 느끼게 해주는 영화음악을 매우 좋아했다. 그랬기에 항상 예전에 TV 주말 영화를 방송할 때 흐르던 감미로운 음악이 대체 무슨 영화의 음악일지 궁금했다. 이 노래가 채플린 강의를 통해 영화 '라임라이트'에서 따온 걸 알았다. 내가 1학년 교양 강의 중에서 영상문학을 선택한 데는 미리 나온 강의계획서에서 찰리 채플린이라는 이름을 보았기 때문이다. 내가 찰리 채플린을 이 학기에 공부하면서 가장 강렬하게 느낀 것은, 채플린에게 영화야말로 전부였고, 그의 인생이었다는 사실이다. 그는 영화에 모든 것을 바쳤고, 영화처럼 살아갔다. 어려운 시절에도 그는 굴하지 않았고, 영화로써 성공한 이후에도 영화에게 항상 자신의 모든 것을 바쳤다. 채플린이 20년의 세월 만에 미국 땅을 다시 밟았듯이, 다른 데서 공부하고 다시 진주교대에 들어온 27살의 나도 어렸을 적의 방송 시그널 '라임라이트'을 통해 알게 된 찰리 채플린을 영상문학 강의를 통해 다시 찾게 되었다. 나에게 채플린을 알아가는 과정은 마치 소년 시절에 풀 수 없었던 비밀을 풀어가는 것과 같은 즐거운 과정이었다. 눈물과 웃음이 가득한, 삶의 애정이 넘치는 듯한, 마치 한 사람의 인생을 보여주는 영화와 같은 사람인 찰리 채플린. 그의 인생의 과정을 알게 된 지금의 나는 이제는 라임라이트의 노래만 있다면, 언제든 그의 영화의, 삶의 감동을 느낄 수 있게 되었다. 찰리 채플린의 우스꽝스럽지만 우수와 애수가 가득한 영화들은 우리들 모두가 때로는 고단한 삶을 사랑하게 만들었다. 삶을 사랑하라, 찰리 채플린처럼. (정영로)

교수님 안녕하세요! 교수님께 전하고 싶은 말이 있어 이렇게 짧은 글을 씁니다. 수업에 대한 소감이라기보다 사적인 여담입니다. 한 학기 동안 교수님의 수업을 들으며 영상에 대한 문학적 의미가 무엇인지, 찰리 채플린이란 인물이 왜 위대한지 생각해볼 수 있었습니다. 영상문학 수업을 들을 때, 늘 교수님의 열정을 느낄 수 있었습니다. 교수님의 모습을 보며 저도 교수님과 같은 열정적인 교사가 되려고 다짐합니다. 한 학기 동안 너무 수고 많으셨고, 정말 감사했습니다. 요즘 날씨도 쌀쌀한데 교수님의 모든 시간에 따스함이 깃들길 기원합니다. 제 이름이 소설 속에 나오는 여주인공 이름 같다고 말씀해주셨잖아요? 제 이름을 예쁘게 표현해주셔서 너무 감사합니다. (오유진)

이웃나라의 국민배우와 그 명작 영화

—진옌(金焰)과 다카쿠라 켄

학생 여러분.

우리는 그 동안 외국 영화라고 하면, 미국 영화에만 모든 관심을 집중해오지 않았어요? 그 다음으로는 프랑스 영화 정도였어요. 중국 영화가 우리에게 처음 소개된 시점은 1980년대 말이었구요, 일본 영화가 국내 상영관에 개방된 시점은 1990년대 말이었어요. 가장 가까운 두 이웃나라의 영화가 우리에게 알려진 시점은 그리 오래되지 않았지요. 알고 보면, 매우 뜻밖의 일이 아니에요? 우리는 한동안 냉전 체제와 식민지 경험으로 인해 문화 교류에 있어서 가까운 이웃나라와 담을 쌓고 살았다는 소회를 금할 수가 없어요.

오늘 강의에 제목을 굳이 붙이자면, 이렇습니다. 이웃나라의 국민배우와 그 명작 영화. 오늘 영상문학 강의는 중국과 일본의 국민배우 두 사람을 소개하고, 그들이 출연한 명작 영화를 살펴보려고 합니다. 강의의 서브타이틀은 '진옌(金焰)과 다카쿠라 켄(高倉健)'입니다. 각 나라마다 시대에 따라서 국민배우가 여럿 있습니다. 오늘 강의의 대상이 된 이 두 사람은 중국과 일본에서 시대와 관계없이 원 톱으로 공인되고 있는 국민배우들입니다. 여배우로서 국민배우라고 하면, 중국의 공리(巩俐)와 일본의 요시나가 사유리를 꼽을 수 있겠지만, 진옌이나 다카쿠라 켄에 비하면 자그마한 차이로 밀려난다고 평가됩니다.

진옌(Jin Yan)은 중국 국적의 배우지만, 본래 조선 사람이에요. 아버지 김필순이 솔가해 이주해 중국에서 자랐으니 조선족이라고 해야 하겠네요. 조선족의 개념은 1949년 신중국 이후에 나온 개념입니다, 소급해서 적용하자면, 배우 진옌도 시인 윤동주도 조선족이에요. 이 두 사람은 재중(在中) 조선족 중에서 가장 유명한 사람이지만, 윤동주를 조선족이라고 하면 매우 이야기가 복잡해집니다. 더욱이 진옌은 모국어가 서툴렀고, 윤동주는 모국어의 달인으로서 국민시인으로 추앙되고 있잖아요? 중국의 국민배우 진옌과 한국의 국민시인 윤동주는, 같은 조선족이라고 해도 이처럼 결이 다르잖아요? 어쨌든 진옌은 나라가 망하던 해에, 한국 이름 '김덕린'으로서 서울에서 태어났어요. 그 당시에는 서울을 한성(漢城)이라고 했어요. 중국 영화사에서 최고의 명배우로 잘 알려져 있습니다. 한자로 김염이라고 읽는데 물론 본명이 아니고 예명입니다. 염은 불꽃 염(焰) 자입니다. 그도 자신의 인생이 불꽃처럼 타오르기를 원했고, 그의 인생도 불꽃처럼 타올랐지요. 지금부터는 그를 가리켜 중국어 발음인 진옌이라고 하지 않고, 우리에게 익숙한 김염이라고 사용하겠습니다.

스즈키 쓰네카쓰라고 하는 일본인이 1980년대에 한 3년 동안 북경과 상해에 머물면서 중국 공부를 한 바 있었대요. 특별한 직업은 없고, 남들이 프리랜서 즉 자유기고가라고 해요. 부인이 한국 사람이래요. 이 사람이 『상해의 조선인 영화황제』라는 제목의 책을 간행을 했지요. 이 책은 우리나라에서도 번역이 되었고요. 비슷한 시기에, 1995년 KBS 스페

셜에서 '영화 황제 김염'이라는 제목의 60분짜리 다큐멘터리가 방영되었는데, 내가 그때 유심히 봤었어요. 그때 녹화한 것은 지금까지도 20년 넘게 가지고 있어요.

현대사에서 한중관계는 30년 동안 서로 깜깜이의 관계였지요. 서로 간에 아무런 정보도 없이 소 닭 보듯이 한 세대를 보냈어요. 한국과 중국이 접촉하는 뜻밖의 사건이 벌어집니다. 제 기억에 의하면 1983년 일요일 한참 프로야구 중계를 보고 있는데 TV 화면에 긴급한 자막이 나와요. 다급한 아나운서의 목소리도 흘러나오고. 긴급뉴스라면서, 정체를 알 수 없는 비행기가 우리 영공에 지금 침입해 들어오고 있다고요. 그때 사람들이 다들 깜짝 놀라 전쟁이 나는 줄 알았어요. 북한이 공습하는 줄 알았으니까. 알고 보니까 중국 민항기가 기체사고를 일으켜서 우리나라 영공으로 긴급하게 대피해온 거예요, 김포공항에. 국제법에 따르면, 비행기가 기체사고를 일으키면 영공을 침범해도, 당해 국가는 죄를 묻지 않고, 인도적으로 받아들여야 합니다. 사람이 먼저 살고 봐야지, 안 그래요? 그때 중국민항기의 불시착은 큰 소동이었어요. 그 민항기 속에 있던 중국 사람들 모두 특급호텔에 며칠간 잠재우며 맛있는 것을 먹여주고 또 구경시켜주면서 협상 끝에 보내줍니다. 그때 중국 정부에서는 전혀 국교관계가 없던 우리나라의 대처와 환대에 무척 고마워했어요. 한 번도 대한민국이라고 호칭을 해본 적 없는 중국 정부에서 대한민국이라는 말을 처음 씁니다. 이때까지 북한과 똑같이 남조선, 남조선이라고 했는데 따, 한, 민, 구어 하면서 대한민국이라는 호칭을 공식적으로 처음으로 씀으로써, 한국전쟁 이후에 두 나라가 접촉하는 물꼬가 열린 겁니다. 이로부터 11년 후인 1994년에 한국과 중국의 국교정상화가 이루어집니다. 우리가 중국의 영화배우 김염이 누구인지를 알게 된 것도 이런 시대적인 분위기였기에 가능했던 것이지요.

김염의 아버지인 김필순은 세브란스 의학교가 배출한 초창기 한국인 양(洋)의사였습니다. 이 학교는 지금의 연세대학교 의과대학입니다. 1908년 제1기생으로 졸업을 했지요. 같은 해 졸업한 동기 중에는 백정 출신의 의사요 독립운동가인 박서양도 있습니다. 이 두 사람은 중국으로 망명을 해 의사로서 독립운동을 한 사람으로 유명합니다. 경남 함안 출신의 이태준도 마찬가지입니다. 그는 중국을 거쳐 몽골에 망명하여 황실의 주치의로 활동했습니다. 지금 몽골에서는 그를 국가원수급으로 추앙하고 있어요. 김필순은 중국에서도 가장 오지인 치치하얼을 의료 행위와 독립운동의 거점으로 삼으려고 했지만, 일본의 계략으로 독살됩니다. 서울 출신인 3남 김염은 그때 9세였어요. 이른 나이에 아버지가 죽자 형제들은 뿔뿔이 헤어졌지요. 김염은 고모 김마리아와 고모부 김규식의 보호 아래 천진에서 겨우 중학교를 다녔지요. 그가 다닌 중학교는 신중국의 초대 총리로 유명한 주은래의 모교인 남개중학교. 전국적인 명문이에요. 그는 여기에서 훗날 조선인 혁명가로 유명한 김산(장지락)과 조우합니다. 여러분에게는 생소하겠지만, 미국의 여성 저널리스트 님 웨일스의 유명한 책으로 잘 알려진 『아리랑』의 주인공인 김산 말입니다. 다섯 살 위의 김산의 증언에 의하면, 소년 김염은 의기가 매우 강한 소년이었지요. 달리기 시합 도중에 뛰어난 김염의 실력에 샘이 난 중국 학생이 '일본의 주구(走狗)'란 말을 하자 김염은 참지 못하고 그 학생을 때려 갈겼습니다. 주구는 달리는 개, 즉 사냥개를 가리키죠. 김산과 김염. 이 역사적인 두 인물의 극적인 만남이 이루어진 남개중학교는 김염이 영화에 꿈을 키운 곳이기도 해요.

　　김염은 학창 시절에 스포츠와 예술 분야에 아주 다재다능했어요. 재능이 있지만 가진 건 없었던 조선 소년 김염. 그는 비상하고 싶었죠. 친구들이 마련해준 뱃삯 7원과 영화감독 앞으로 된 소개장만을 가지고 열일곱 살의 소년 김염은 영화의 도시 상해로 가는 배에 올랐습니다. 김염이 도착한 1927년의 상해는 동양에서 가장 번화한 국제도시였어요. 상해의 번화함은 당시의 뉴욕, 런던, 파리에 버금가는 수준이었고, 다문화적인 면에 있어서는 서양 문화가 동양으로 유입되는 길목이었죠. 1920년대 영화의 수준은 미국 영화가 세계를 지배하고 있었지요. 상해에 영화제작사가 몇 군데 있긴 했지만 말예요. 상해 영화는 이 시대에 유치한 수준에 무협물과 멜로 드라마 정도였어요. 김염은 1929년 무협물「풍류검객」에 출연했지만 흥행에는 실패했대요. 하지만 그를 눈여겨본 감독이 있었어요. 미국에서 영화 연출을 공부한 손유 감독. 그는 김염의 인생 궤도를 온전히 바꿔 놓습니다.

손유 감독의 1930년 최초 유성영화이자 완령옥과 사실상의 데뷔작인「야초한화」는 크게 성공을 거둡니다. 신인에 지나지 않던 이 김염과 완령옥은 스타덤에 오릅니다. 이 두 사람은 모두 1910년 생으로 나이도 동갑이었어요. 갓 데뷔한 완령옥은 당대 최고의 여배우로 성장하는 데 김염이 좋은 상대역이 되어주었지요. 두 사람은 「야초한화」에 이어 1931년에 「연애와 의무」와 「도화읍혈기」 등의 영화에서 공연합니다. 손유와 김염과 완령옥은 상해 영화의 황금기인 1930년대를 주도한 영화인들이었지요. 중국 영화계의 1930년대는 여배우들의 전성기였지만, 남자 배우로서는 김염이 독보적이었죠. 김염은 자연스럽고 활기찬 연기로 영화 속에서 관객들을 매료시켰으며, 게다가 만능 스포츠맨이며, 못 다루는 악기가 없었지요. 물론 그의 용모가 출중해 팬들의 혼을 빼놓기에 충분했어요. 당시에 아이돌급의 배우였어요. 그런데 완령옥은 자신에게 가해진 모진 세평에 괴로워하다가 1935년에 25세의 젊은 나이에 자살로 생을 마감합니다.

1930년대 초반에 중국의 남녀 배우 중에서 가장 대중의 인기를 모았던 배우들인 김염과 완령옥의 모습이다. 완령옥은 젊은 나이에 자살로 생을 마감했다.

1931년, 손유 감독의 영화 「들장미」에서 김염은 인생의 첫 번째 동반자인 여배우 왕인미를 만납니다. 왕인미는 진보적이고 검소했던 김염에게 매료되었죠. 일본의 상해 공습이 잦았던 시절에, 그들의 사랑은 무르익어 갔지요. 1934년으로 넘어가는 섣달그믐에, 그들은 손유 감독의 주례로 검소한 결혼식을 올립니다. 갈수록 심각해져가는 일본 제국주의의 침략에 맞서 중국 각지에서 항일 투쟁이 일어났고, 일본은 마침내 1937년 중일 전쟁을 일으킵니다. 상해는 외부와 단절된 외로운 섬처럼 되어갔고, 일본군에 정치적으로 이용될 수 있는 신혼의 김염 부부는 탈출을 결심해요.

2005년, 그러니까 지금으로부터 10년 전에, 저는 집사람하고 김염 영화제를 감상하기 위해 광주에 간 적이 있었어요. 1박 2일의 일정으로요. 웬만한 그의 대표작을 보았어요. 그의 두 번째 부인 진이(원로여배우) 여사도 왔어요. 김염을 회고하는 자리도 마련되었지요. 그때 제가 김염의 이런저런 영화를 보고나서 내 집사람에게 물어봤어요. 요즘 배우와 비교해서 김염의 외모가 어떠냐고요. 여자의 입장에서 한번 평가해봐라 했더니, 그 당시에 제일 인기 있는 꽃미남이 원빈이었어요. 요즘은 현빈인가, 그렇지요? 아닌가? 아니야?

학생들 : (웃으며) 네, 맞아요.

그 당시에는 원빈이었거든. 내 집 사람 말로는 원빈보다 김염이 외모로 한 수 위라고 했어요. 그러니까, 죽은 김염이 산 원빈에게 뺨을 치는 격이지요. 지난주에 신문을 보니까, 제일 닮고 싶은 배우가 여전히 원빈이라던데, 제일 닮고 싶은 여배우는 김태희라고 해요. 어쨌든 그 시대 김염은 근육질에다가 배에 그 왕(王) 자가 새겨져 있는 그런 몸매고 키도 크고……. 김염이 살던 시대는 유례없는 난세였지요. 만주사변, 서안사변, 중일전쟁, 국공내전 등으로 이어지면서 외침과 내전이 반복되는 연속선상에 놓여 있었지요. 1930년대 중반에 들어서면서, 김염은 출중한 외모와 대중의 폭발적인 인기에 영합하지 않고 진보적인 정치 성향의 영화에만 출연하였지요. 본인의 의사가 강하게 반영된 것이지요. 그는 1930년대 항일영화의 아이콘이라고 하겠어요.

이제부터는 제가 편집해온 비디오테이프를 보면서 중간 중간 강의를 하겠어요. 그의 영화적인 위업은 대중의 인기에 있는 게 아니라, 그가 어떤 영화에 출연했나가 중요할 따름이에요.

1930년대 중국 영화 잡지들은 인기순위 1위로 뽑힌 김염에 대해 상당히 많은 부분을 할애하고 있습니다. 특히 그가 출연한 영화「대로(大路)」에 대한 영화 기사는 1934년 촬영을 시작할 때부터 이듬해 상영될 때까지 언론으로부터 집중적으로 조명을 받고 있습니다.

모두들 분발하세. 힘을 합하세.

자유의 길이 이제 곧 열리리니.

영화 「대로(大路)」의 주제가는 아직도 중국 인민들의 애창곡입니다. 중국 영화사에서 이 영화의 의미는 매우 큽니다. 일제강점기에 만든 우리나라의 영화 「아리랑」에 해당되는 가치를 가진 영화라고 할 수 있어요. 지금 여러분이 보고 있는 이 장면들이 그 당시 중국의 모습입니다. 영화 「대로」는 1930년대 중국 영화의 수준을 한 단계 끌어올린 리얼리즘 미학의 역작인 동시에, 청년 시절의 김염의 연기가 절정에 달한 그의 대표작이에요. 중간에 있는 배우가 김염이에요. 이 영화는 항일 전쟁을 위해 군사 도로를 닦는 젊은이들의 우정을 다루었습니다. 최초의 항일 영화라고 하겠습니다. 웃통 벗은 저 몸매를 보세요.

(학생들 웃음)

김염이 당시에 대중에게 큰 인기를 끈 것은 단순히 잘 생긴 겉모습 때문만은 아니었어요. 그 예로 「장지릉운」 등으로 대표되는 항일영화 제작에 가장 앞장섰던 김염에게서 외세를 배척하고 새로운 사회를 건설하려는 진보적인 젊은이의 모습을 발견할 수 있었습니다. 그는 당시에 단순한 대중의 스타라기보다, 진보적인 청년의 이상형이었다고 하겠어요. 당시의 중국 젊은이들 중에는 소위 '진옌 따라쟁이'가 많았어요. 헤어스타일이나 패션은 물론 동작이나 말투까지. (잠시 시간을 두고) 저 김염이 하모니카 부는 걸 보세요. 그는 실제로 하모니카를 잘 불었습니다. 못하는 운동이 없었고, 못 다루는 악기가 없었을 정도였어요. 영화 제목인 장지릉운(壯志凌雲). 글자 그대로 풀이하면, 웅장한 뜻이 구름을 능멸한다. 훌륭한 뜻은 하늘을 찌른다, 예요. 저는 어찌 어찌 해서 구한 김염 자료를 적잖이 가지고 있어요. 비디오테이프로도 전환시켜 놓았구요. 이「장지릉운」은 정말 잘 만든 영화입니다. 저는 소재나 주제의 내용적인 측면보다, 영상언어로서의 형식저인 가치인 스타일 측면을 말하고 있는 거예요. 제 개인적인 취향으로는,「장지릉운」을 중국영화사 최고의 작품으로 일컫기도 하는「대로」보다 더 높이 평가하고 싶어요. 언젠가 영화 전체를 학생들에게 보여주고 싶을 정도예요. 당시의 중국인들은 김염에게서 외세를 배척하고 새로운 사회를 건설하려는 진보적인 젊은이의 모습을 발견하려고 했던 겁니다.

김염의 출연작은 명성에 비해 과작이에요. 평생 출연작이 42편이라고 하던가? 특히 신중국 이후에는 그리 많은 영화에 출연하지 못했지요. 주로 영화인으로서 행정적인 일을 맡았지요. 신중국 이후에는 대중영화란 게 없었고, 모든 게 국책영화인데, 이에 따라 자신의 역할이 매우 제한적이었어요. 그의 생애에서 가장 어려운 일이 닥친 사건은, 저 악명 높은 문화혁명이에요. 중국의 문화혁명……여러분, 들어보았지요? 중국 현대사의 변곡점이라고 할 수 있는 그 사건. 정치적인 위기에 몰린 모택동이 전국적으로 어린 소년들을 규합해 정적을 제거하고, 또 선생 세대, 부모 세대에게 악행을 가한 일종의 친위 쿠데타가 아니에요? 이 10년간의 문화혁명은 중국 현대사에서 돌이킬 수 없는 문화 지체의 기간이었지요. 제 식으로 비유하자면, 타락과 야만의 계절이랄까요?

김염 일가족도 이 문화혁명 때 수난을 겪습니다. 문화혁명의 실질적인 주도자는 모택동의 세 번째 부인인 강청이에요. 전쟁 이전에 3류 배우였죠. 혁명의 시기에 1류 배우 출신이었던 김염과 진이 부부를 가만히 내버려 두었겠어요? 특히 강청은 정말 악독한 여인이었어요. 뼈 속까지 모진 마음을 가진 악녀의 전형. 그러니까 모택동을 따라 그 험하고

험한 대장정에서 낙오되지 않았지요. 모택동에게 권력이 총구에서 나온 다면, 강청에게 있어서의 권력은 모진 마음에서 나옵니다. 공산주의 맹신자 중에 선한 사람이 없어요. 저는 정치적으로 극우 반공주의자가 아니에요. 굳이 말하자면, 인권의 가치를 중시하는 인문주의자랄까? 어쨌든 강청은 젊은 날의 열등감을 정치적으로 보상할 기회가 온 거예요. 김염 부부가 일요일에 외출하고 돌아오니까 열 살이 된 그 똑똑한 외아들이, 충격을 받아 울고불고 야단이야. 홍위병들이 집에 막 들이닥치고 고함을 지르고 구호를 하면서, 반동분자 김염은 나와라, (자본주의 성향의) 주자파 김염을 처단하자, 난리를 치니까 애가 큰 충격을 받아서 바보가 돼 버렸어. 그래서 이 김첩이라고 하는 아들은 평생 열 살의 지능을 가지고 살아가요. 먼 훗날 김염이 죽기 직전까지도, 첩아, 첩아 하면서 아들 이름을 부르면서 죽어갔다는 거야. 김염 부부는 10년 간 혁명 기간 때 고초를 많이 겪었어요. 그가 평소에 커피와 버터를 좋아하는 반(反)혁명 양파(洋派)분자라나요? 거 참. 그와 그의 아내는 혁명 기간에 수용소에 갇히기도 하고, 중노동을 하기도 하구요.

김염의 말년은 좀 어두웠어요. 인생이란 그래요. 초년이 아주 화려하면, 인생 후반부가 좀 그렇습니다. 물론 다 그런 것은 아니죠. 10대 후반과 20대 전반에 최고의 명성과 각광을 가진 삶을 살았던 불세출의 투수 최동원이 자신이 하고 싶은 감독도 못하고 때 이른 나이에 세상을 떠난 것 보세요. 투수로서의 능력보다 대중적인 인기에 있어선, 당대의 그가 압도적이었지요. 스토리도 많고. 그의 이야기는 앞으로 끊임없이 스토리텔링될 겁니다. 내 인생의 경험에 의하면, 여자의 미모란 것도 그래요. 20대 초반에 김태희처럼 예쁘면, 쉬 시들어버리기가 십상이에요. 10대나 20대에 조금 못 생겨야, 한 4, 50대에 이르면, 진짜 미인이 돼요. 미인의 가치는 세대별로 달라집니다. 20대의 미인이 다르고, 40대의 미인이 달라집니다. 그래서 여학생 여러분 중에서 외모에 콤플렉스 있어도 절대 기죽지 말고, 자신감을 가지고 당당하게 살아가세요. 인생은 어떻게 될지 몰라요.

문화혁명 때 수난을 겪은 걸 생각하면, 김염이 상해에서 탈출해 홍콩으로 가지 않고, 대륙의 깊은 곳으로 왜 갔나, 하는 생각이 들어요. 물론 그 이후에도 홍콩과 대만과 미국으로 이어지는 삶을 선택할 수 있었어요. 두 번째 부인 진이의 영향이 컸던 것 같아요. 진이는 여배우로서 철저한 공산당원이었어요. 반면에 김염은 죽을 때까지 공산당에 입당하지 않았지요. 중국 사회는 지금도 그래요. 10%의 공산당원이 90%의 비공산당원을 지배하는 사회예요. 이 구조적인 모순을 해결하지 않고는 중국의 꿈은 앞으로 실현되지 않을 겁니다. 중국이 아무리 공산주의 국가라고 하더라도 민주화가 되어야 해요. 김염 같은 유명인사가 공산당원이 되고자 하면 왜 받아들이지 않았겠어요? 본인이 싫은 거예요. 김염의 초기 콤비였던 완령옥과 첫 번째 부인이었던 왕인미는 여배우로서 그다지 미인이 아니었어요. 두 번째 부인 진이는 절세가인이지요. 나이도 한참 아래고요. 중국의 초대 총리 주은래가 김염을 두고 이런 농담을 했대요. 중국의 아름다운 공주를 빼앗아간 고약한 조선인 부마(駙馬)라고요. 부마, 알죠? 공주 남편 말이에요. 10년 전 광주에서, 진이 여사가 장시간에 걸쳐 남편 김염에 관해 증언할 때 제가 객석에 있었는데, 공산주의에 관해선 전혀 언급하지 않았어요. 반공의 민심이 있는 나라에서 굳이 그런 얘기를 할 필요가 없었겠지요. 그러면, 김염 부분을 슬슬 마무리해야겠네요. KBS 다큐멘터리 '영화 황제 김염'의 마지막 부분을 들어볼까요? (녹화 비디오테이프를 보여준다. 시간이 지나간다.) 클로징 코멘트가 인상적인데, 마지막으로 집중하길 바랍니다.

활활 타오르고 싶어서 스스로의 이름을 염. 불꽃이라 지었던 영화 황제 김염. 그는 영화 배우로서 중국대륙을 평정한 최초의 조선인이었다. 그리고 가슴 속의 불꽃을 스크린 위에서 원 없이 찍고 배우 김염은 그 뜻을 이룬 자유인이었다. 중국 영화인 협회에서 추도한 그의 비문에서 중국 영화인들은 그의 죽음을 이렇게 추도했다. 김염은 진보적 영화 사업에 지대한 영향을 끼쳤다.

다음으로는 일본의 국민배우 다카쿠라 켄에 관해서입니다. 그는 1931년에 후쿠오카에서 태어났습니다. 지난번에 30분으로 편집된 영화「마부」를 보여준 일이 있지 않았어요? 이 영화로 우리나라의 국민배우로 널리 알려진 배우 김승호는 40대에 전성기를 누리다가 50대 나이를 겨우 넘겨서 죽었고, 다카쿠라 켄은 60대의 나이가 되어서야 비로소 일본의 국민배우로 인정을 받게 됩니다. 김염이 20대에 황금기를 누렸던 것에 비하면, 매우 스타트가 늦었네요.

지금부터는 일본 배우 다카쿠라 켄에 관해서 얘기하려고 합니다. 작년 2014년에 그가 세상을 떠났는데요, 11월이었으니까 딱 1년 전입니다. 아주 이례적인 일이 있었습니다. 요즘 한중일 관계가 미묘하게 되었죠. 한국과 일본이 사이가 안 좋고. 중국하고 일본은 영토 문제로 인해 전쟁 직전에까지도 갔고. 그나마 한국과 중국이 사이가 좀 좋습니다. 옛날에 서로 거들 떠 보지도 않더니 말입니다. 시진핑이 그래도 이웃나라 국가원수가 미혼의 여성이니까 싫진 않은 모양이지요. 우리나라 삼국시대에 당나라 황제가 진덕여왕이 올린 찬양 시를 보고 좋아하는 것과 비슷해요. 이게 바로 삼국통일의 원동력이 되었죠. 이 시진핑이 박근혜 대통령에게 호감을 가지고 남북통일에 도움을 주면 좋겠지요. 역사는 돌고 도니까요.

어쨌든 중국하고 일본이 그렇게 전쟁 직전에까지 갔는데 불구하고 다카쿠라 켄이 죽었을 때 중국의 외무부는 국가성명을 아주 이례적으로 발표합니다. 먼저 다카쿠라 켄이 죽었다고 하니까 일본 정부는 기자회견을 했습니다. '전후 일본을 대표하는 영화계의 대스타 다카쿠라 켄 씨가 한 시대를 마감하면서 막을 내렸다. 애도를 표한다.' 라고 하니까, 그 다음 날에 중국 정부도 애도 성명을 발표합니다. '다카쿠라 켄 선생은 중국 인민에게 널리 알려진 예술가이며, 중일 문화의 경로 촉진에 매우 중요한 공헌을 했다. 그 분의 별세에 애도를 표한다.' 이런 식으로 말입니다. 왜 그랬냐면 두 가지 면에서 인연이 있었어요. 중국은 모택동이 지배하는 문화혁명 때 완전 쇄국이었습니다. 외국의 것은 온전히 다 막아버렸어요. 우리가 가난하게 살더라도 자본주의 이데올로기에 절대로 오염이 되어서는 안 된다 하면서 말입니다. 자본주의가 일체 근접하지 못하게 했는데, 모택동이 죽고 나서 이제는 시대를 거스를 수 없다, 개혁개방을 해야 한다는 시대적인 요청을 외면할 수가 없었습니다. 아무리 사회주의, 사회주의 하지만, 자기 발전을 위해선 자본주의에 대한 적대성과 비타협성을 성찰하고, 스스로의 체제는 개방하고, 개혁해야 합니다.

(아직 개혁개방도 하지 않는 북한은 50년 전의 1인당 GDP나 지금이나 똑같습니다. 개혁개방을 하면 자기들이 죽는 줄을 알고 있어요. 중국은 북한에 끊임없이 그걸 요구하지만, 북한은 중국의 조언에 쇠귀의 경 읽기예요.)

근데 개혁개방과 함께 처음으로 외국 영화가 중국의 TV에 방영됩니다. 다카쿠라 켄이 주인공으로 출연한 영화 「당신, 분노의 강을 건너서 (君よ憤怒の河を渉れ)」입니다. 이 영화가 우리에게 전혀 소개가 안 되어서, 저도 본 일이 없습니다. 지금 찾고 있는 중이에요. 저는 이 영화가 어떤

영화인지, 내용이 어떤지에 관해 꽤 궁금합니다. 제가 알고 있는 정보로는 1976년 작품이고요, 러닝타임이 꽤 긴 151분이랍니다. 한국어 제목으로 누가 '그대여, 분노의 강을 건너라'로 사용한 바가 있었어요. 중국에선 이것이 처음으로 소개된 외국 영화니까 관심 있게 골랐겠죠. 이것 때문에 중국의 인민들에게 다카쿠라 켄의 이미지가 굉장히 강렬했던 것 같아요. 첫인상이란 그런 겁니다.

그리고 세월이 꽤 흘렀습니다. 중국과 일본이 합작 영화를 만듭니다. 중국의 국민감독인 장예모가 연출하고 일본의 국민배우인 다카쿠라 켄이 출연한 영화 「천리주단기(千里走單騎)」예요. 우리나라에 비디오와 DVD로 나왔습니다. 두 영화인은 국경을 넘어 오랫동안 교분을 쌓아 왔대요. 이 제목은 중국의 고사성어에서 가져 왔어요. 관우가 조조에게 붙잡혀 있을 때 조조가 그를 부하로 삼으려고 엄청나게 잘 대접해줍니다. 이 관우는 언제든지 자기는 의형님(유비) 소식만 들리면 달려가겠다고 합니다. 하루는 조조가 관우에게 명마인 적토마를 선물합니다. 이는 한 번 달리면 하루에 천리를 가는 말입니다. 그러면서 환심을 사면서 자기 편이 되어줄 것을 간청했지만, 관우는 이렇게 중얼거립니다. 아, 이 말을 타고 형님에게 빨리 달려갔으면 좋겠다고요. 이 말을 듣고 조조가 크게 실망합니다. 천리주단기, 즉 말 한 필을 이끌고 천리를 달린다는 뜻이죠. 이 영화의 내용도 중국과 일본의 껄끄럽던 과거 관계를 극복하자는 의미가 있는 영화입니다. 그래서 중국 관객들에게 뭔가 다가선 것이 있었기에 다카쿠라 켄에 대한 여러 가지 인상이나 상념 같은 게 남아 있지 않았겠느냐, 짐작해요. 그래서 공식적으로 애도했을 겁니다.

배우 다카쿠라 켄은 1960년대의 야쿠자영화에 주로 출연했어요. 자기들 말로는 협객영화라고 해요. 정확하게 말하자면, 야쿠자가 등장하는 영화에 주로 출연했어요. 악인으로도 나왔지만, 주로 의협심 있는 주인공으로 나왔다고 해요. 특히 쇼와 시대의 고독한 잔협(殘俠)의 이미지를 강하게 남긴 개성적인 배우라고 말할 수 있어요. 잔협이란, 산업화에 의해 빛이 바래진 협객이란 뜻이에요. 일본 역사에서 1860년대를 가리켜 막말(幕末)이라고 하는데 그 당시에는 새로운 시대의 퇴물이 된 마지막 사무라이들이 잔존했어요. 1860년대의 사무라이와 1960년대의 잔협은, 백년 시대의 간격을 두고, 뭔가 서로 통하는 바가 있었어요. 일본적인 향수랄까요? 일본 영화계가 1960년대에 TV 보급으로 인해 영화 관객이 감소하니까 새로운 활로를 개척하기 위해, 일본적인 갱스터 무비인 야쿠자영화에 올인해 성공을 거두었어요. 우리나라에도 왜색(倭色)의 야쿠자영화를 수용해 명동 조폭들의 활극을 보여준 영화들이 심심찮게 제작되기도 했어요. 1960년대 말에서 1970년대 초의 일이었지요. 대체로 보아, 제 중학교 때의 일이었지요.

다카쿠라 켄은 그 시대 야쿠자영화의 최고 스타를 넘어 문화 아이콘이었어요. 70편 넘게 출연했다나요. 그는 키가 아주 큽니다. 180cm예요. 그 시대에 영화배우가 키가 크면 결격 사유예요. 물론 연극무대에서는 키가 크면 클수록 유리하겠지요. 한국이나 일본에 키가 작고 오밀조밀하고 단아하게 생긴 여배우가 대부분인데 짝이 맞아야 키스신도 할 것 아니에요? 남녀의 연애가 중심 소재가 아닌 야쿠자 역으로서 그가 출연하였으니 문제가 없었죠. 그는 주로 나쁜 깡패를 때리는 정의파 주먹장이로 나왔어요. 야쿠자 즉 조폭의 세계에도 선과 악이 공존하고, 야쿠자영화는 권선징악의 카타르시스를 통해 관객을 유인했지요. 그렇게 수십 년을 하다가 늙어갔고, 야쿠자영화의 인기가 시들하니까 그가 무슨 영화에 나왔냐 하면 아주 잔잔한 감동을 주는 영화에 출연하게 되었던 거예요. 그에 관한 참고 자료를, 제가 여러분에게 나누어주었는데 보세요. 김영심 지음의 『일본 영화 일본 문화』(2006)라고 하는 책 180쪽에서 인용했어요. 제가 읽을 테니, 여러분은 눈길을 줘요.

　　그는 매우 예의가 바른 사람으로 알려져 있다. 공연자는 물론 감독이나 프로듀서들에게도 항상 감사하다는 말을 잊지 않았고 대스타가 된 뒤에도 겸손한 자세로 일관했다. 그가 맡은 역은 주로 성실하고 과묵한 것들이었는데 그러한 모습은 자연인 다카쿠라 켄의 실제 모습과도 일치하는 것이었다. 또한 그는 40여 년간 2백 편 이상의 작품을 찍어온, 오로지 영화를 위해 외곬인생을 살아온 유일한 인물이다.

　　이 인용문을 보면, 그가 왜 일본의 국민배우인가를 알 수 있게 하지요. 국민배우는 국민적인 존경을 받아야 하는 배우잖아요? 연기력이나 영화적인 성취만으로 국민배우라고 할 수 없지요. 기본적으로 인성이나 인품이 있어야 하고, 사생활의 흠결도 물론 없어야 하겠지요. 제가 영화평론가라서 영화계의 숨은 얘기들을 좀 아는데, 우리나라 스타 배우 중에서 술주정과 폭력적인 면이 있는 사람이 있는가 하면, 인성이 좋아도 사생활에 문제가 있는 이도 있어요. 1960년대의 국민배우인 김승호 선생 이후의 국민배우라고 한다면, 안성기가 적절하다고 봐요. 인성과 사생활과 연기력 중에서 어느 것 하나 결격 사유가 없잖아요? 한국에 전해진 말에 의하면, 다카쿠라 켄은 아내와 이혼하면서 독신으로 살아도 여성 관계의 가십 하나 없었다고 합니다.

　　다카쿠라 켄의 영화 중에서 대표적인 영화 몇 편을 꼽으라면, 「일본협객전」(1964), 「행복한 노란 손수건」(1977), 「역(驛)」(1981), 「철도원」(1999) 등을 꼽을 수 있습니다. 이 중에서도 그의 나이 예순여덟의 나이에 출연한 「철도원」은 필생의 대표작이에요. 일본 국내외적으로 엄청난 반향을 불러일으킨 영화였어요. 일본에도 아카데미상이 있는데 일본 아카데미상 9개를 수상하고, 캐나다 몬트리올 영화제에서, 그는 남우주연상을 받습니다. 평생 철도원 업무만을 해온 역장의 이야기입니다. 북해도(홋카이도)에 있는 호로마이역이 곧 폐선이 되고 자신도 정년퇴임을 앞두고 있습니다. 상념에 빠집니다. 호로마이란, 반딧불이가 춤을 춘다는 뜻의 지명입니다. 제가 작년 초여름에 한 학회에서 북해도 행사가 있어서 함께 간 일이 있었는데 영화「철도원」의 촬영 세트가 그대로 잘 보존되어 있더군요. 철로와 역사(驛舍)가 그대로예요. 겨울이면 눈 많이 내리는 곳인 이곳에서 영화를 촬영했었겠지요. 이곳은 눈만 내린다면 영화 속의 장면이 그대로 재현될 것만 같은, 무대 같은 공간이었습니다. 각별한 장소성이 느껴졌어요.

줄거리는 이렇습니다.

북해도 호로마이 역장인 사토 오토마쓰는 정년을 얼마 남기지 않고 17년 전 과거의 일을 회상합니다. 늦게 본 갓난아이인 외동딸 유키코(雪子 : 눈의 아이라는 뜻)가 독감으로 심하게 앓아 밖으로 실려 나갑니다. 그는 여전히 깃발을 들고 호각을 불며 '출발'을 외쳐댑니다. 아이는 싸늘한 주검이 되어 돌아옵니다. 그와 그의 애는 이런 대화를 나눕니다.

왜 울지도 않죠? 저를 위해 울어줄 수 없나요?
난 철도원이니까, 집안 일로 울 수 없어요.
당신은 죽은 딸도 깃발을 들고 맞이하더군요.
난 철도원인걸, 어쩔 수 없잖아. 내가 깃발을 안 들면 기차 운행이 제대로 안 되는 걸.
당신 아이 유키코가 눈처럼 차가워져서 돌아왔어요!

일본 사람들 중에는 죽음에 대해서 이처럼 엄격하고 절제하는 사람들이 적지 않아요. 더욱이 극중의 주인공인 사토 역장은 직분에 굉장히 충실한 사람이잖아요? 직분에 관한 한, 일본인이 우리보다 선공후사, 멸사봉공의 정신이 강한 것은 사실입니다. 저는 평생을 살아오면서 우리나라의 공인이 공익보다 사익에 선행하는 일들을 경험적으로 무수히 보아왔어요. 공익과 사익의 경계조차 모르는 이도 있어요. 이 영화는 우리나라에선 나올 수 없는 영화라고 봅니다. 일본적인 삶과 일상 문화가 녹아 있습니다.

사토 역장은 세상을 떠난 아내도 생각합니다. 그는 이때에도 자기의 일 때문에 아내의 임종을 지키지 못합니다. 그는 여전히 고지식해요. 내가 홈에서 깃발을 흔들지 않으면 누가 기차를 유도할 텐가? 딸이 죽는 날에, 그가 공문서에 '이상무'라고 썼습니다. 정년퇴임을 앞두고 눈 내리는 날에 그는 환영에 사로잡힙니다. 네 살짜리 되는 소녀를 플랫폼에서 만나고, 역 안에서 초등학교 여학생을 만나고, 저녁때는 초등학교 여학생 언니인 여고생이 오는데, 다 같은 사람이고, 결국은 죽은 자기 딸입니다. 죽은 자기 딸을 보면서 생각하면서, 눈이 쏟아지는 홈에서 그 역시 죽어갑니다. 순직으로 생을 마감하지요. 보다시피, 영화 「철도원」은 극적인 반전이나 활력조차 없는 저예산 복고풍의 영화예요. 하지만 관객이 느릿한 템포와 지루함의 강물을 건너고 나면, 무언가 여운이나 파문이 남는 영화, 생각의 여지가 물안개처럼 피어오르는 영화입니다. 자, 그러면 제가 편집한, 의미 있는 내용을 감상해 보겠습니다. 보시지요.

(강의실의 불이 꺼지고, 커튼이 내려지고, 학생들은 20분 정도로 편집된 「철도원」 복사물을 감상한다.)

잘 보았습니까? 어때요? 정말 무언가 여운이 남거나, 생각의 여지가 물안개처럼 피어오르거나 해요? (일부 웃음소리와 함께, 네, 하는 소리가 들린다.) 저는 이 영화에서 영화 속에 담긴 사회문화적인 배경을 읽을 수 있다고 봅니다. 네 가지 관점에서 요약하려고 합니다. 집단 속의 개인관, 소명적 직업관, 무상(無常 : 덧없음)의 사생관, 초현실의 심미관이에요.

이 개념들을 설명하기에 앞서 짚어보고 넘어갈 게 있습니다. 언론인이면서 일본 영화 전문가인 전운혁은 영화 「철도원」을 가리켜 '일본 군국주의 정신에 대한 헌사'라고 했어요. 헌사는 프랑스어 '오마주'와 비슷해요. 경의랄까, 존경심을 표하는 것. 왜? 철도와 제복이 일본 군국주의의 표상이니까. 아무리 우리가 일본과 감정적으로 정리되지 않은 무언가가 남아있다고 해도, 그렇게 막 갖다 붙이는 게 아니에요. 일본 군국주의의 종언은 1945년이요, 이 영화가 상영된 때는 1999년. 일본이 54년 전에 이미 사라진 군국주의가 뭐가 아쉬워 다시 소환하려고 합니까? 1990년대 일본은 경제적으로 어려움을 겪는 시기인데. 저는 이 영화가 도리어 이런 국가 개념에 대한 성찰을 던져준 것이라고 봐요. 20세기의 일본은 국가주의의 시대였어요. 메이지의 영광이 극에 달한 러일전쟁(1904~1905)의 승리에서, 황국(皇國) 및 군국(軍國)이라고 하는 국가 개념을 지나, 패전 이후에 고도성장의 경제대국 성취에 이르기까지 숨가쁘게 달려 왔어요. 고도성장의 절정기는 1980년대 말이었어요. 1990년대가 들어서자마자, 일본은 곤두박질치게 됩니다. 1990년대는 메이지 유신 이래 백 수십 년 동안에 욱일승천의 상승 지향을 공동선의 가치라고 여겨온 일본에게 적잖은 충격을 안겨준 세기말 연대입니다. 영화 「철도원」이 시기적으로 먼 군국주의 시대에 대한 향수라기보다 동시대의 문제의식을 보여준 영화라고, 저는 봅니다.

　이 영화에 반영된 사회문화적인 배경을 봅시다. 첫째, 집단 속의 개인관이 있습니다. 일본이 개인보다 집단에 우위에 두는 것은 오래 계승된 전통입니다. 구미(歐美) 사회에서의 가치관에서 볼 때, 이것은 문화적인 상대주의를 드러내는 것이라고 하겠습니다. 1703년, 사무라이 47인이 주군의 원수를 갚고 집단으로 죽음을 선택한 사건이 있었어요. 지금의 고베시인 아코번에서 일어난 사건이라고 해서 아코 사건이라고 해요. 이 실화는 '주신구라'라는 이름으로, 지금도 가부키 · 소설 · 영화 · TV 드라마 등의 다양한 형태로 소비되고 있습니다. 우리나라의 춘향전처럼 일본인들이 가장 열광하는 이야기죠. 일본 사회가 20세기에 이르러 전체주의화된 데도 영향을 끼친 듯해요. 그런데 영화에서는 아무리 하찮은 일이라도 개인의 일보다 공적인 일을 중시하는 사토 역장에 대해 그 아내가 항변하는 말에서, 또 죽은 딸이 죽음 속에서도 나이가 들어서 나타나는 것은 과연 집단 속의 개인관이 온전히 옳은 것이냐를 되묻는 것 같습니다. 둘째, 소명적 직업관이 드러납니다. 일본인들은 자기 직업을 천직으로 여기면서 자신의 모든 걸 거는 경향이 있어요. 그들의 장인정신, 이른바 '모노즈쿠리'는 고도성장의 원동력이 되기도 했죠. 그런데 1980년대에 부동산과 주식에 투자한 기업들이 거품이 빠짐으로써 큰 손실을 입게 되자, 부채 상환에만 매달리면서 기업의 장인정신은 상실해 갔습니다. 일본에서는 평생직장이라는 일본적 고용 구조가 낳은 고도성장기의 회사적 인간상은 곧 사회적 인간상이었습니다. 일본인에게 회사는 사회요, 사회는 회사였지요. 이런 등식이 1990년대에 이르러 깨지기 시작해요. 영화 「철도원」에서의 사토 역장도 평생직장의 장인정신을 가지고 살아온 사회적 인간상이에요. 영화에서는 이런 기성세대의 퇴장을 예고하고 있어요. 다카쿠라 켄 역시 영화계에서 배우로서 한 길

잔잔한 심금을 울린 영화 「철도원」의 장면들. 아래쪽은 죽은 딸의 역에 출연한 배우 히로스에 료코이다.
상영될 그 당시에 일본인들이 가장 사랑했던 신인 여배우였다.

로 걸어온 삶의 역정이 영화 속의 주인공 역할처럼 평생직장에서의 장인으로 살아온 거예요. 셋째는 일본 사회가 불교의 선(禪)에 큰 영향력을 받아 죽음조차 일상의 것으로 수용하는 무상의 사생관을 보여주고 있습니다. 일본인들이 전통적으로 사물의 변화에 민감하게 반응함으로써, 덧없음의 정조가 문학과 예술에서 중요한 모티프가 되고 있어요. 영화 「철도원」에서도 마찬가지입니다. 마지막으로 이 영화에서 일본인들의 초월적인 심미관에 주목할 수 있어요. 일본 미의식 중의 하나에 '유현(幽玄)'이라는 게 있어요. 일종의 초현실의 현상인 거죠. 죽은 딸의 환영이 나타난다는 건 우리의 정서와는 맞지 아니하는 부분이에요. 이에 비하면, 우리는 유교적인 합리주의나 현실감각에 익숙하잖아요? 이상으로, 영화 「철도원」에 나타난 몇 가지 사회문화적인 배경에 관해 살펴보았습니다.

영화 「철도원」에 출연한 다카쿠라 켄이 자신이 있어야 할 자리를 지킨다는 직분, 직업윤리에 충실한 주인공의 역을 맡았지만, 고도성장 시대의 혜택을 받지 못하고 변방에서 소외된 삶을 살아온 직장인의 애환을 담은 것이라고 볼 수도 있습니다. 만약 그렇다면 과거 군국주의에 대한 헌사 운운 하는 건 해석의 치명상이 되지 않겠어요? 일본인들의 자의식 과잉도 늘 문제지만, 그들의 자기 성찰도 짚어야 합니다. 이 영화뿐만 아니라, 지금도 그들의 자기 성찰은 이어지고 있습니다. 일본 사회에 정치적인 큰 영향을 끼친 소설은 시바 료타로의 역사소설 「언덕 위의 구름」(1968~1972)입니다. 이것은 산케이신문에 햇수로 5년간 연재했어요. 명치유신에서 러일전쟁에 이르는 시간대(1868~1905)를 배경으로 메이지 시대의 영광을 구가한 국수적인 작품입니다. 일본인들을 극우의 늪으로 몰아넣은 소설이지요. 이것이 약 40년 만에 드라마로 재현됩니다. 일본의 NHK에서 대하드라마로 2009년부터 햇수로 3년간 방영했어요. 이 드라마가 끝나기도 전에 후쿠지마 원전사고가 터진 거예요. 다시 한 번 극우의 늪으로 몰아넣은 자신들에게 엄청난 성찰의 변곡점이 된 사건이었어요. 언덕 위의 구름처럼, 우리가 과연 욱일승천의 상승 지향을 공동선의 가치라고 여겨야 할 것인가, 하는 성찰 말이에요. 작년(2014)에 일본에서는 일본 사회를 반성한 어떤 책이 베스트셀러가 되었어요. 제목은 '하산(下山)의 사상'이라고요. 제목부터가 무언가 의미심장하지요. 일본 사회가 끝없는 진보의 환상을 좇는 것을 돌이켜보면서 이제부터는 아래로 향해 내려와야 한다는 것. 양적 성장이 아니라, 질적 성숙이어야 한다는 것. 우리에게도 교훈이 되는 사상이네요.

저는 그렇게 생각해요. 영화 「철도원」은 15년 전에 미리 보여준 일본 영화의 '하산의 사상'이라고요. 영화가 극적이지도 않고 활력이 없어도 좀 재미나 볼거리가 없어도, 그것은 자기 자신에 대한 성찰의 실마리를 제시한 것이라고 봐요. 영화는 일본적인 직분의 미학이 아름답다고만 본 것이 아니라고 봐요. 다카쿠라 켄은 영화에서 눈물짓는 장면을 보인 적이 별로 없었다고 해요. 그런데 이 영화에서는 그가 몇 차례 눈물을 흘립니다. 영화를 보면서 눈물을 흘린 한 관객이 그랬대요. 영화의 스토리가 애상적이어서 운 게 아니라, 다카쿠라 켄이 우는 걸 보고 어쩔 수 없이 울었다고요. 그를 가리켜 팬들은 '겐짱'이라고 한대요. 짱은 친구에게 붙이는 아주 친밀한 호칭이에요. 친밀감이 없으면 붙일 수 없는 접미사가 짱이에요. 반면에, 한류 스타 배용준을 두고 '욘사마'라고 하는 건 아주 격식을 갖춘 호칭이에요.

자, 마무리할 게요.

다카쿠라 켄은 일본에서도 한국계라고 소문이 나 있어요. 일본 영화계에서는 이 사실이 공공연한 비밀이라고 합니다만, 어디까지 진실인지 알 수 없어요. 미확인된 정보에 지나지 않습니다. 그가 살아생전에, 난 소문처럼 한국계가 아니다, 라고 말한 적이 없다고 해요. 그가 중국의 국민배우 진옌(김염)처럼 한국계냐, 아니냐 하는 것은 그다지 중요한 얘깃거리가 아닙니다. 그는 인간의 보편적 가치에 기여한 위대한 배우입니다.

오늘 수업을 여기에서 마칩니다.

학생의 수업 소감

이번 영상문학 수업에 동아시아의 영화에 관해 공부를 많이 했다. 구로사와 아키라의 「라쇼몽」, 유현목의 「오발탄」, 첸카이거의 「현 위의 인생」 등의 옛 영화를 감상했다. 나는 이번 학기 강의를 통해 내가 알지 못한 배우들을 처음으로 알게 된 경우도 많았다. 평소에는 현존하는 배우들만 알고 있었고, 또 그들만이 멋있다고 생각했었다. 하지만 이번의 수업을 통해 지나간 시대의 배우로서의 삶을 배우고, 관련된 영상을 직접 대하니, 그들 또한 지금의 배우들만큼, 아니 더 멋있고 대단한 삶을 살았다는 것을 깨달았다. 요즘의 배우들은 이것저것 여러 가지 역할을 다 해서 그들만의 특별한 이미지가 없다. 하지만 진옌, 김승호, 다카쿠라 켄 등은 그들만의 역할이 뚜렷이 드러나 있고, 그래서 그들은 자신의 감정을 더 진솔하게 표현할 수 있었던 것 같다. 또한 우리나라만을 공부하는 것이 아니라 이웃나라인 중국과 일본을 함께 배우니까, 동북아시아 현대사와 관련된 배경 지식을 쉽게 이해할 수 있었다. 게다가 평소 내가 구할 수 없는 영상 자료들과 함께 배울 수가 있어서 매번 뿌듯했다. 국어교육과 학생인 나는 앞으로 교사로서의 직분에 충실하겠지만 글쓰기의 일에도 관심이 많다. 이런저런 영화 보기의 경험들이 축적되면 글쓰기에도 도움이 될 것이다. (유슬기)

영화 속의 교육 : 죽은 시인의 사회

학생 여러분.

원래 계획은 박경리의 「토지」에 관해 오늘 수업을 진행하려고 했는데, 다음 주로 미루겠습니다. 이즈음 우리 학교에서는 역량 강화 사업의 일환으로 학생들을 대상으로 수요 특강을 하고 있어요. 알고 있죠? 지난 금요일 방과 후에 뜻밖에 박경묵 학생처장에게서 전화가 왔어요. 특강 좀 해달라고요. 꼭 해달라고 해서 난감했지만, 하긴 했어요. 어제 했어요. 어제, 내 특강 들은 사람, 손들어 봐요. 몇 명 되죠? 손 든 자네들은 오늘 수업, 굳이 안 들어도 돼. 나가고 싶으면 나가도 돼요. 뭐, 또 듣겠다면 괜찮고.

어제 특강 제목은 '영화 속에서 걷는 교육의 길'이었어요. 물론 같은 내용이지만 오늘 제목은 '존 키팅은 시(詩)를 어떻게 가르쳤나?'로 하겠습니다. 영화 속에서 한 선생님이 어떤 식으로 시를 가르치고 있는가 하는 문제에 대해서 우리가 함께 살펴보고, 또 우리 교육을 되돌아보면서 반성해보자는 의도가 담긴 수업이 되겠습니다.

교육영화란 무엇인가? 교육영화는 영어 발음으로 '에듀케이셔널 필름'이라고 해요. 교육을 소재로 하거나 배경으로 삼은 영화인데, 이 중에서도 특히 인간에 관한 진지한 물음을 제기하는 영화라고 할 수 있어요. 물음을 제기한다고 하는 것은 이른바 성찰의 의미를 담고 있는 것이죠. 근데 여기에서 생각할 게 있어요. 교육영화라고 이르는 것은 교육적인 내용만 있는 것이 아니라, 우리가 일반적으로 생각하는 반(反)교육적인 내용도 포함하고 있다는 사실입니다. 교육적이거나 반교육적인 내용들 다 포함해서 이를테면 교육영화라고 할 수 있다는 겁니다. 반교육적인 것에서도 교육적인 반면의 의미를 찾을 수 있으니깐 말이죠. 그럼 반교육적인 내용이 뭡니까? 예컨대, 학교폭력, 왕따 현상, 교사의 비리, 여학생의 원조 교제 등 이와 같이 사회적으로 부정적인 것도 다 교육영화 속에서 다루어진다는 것입니다.

이런저런 것 중에서 우리 스스로를 되돌아보면서 성찰하고자 하는 것, 그리고 교육영화는 공동선(共同善)의 실현의 문제와 밀접하게 관계된다는 말이 (제가 미리 나누어 준 강의 자료의) 밑에 내려가면 있습니다. '공동선'이란 말을 들어봤습니까? 누구에게나 좋은 것, 보편적인 가치, 이게 공동선입니다. 교육영화는 공동선을 지향하는데 의미를 두고 있습니다. 인간적인 공동선은 인격, 인간성, 인간의 품위와 관련된 공동선입니다. 결국 이 교육이란 것이 인간을 인간답게 하는 데에 그 목적과 의의를 두고 있지 않습니까? 인류의 보편적 가치를 지향하는 교육이 바로 공동선입니다.

그러면 특수선은 또 뭐냐? 특수선은 좋긴 좋은데 누구에게나 다 좋은 게 아니라 일부에게만 우선적으로 좋은 것, 이것이 바로 특수선입니다.

그러니까 성과 인종과 계급과 이데올로기와 관계되는 이런 문제들이 바로 특수선과 관련이 됩니다. 예를 한번 들어봅시다. 기독교는 종교 중에서 가장 위대한 종교이다, 라고 하면 공동선입니까? 특수선입니까? (학생 : 특수선이요.) 나는 돌아가신 노무현 전 대통령을 존경한다고 하면, 공동선입니까? 특수선입니까? (한 학생 : 특수선이요.) 그렇죠. 노무현 대통령 싫어하는 사람도 있잖아요? 좋아하는 사람들을 가리켜 '노빠'라 하거든요, 노빠. 오빠 부대 같은 사람들이란 뜻이에요. 오빠라는 말 참 많이 쓰지요? 일제강점기에 오빠는 풍각쟁이, 라고 하는 유명한 노래가 있었죠. 들어는 봤어요? 요즘은 오빠는 풍각쟁이가 아니라, 강남스타일이라고 하죠. 풍각쟁이는 노래, 춤, 연주 잘 하는 멋쟁이 정도의 뜻이에요. 풍각쟁이든, 강남스타일이든, 뜻은 같아요. 노는 오빠라는 점에서. (학생들 웃음소리) 자, 그러면, 독도는 우리 땅……공동선입니까, 특수선입니까? (한 학생 : 특수선이요.) 그래요. 특수선이죠. 일본 애들은 싫어하지, 그렇지? 독도는 우리 땅 하면 인류의 보편적 가치는 아니잖아? 우리 민족의 특수한 가치잖아요, 그렇죠? 근데 교육영화는 성과 인종과 계급과 이데올로기의 문제로부터 넘어섭니다. 남성이 여성보다 우월하다, 백인이 흑인보다 낫다, 이런 문제와 관계없습니다. 교육영화는 인간의 공동선을 지향 한다는 사실을 전제로 삼습니다.

교육영화의 갈래로는 크게 세 가지로 나누어 볼 수 있습니다. 첫째는 교사 소재 영화이에요. 교사 중심의 영화, 한 선생님이 주인공으로 이야기를 중심적으로 이끌어 가는 것, 영어적인 표현으로는 '티처스 온 무비(teachers on movie)'라고 할 수 있지요. 일반적으로 교육영화라고 하면, 이것을 염두에 두고 말합니다. 보통 교사 소재의 영화를 보면, 선생님이 인격자로 영화에 등장해요. 고전적인 성격의 교사 소재 영화들을 보면, 따뜻한 인품, 고매한 인격을 갖춘 시야가 넓은 인물로서, 방황하는 어린이나, 청소년 학생들을 이끌어주는 그런 내용인 게 많아요. 세상의 거친 풍파를 극복할 수 있도록 용기를 주고 자신감을 심어주는 이미지의 선생님이 한 동안 영화 속의 주된 교사상이었어요.

근데 요즘 영화의 이야기는 굉장히 희화화(戲畫化)된, 우스꽝스럽게 그려진 선생님들이 많이 나와요. 한 3년 전에 아주 웃기는 영어 선생님이 나와서 내가 고속열차 안에서, (고속열차 안에도 영화관이 있어요.) 참 재미있게 본 게 있었는데, 제목은 기억이 안나. 우리나라 영화인데, (한 학생 : '울 학교 이티' 아니어요?) 뭐? (학생 : 울, 학, 교, 이, 티!) 맞아, 울 학교 이티 맞아. 지금도 생각하면 참 재미있게 본 영화였어요. 2003년에 본 외국 영화「스쿨 오브 락(The School Of Rock)」과 유사한 그런 영화인데. 옛날 고전적인 교육영화는 이미지가 지나치게 인생의 멘토 같이 진지한 이미지가 강하지만, 요즘 교육영화 속의 교사상은 교사도 인간적인 교사, 희화화된 선생님 캐릭터를 통해 즐거움을 주는 게 많다는 것.

두 번째 유형으로는 성장기 경험 형 교육 영화를 들고 싶습니다. 그러니까 교사보다는 학습자 중심의 소재 영화가 두 번째 유형이라고 하겠습니다. 청소년들이 등장하면 '성장기 경험 형 교육영화'라고 할 수 있을 테고, 대학생들이 등장하면 하면 '캠퍼스 드라마 형 교육영화'라고 할 수 있습니다. 지난 토요일 EBS에서 '주말의 영화'에 「하버드 대학의 공부벌레들」이라는 영화를 상영했습니다. 참으로 유명한 영화예요. 1973년, 여러분이 태어나기 훨씬 이전에 나온 영화인데 뒤에는 TV드라마로 리메이크해 방송되었고, 우리나라에서도 그 TV드라마가 더빙을 해서 굉장히 인기 있게 방송된 적이 있었습니다. 1980년대 전두환 시대였죠. 우리 대학생들도 데모를 하지 말고, 미국 애들처럼 공부나 하라고, 의도적으로 띄운 정책성 드라마였어요. 요컨대 그 드라마는 하버드

대학의 공부벌레들, 하버드 대학을 배경으로 한 수재들의 모임, 로스쿨 수재들의 학창 시절의 창(窓)에 비친, 그들의 삶의 애환, 도전과 좌절, 꿈과 사랑 등 이런 얘기들을 엮어간 것예요. 이처럼 교사보다는 학습자, 학생들이 중심이 된 이야기가 두 번째 유형이구요, 이 경우에 교사가 보통 조연급으로 나옵니다.

세 번째는 문제제기적인 대안 형이라고 할 수 있겠는데 좀 반(反)교육적인 내용, 반사회적인 내용과 관련됩니다. 옛날에 전교조가 처음으로 조직되었을 때, 그 전교조에서 만든 홍보용 영화도 있었습니다. 「닫힌 교문을 열며」(1992), 볼만한 영화예요. 이 세 번째 유형의 가장 대표적인 영화로는 영국의 영화감독 알란파커가 연출한 「핑크 플로이드의 벽(Pink Floyd : The Wall)」(1982)이 있어요. 혹시 본 사람 있어요? 굉장히 유명한 영화죠. '핑크 플로이드'는 락(rock) 그룹입니다. 노래를, 대중가요를 영화로 만든 것인데 굉장히 좀 일탈적이고 교육 문제의 문제점을 제기하면서 현존의 질서를 반대하고……'서태지와 아이들'도, 이에 영향을 받았는지 어떤지 「교실 이데아」(1994)라는 노래를 만들게 한, 영감을 고취시켰던 그런 영화였지요. 알란 파커는 진보적인 정치의식, 비판적인 사회의식이 담긴 영화로 유명한 감독이에요. 다음에 인용된 것은 우리나라 대중가요 「교실 이데아」의 노랫말 일부입니다.

매일 아침 일곱 시 삼십분까지
우릴 조그만 교실로 몰아넣고
전국 구백만의 아이들의 머릿속에
모두 똑 같은 것만 집어넣고 있어
막힌 꽉 막힌 사방이 막힌
널 그리고 우릴 덥썩 모두를 먹어 삼킨

영화 「죽은 시인의 사회」의 주인공인 존 키팅 역을 맡은 배우 로빈 윌리엄스. 우리에게 비교적 친숙한 배우다. 그는 1997년에 「굿 윌 헌팅」으로 아카데미상 남우조연상을 수상했다.

　　이 시꺼먼 교실에서만
　　내 젊음을 보내기는 너무 아까워

　　자, 그러면 오늘의 수업 내용을 본격적으로 시작하겠습니다. 1989년에 만들어지고 우리나라는 1990년에 상영된, 여러분들 대체로 몇 년 생이지? (학생들 : 1993년생이요.) 태어나기 몇 년 전에 이 영화가 세상에 나왔었고, 여러분은 그 동안 제목도 많이 들어봤을 거야. 이런 영화가 있었다는 거, 원작 소설이 따로 있는 게 아니고 시나리오 작가에 의해서 만들어진 영화입니다. 이게 도저히 성공할 거라고 생각을 못해서 폐기하려고 한 순간에서 시나리오 작가의 아내가 어쩌면 뜰지 몰라요, 하는 한 마디에 영화감독에게 보내서 영화를 만들었는데 아주 세계적인 히트 작품이 되었어요. 그래서 아내 말을 잘 들어야 가정이 편안해지고, 자다가도 떡이 생긴답니다. 여러분도 여러분의 아빠가, 엄마 말을 잘 듣는지, 안 듣는지 유심히 살펴보세요. 이 영화의 제목은 바로 '죽은 시인의 사회'예요. 하도 유명해서 여러분도 잘 알 거예요. 1989년에 미국에서 처음으로 개봉된 영화. 올해가 2012년이니까, 어느덧 23년이 지난 영화네요. 23년밖에 되지 않아도 이 영화는 이제 교육영화의 클래식 등급이 되었어요. 본래 영어 제목으로는 '뎃 포위츠 소사이어티(dead poets society)'입니다. 영화감독 피터 위어(Peter Weir)가 연출한 128분의 영화죠. 이 영화는 1990년에 세 영화제에서 각본상, 작품상, 관객상을 받은 3관왕의 영화예요. 시나리오의 문학성, 연출의 역량, 수용자의 반응에 있어서, 사실상 모두 인정을 받은 셈이었네요. 우리나라도 이 해에 개봉되었어요. 우리나라에서는 이 영화가 30만 명 이상의 관객을 동원했고요.

　근데 이 대목에서 꼭 짚고 넘어가야 할 것은 우리식 제목인 '죽은 시인의 사회'가 오역이란 겁니다. 저 역시 애최, 이 어구가 '시인들의 죽은 사회', 시인들이 대처하거나 대응해야 하는 죽은 공동체 정도가 아닌가, 하고 여겼어요. 먼저 알아두어야 사실은 '소사이어티(society)'가 반드시 사회인 것은 아니라는 점이에요. 이 영화에서는 '클럽(모임)'을 가리킵니다. 학생들의 동아리예요. 작고(作故)한 시인들을 위한 학생들의 모임이에요. 이 영화에서 죽은 시인들, 즉 작고 시인은 구체적으로 누구를 가리키고 있을까요? 육신은 죽었어도, 그들이 남긴 시 작품은 영원하죠. 이를테면 셰익스피어, 휘트먼, 쏘로우(Thoreau) 같은 시인들이에요. 이들 시인들의 위대한 명성은 영원히 남습니다. 우리나라의 경우를 비유하자면, '죽은 시인의 사회'란, 고등학교 학생들이 김소월, 정지용, 백석, 윤동주 등과 같은 작고 시인들을 공부하거나, 연구하거나, 기념하거나, 선양하기 위해 만든 서클입니다. 애초의 제목이 관성의 힘을 가지기 때문에, 오역인 채로 그냥 '죽은 시인의 사회'라고 하는 거예요. 뜻밖에 영화가 뜨니까 이것을 소설로 만들어 간행하기도 했어요. 순서상 볼 때, 원작소설은 아닌 거죠. 이런 소설을 두고 이른바 '시네로망'이라고 해요. 그냥 참고로 알아두세요.

자, 여기에 등장하는 주인공은 존 키팅이라고 하는 극중 이름의 문학 선생님입니다. 영화 속의 학교는 웰턴 아카데미라고 하네요. 현실적으론 없는 학교입니다. 소수 정예 부대와 같은 엘리트 학교, 우리나라의 민사고 같은 기숙사형 사립학교인 듯해요. 아주 똑똑한 아이들만 모아서 명문대학교 진학시키는 그런 사립학교 말입니다. 영화 속의 웰턴 아카데미는 전통, 명예, 규율 등의 가치를 표방하는 학교라고 영화 속에 드러내고 있습니다. (이 대목에서 영국 총리 19명을 배출한 이튼 칼리지가 떠오르네요.) 명문대학을 진학하는 뚜렷한 목적의 예비학교인 웰턴 아카데미는 교육의 이상보다는 시속적인 현실을 중시하는 학교네요. 솔직해서 좋습니다. 우리나라의 외국어고등학교는 솔직하지 않지요. 외국어고등학교라면, 외국어를 잘하는 인재를 양성해 장차 외국에도 진출하고 해서 외국문학을 전문적으로 배워야 하는데, 앞으로 유능한 외교관이 되거나 외국어문학자로서 기여해야 하는데, 눈앞의 의과대에 진학하는 것에 혈안이 된다는 것은 근본 취지와 상관없이 무언가를 제도적으로 이용하는 것에 지나지 않지요. 그 무언가는 나도 잘 모르겠어요. 어쨌든 존 키팅 선생은 모교인 이 학교를 우등으로 졸업하고, 훗날 교사로 부임합니다. 학생들과의 첫 대면은 이렇습니다. 첫 대면을 영화를 통해서 봅시다. 제가 옛날 비디오테이프 화면을 복사해 왔어요. 네 가지 시퀀스(sequence)로 편집했어요. 첫 번째 시퀀스는 교사와 학생들의 첫 대면으로서 '까르페 디엠(carpe diem)'을 강조하는 시퀀스예요. 두 번째 시퀀스는 이른바 프리차드 페이지를 찢어버리라고 강요하는 시퀀스고, 세 번째 시퀀스는 학생들의 자작시 낭송을 유도하는 시퀀스입니다. 네 번째 시퀀스는 이 영화의 백미라고 할 수 있는 '클로징(closing)' 시퀀스입니다. 즉, 마지막 장면인 것이지요. 영화의 명장면으로 아주 유명합니다.

(첫 번째 시퀀스를 보여준다.)

방금 보여준 부분은 첫 번째 시퀀스. 즉, 까르페 디엠을 강조하는 부분이에요. 영화에서는 발음이 까르페 디엠이 아니라 카르페 디엠이지요. 카르페 디엠은 영어식 발음이죠. 이것은 원래 라틴어인데, 로마 시대의 셰익스피어라고 할 수 있는 호라티우스의 시에 나오는 간결한, 하지만 울림이 매우 큰 단문이죠. 영어식 표현대로라면, 이를테면 '시즈 더 데이(Seize the day)'⋯⋯이 'seize'의 뜻이 꽉 쥐다, 아닌가요? 하루를 장악하다. 영화 속 자막에서는 뭐라고 번역했죠? 현재를 즐겨라, 네요. 정확하게 의미를 파악하자면, 자신에게 주어진 그 현실을 향유하라는 겁니다. 근데 이 영화 속에 학생들은 그렇지 않거든요. 명문대학교에 진학하려는 뚜렷한 목표 아래 공부만 하는 아이들이거든요. 부모가 과잉된 기대를 하기 때문에, 어떤 점에서는 청소년 시절을 즐기지 못하고, 자기에게 주어진 하루하루를 힘겹게 살아가는 아이들입니다. 그렇죠? 우리 지금 학생들도 그래요. 4학년이 되면, 임용고사 공부하느라고 정신이 없어요. 독서니 호연지기니 하는 말은 우이독경이거나 마이동풍이지요. 하루하루 즐기지 못해. 어떻게 생각하면 행복하지 않은 거거든요. 영화 속으로 돌아갑시다. 하버드 의대에 들어가야 된다. 그러기 위해서는 너는 시(詩)가 뭔지 몰라야 하고, 하고 싶은 연극도 하지 말아야 한다, 라고 자꾸 강요하는 아버지가 나옵니다. 결국 그 아이는 자살합니다. 이 학생이 죽기 때문에, 이 영화는 말거리가 되는 것입니다. 문제제기적이란 겁니다. 영화에서 등장인물이 좀 죽어야 관객들이 감정적으로 충전

이 되죠. 잘생긴 주인공이 죽으면, 어떤 때는 마치 감전되는 것 같은 느낌도 받습니다.

근데 이 영화를 공부하는 여러분도 하루하루를 즐겁게 살아가고 있나요? 한번 생각해 봅시다. 여러분은 1학년 학생이니까 아직 임용고시에 대한 강박관념이 덜 하겠지요. 해마다 학년이 오를수록, 여러분의 스트레스 지수도 높아만 가요. 인생이란 뭐, 어차피 죽으면 백골이 진토 되어 영원의 세계가 아닌 지하수로 흘러갈 텐데. 인생이란 뭐, 풀잎에 맺혔다가 곧 소멸에 이르는 한 방울의 무색투명한 이슬에 지나지 않을 텐데. 여러분에게 주어진 하루하루는 젊은 날의 매우 의미 있고 중요한 나날이에요. 오랜 세월이 흘러야 비로소 알 수 있지요. 마흔이 되어야 젊은 날의 하루하루가 얼마나 소중했던 나날인지 알 수가 있지요. 주어진 하루하루를 가져다가 즐겁게 보내지 않으면, 그 얼마나 불행한 일입니까? 이런 의미에서 까르페 디엠, 하루를 장악하라, 내 자신에게 주어진 현실적인 삶을 향유하라……저 역시 선생된 자로서 여러분에게 한껏 말하고 싶어요.

자, 그러면 두 번째 시퀀스, 즉 존 키팅 선생님이 프리차드 페이지를 찢어라, 라고 외치는 장면을 감상하겠습니다.

(두 번째 시퀀스를 보여준다.)

여러분은 방금 두 번째 시퀀스를 보았습니다. 어때요? 프리차드 박사의 저서 『시의 이해』라고 하는 교재에서 시를 측정하고 재단하는 이론의 부분을 찢으라고 강요하는 내용입니다. 아이들은 처음에는 이게 무슨 말인가 하면서 주저하죠? 주저하다가 뒤에 선생이 큰 소리로 이야기하니까, 존 키팅 선생이 큰 소리로 다시 외치니까 학생들이 재미있다는 듯이 찢어버립니다. 실제로『시의 이해(Understanding Poetry)』(1938)라는 책이 있습니다. 고등학생들이 배우는 책이 아니라, 대학생들, 대학원생들이 전문적으로 배우는 책입니다. 여러분은 몰라도 될 두 명의 미국 뉴크릭티스(신비평가들)가 간행한 (시 분석 방법론에 관한) 공저입니다. 아, 이때부터 미국의 문학비평은 형식주의의 시대로 진입합니다. 문학을 보는 관점은 크게 나누어서 두 가지가 있습니다. 문학의 바깥의 사회 조건이나, 시대 상황, 역사적인 맥락을 통해서 바라보는 것을 두고 역사주의의 관점이라고 합니다.

영화에서 나오는 프리차드 박사는 허구의 인물입니다. 이런 사람은 없어요. 충분히 짐작되는 모델은 있지만, 여러분은 모르는 게 더 좋겠지요. 다만 그는 시를 분석하고 해부해버림으로써 시의 고유한 내재적인 함축의 맛을 없애버리는 것의 상징으로 이용되고 있는 허구의 인물 말입니다. 프리차드 박사의 페이지를 찢어버려라. 페이지의 이론적인 소개 앞부분을 찢어버려라. 이것은 쓰레기와 같은 것이다. 문학이란 측정, 분석, 해부, 재단되는 것이 아니라는 것. 특히 시는 온몸으로 느끼는 것을 받아들여야 된다는 것. 영국과 미국의 뉴 크리티시즘(new criticism)이라는 것이 한물가는 무렵이 되어서야 비로소 우리나라에 도입됩니다. 1960대 이후, 이것이 우리나라의 문학비평과 문학교육에 큰 영향력을 끼쳤지요. 물론 이것은 뭐, 그 나름대로 장점도 있었어요. 작품을 대충 읽고 마는 것에 대한 성찰이랄까, 텍스트를 자세하게, 꼼꼼하게 읽지 않으면 안 된다는 '클로스 리딩(close reading)'의 진지성이랄까 가능성을 열어주었던 것이지요. 여러분이 국어 수업을 할 때, 국어 선생님의 설명이나 분석한 것을 빽빽하게 적었지 않아요? 많이 쓰면, 쓸수록, 국어 공부 열심히 한 것으로 생각하지 않았어요? 걸핏 하면 교과서에 줄을 긋고,

'조국 광복의 염원'이라고.

(웃음소리)

　모든 사물이 그래요. 잘게 쪼개서 보면 싸늘한 시체가 되는 거야. 전체를 봐야 합니다. 나무를 보지 말고 숲을 보아 해요. 축구 선수가 일대일 대결에서 개인기만 발휘한다고 해서 경기를 지배하거나 승리를 가져오지 못하잖아요? 사물의 전체를 보면 그 전체가 숨을 쉬는 듯한, 살아 움직이는 듯한, 살아서 꿈틀거리는 것 같은 느낌이 전해옵니다. 시도 마찬가지예요. 시는 유기체와 같은 것, 생명체와 같은 것이에요. 음악처럼 화음이 있고, 흐름이 있어요. 문학 작품을 지나치게 잘게 쪼개서 보면, 마치 인간의 온기가 사라진, 생명력을 상실한, 창백하게 죽어가는 것으로 전락해버립니다. 영화 속의 존 키팅 선생이 학생들에게 찢어버리라고 강요하고 있는 쓰레기 같은 내용이 무엇일까요. 저도 문학이론을 적잖이 공부를 해왔지만 자신의 견해와 모순을 일으키거나 상충하는 경우가 적지 않는데 이것 가운데 굳이 쓰레기처럼 폐기해야 할 이론이나 쟁점이란 게 과연 있을까요? 물론 영화적인 오버액션에 지나지 않을 것입니다. 하지만 아까 자막에 나온 대로, 시야말로 언어의 맛을 보게 하는 것이라고 하는 분명한 그의 견해가 대사의 행간 속에 자리를 하고 있는 게 틀림없어 보입니다.

(세 번째 시퀀스를 보여준다.)

　언어의 맛을 배운다는 것은, 의미가 명확하지 않더라도, 전체적인 느낌의 시가 살아서 움직이는 것 같고, 시를 맛보는 나와 더불어 합일이 될 수 있다는 사실이 아닐까, 해요. 한마디로 말해, 시는 객관적 분석의 대상이 아니라, 낭송의 대상인 것이지요. 뜻을 굳이 알려고 하면 도리어 미궁에 빠지게 하는 것. 뜻은 잘 몰라도, 시는 그저 씹고, 되씹는 과정을 통해서 그냥 음미하고, 재음미하는 과정을 통해서, 언어의 맛, 말맛, 뉘앙스(nuance), 뭐 이런 것을 느끼는 게 아닐까요? 영화 속의 존 키팅 선생 역시 말과 언어의 맛을 배워라, 라고 학생들에게 힘주어 말하고 있습니다. 영화 속의 학생들은 '죽은 시인의 사회'라는 동아리를 결성합니다. 앞서 이 표현이 오역된 것이라고 했는데, 익숙하게 사용해온 이 어구를 그냥 그대로 사용하겠습니다. 학생들이 스승이자 모교의 선배이기도 한 존 키팅 선생을 뒷조사 해보니까, 학창시절 때 죽은 시인의 사회를 만들었다지요. 자신들도 뜻을 모아서 '죽은 시인의 사회'를 결성합니다. 학교 측에서 이 사실을 감지했다면 이런 짓을 하지 마라, 라고 그에게 미리 주의를 주었을 것입니다. 시 낭송회인 '죽은 시인의 사회'라는 것은 시 낭송회 비밀 모임입니다. 그들의 시 낭송 모임은 교외인 동굴 안에서 주로 이루어집니다. 낭송이야말로 시를 부분적으로 분석, 해부하는 게 아니라, 전체적으로 살아있게 생명을 부여하는 행위일 터입니다. 정치적으로 불온한 것도 아니고, 극렬한 좌파 공부를 하는 것도 아닌데 시 낭송도 하지 말랬으니, 이 학교가 어떤 학교인지 여러분도 너끈히 짐작할 수 있겠죠.

존 키팅은 교탁 위에 올라가는 파격적인 행동을 보이는데 이것은 마지막 장면하고 인과관계가 있습니다. 마지막 장면 아주 명장면입니다. 거기에 올라가는 이유는 다른 각도에서 사물을 보면 어떻게 보이는지를 아이들에게 보이기 위해서랍니다. 또 그는 학생들에게 시를 써오게 합니다. 문학교육은, 책에 줄 쫙 긋고 '조국 광복의 염원'을 써넣게 하는 것이 아니지요. 이것의 궁극적인 목표는 직접 학생들에게 시를 쓰게 하는 데 있을 겁니다. 처음의 단계는 잘 쓰든 못쓰든, 의미 없고요, 관계도 없어요. 백지에 도전하는 정신이 중요하지요. 그러니까, 말예요. 가장 좋은 문학교사는 학생들의 창작의 영감을 불러일으키거나 일깨워주는 교사일 것입니다. 존 키팅은 시를 지어오지 못한 학생에게 나는 안 된다는 두려움을 없애라고 충고 합니다. 시 창작뿐만이 아니지요. 두려움을 없애야 모든 일을 할 수 있어요. 존 키팅의 수업 자체가 도발적이고 파격적입니다. 영화 속에 참 좋은 대사가 하나 있지요. 의학, 법률, 기술은 삶을 유지하는 데 필요할 수단일 뿐이지만, 시니, 아름다움(beauty)이니 하는 것은 뭐래요? 사랑을 지향하는 삶의 목적성과 관련이 있다고 했어요. 이 영화가 추구하는 주제의식의 향방을 잘 가리키고 있습니다. 수단보다 목적이라는 것 말이에요. 우리는 지나치게 맹목적인 수단을 강조해오지 않았나를 성찰해야 합니다. 이 수단 때문에 비인간화 현상이 가속되는 거예요. 목적을 위해 수단을 이용하거나 악용하거나 해서는 안 되겠지요. 이용과 악용은 여기에서 상대 개념이 아니라, 한 끗 차이예요. 내가 하면 이용이요, 남이 하면 악용인 거죠.

전통적인 규율과 교풍을 중시하는 웰턴 아카데미에서 그의 교육 방식은 역풍을 맞을 수밖에 없겠지요. 소문이 안 날 리가 없잖아요? 부글부글 끓는 끓탕의 학부모도 있었겠지요. 교장이 학창시절 때 제자이기도 한 존 키팅을 불러 한마디 건넵니다. 자네, 앞으로 대학 입시에만 전념하게. 축구에서 말하는 옐로우 카드입니다. 설상가상으로, 웰턴 아카데미가 학생의 자살 문제에 휘말리면서 온통 쑥대밭이 됩니다. 우리는 이것을 보고 뭔가의 의미를 찾고 생각의 여지를 만들어봅시다. 연극을 하고 싶어 하는 학생에게 아버지가 찾아와서 연극을 하지 말라고 엄하게 말립니다. 너는 하버드 의대에 꼭 입학해야 한다. 부자 갈등 끝에 그 학생은 자살을 선택합니다. 친구가 죽었으니까, 학생들은 크게 동요를 일으키지요. 죽은 학생의 아버지는 아들의 죽음에 화가 납니다. 이 사건의 진상을 학교 측에 철저히 파헤쳐 달라고 요청합니다. 자살 사건의 배후에 누가 있는지도 밝혀 달라고 합니다. 죽은 아들에게 정신적으로 영향을 끼친 선생을 밝히라는 거죠. 학교에서도 이 위기를 처리하기 위해서 누군가 희생양이 필요하게 된 거죠. 그 희생양이 바로 존 키팅 선생. 학교는 존 키팅을 해고하기에 이릅니다. 그가 마지막으로 짐을 정리하려고 학교에 갑니다. 학생들이 학교의 처사에 반발하는 표시로 책상 위에 올라가면서 억압적인 교육 제도에 반항하는 모습을 보입니다. 책상 위에 한 명씩 오른다는 것은 수업 중에 교탁 위에 올랐던 존 키팅 선생님에 대한 경의의 표시이기도 하겠지요.

이 장면은 영화 「죽은 시인의 사회」의 끝을 장식한 명장면이다. 학생들이 책상 위에 오른 것은 학생들이 존 키팅 교사의 해고에 맞서 제도적이요 획일적인 교육에 반기를 든 집단행동을 보여주는 일종의 퍼포먼스다.

(클로징 시퀀스를 보여준다.)

자, 이게 이 영화의 마지막 장면입니다. 학생들이 떠나가는 존 키팅 선생님을 위해서 책상 위에 올라감으로써 교장 앞에서 자신이 항의하는 의도를 분명히 밝히는 것이죠. 명장면입니다. 다른 시각에서 보면, 사물이 항상 달리 보인다는 것을 보여주는 것. 학생들이 제도적이요 획일적인 교육에 반기를 들면서 집단행동을 보여준 이 예기치 못한 퍼포먼스는 온 세계에 교육에 대한 성찰을 보여주는 상징이나 계기가 되기도 했지요. 영화 속에서 존 키팅 선생은 제자들의 집단행동을 보면서 마지막 인사를 남깁니다. 보이즈, 쌩큐! 애들아 고맙다, 라는 이 한 마디가 '교육이 희망이다.'라는 큰 울림의 메시지로 남습니다.

영화 「죽은 시인의 사회」는 1989년에 미국에서 처음으로 개봉했어요. 저는 이 해에 서울의 한 사립 고등학교에서 국어 교사로 재직하고 있었어요. 우리 사회가 전교조 문제 때문에, 1년 내내 시끄러웠던 한 해였지요. 제가 근무한 학교는 미술고등학교이어선지 이 문제로부터 다소 자유로울 수 있었지요. 주류라기보다 비주류였으니까요. 고등학교는 공립 사립 할 것 없이 인문계 고등학교가 몸살을 앓았지요. 교사들도 전교조를 두고 의견이 갈렸어요. 전교조에서 우리는 참교사라고 하면, 이 단체를 반대하는 교사들은 술집 같은 데서 동료 교사끼리 '그럼 우린 들교사냐?'고 했죠. 참기름과 들기름에서 연상된 말이죠. 지금 생각하면, 블랙코미디 같은 얘기죠. 전교조를 지지하든 안 하든 간에, 전교조가 표방하는 것이 인류 보편적인 가치의 공동선이 아니다, 라는 것은 사실입니다. 이 다음에 교사가 되어 전교조를 가입하고 싶은 학생들의 의사도 저는 충분히 존중합니다. 전교조가 표방하는 참교사상이 과연 공동선인가, 아니면 특수선인가 하는 문제는 스스로에게 물어야 할 것입니다. 전교조에 가입

해도 좋으니, 이것이 지향하는 가치가 공동선이 아니라는 사실을 적어도 인정해야 한다는 겁니다.

존 키팅은 참교사상이라기보다, 직분에, 직업윤리에 충실한 교사상을 비추어주고 있습니다. 그는 성과 계급과 정치적인 것과 이데올로기 등에 좌우되는 교사가 아닙니다. 그는 한마디로 말해 낭만주의자라고 할 수 있어요. 낭만주의 이론에 깊숙이 빠져 있는 그런 사람이다. 부분보다 전체, 분수로 계산되는 하나의 사물보다는 하나의 전체상을 유기체처럼 파악하는 그런 유형의 사람 말이지요. 낭만주의는 개인과 개성을 중시하고, 개별성을 강조합니다. 죽은 시인의 사회. 제가 사회는 사회가 아니라, 동아리라고 이미 말했죠? 근데 이것을 사회라고 칩시다. 그렇다면 영화 속의 사회는 어떤 사회일까요? 실용적인 사회이겠죠. 명문대학교에 많이 합격시켜야 한다는 그런 실용적인 목적을 가진 사회, 아니겠어요? 이런 사회가 적당하면 좋겠는데, 만약 극단화되면, 인간의 온기와 감성을 죽이는 사회가 될 수밖에 없겠지요. 감성이라고 하는 것은 낭만주의자들이 강조한 개념들, 예컨대 개성, 정념, 상상력, 감정주의, 먼 곳에 대한 그리움의 세계와 통하는 겁니다.

제가 어제 수요 특강을 하면서 학생들에게 기억의 반대말이 무엇이냐 하니까, 다들 망각이라고 해요. 일반적인 의미에서는 망각이 맞습니다. 엄밀히 따져보면, 기억의 반대말은 상상입니다. 머리가 좋아서 기억을 잘 하는 게 아니라, 불교식으로 말해 번뇌가 많아서 기억을 잘 합니다. 왕가위의 영화 「동사서독」에 나오는 대사이기도 해요. 저도 기억력이 좋은 사람이라고 말하는데, 어쩌면 제가 번뇌가 많기 때문일지도 모르지요. 사실은 번뇌가 없는 사람이 어딨어? 정신과 의사의 정신과적인 치료는 나쁜 기억을 없애는 것이라고 하잖아요? 나쁜 기억은 자꾸 없애야 돼요. 그게 남아 있으면 번뇌가 되죠. 나는 이렇게 봅니다. 기억과 기억력이 과거로 향하는 여행이라면, 상상과 상상력은 미래로 가는 여행이다. 아무도 하지 않았던 생각을 상상이라고 하잖아요? 미래의 세계는 아무도 가지 않았던 세계니까, 누구나 갈 수 있는 세계에요. 그래서 여러분은 여러분 자신을 누구나 경험했던 과거로 가게 하지 말고, 아무도 가지 않은 미래로 향해 나아가도록 하세요. 잘 알다시피, 우리가 사는 사회는 기억과 정보의 측량을 요구하는 사회입니다. 이 영화 속에 나오는 학교도 마찬가지입니다. 여러분은 기억과 정보 측량을 요구하는 사회에서 무사히 통과했습니다. 대학에 왔어요. 고등학교 신입생 때는 하루하루 죽기 살기로 보냈어요. 만날 스트레스 받으면서 성적을 유지해야 했고, 이 영화의 아이들처럼 그렇게 살아 왔어요. 여러분이 이제 기억과 정보의 측량을 요구하는 사회를 벗어났기 때문에, 이제 여러분들이 앞으로 살아야할 사회는 어떤 사회인지를 한번 생각해 보아야 해요. 여러분 개인의 상상(력)과 창의성을 억압하는 사회를 넘어서서 상상(력)과 창의성을 신장하는 미래로 향해 살아가야 하지 않을까, 해요. 상상은 개개인마다의 하나의 특권이고 가능성입니다. 내면 속의 삶을 일깨워주고 발견하게 하는 또 다른 삶, 현실의 벽이 존재하지 않다는 것을 보여주는 또 다른 현실이 바로 상상(력)입니다. 영화 속의 존 키팅 선생이 마치 저쪽 뒷문을 열고 여러분에게 이렇게 말하는 것 같군요. 너희는 상상과 상상력을 요구하는 미래 사회로 여행하라.

제가 오늘 아침에 박경묵 교무처장님께 전화했어요. 저를 이렇게 역량강화 사업의 하나인 수요특강에 어제 초대해줘서 정말 고맙다고 했어요. 그것도, 우리 학교 교수님들 중에서 강의평가에 있어서라면 날고 기는 분들이 적지 않은데, 학기말 강의평가 때마다 평점이 늘 바닥을 치는 저에게 제1번으로 강의를 믿고 맡긴 데 대해 감사하다고 했어요. 스포츠에서 '리딩 오프'라는 말이 있어요. 경기의 흐름을 주도하는 선수지요. 야구에서는 1번 타자를 리딩 오프라고 해요. 제가 과분하게도, 수요특강의 리딩 오프였으니, 고맙지 뭐예요? 어제의 수요특강이 오늘의 정규수업으로 이어지니, 저도 마치 존 키팅 선생처럼 교탁 위에 한번 올라가 봤으면 하는 충동을 느낍니다. 그럼, 오늘 수업은, 여기에서 마칩니다.

경청해주어서 고맙습니다.

영화를 통해 본 한국의 사회와 문화

안녕하십니까. 송희복입니다.

여러분을 만나게 되어서 기쁩니다. 저는 진주교육대학교에 국어교육
과 교수로서 재직하고 있습니다. 지금은 이 자리에 여러분의 학교인 아
이치교육대학의 연구교수로서 파견되어 있습니다. 여러분과의 짧은 만
남을 좋은 경험, 귀중한 인연으로 생각하고 있습니다. 제가 준비한 강의
는 '영화로 보는 한국의 사회와 문화'입니다. 요즈음 일본 분들이 한국
에 관해 무척 관심이 많습니다. 저로선 고맙게 생각하면서, 오늘 강의에
임할까, 합니다.

제가 지금부터 이야기하는 영화는 강대진 감독의 「마부」입니다. '마
부'을 그대로 일본어 한자로 읽으면 '바후'가 되지만, 이런 말은 일본
어에는 없습니다. 그러므로 영화의 제목을 일본어로 말하면 '말을 끄는
사람' 정도가 됩니다. 이 영화는 1960년에 만들어졌습니다. 상영은 그
다음해였습니다. 구로사와 아키라, 오즈 야스지로, 미조구치 겐지 등이
활약한 일본영화의 황금기가 1950년대인 것처럼, 한국영화의 황금기는

1960년대가 됩니다. 「마부」는 한국 영화의 황금기를 이끈 첫 번째 작품입니다. 이 영화는 베를린 영화제에서 두 번째에 해당하는 상을 받았습니다. 그 당시, 정말 후진국이었던 한국이 세계의 영화제에서 이 같은 성과를 거둔 것은 매우 놀랄 수밖에 없는 사건이었습니다. 베를린 영화제에서 「마부」가 두 번째 수준에 해당하는 은곰상을 탄 것에 대해 당시 독일의 언론에서는 1936년 베를린 올림픽에서 우승했던 마라톤 선수 손기정과 비교하기도 했습니다. 손기정은 당시에 한국 최고의 스포츠계 영웅이었습니다.

1950년에 한국전쟁이 발발했습니다. 이 전쟁을 일본에서는 조선전쟁이라고 부르고 있지만, 한국에서는 6월 25일에 시작했다고 해서 '육이오'라고 불립니다. 영화 「마부」는 육이오가 발발했던 10년 후의 작품입니다. 그렇기 때문에 이 영화에 있어서 시대 상황도 현실의 시대 상황과 같습니다. 영화는 당시의 시대적인 상황, 당시의 인정세태를 그대로 반영하고 있습니다. 인정세태는 인간의 감정과 세간의 모습을 의미합니다. 한국에서는 전통적으로 사용되어 왔던 '리얼리즘'의 개념입니다. 영화 「마부」가 리얼리즘 정신에 충실했기 때문에, 이 용어를 채택했습니다. 그러면 영화의 내용을 간단하게 언급하겠습니다.

이 영화의 주인공은 하춘삼입니다. 그는 40대 중반으로 여겨집니다. 그는 마부이며, 그의 삶은 짐마차와 같이 매우 무겁게 느껴집니다. 그는 육체적으로도 정신적으로도 아주 피곤해 보입니다. 그의 아내는 이미 요절해 버렸습니다. 시집간 장녀 옥녀는 마음씨가 한없이 선량합니다. 그러나 장녀는 말이 들리지 않는 선천적인 장애인으로서 마음씨 나쁜 남편에게 억압당하면서 살고 있습니다. 장남인 수업은 법관이나 검사를 선발하는 국가의 시험에 3년간 연속해서 떨어졌습니다. (수업이란 이름은 불교적인 의미에서 좋은 업을 받는다는 뜻입니다. 결국 그는 이 시험에 합격해 사회적인 성공을 이룹니다.) 차녀 옥희는 다방에서 일합니다. 옥희는 마부의 딸인 것을 부끄럽게 생각하고, 또 가정이 가난한 현실에 큰 불만을 가지고 있습니다. 그녀는 끝내 다방을 그만두고 부자인 남자의 뒤를 따릅니다. 막내인 태업은 고교생으로 싸움과 도둑질을 하는 문제아입니다. 그래도 수업만이 그의 인생의 유일한 희망입니다. 영화의 대사에서 이런 말이 있습니다. "너만 성공하면 지금 죽어도 괜찮아." 아버지는 아들의 정신적인 후원자입니다. 그러나 춘삼의 가정에 불행과 시련이 덮칩니다. 수업이 사법시험을 치는 날, 옥녀는 가슴에 큰 한을 안고 깊은 강에 몸을 던집니다. 가족 모두의 슬픔은 도대체 말로는 설명할 수 없는 것이었지만 아버지 춘삼은 거의 절망의 상태입니다. 잠시 일이 손에 잡히지 않는 것이었지요.

춘삼은 짐마차를 끄는 것밖에 할 수 없는 사람입니다. 춘삼은 교통사고를 당합니다. 말 주인의 자동차가 사고를 일으켰습니다. 그는 춘삼에게 잘못을 덮어씌웁니다. 또한 그는 춘삼이 다리를 다친 것을 이유로 말을 팔려고 합니다. 수업은 아버지를 대신해 말을 끌려고 하지만, 말 주인의 첩은 수업을 오히려 조소(嘲笑)합니다. "장래 판사나 검사가 될 사람이 말을 끈다고?" 춘삼은 분하지만 말을 돌려줍니다. 말도 마부와 헤어져서인지 슬픈 얼굴을 보여 미묘한 감동을 불러일으킵니다. 그런데 말 주인의 첩 댁에서 가정부로 일하던 미망인이 그 말을 돌봐줍니다. 그리고 그녀는 비밀스럽게 그 말을 춘삼의 집으로 돌려보내줍니다. 춘삼과 가정부가 서로 좋아하는 사이였던 탓에 도와줬던 것입니다.

시험결과가 발표되는 날입니다. 수업은 합격자 13인의 중에 자신의 이름이 있는 것을 발견합니다. 가족들은 모여서 기뻐합니다. 이 순간에는 그동안 하춘삼 가족을 도와줬던 아주머니도 스크린에 등장합니다. 영화 중의 한 대사에 주목해 볼까요.

수업이 즐거워하는 아주머니에게 이렇게 말합니다. "모두 아주머니의 덕택입니다." 아주머니가 말합니다. "결국 성공했네요." 또 수업이 말합니다. 이 말은 영화의 실마리가 되는 대사가 됩니다. "아주머니. 저희의 어머니가 되어주세요." 그러면 영화의 일부분을 볼까요. 물론 일본어 자막이 있습니다.

(장면들을 요약해 미리 편집한 비디오테이프를 보여준다.)

영화 「마부」에 관한 감상 포인트를 정리해 보겠습니다. 첫 번째는, 이 영화에는 전근대와 근대가 공존해 있습니다. 예를 들면 이러한 것을 들 수 있겠습니다. 짐마차와 자동차, 마부와 판사, 쪽머리와 파마, 전통적 여성인 장녀와 근대적 여성인 차녀. 장녀의 자살은 전근대성의 갑작스런 붕괴를 상징합니다. 두 번째는 가족주의의 이데올로기와 측은지심이 1960년대 한국 영화의 황금기를 이끈 두 개의 축이었지만 영화 「마부」는 이 두 개의 요소를 모두 가지고 있습니다. 가족주의 이데올로기뿐이라면 홈드라마가 되고 측은지심뿐이라면 멜로드라마가 되겠지요. 세 번째, 「마부」는 당시의 한국인에 희망을 준 영화이기도 했습니다. 가난한 집의 아들이 출세한다는 대리만족에 의한 것입니다.

1960년대의 한국 영화를 가장 대표하는 작품은 유현목 감독의 「오발탄」입니다. 「마부」도 유명한 영화이지만 「오발탄」은 더욱 유명한 영화입니다. 이 두 개의 영화는 거의 동시대에 만들어졌지만 시대 인식의 시각은 완전히 다릅니다. 「마부」는 서민의 애절한 마음을 묘사해서 결국

영화 「마부」의 한 장면. 주인공 역을 맡은 배우 김승호(1918~1968)는 한국 영화의 황금기인 1960년대
를 수놓은 최고의 명배우였다.

은 서민의 희망을 제시했지만, 「오발탄」은 한국사회의 어두운 면을 묘
사해 절망을 표현했습니다. "가장 어두운 시기는 동트기 직전이다."라는
말이 있습니다. 춘삼의 가정에서도 가장 어두운 시기에 드디어 동이 텄
습니다. 지금 뽑아낸 문장은 파울로 코엘류의 소설 「연금술사」에서 인
용한 것입니다. 괜찮죠? 여러분의 인생 위에 도움이 되는 교훈적인 말
이 되었으면 합니다.

　참고로 덧붙입니다. 영화 「마부」의 주인공으로서 출연한 배우 김승호
는 한국의 국민적인 명배우입니다. 일본으로 말하면 다카쿠라 켄에 해당
합니다. 그는 1968년, 51세의 젊은 나이로 세상을 떴고, 당시 많은 사람

들이 안타까워했죠. 그는 1960년대, 한국 국민의 아버지로 불립니다.

다음은 임권택 감독의 「서편제」입니다. 1993년의 작품입니다. 이 영화는 판소리에 관한 영화입니다. 판소리의 '판'은 무대 또는 장소를 나타내고, 소리는 노래를 의미합니다. 판소리는 중국의 경극과 일본의 가부키처럼 오페라적인 양식으로 발전시켜온 전통 연희물입니다. 그러나 판소리는 연기보다 노래가 중심이 됩니다.

판소리를 부르는 것이 가능한 사람은 광대, 재인, 소리꾼이라고 불립니다. 이 영화에서는 노래하는 사람 즉 가인이라는 말을 대신해 주로 소리꾼이라는 말이 사용되고 있습니다. 영화의 중심 주인공은 유봉과 송화입니다. 이 두 사람은 아버지와 양녀의 관계입니다. 유봉은 노래에 인생을 건 예술인으로, 바람과 함께 물과 같이 흘러 다니는 낭인입니다. 한국에는 '유랑예인'이란 말이 있는데 일본에도 이 말이 있는지 잘 모르겠네요. 영화 「서편제」와 관련한 최근의 화제가 두 가지 있습니다. 유봉 역을 연기한 김명곤은 영화배우로써 큰 성공을 거두지는 않았지만 문화부장관을 맡았고 1개월 전에 사임했습니다. 한국에서 영화배우 출신의 장관은 그가 처음입니다. 또 한 가지의 화제는 「서편제」 속편이 14년 만에 이번 달에 상영된다는 것입니다. 제목은 「천년학」입니다. 「서편제」의 주인공인 유봉은 자기 스스로 이루지 못했던 꿈을 딸에게 의탁하려고 생각합니다. 그 꿈은 무엇일까요? 그것은 실로 득음의 경지입니다. 득음은 소리꾼의 궁극적인 경지입니다. 득음을 이루는 소리꾼은 명인으로서 이름을 드높이는 것이 됩니다. 잠시 영화를 감상해 볼까요?

(장면들을 요약해 미리 편집한 비디오테이프를 보여준다.)

여러분은 어떤 느낌을 받으셨습니까? 세 사람이 거리에서 노래를 부르는 장면은 롱 테이크의 영화미학으로서 매우 유명한 장면입니다. 그 노래는 「진도아리랑」이라고 합니다. 진도는 한국의 지명이고요. 이것은 판소리의 내용에는 없고 민요로만 불러지고 있습니다. 이 노래 중에서 "청천 하늘에 잔별들도 많고, 우리네 가슴엔 수심(愁心)도 많다."라는 내용이 있습니다. 여기에서는 한이 수심으로 표현되고 있습니다. 이 수심은 딱 들어맞는 말이라고는 할 수 없으나, 불교에서 말하는 번뇌와 비슷합니다. 사람이 살아가는 데 어디 기쁨과 즐거움만 있겠어요? 번뇌가 훨씬 많을 겁니다. 수심이 승화해서 별이 됩니다. 만약에 수심을 한이라고 말할 수 있다면, 별은 뭐랄까요? 한의 초월적인 상징이라고도 말할 수가 있습니다.

영화 「서편제」에서 전개되고 있는 이야기에는 핵심적인 모티프가 하나 있습니다. 이것은 유봉이 송화에게 약재를 먹여 맹인이 되게 한 것입니다. 부친이 딸을 맹인으로 만든 것은 이해하기 어려운 것입니다. 어떻게 그랬던 것일까요? 유봉이 송화를 맹인으로 만든 이유는 송화를 자신의 곁에 잡아두고 싶었던 것일지도 모릅니다. 그의 양자는 노래가 싫고 가난한 노래하는 사람으로서의 인생이 싫어서 도망쳤습니다. 그는 양녀인 송화까지도 도망 가버리지는 않을까 하고 생각했는지 모릅니다. 맹인이 되면 소리의 세계에 눈을 뜨는 것이 가능하다고 믿었기 때문입니다. 이런 생각이 비합리적이라는 것은 분명합니다. 영화 「서편제」에 있어서 예술의 완성을 위해 딸의 시력을 빼앗는 행위는 한국의 정서보다는 일본의 정서에 가깝습니다. 이것과 비슷한 모티프는 여러분이 잘 아는 옛날 작가 다니자키 준이치로가 쓴 소설 「춘금초(春琴抄)」에도 나옵니다.

영화 「서편제」의 내용 중에서 주제에 가장 가까운 대사가 있습니다. 그것을 인용해 보겠습니다. '한(恨)'이라는 단어에 주목해 주십시오. 이것이야말로 한국문화를 이해하는 열쇠가 되는 단어입니다. 이 한의 개념은 일본에도 있습니다만, 일본인이 생각하는 한은 '우라미' 즉 원한의 개념입니다. 일본에서는 복수의 감정과 관련되는 감정이지요. 일본 최고의 문화콘텐츠라고 할 수 있는 「주신구라(忠臣藏)」에 나타난 그런 복수의 감정 말입니다. (참고 : 「주신구라」는 1748년에 초연된 공연물의 극본이다.) 한국의 한은 원한이나 복수의 감정이기보다는 용서하는 마음의 발현, 삶의 재인식, 재구성 과정이라고 하겠습니다. 다음의 대사를 주목해주기를 바랍니다.

영화 「서편제」의 한 장면. 길 위에서 아버지와 수양딸이 민요 「진도아리랑」을 함께 부르고 있다. 한국 영화사에서 가장 대표적인 롱 테이크 미학을 보인 장면이다. 삶의 의미를 길 위에서 찾는다는 점에서, 이 영화는 로드무비의 성격과 무관치 않다.

너의 노래는 아름답지만 '한'이 없다. 한은 인생을 살아가면서 조금씩 쌓아가는 것이다. 살아가는 것이 한을 쌓는 것이며, 한을 쌓는 것이 살아가는 것이다. 지금 너의 한을 노래에 담는 것처럼 되었구나. 나를 용서해 주겠니? 네가 나를 원수로 생각한다면 네 노래에 한이 들어가 있는 것이다. 지금부터는 한을 초월한 노래를 부르는 것이다.

일본 문화를 잘 이해하려고 한다면 화(和), 와비(한적)와 사비의 정취, 우아함, 모노노아와레(애상) 등의 개념을 잘 이해하지 않으면 안 되는 것처럼, 한국문화의 본질은 한, 멋, 인정, 신명 등의 개념과 깊은 관계로 맺어져 있습니다. 한국의 노래에 있는 것은 슬픈 정서에 뿌리는 둔 '한'뿐만이 아닙니다. 한과 같이 정신적 혼돈의 상태에서 상승, 승화해서 치솟는 독특한 감흥이 있습니다. 이것을 신명이라고 합니다. 신명은 일본어로 표현될 수 없습니다. 2002년, 한국과 일본이 합동으로 개최한 월드컵 때, 한국인이 거리에 솟아져 나와 응원하는 모습이 신명이라고 할 수 있겠습니다. 신명이 삶의 창조적인 에너지, 역동적인 시스템의 세계에 있다는 점에서 정숙이라는 일본적인 정서에 있는 '한적'과 잘 대비되겠지요.

한국인의 마음속에는 현실의 고통을 완화시켜주는 존재에 대한 그리움이 있습니다. 이것이 바로 한입니다. 한국은 전통적으로 가부장적 의식이 강한 문화를 가지고 있습니다. 지금도 한국에서는 가부장적인 의식에 관한 것, 예를 들면 유교, 민족주의, 그리스도교 등이 사회와 문화 면에서 모르는 사이에 조금씩 지배하고 있습니다. 저의 생각으로는 한의 원인이 한국인의 모성성의 결핍에 있는 것 같습니다. 그 내면의 한 가지는 고유의 종교와 외래의 종교를 융합시키는 것이 아닐까요? 소설가 박경리는 모친의 존재를 토지에 비유했고, 일본의 유명한 미학자 야나기 무네요시(柳宗悅)는 이것을 '비모(悲母)의 관음(觀音)'이라고 표현하기도 했습니다. 제 생각으로는 한국과 일본 사이의 모성성의 접점에 저 백제관음(쿠다라간농)이 놓여 있지 않나, 생각합니다. 야나기 무네요시의 말을 한번 들어볼까요?

> 조선의 미는 비애의 미이다. 조선의 예술은 선의 미이다. 불상과 도자기에 조선적인 선의 아름다움이 있다. 그들의 한은 이 선에 용해되어 있다. 비모의 관음은 조선인의 영혼을 위로한다.

여기에서 중요한 얘기는 한국 문화의 본질이 한 그 자체가 아니라는 데 있습니다. 그것은 한을 초월하는 것입니다. 영화 「서편제」에 있어 소리꾼의 득음도 한을 초월한 경지입니다. 무심(無心)의 경지입니다. 일본 문화와 한국 문화에는 결정적인 차이가 있습니다. 이 차이는 가치관의 문제가 아닙니다. 물론 문화적인 상대주의의 문제입니다. 공존을 지향하는 생활감정이 한국문화라면, 함께 스러지는 죽음의 미학이 일본문화입니다. 예를 들어 「주신구라」의 이야기, 사랑하는 남녀의 동반자살을 의미하는 신주(心中), 소설가 미시마 유키오, 허무주의와 유미주의, 가미가제 특공대 등등의 사례를 들 수가 있겠습니다. 저는 일본에 와서 수많은 비디오와 DVD를 감상했습니다. 유미주의와 육체적 가학성의 결합이 많다고 느꼈습니다. 실상사(實相寺) 감독의 「가마(歌磨)」가 대표적인 예라고 생각됩니다. 「서편제」에 있어 이상적인 소리를 얻어내기 위해 맹인으로 만들어 버린다는 행위는 유미주의와 육체적 가학성의 결합입니다. 이 같은 정서는 한국에는 거의 없는 거와 같습니다. 일본에서는 예술을 위해 인간이 존재한다는 관념이 비교적 강합니다. 그러나 한국에서는 인간을 위해 예술이 존재한다고 생각합니다. 「서편제」에서는 예술이 중요한지, 인간이 중요한지에 대한 문제에 관해 명확히 말하지 않고, 끝을 맺고 있습니다.

한국 문화의 본질은 한마디로 말하면 '한을 풀고 더불어 살아가자(解恨相生)'는 데 있는 것입니다. 한을 넘어서 화해하는 것. 한을 털어내고 서로의 삶을 기원하는 것. 함께 죽는 것이 아니라 함께 살아가고자 하는 것. 이것이야 말로 한의 올바른 모습이 아닐까 합니다.

그러면 마지막으로 세 번째 영화 「올드보이」에 대해 이야기하겠습니다. 먼저 영화부터 볼까요? 박찬욱의 「올드보이」는 2003년 칸영화제에서 심사위원 대상을 수상한 작품입니다. 조금 어려운 말로 표현한다면 이 영화는 원형적 욕망의 금기에 관한 미스터리 복수극이라고 생각합니다. 한국에서는 보기가 드문 복수담이라고 하겠습니다. 「올드보이」는 박찬욱 감독의 소위 복수 3부작의 두 번째 작품에 해당합니다. 복수 3부작의 최종 작품은 「친절한 금자씨」입니다만, 이 작품에는 여러분도 잘 알고 있는 한국의 여배우 이영애가 출연합니다.

영화 「올드보이」의 주제에 관련된 용어는 복수와 근친상간입니다. 앞서 말씀드린 것처럼 복수는 한국문화와 관련성이 적습니다. 한국인의 정서에 의하면 근친상간은 극히 금기시되어 있습니다. 복수와 근친상간. 사실은 어느 쪽도 한국적이지 않습니다. 「올드보이」의 원작은 일본의 만화입니다. 영화 「올드보이」가 일본문화의 영향을 받은 것은 거의 틀림없습니다. 이제 영화도 문화의 국경을 뛰어넘는 것 같습니다. 주인공이 누군가에 의해 장시간 이유 없이 감금당한다는 모티프만이 같습니다.

B와 B의 누이는 근친상간의 관계를 맺고 있습니다. 이것을 목격한 A

의 가벼운 입에 의해 B의 누이는 자살합니다. 고교 시절의 일입니다. 그리고 오랜 세월이 흘렀습니다. 어느 날 A는 B에 의해 감금되었습니다. 그대로 오랜 세월이 흐릅니다. B는 15년간 감금한 A를 풀어줍니다. A는 복수를 위해 B를 추적합니다. A는 B를 만나 묻습니다. 왜 자신을 가두어놓았느냐고. B는 이렇게 대답합니다. '왜 가두어 놓았는가'보다 '왜 풀어 주었는가'가 더욱 중요한 문제이겠지, 라고.

왜 B는 A를 죽이지 않고 풀어줬을까요? B의 면밀한 계획에 의해 A는 자신의 딸과 성관계를 맺게 됩니다. 함정을 파놓아 부친과 딸을 근친상간의 관계의 함정에 빠뜨리는 것은 B의 A에 대한 복수에 다름없습니다. 육체적인 감금, 폭력, 죽고 죽이는 것보다 윤리적 위반이 한결 잔혹한 복수가 되는 것일까요? 어쨌든 간에 A는 그 사실을 알고 자신의 혀를 자릅니다. B도 권총으로 자살합니다. 폭력과 복수의 악순환은 끝납니다. 승자도 패자도 없는 게임입니다.

(장면들을 요약해 미리 편집한 비디오테이프를 보여준다.)

유명한 영화평론가인 사토 다다오는 한국영화에 높은 관심을 가지고 있습니다. 임권택의 영화에 관한 번역서도 있습니다. 그는 임권택의 「만다라」와 「서편제」를 매우 높게 평가합니다. 그러나 젊은 감독 중에서도 선두에 서 있는 박찬욱의 영화는 별로 좋은 평가를 하지 않습니다. 영화 「올드보이」에는 한국적인 요소가 특별히 없었는지 모릅니다. 사토 다다오는 박찬욱 영화의 경향, 이른바 '그로테스크와 유머 감각'을 세계적인 경향에 맞춰서 보지 않으면 안 된다고 말했습니다. 임권택이 한국적인 요소를 세계화하려고 시도했다고 한다면, 박찬욱은 한국적인 요소와 관계없이 한국 영화의 질을 세계적인 수준에까지 끌어올렸다고 말할 수

왼쪽 사진은 영화의 원작이 된 일본 만화 「올드보이」의 주인공 고토 신이치이며, 오른쪽 사진은 한국 영화 「올드보이」의 주인공 오대수의 역을 맡은 배우 최민식이다.

있겠습니다. 앞으로도 박찬욱은 국제무대에서 영화감독으로서 관심과 주목을 받을 것으로 생각합니다.

　영화 「올드보이」의 주인공 오대수는 최후의 장면에 이르러 딸과 포옹합니다. 딸은 자신의 아버지인 것을 모르기 때문에 그는 불행 중 다행이라고 생각하면서 기뻐합니다. 그러나 오대수는 비극적인 인물입니다. 마부인 춘삼, 소리꾼인 유봉, 평범한 소시민 오대수는 권력에 종속되었던 사람입니다. 이 중에서도 눈에 보이지 않는 권력과 사투를 벌였던 오대수가 가장 비극적인 인물이라고 하겠습니다. 그는 육체적 감금에서는 해방되었지만요, 상처받은 영혼의 포로로서 살아가게 되겠지요. 자신이 아버지인 것을 딸이 모르는 것을 불행 중 다행이라고 기뻐하면서 그의 한도 눈과 함께 흩어질 것 같습니다.

　모성성의 관점에서 보면, 모친은 구원을 의미합니다. 오대수는 마지막 장면에서 딸을 만났다기보다 모친을 만났던 겁니다. 그때, 모친에 다름없는 딸은 자기구원의 상징이 됩니다. 자신이 아버지인 것을 딸이 모른다는 사실이 그에게는 일종의 구원이겠지요. 실로 '한을 풀고 더불어 살아가자(解恨相生)'는 것입니다. 그리스 신화의 오이디푸스가 자신의 어머니와 근친관계를 맺은 비극적 인물로 그 비극적인 인간의 조건이 운명이라면, 오대수의 비극은 가벼운 입을 가진 성격 때문입니다. 오이디푸스와 오대수. 서로 이름도 비슷하잖아요? 오대수가 바로 우리 시대의 오이디푸스입니다.

　마지막으로 간단히 정리를 하겠습니다. 오늘 본 모든 작품에 있어 어머니는 등장하지 않습니다. 어머니가 등장하지 않는 영화를 의도적으로 선택한 것이 아니라 선택했는데 우연히 어머니가 나오지 않는 영화였습니다. 앞으로 저는 한국문화의 원형과 모성의 관계에 관한 문제를 깊이 있게 연구할 생각입니다. 여기에 모인 일본의 많은 젊은 여러분들. 한국과 일본의 문화 교류에 앞으로 관심을 가져주십시오. 서로 다르다는 데서 서로를 이해하는 기틀이 마련되는 겁니다. 여러분이 오늘 제 강의에 경청해 주셔서, 저는 대단히 감사하게 생각합니다.

　그럼, 강의를 마칩니다. 늘 행복하세요.

映画にみる韓国の社会と文化 (강의원안)

1

こんにちは。宋喜復です。お会いできて嬉しいです。私は晋州教育大学校に国語教育科の教授として勤めていますが今ここには研究教授として派遣されています。みなさんとの短い出会いを良い経験、貴重な緑だと思います。講義を前にして先に断らせていただきます。私は日本語がうまくできませんので、予め準備した原稿をゆっくり読みます。

2

私が今から話す映画は、カンテジン(강대진) 監督の「MABU」です。「馬夫」をそのまま日本語の漢字で読んだら‘バフ’になりますが、このような言葉は日本語にはありません。だから映画の題目を日本語で言えば‘馬引き’になります。この映画は1960年に作られました。上映はその翌年でした。黒澤明、小津安二郎、溝口健二などが活躍した日本映画

の黄金期が1950年代であるように、韓国映画の黄金期は1960年代になります。馬夫は韓国映画がの黄金期を導いた一番目の作品です。この映画はベルリン映画祭で2番目にあたる賞を受けました。その当時、極めて後進国だった韓国が世界の映画祭でこのような成果をおさめたことはこても驚くべき事件でした。ベルリン映画祭で「馬夫」が銀熊賞をとったことについて、当時ドイツの言論では1936年ベルリンオリンピックで優勝したマラソン選手ソンキズン(손기정)と比較したりもしました。ソンキズンは韓国最高のスポーツ界の英雄です。

　1950年に韓国戦争が起りました。この戦争を日本では朝鮮戦争と言っていますが、韓国では6月25日から始まったとして六二五と言います。映画「馬夫」は六二五が勃発した10年後の作品です。ですから、この映画における時代の状況も同じです。映画は当時の時代的な状況、当時の人情世態をそのまま反映しています。人情世態は人間の感情と世間の姿を意味します。韓国では伝統的に使用されてきた‘リアリズム’の概念です。映画「馬夫」がリアリズム精神に忠実だったため、この用語を取り上げました。

　それでは、映画の内容を簡単に言及します。この映画の主人公はハチュンサム(하춘삼)です。彼は40代中盤と思われます。彼は馬引きで、その暮らしは荷馬車のように非常に重く見えます。彼は肉体的にも精神的にも大変疲れて見えます。彼の妻はすでに早くして死んでしまいました。

　嫁入りした長女のオックニョは気立てが限りなく善良です。しかし彼女は口がきけないせいで悪い夫に殴られながら生きてゆきます。長男のスオッブは司法試験—法官や検事を選抜する国家試験—に3年間続けて落ちました。次女オキは喫茶店で働きます。オキは馬引きの娘であることを恥ずかしく思い、また家庭が貧しいという現実に大きな

不満を持っています。彼女はついに喫茶店をやめて金持ちの男の後を追います。末っ子のテオッブは高校生で喧嘩と盗みをする問題児です。

　それでもスオッブだけが人生唯一の望みです。映画の台詞でこんな言葉があります。"お前さえ成功すれば今しんでもいい。"お父さんは息子の精神的な後援者なのです。しかし、チュンサムの家庭に不幸と試練が襲います。スオッブが司法試験を受ける日、オックニョは胸に大きなを抱いて深い川に実を投げました。家族全員の哀しみは到底言葉にできないものですが、父チュンサムはほぼ絶望の状態です。しばらく仕事が手につかなかったことでしょう。

　泣きっ面に蜂というようにチュンサムが荷馬車を引くことばできなくなります。チュンサムは交通事故に合うのです。馬の主人の自動車が事故を起こしました。彼はチュンサムに過ちを被せます。また彼はチュンサムが足を怪我したことを理由に馬を売ろうとします。スオッブは父の身代わりをして馬を引こうとしますが、馬の主人の彼のめかけはスオッブをむしろ嘲笑います。"将来判事や検事になる人が馬を引くだと?"チュンサムは悔しいが馬を返します。馬も馬引きと別れるため悲しい顔をして微妙な感動を呼びます。ところで馬の主人の妾宅で家政婦として働いている未亡人がその馬を支います。そして彼女は内緒でその馬をチュンサムの家に返します。チュンサムと家政婦が好き合う間柄だったため手伝ってくれたわけです。

　試験結果が発表される日です。スオッブは合格者13人の中に自分の名前があることを発見します。家族たちは集まって喜びます。このとき手伝ってくれたおばさんもスクリーンに登場します。映画の中の台詞に注目して見ましょうか。スオッブがおばさんに喜び長楽こう言います。"全ておばさんのおかげです。"おばさんがいいます。"とうとう成功したのね。"また수업いいます。この言葉は映画の締の台詞になりま

す。"おばさん、うちのお母さんになってください。"では、映画画面を見てみましょうか。日本語の字幕があります。

　……映畵鑑賞……

　映画「馬夫」に関する鑑賞のポイントを整理します。第一に、この映画には前近代と近代が共存しています。例えばこのようなことが挙げられます。荷馬車と自動車、馬引きと判事、チョクモリ(쪽머리)とパーマ、伝統的女性の長女と近代的女性の次女。長女の自殺は前近代性の突然の崩壊を象徴します。第二に、家族主義のイデオロギーと惻隠の情が1960年代韓国映画の黄金期を導いた2つの車輪ですが、映画馬夫はこの2つの要素を両方持っています。家族主義のイデオロギーだけならばホームドラマになるし、惻隠の情だけならばメロドラマになるでしょう。第三に、馬夫は当時の韓国人に希望を与えた映画です。貧しい家の息子が出世するという代理満足によるものでしょう。1960年代の韓国映画を最も代表する作品はコヘンモク(유현목)監督の「誤発弾」です。「馬夫」も有名な映画ですが、「誤発弾」はさらに有名な映画です。この2つの映画はほぼ同時期に作られましたが時代認識の視角は全く異なります。「馬夫」は庶民の哀歓を描きつつも結局は市民の希望を提示しましたが、「誤発弾」は韓国社会の暗い面を描写しつつ絶望を表現しました。

　"一番暗いときは夜明けが来る直前だ"という言葉があります。春三の家庭でも一番暗いときにいよいよ夜明けが来るのです。今取り上げた文章は小説「錬金術師」から引用したものです。いいでしょう。みなさんの人生の上で助けとなる教訓の話になればと思います。(「馬夫」の主人公として出演した俳優キムスンホは国民的名俳優です。日本でい

う渥美清や高倉健に当たります。彼は1968年、51歳の若さでこの世を去り、多くの人々に惜しまれました。彼は1960年、韓国国民の父として語られもします。）

3

　次はイムグォンテク（임권택）監督の西便制（ソピョンゼ）です。1993年の作品です。この映画はパンソリ（판소리）に関する映画です。パンソリのパンは舞台あるいは場所を示し、ソリは歌を示します。パンソリは中国の京劇や日本の歌舞伎のようにoperatic様式で発展してきた伝統演技物です。しかし、パンソリは演技より歌が中心になります。

　パンソリを歌うことができる人は廣大‘才人’ソリクン（소리꾼）と呼ばれます。この映画では歌人という言葉のかわりに主にソリクンという言葉が使われています。映画の中の主人公はユボン（유봉）とソンファ（송화）です。この二人は父と養女の関係にあります。ユボンは歌に人生をかける芸人で、風とともに水のごとく流れる浪人です。

　映画「西便制」と関連する最近の話題が2つあります。ユボン役を演したキム・ミョンコン（김명곤）は映画俳優として大きな成功を収めることはありませんでしたが、文化部長官を担い、一ケ月前辞任しました。韓国で映画俳優出身の長官は彼が初めてです。また、もう一つの話題は「西便制」続編が14年ぶりに今月上映されることです。題名は「千年鶴」です。

　「西便制」の主人公のユボンは自ら遂げることができなかった夢を娘に託そうと考えます。その夢とは何でしょうか。それはまさに得音の境地なのです。得音はソリクンの究極的な境地です。得音を遂げるソリ

クンは名人として名をあげるようになります。しばらく映画を鑑賞してみましょか。

　……映畵鑑賞……

　どのような感じを受けましたか。三人が道で歌う場面はロングテイクの映画美学としてとても有名な場面です。その歌は「ジンドアリラン」といいます。これはパンソリではなく民謡です。この歌の中で"青空に小さな星々が輝き、人間の心は愁心に満ちている"という内容があります。ここでは恨が愁心と表現されています。愁心が昇華して星になります。愁心を恨とするならば、星は恨の超越の象徴とも言えます。
　映画「西便制」で展開されている話には核心のモチーフの一つがあります。これはユボンがソンファに薬剤を飲ませて盲人にしたことです。父親が娘を盲人にしたことは理解しがたいものです。どうしてそうしたのでしょうか。ユボンがソンファを盲目にさせたわけは、ソンファを自分のそばに引き留めておくためかもしれません。彼の養子は歌が嫌で、貧しい歌い手としての人生が嫌で逃げました。彼は養女のソンファまでも逃げてしまうのではないかと考えたのかもしれません。盲目になれば音に開眼することができると信じたためです。この考えが非合理性であることは明らかです。映画「西便制」における芸術の完成のため娘の視力を奪うという行為は韓国の情緒というよりは日本の情緒に近いです。これと似た話が日本の小説に存在するという話を耳にしましたが、まだ確認できていません。
　映画「西便制」の内容の中で最も主題に近い台詞があります。それを引用してみます。恨という言葉に注目してください。これこそ韓国文化を理解する上で鍵となる言葉です。

お前の歌は美しいがハン(한)が無い。ハンは一生を生きながらにして少しずつ積むものだ。生きて行くことがハンを積むことで、ハンを積むことが生きて行くことだ。今お前のハンを歌にのせられるようになったな。私を許してくれるか。お前が私を仇敵と思ったとしたらお前の歌にハンが入っているはずだ。これからはハンを超越した歌を歌うのだ。

　日本文化をよく理解しようとすれば、わ・わび・さび・雅・もののあわれ等の概念をよく理解しなければならないように、韓国文化の本質はハン・モッ(멋)・人情・シンミョン(신명)等の概念と深い関係で結ばれています。韓国の歌にあるものは、哀しみの情緒に根差したハンだけではありません。ハンに劣らず、精神的混沌の状態から上昇・昇華して沸き上がる独特な感興があります。このことをシンミョンといいます。シンミョンは日本語になおすことができません。2002年、韓日合同開催のワールドカップのとき、韓国人が道に繰り出し、応援する姿が、まさにシンミョンといえます。シンミョンが生の創造的エネルギー、力動的システムの世界であるという点で、静寂の日本的情緒である「わび」と対比するでしょう。
　韓国人の心の中には現実の苦痛を和らげる存在に対する恋しさがあります。これがまさにハンなのです。韓国は伝統的に父意識が強い文化を持っています。今も韓国では父意識に関わること、例えば儒教、民族主義、キリスト教などが社会と文化の面で知らず知らずの内に支配しています。私の考えではハンの原因は韓国人の母性性の欠乏にあるようです。日本文化は父性と母性の調和が成された文化であると考えます。原因はさまざまあるでしょうが、その内の一つは神仏習合では

ないでしょうか。小説家バック・キョンリ(朴景利)は母親の存在を土地と比喩したし、日本の有名な美学者柳宗悦はこれを悲母の観音といいました。柳宗悦はこのように言いました。

　朝鮮の美は悲哀の美だ。朝鮮の芸術は線の美だ。仏像と陶磁器に朝鮮的な線の美しさがある。彼らのハンはこの線に溶解している。悲母の観音は朝鮮人の霊魂を慰める。

　しかし、ここで重要な話をしておかなければなりません。韓国文化の本質はハンそのものではないのです。それはハンを超越したところにあります。「西便制」におけるソリクンの得音もハンを超越した境地です。無心の境地ですね。
　日本にはハンがありません。恨みという概念ならあります。恨みには憎悪と復讐の心が強く入っています。韓国では復讐の観念がほとんどありません。つまらない幽霊の話でも、幽霊が現世と仲直りして、涙を流しながらあの世に立ち去ります。韓国人には浪人47人の復讐と集団切腹に日本人が感動することについてよく理解できません。
　日本文化と韓国文化には決定的な差異があるのです。この差異は価値論の問題ではありません。文化的な相対主義の問題です。共存を志向する生活感情が韓国文化ならば、共倒れ的に死ぬ美学が日本文化です。例えば忠臣蔵や男女の心中、三島由起夫や虚無主義、唯美主義や神風特攻隊など。私は日本に来て数多くのビデオとDVDを鑑賞しました。唯美主義と肉体的加虐性の結合が多いと感じました。実相寺監督の「歌麿」が代表的例と思われます。「西便制」における理想の声を手に入れるため盲目にするという行為は唯美主義と肉体的加虐性の結合です。このような情緒は韓国にはほとんどないに等しいです。日本では

芸術のために人間が存在するという観念が比較的強いです。しかし韓国では人間のために芸術が存在すると考えます。「西便制」では芸術が重要なのか、人間が重要なのかという問題について明言することなくしめくくられています。

　韓国文化の本質は一言で言えば解恨相生です。ハンを通りこして仲直りすること。ハンをはらして互いの生を願うこと。一緒に死ぬのではなく共に生きようということ。これこそハンの正体です。

4

　では3番目の映画「オールドボーイ」について話します。先に映画からみましょうか。パク・チャンウク(박찬욱)の「オールドボーイ」は2003年カンヌ映画祭で審査員の大賞を受けた作品です。少し難しい言葉で表現すればこの映画は原型的な欲望のタブーに関するミステリーの復讐劇だと考えられます。「オールドボーイ」はパク・チャンウク監督のいわゆる復讐三部作の2番目の作品にあたります。復讐三部作の最終作品は「親切なクムジャさん」ですが、これにはみなさんもよく知っているイ・ヨンエ(이영애)が出演しました。

　「オールドボーイ」の主題に関連する用語は復讐と近親相姦です。先ほど言ったように、復讐は韓国文化との関連性が少ないです。韓国人の情緒によれば近親相姦は極めてタブー視されています。復讐と近親相姦。実はどちらも韓国的ではありません。「オールドボーイ」の原作は日本の漫画です。映画「オールドボーイ」が日本文化の影響を受けたことはほぼ間違いありません。もう映画も文化の国境を越えるようです。主人公が誰かしらによって長時間理由無く監禁されていたというモチ

ーフだけが同じです。

　BとBの姉は近親の関係を結んでいます。これを目撃したAの口の軽さによりBは自殺しました。高校時代のことでした。そして長年の歳月が経ちました。ある日AはBによって監禁されます。そのまま長年の歳月が経ちました。Bは15年間監禁したAを解放しました。Aは復讐のためにBを追跡します。AはBに会って問いただします。どうして自分を閉じ込めたのかと。Bはこう答えます。'どうして閉じ込めたか'ということより'どうして解放したのか'がもっと重要な問題だろうと。

　どうしてBはAを殺さずに解放したのでしょうか? Bの綿密な計画によってAは自分の娘とセックスをすることになります。わなを仕掛け父親と娘を近親相姦の関係に陥れることはBのAに対する復讐です。肉体的な監禁、暴力、死ぬことより倫理的違反がより残酷な復讐になるのでしょうか。

　何はともあれ、Aはその事実を知って自分の舌を切ります。Bもピストルで自殺します。暴力と復讐の悪循環は終わります。勝者も敗者もないゲームなのです。

　……映畫鑑賞……

　有名な映画評論家の佐藤忠男は韓国映画に高い関心を持っています。イムグオンテク(임권택)の映画に関する著書もあります。彼はイム・グオンテクの「マンダラ」や「西便制」を非常に高く評価しました。しかし若い監督の中でも先頭に立っているパク・チャンウクの映画はあまり好評しませんでした。「オールドボーイ」には韓国的な要素が特になかったのかもしれません。佐藤忠男はパク・チャンウク映画の傾向、いわば'グロテスクとユーモアの感覚'を世界的な傾向に合わせて

見なければならないと言いました。イム・グォンテクが韓国的な要素を世界化しようと試みたとするならば、パク・チャンウクは韓国的な要素と関係なく韓国映画の質を世界的レベルまで引き上げたと言えます。これからもパク・チャンウクは国際舞台で映画監督として関心と注目の的になると思います。

「オールドボーイ」の主人公オテス(오대수)は最後の場面に至って娘を抱きしめます。娘は自分のちちであるとはしりませんから,彼はふこう中のさいわいと喜びます。しかし,オテスは悲劇的な人物です。馬夫チュンサム、歌い手ユボン、平凡な小市民オテスは権力に従属された人間です。この中でも目に見えない権力と死闘を繰り広げたオテスが最も悲劇的な人物です。彼は肉体的監禁からは開放されましたが、毀損された(傷ついた)霊魂の囚人として生きてゆくことになるでしょう。自分が父親であると娘が知らないことを不幸中の幸いと喜びながら彼の恨も雪とともに散るようです。

母性性の観点でみると、母親は救いを意味します。オテスは終りの場面で娘に会うのではなく、母親に会います。この時、母親は自己救援の象徴です。自分が父親であることを娘が知らないという事が彼には救いでしょう。まさに解恨相生なのです。Greece神話のOedipusが自分の母親と近親関係を結んだ悲劇的な人物で,その悲劇的な人間の条件が運命なら,オテスの場合は軽い口という性格のためであるのです。

5

最後に簡単に整理します。今日見た全ての作品において母親は登場しません。母親が登場しない映画を意図的に選択したのではなく、選

択したところ、偶然母親がいない内容の映画でした。これから私は韓国文化の原型と母性の関係に関する問題を深く研究するつもりです。ここに集まった日本の多くの若いみなさん.韓国と日本の文化交流にこれから関心を持ってください。今日傾聴してくださってどうもありがとうございます。

존재론 : 이데아로부터 메타버스까지

학생 여러분. 안녕하세요.

 오늘 강의의 제재를 존재론으로 삼았습니다. 존재론 하면, 철학 분야라고 생각하기 쉬운데, 딱히 말해 철학이라기보다는 교양으로서 인문학 전반의 기초 분야에 해당한다고 생각하는 게 좋을 듯합니다. 먼저 존재라는 말의 뜻에 관해 살펴볼까요. 표준국어대사전에 '현실에 실제로 있음. 또는 그런 대상'이라고 적혀 있듯이, 존재는 무엇이 존재하다, 라는 동사의 뜻과, 존재하는 그 무엇이라는 명사의 뜻이라는 두 겹의 뜻을 가지고 있습니다. 철학적으로 볼 때, 이 개념은 실재, 실체, 본질이라는 용어들과 거의 같은 개념으로 쓰이기도 합니다. 이에 관해선 앞으로 다시 한 번 짚어볼 거구요. 존재인 것과 존재 아닌 것을 대조해 보겠습니다.

 존재의 상대 개념은 물론 비존재입니다. 존재와 비존재는 있고 없음의 문제를 떠나서 가능성과 불가능성을 나타내는 표지이기도 해요. 이번에 대통령 선거가 있었잖아요? 최근에 결과도 나왔잖아요? 대선 유세 기간 중에, 부산에서 이런 일이 있었어요. 길에서 안철수 후보더러

한 유권자가 그랬어요. (이름처럼) 철수 안할 겁니꺼? 야권 단일화의 가능성을 타진해 본 겁니다. 후보 단일화를 놓고 매스컴에서도 말들이 한창 무성할 때였어요. 안철수 후보가 답합니다. 전 안철수, (이름대로) 아니 철수합니다. 단일화를 하지 않고, 끝까지 대선 레이스를 완주하겠다는 뜻입니다. 이처럼 '안'이니 '아니'니 하는 개념은 불가능성을 나타내는 개념이기도 해요. 안철수는 정치인으로서 그 동안 존재와 비존재의, 출마와 철회의 경계선에서 자신의 존재감을 드러내곤 해 왔습니다. 이것이 자신의 정치적인 전략인 게 사실입니다. 이번 대선에서도 결국 단일화를 실행함으로써, 소기의 결과에 어느 정도 기여했고요. 요컨대 비존재의 개념에는 부정(아니다)과 무(없다)뿐만이 아니라, 불가능성까지 내포합니다.

존재와 비존재, 즉 존재와 무, 있음과 없음, 실재와 현상, 진짜와 가짜 등의 대립적인 개념을 놓고 철학적인 담론을 일삼는 경우를 두고, 우리는 소위 존재론이라고 합니다. 존재론은 '온톨로지(ontology)'라고 하는데요, 옛 그리스어에서 비롯된 말이지요, 여기에서의 '온(on)'은 영어의 '빙(being)'에 해당하는 말입니다. 존재의 개념이 철학사에서 처음으로 이슈로 등장한 때는 파르메니데스가 살던 시대였습니다. 그는 백발이 성성한 모습으로 아테네에 나타나 스무 살 약관의 젊은 소크라테스와 더불어 대화를 나눈 적이 있었다고 해요. 그렇다면, 그는 플라톤보다 두어 세대 앞선 인물이라고 하겠습니다. 존재와 무 가운데서, 파르메니데스가 존재를 인정했지 무는 인정하지 않았지만, 플라톤은 그를 넘어서 두 가지의 개념 모두를 인정합니다. 말하자면, 이래요. 파르메니데스가 존재만 인정했다면, 플라톤은 무보다 존재를 중시합니다. 플라톤에게 있어서 존재의 개념, 즉 있음은 값있음의 개념이 되기도 합니다. 그는 존재론과 가치론을 동떨어진 개념으로 본 것이 아니라는 얘기입니다.

이 대목에 이르러 『개념-뿌리들』의 저자 이정우 님은, 다음과 같이 흥미롭게 비유한 바 있었지요. 신은 100점, 인간은 90점, 호랑이는 50점, 달팽이는 20점하는 식으로 가치를 부여한 것이 바로 플라톤의 존재론이란 거예요.

플라톤은 자신의 저서인 『폴리테이아』에서 문학이나 예술에 있어서 공리적 기능을 선명하게 나타내기도 합니다. 이 부분의 골자를 제 나름대로 정리해볼게요. "철학과 시 사이에는 오래된 불화가 있었다. 시가 즐거움을 주는 것이라기보다, 나라의 체제와 인간 생활을 위한 이로운 것이어야 한다. 이 나라에서 시(인)를 추방한 것은 합당하다." 플라톤이 말한 이 나라는 어떤 나라일까요? 감정의 왕국이 아닌 이성의 공화국이에요. 또 이르되, 이데아의 이상국가라고나 할까요? 자신의 스승인 소크라테스나 자기 자신과 같은 철학자들이 지배하는 나라입니다. 사실상 현실적으로 존재하지 않는 나라이지요. 그러니까 이상국가지요. 다만, 문인이나 예술가들이 현실 속에서 큰 영향력을 발휘하고 있는 감정의 왕국은 아니라는 얘기예요. 이성의 공화국이 이 땅에 실현되기 위해선, 그는 시를 추방해야 한다고 주장합니다. 우리가 알고 있는 소위 시인추방론이 아니라, 시추방론이로군요. 여기에서 말하는 시는 우리가 아는 시를 지칭하는 게 아니라, 문학 전반을 가리키는 개념이며, 또 그림, 음악, 조각, 건축 등 모든 예술까지 포함하는 광범위한 개념입니다.

플라톤은 왜 이상국가에서 예술을 추방해야 한다고 보았을까요? 시는, 예술은 대상의 실재를 반영하는 게 아니라, 그 현상을 복사하기 때문이지요. 그가 살던 시대에 가장 인기가 있었던 예술은 연극이었어요. 그가 보기에는 연극이 모두 막장 드라마였어요. 아들이 아버지를 죽이고 엄마와 결혼했다는 「오이디푸스」와 같은 연극도 막장 중의 막장이었

플라톤 (출처 : 픽사베이)

겠지요. 그가 보기에는 연극이 무가치하고 부도덕한 모방적인 종합예술에 지나지 않았던 겁니다.

그는 이처럼 시나 예술이 자연의 모방에 지나지 않은 것으로 보았습니다. 그에게 있어서, 도대체 자연은 무엇일까요? 사물의 본질, 인간의 본성, 가상이 아닌 실재(實在) 즉 이데아의 개념과 매우 유사하며, 가치론적인 상위의 개념으로 보자면, 신이나 이성의 의미에까지 도달하고 있다고 보아야 하겠지요. 그에 의하면, 문인이나 예술가는 모방자에 지나지 않습니다. 그것도 이중의 모방자이지요. 실재를 보고 모방한 것을 또 모방한 것이 문학이요 예술이란 것. 침대의 본질(실재)을 창조한 존재자는 신이지요. 목공은 사람들의 편의를 위해 그것을 반듯이 제작합니다. 사람들은 실생활에서 이것을 누리지요. 그런데 화가는 이것을 또 그림으로 옮깁니다. 침대를 그린 그림은 목공이 제작한 침대보다 못하다는 겁니다. 그림은 실생활에 도움조차 주지 않으니까요. 이처럼 그에게 있어서의 예술이란, 자연에 대한 모방의 모방에 지나지 않습니다.

플라톤은 예술뿐만 아니라 현실세계 역시 거짓된 세계, 가짜 세계로 봤습니다. 참된 세계, 진짜 세계는 감각으로 확인되지 않은 초월의 세계, 실재의 세계라고 여겼지요. 반면에, 스승인 플라톤과 사사건건 학문적인 대립을 보여준 아리스토텔레스는 인식될 수 없는 어떤 것도 실체일 수 없다고 했어요. 스승에게 있어서 정체(政體)의 실재인 이상국가, 즉 이데아의 공화국도 초월의 세계니까, 결국 실체가 아니라는 거예요. 이데아는 플라톤 철학의 중심개념입니다. 그리스어로 이데아나 에이도스는 모두 '상(像)'을 뜻하는 단어였어요. 이데아는 육안이 아닌 마음의 눈으로 통찰되는 사물의 순수한 실재를 뜻하는 말로 정착되었습니다. 이에 반해, 에이도스는 사물의 구체적인 현상, 감각적인 형상을 가리키는 말이 되었고요. 한스 요아힘 슈퇴리히의 저명한 『세계 철학사』에 의하면, 이데아는 참된, 형이상학적인 실재성을 지니고 있으며, 불멸의 원형이기에 무한히 존속하며, 또 나아가 이데아 중의 이데아는 최고의 선(善), 세계의 궁극 목적이 되기도 해요. 아리스토텔레스는 플라톤의 이데아에 대한 대안의 키 워드로 에이도스를 제기합니다. 플라톤이 이데아를 사물의 본질로 보았지만, 아리스토텔레스는 에이도스를 자신의 가치개념인 형상으로 간주합니다.

존재론은 주지하듯이 존재와 무, 실재와 현상, 질료(hule)와 형상(eidos), 진짜와 가짜, 초월과 내재(욕망) 등의 관계를 규명하는 철학 분야예요. 전자의 개념들이 플라톤의 생각 틀이라면, 후자의 그것은 아리스토텔레스의 몫이라고 하겠지요. 그런데 서양의 철학사는 플라톤의 주석(註釋)에 지나지 않는다는 말이 있듯이, 19세기에 이르기까지 플라톤주의가 서양 철학사의 주류를 형성해온 것이 사실이기도 합니다. 물론 존재론에 있어서도 마찬가지입니다.

제가 앞에서 존재라고 하는 개념을 두고, 실재와 실체, 혹은 본질과 본체의 개념과 유사하게 쓰인다고 했잖아요? 이 개념들에 관해서 한마디씩 간단히 언급하고 넘어갈게요. 실재(reality)는 생명체나 물질이 자기 동일성을 유지하는 것을 말합니다. 신이니 보편적 이성이니 절대정신이니 하는 개념이 여기에 해당합니다. 절대이성은 특히 헤겔이 표명한 중심개념이기도 하구요. 실체(substance)는 그 자체로 존재하는 현상의 궁극적인 원인이지요. 칸트의 '물자체(Das Ding an sich)'니 스피노자의 '자기원인(causa sui)'이니 하는 개념이 이 사례에 해당합니다. 자기원인이란 쉽게 말해 '내 탓'입니다. 사물은 사물마다 자기 존재의 원인적 조건에 해당되는 속성을 지닙니다. 이런 점에서 볼 때, 사물 그 자체, 즉 물자체는 본체이기도 하지요. 대상이 에너지 보존의 법칙에 따라 현상적으로 변해도 본질적으로 변하지 않는 것이지요. 그럼 본질(essence)은요? 담론의 기본이 되는 것을 가리킵니다. 예컨대 예술가에게 있어서의 아름다움, 의학자에게 있어서의 병원체, 물리학자에게 있어서의 소립자와 같은 거지요.

제가 이 대목에서 여러분에게 문제를 하나 낼게요. 코로나에 감염된 것은 실재일까요? 아니면 현상일까요? 아리송하지요? 감염은 현상입니다. 감염의 원인적인 조건인 코로나 바이러스가 실체입니다. 스피노자가 말한 자기원인이지요. 그렇다면, 바이러스는 생명체일까요? 아니면 물질일까요? 생명체도 아니고, 생명체가 아닌 것도 아니에요. 즉 생명체도 물질도 아니라는 얘깁니다. 그럼 뭘까요? 모든 바이러스는 병원체입니다. 병의 원인을 일으키는 물체. 바이러스는 생명체나 물질이 아니어도 자기동일성을 유지하며, 감염이란 현상의 궁극적인 원인이 되며, 또 의사나 의학자들에게 담론의 기본적인 소재인 병원체이기도 합니다. 요컨대, 감염이 현상에 지나지 않지만, 바이러스는 실재이며, 실체이며, 본질입니다.

20세기의 현대철학에서 존재론은 좀 낯설거나 잊힌 분야가 되었지요. 누군가가 그랬다지요. 존재에 대한 물음은 망각 속에 빠져 있다고. 20세기를 대표하는 철학자 중에 마르틴 하이데거가 있어요. 그는 『존재와 시간』(1927)에서 옛 그리스로부터 계승된 철학적 핵심 과제였던 '존재'의 의미를 밝히는 것을 자신의 과제로 삼았었지요. 그의 존재론적인 성격은 관념적이라기보다 현존재의 일상성에 대한 주목으로부터 비롯합니다. 그에 의하면, 인간은 '세계내(內)존재'입니다. 이때 세계는 생활하고 있는 생생한 현실 세계라는 것. 사물의 성격을 규정하는 범주가 아니라 현존재의 성격을 나타내는 실존적 범주라는 것. 인간은 언제나 자신의 바깥인 세계의 경계 안에 머물러 있으면서 실존합니다. 우리말 실존을 가리키는 독일어 명사 '엑시스텐츠(Existenz)'는 라틴어 '엑시스토(ex-sisto)'에서 온 말입니다. 글자 그대로, 나가서 서 있음을 뜻하지요. 무한의 존재인 신의 바깥에 (신이라는 말 대신에 운명이라고 해도 될지 모르지만) 서 있다, 라는 것. 인간은 무(無)로 포섭된 존재입니다. 인간은 무를 통해 존재를 경험한다는 거죠. 무는 드러나기도 감추기도 한다는 점에서 존재의 너울입니다. 하이데거 자신이 나치의 협력자로서 존재의 너울을 뒤집어썼듯이 말입니다.

존재 · 실재 · 실체 · 본질의 개념 틀과 반대편에 놓이는 것이 바로 무(無)와 현상입니다. 플라톤이 존재에 방점을 찍은 존재론자라면, 하이데거는 무에 방점을 찍은 존재론자라고 할 수 있겠어요. 그러면서도 하이데거는 인간이 언어를 사용하는 존재임을 주목합니다. 그에게 있어서 언어야말로 인간을 인간답게 하는 실존의 수단이 됩니다. 인간은 현존재로서, 세계내존재로서, 또 말을 하는 내적인 존재로서 자신을 표시하고 표현합니다. 인간은 세계내존재라는 존재의 양식을 가지고 있기 때문에, 인간의 말은 실존의 언어로 존재합니다. 언어가 존재를 밝히거나 감추는 사유의 수단이며, 인간은 이를 통해 이른바 '존재의 집'에 거주하면서 실존하게 됩니다. 인간에게 언어가 존재의 집이며 인간 본질의 가옥이라면, 또 그것이 말함 속에서 존재의 언술되지 아니한 사유라면, 이 사유는 시의 가까운 위치에 놓이게 되는 것이지요. 하이데거는 횔덜린 등의 시인들을 자신의 사유 틀 속으로 끌어들였습니다. 시인이야말로 언어를 지키는 현존재니까요. 제가 정년퇴임을 앞두고 있는데 퇴임 이후에, 서로 간에 동갑의 나이인 하이데거와 비트겐슈타인의 언어철학에 관해 독서를 좀 해볼까, 해요. 퇴임 이후의 계획들이 자꾸 쌓여만 가네요.

제가 앞에서 말했듯이, 서양 존재론은 하이데거 이전까지만 해도 존재(있음)의 개념에 방점을 찍었습니다. 옛 그리스인들은 무(없음)의 개념을 극도로 혐오했다고 해요. 반면에, 동양 사상은 무의 개념에 독특한 지위를 부여해 왔고, 무를 추구하거나 향유했던 게 어김없는 사실입니다. 무는 존재의 절대 모순을 의미합니다. 동양적인 맥락에서의 무의 철학은 고대인도의 '순야(sunya)'와 고대중국의 '역(易)'에까지 거슬러 오릅니다. 인도의 순야(텅빔)는 인간의 분석적 인식의 한계를 넘어선 직관적 혼돈의 세계상을 원초적으로 제시했구요, 중국 삼국시대의 주석학적 사상가로 유명한 왕필은 주역의 복괘(復卦)를 해설하면서 '지무(至無)의 경지만이 근본이다.'라고 말했습니다. 온전한 없음의 상태가 모든 것의 시작이라고 본 것이에요. 무위(無爲)와 자연의 개념을 강조한 노자의 『도덕경』에도 천하 만물은 있음에서 나오고, 또 있음은 없음에서 나왔다고 했어요. 불교에도 '진공묘유'라고 하는 말이 있잖아요? 텅 빈 것 속에 뭔가 미묘한 게 있다. 불교는 기본적으로 세계의 생성을 연기의 관점에서 보기 때문에, 그 어떤 것도 자기동일성을 갖춘 게 없다고 봅니다. 현대 용어인 자기동일성을 불교적으로 환원하자면, 이른바 자성(自性)이라고 해요. 자기동일성이 없다는 것의 불교적인 개념은 무자성이에요. 불교에서의 무자성, 무실체의 개념은 모든 게 연기적으로 존재한다는 것을 말하는 거예요. 불교는 무의 막강한 힘을 발견했어요. 무명(無明) 같은 부정적인 의미도 있지만, 어디 한번 보세요. 무상, 무아, 무심, 무색, 무 등, 무의식, 무위법……. 불교의 선(禪)이라고 하는 것도 유무의 경계를 초월한 무의 세계라고 합니다. 동양 사상과 얽힌 존재론의 키 워드가 무, 공, 허, 무극, 태극, 도(道)이듯이, 유기적인 전체론에 기초한 존재론적 사유방식을 지니고 있었습니다. 부분이 모여 우주를 구성하는 게 아니라, 우주 전체가 바로 무의 세계이기 때문인 것이지요.

제가 과문한 탓에 분명한 근거는 알고 있지 않습니다만, 동서양 할 것 없이 존재론과 우주론은 밀접한 상호관련성을 맺고 있는 것 같아요. 우주의 기원에 관한 얘깃거리는 창세 신화로부터 시작해 고중세의 점성술을 거쳐 오늘날 첨단의 물리학·천문학으로까지 이어져 오고 있지 않습니까? 초기 우주가 보낸 빛의 화석마저 전파망원경에 잡힐 수 있는 시대에 이르고 있어요. 우주의 기원은 우주의 모든 물질 및 에너지가 한 점에 모여 있다가 급팽창했다는 가설이 점차 정설로 받아들여지고 있습니다. 말하자면, 소위 빅뱅이 현대 우주론의 기초가 되고 있어요. 우주가 팽창하든 말든 우리의 삶 하고 무슨 상관이 있겠습니다만, 철학의 존재론이 이제 과학의 영역으로까지 확장되었다는 감회를 금치 못하게 하는군요.

조선시대에 우리나라 사람들의 초보적인 우주론은 천자문 학습을 통해 막연히 눈을 떴어요. 천자문 시작이 이렇잖아요? 하늘 천, 따 지, 가물 현, 누를 황, 집 우, 집 주, 넓을 홍(洪), 거칠 황(荒)……. 밤하늘은 검고(어둡고), 낮의 땅은 노랗고(밝고), 우주는 넓고도 거칠다. 우주는 광활하고도, 황막합니다. 풍선에다 스티커로 된 별을 붙이고 불면, 별의 크기는 그대로이지만 별과 별 사이의 틈만 벌어지듯이, 최근의 우주가속 팽창의 이론이 입증하듯이 은하의 공간이 벌어집니다. 또 대동결 이론에서 보여주듯이, 우주는 황량한 공간이 되어버립니다. 천자문의 우주 홍황론이 과학적으로 입증된 셈이지요.

재작년인 2020년에, 블랙홀의 존재를 이론적으로 정립하고 실제로 관측한 세 명의 과학자들에게 노벨물리학상이 주어졌습니다. 저도 신문 속의 사진을 통해 보았습니다만, 공개된 그 이미지는 반지 고리 모양의 휘어진 빛. 이처럼 우주의 모습은 마치 왜곡된 것처럼 보이는 거대한 시공간(space-time)의 질량체였죠. 노자의 『도덕경』 22장에 우주의 모습을 암시한 세 글자가 있지요. 이른바 '곡즉전(曲則全)'이라고요. 사물이 구부러지면 온전해진다는 뜻인데요, 우주상도 구부러진 온전함을 보인다는 거지요. 구형은 예로부터 온전함의 상징이었지요. 그런데 왜곡된 구형이라니요. 구부러진 온전함의 우주가 반지 고리라기보다 도리어 럭비공이라고 생각하는 게 더 좋겠네요. 어쨌든 우주 모양의 철학적인 실재를 노자가 기원전에 미리 암시했다면, 이를 과학적인 현상으로 증명한 것이 재작년에 노벨물리학상을 받은 연구 결과가 아니겠습니까?

우리나라 철학사에서 존재론의 꽃을 피웠던 시기는 16세기입니다. 동양 사상 중에서 존재의 문제를 철학의 체계로 승화시킨 것이 성리학에서의 이기론. 여러분도 고등학교 시절에 이(理)와 기(氣)의 문제에 관해 가끔 들어보았을 거예요. 국사 시간 때나 국민윤리 시간 때. 저도 반세기 가까이 이 문제에 대해 관심을 가져보았는데 개념조차 종잡을 수가 없네요. 긴가 민가 하는 부분이 적지 않지만, 저는 거칠게나마 다음과 같이 대조표를 만들어 보았어요. 제 자신의 이해와 인식을 위해 만들어 본 것입니다.

이(理) : 기(氣)

이성 : 기질

사단 : 칠정

실재 : 현상

실체 : 가상

본체 : 응용 프로그램

하드파워 : 소프트파워

다스림 : 끼

선험적 : 경험적

물질 : 에너지

　여기에서 보는 바와 같이, 이와 기를 이성과 기질로 보는 것은 지나치게 단선적이라고 하겠지요. 물론 틀린 뜻이 아니지만, 말맛이 아주 심심해요. 그래서 단어 표를 만들어가듯이, 말들을 쭉 이어 보았어요. 성리학의 일반론 관점에서 볼 때, 네 가지 옳은 마음인 4단은 이에서 출발하고, 일곱 가지 감정의 상태인 7정은 기에서 발동합니다. 4단은 인의예지의 실마리가 되는 마음이요, 7정은 '희노애락애오욕'의 감정입니다. 전자는 불쌍히 여기고, 부끄럽게 여기고, 사양하고, 시비를 가리는 마음입니다. 후자는 기뻐하고, 화내고, 슬퍼하고, 즐기고, 사랑하고, 미워하고, 욕심내는 기본적인 감정 상태를 가리키지요. 16세기의 성리학자 이이(율곡) 역시 이와 기의 관계를 두고, 4단과 7정, 도심과 인심, 뭐랄까요 윤리의식과 인지상정의 관계로 이해한 바가 있었지요. 또 이 둘의 관계를 서양 존재론의 개념인 실재와 현상, 실체와 가상의 관계로도 볼 수 있습니다. 또 컴퓨터 시스템으로 비유하자면, 이가 본체, 원리, 하드웨어, 하드파워 등이라면, 기는 응용 프로그램, 데이터, 소프트웨어, 소프트파워 등이라고 할 수 있겠죠. 이를 가장 중시한 성리학자는 주리론의 퇴계 이황인데요, 임진왜란 이후 퇴계학이 일본으로 건너가 먼 훗날 일본 근대화의 세력 형성에 사상적으로 영향을 주었습니다.

　우리나라 15세기의 성리학은 주리론과 주기론으로 나누어집니다. 이를 중시하는 부류는, 벼슬길에 나아가 나라를 다스리는 일에 참여한 묘당파입니다. 반면에 기를 중시한 부류는, 벼슬길에 나아가지 않고 처사로 머문 산림파입니다. 주리론자로서는 이언적(회재)과 이황이 유명해요. 이언적은 형질이 없지만 결코 무라고 할 수 없는 이의 절대성만이 불교와 노장사상으로 대표되는 비성리학적인 사유를 극복할 수 있다고 보았어요. 사림의 선배인 이언적의 학설을 계승한 이황은 이와 기를 주객관계로 보았지요. 주체와 객체 말예요. 또 이 관계를 체용(體容)의 관계로도 볼 수 있는데, 체와 용은 몸과 얼굴, 본체와 응용이기도 합니다. 심지어는 선악의 개념으로까지 나아갑니다. 그의 어록을 인용할게요. "가리키는 바가 이에 있고, 기에 있지 않기 때문에, 선이 있을 뿐, 악은 없다." 한편 주기론자로서는 서경덕(화담)과 조식(남명)을 들 수 있습니다. 산림파의 원조인 서경덕은 '격물치지'의 뜻에 따라 사물과의 직접적인 접촉을 통해 기(氣)일원론의 세계관을 실현하려고 했습니다. 그에게 있어서의 기는 현상이 아니라 근원적인 실재였죠. 자기 원인에 의해 존재하면서 자기 운동의 메커니즘을 가지는……. 또 한 사람의 산림처사인 조식(남명) 역시 바탕에 있어서 이가 기보다 앞서지만, 선천적으로 볼 때 기가 이보다 앞선다고 했어요. 이언적의 주리론보다 서경덕의 주기론에 손을 들어준 셈이지요. 실제로 이언적으로부터 만남의 제의를 받았지만 거절했고, 서경덕과는 서로 만난 일이 있었다는 얘기도 남아있습니다. 주리론과 주기론을 중도적으로 통합하려는 이가 율곡 이이였어요. 그는 서경덕의 기일원론을 극복하기 위해 이른바 '이기묘합(理氣妙合)'론을 제기하기도 해요. 이와 기는 미묘하게 화합한다. 서로 떼려야 뗄 수 없는, 그래서 미묘하게 결합하는 상징 덩어리의 기호다. 이런 얘기, 아니겠어요?

제가 앞에서 주리론의 퇴계학이 일본으로 넘어가 일본 근대화의 세력 형성에 사상적으로 영향을 주었다고 말했는데, 우리나라는 17세기 이후로 이보다는 기를 치중해온 감이 없지 않았어요. 서경덕 이래 기일원론이란 말은 있어도 이(理)일원론이란 말은 아예 없었구요, 이 이를 실

프랑스 파리에서의 한류 열풍. 지
금 한류는 온 세계로 확산되어가고
있는 중이다.

생활에 도움이 되지 않는 관념론으로 치부하는 경향도 없지 않았지요.
조선말에 빛을 발한 최한기의 기학(氣學)이니 이제마의 사상의학(四象醫
學)이니 하는 것은 주류 성리학으로부터 벗어나 또 다른 기의 철학을 체
계화한 응용학문이 아니었던가요? 일본은 지금까지 과학 분야의 노벨
상 수상자를 25명이나 배출했어요. 우리는요? 아무도 없잖아요? 25대
0이에요. 이런 스코어라면, 프로야구팀과 고교야구팀의 격차가 아닐까
요? 그렇지만 우리는 대신에 한류를 세계화시키지 않아요? 우리는 「겨
울연가」에서 「오징어게임」까지 20년 동안 숨 가쁘게 달려왔어요. 너무
건너뛴 얘기인지 모르겠지만, 일본은 퇴계학의 영향 아래 보편적인 원
리를 중시하는 학문의 풍토가 조성되었는지도 모를 일이에요. 반면에
우리는 원리보다 기의 프로그램화에 능해요. 우리 문화의 자기조직화
결과가 저는 한류라고 봅니다.

저는 이와 기를 두고, 언어 경제의 원칙에 기댄 우리말로 설명할 수
없을까, 고심했어요. 그 결과, '다스림과 끼'의 개념을 떠올렸어요. 이

(理)는 대체로 이치 이 자로 읽지만, 다스릴 이 자라고도 해요. 우리 상고의 건국이념 중에, 광명이세(光明理世)라는 성어가 있잖아요? 밝은 빛으로 세상을 다스린다고요. 반면, 기는 어때요? 기는 '끼'예요. 끼는 재능, 색기(色氣), 유혹 등의 다양한 함의를 머금고 있죠. 다스림이 양적 개념이라면, 끼는 질적 개념이랄까? 다스림이 하드파워라면, 끼는 소프트파워랄까? 지금 미국의 지식인들이 중국의 일대일로(一帶一路)와 한국의 한류를 곧잘 비교해서 바라보기를 일삼고 있어요. 중국의 일대일로는 이와 기 중에서 이에 해당해요. 정치, 경제, 군사에 귀속하는 문제와 관련된 거잖아요? 중국의 이데올로기를 이웃나라로 전파하는. 반면, 우리의 끼는 자유와 신명의 미시적인 문제예요. 일대일로처럼 거시적인 국가전략은 아니어도 말예요. 15세기 우리나라 성리학자 중에서 이언적·이황처럼 이를 중시한 묘당과 선비들은 정치적인 지배세력이었고, 반면에 서경덕·조식처럼 기를 중시한 산림처사들은 권력과 선을 긋거나 담을 쌓으며 살 만큼 기질이 강한 재야세력, 아니에요? 우리의 이웃나라인 중국과 일본은 일대일로와 노벨상 수상에서 보듯이 외교 질서나 과학 원리의 하드파워에 강하다면, 두 나라 사이에 놓인 우리나라는 자유와 신명의 한류에서 보듯이 소프트파워에 강하다고 할 수 있겠지요.

또, 이와 기를 개념적으로 가름하는 데 있어서 둘의 성격이 필연적인가 우연적인가, 둘의 차이가 선험적인가 경험적인가 하는 사실도 긴요하게 주목되어야 하겠습니다. 더 나아가 이가 과연 초월적인가 하는 것의 여부, 기의 개념을 설명하는 데, 기가 물질적인가, 반(反)물질적인가, 아니면 탈물질적인가 하는 문제도 논쟁의 거리로 남게 될 것 같아요. 마지막으로, 저는 이와 기의 관계를, 물질과 에너지의 관계로도 볼 수 있느냐, 하는 문제를 던져봅니다. 하나의 도전적인 가설이랄까요? 이라고 하면 물리 및 심리의 개념과도 무관하지 않잖아요? 한자로 모두 이(理)

자를 사용하니까요. 우리는 비유적인 표현으로서 '이성의 빛'이란 표현을 자주 쓰잖아요? 빛도 물질이잖아요? 성리학적인 패러다임에서 볼 때, 이성의 빛은 본질과 기질의 환경에 따라 다층의 스펙트럼을 형성합니다. 심리 현상도 최근에 뇌 속의 신경 물질과 관련이 있는가에 대해, 전문가들이 지금 과학적으로 깊이 사유하고 있을 거예요. 이에 비해, 기는 생기, 기공(술), 기가 막히다, 라는 말들이 있듯이, 생명 순환의 에너지와 무관하지 않은 것으로 보입니다. 그래서 제가 이와 기를 물질과 에너지의 관계로 본 것입니다. 물론 기가 현상이나 에너지가 아니라, 실재나 물질로 보는 견해도 있습니다만.

서양 철학사에서 존재론은 사유의 중심으로 자리를 차지하고 있었지요. 고중세 시기의 철학은 존재론과 형이상학의 문제의식이 철학의 중심과제로 부상해 있었습니다. 그런데 18~9세기의 근세에 이르면, 자연과학의 압도적 업적의 인상 속에서, 시대의 주도권이 '메타피직스'에서 '피지컬 사이언스'로 옮아갑니다. 이 시기에 전통적인 존재론과 형이상학은 급속히 퇴락해 갔습니다. 대신에, 이 시기의 철학은 인식론과 경험론과 정치철학이 중심과제로 부상한 감이 없지 않았습니다. 20세기에 이르러서야 존재론이 다시 부상하기 시작합니다. 물론 고중세기의 존재론이 존재와 실재에 방점을 찍었다면, 현대의 존재론은 무(無)와 현상을 중시하기에 이릅니다. 현대의 대표적인 존재론은 현상학이라고 하겠지요. 20세기 이전에도 칸트가 경험현상학, 헤겔이 정신현상학이란 말을 썼으나, 본격적으로 사용한 이는 20세기 초반의 후설이었습니다. 현상학이란, 현상의 본질을 탐구하는 학문이라고 할 수 있습니다. 현상학에 대해 어렴풋이나마 정의를 내리자면, '인간의 의식 구조를 분석함으로써 현상에 대한 지식이 어떻게 형성되는지 밝히는 학문' 정도가 될 듯싶다고 해요. 현상은 쉽게 말해 인간에게 인식이 가능한 차원을 말해요.

글자 그대로 해석하자면, 인식주체에게 나타난(現) 그 무엇(象)이 바로 현상입니다.

현대철학이 존재론의 차원을 다시 획득한 사조는 마치 형제의 이름처럼 실(實) 자 돌림의 논리실증주의 · 실용주의 · 실존주의라고 하겠습니다. 이 실 자로 된 무슨 주의는 본질인 실재를 중시하는 게 아니라, 절대 진리와 무관한 현상세계를 중시했습니다. 실존주의자 사르트르가 그랬잖아요? 실존이 본질에 선행한다고. TV를 보면 요즘 노랑으로 염색한 노랑머리 젊은 남녀들이 적지 않은데요, 아무리 본색이 까망머리라고 해도 눈앞에 보이는 게 노랑머리니까, 노랑머리로 멋을 내고 싶은 거겠지요. 이런 말 들어봤죠. 꽃보다 남자. 봄에 꽃구경 가는 것보다 남자와 데이트하는 게 좋다고요. 이 말은 일본 속담 '하나요리 당고'에서 온 말이에요. 벚꽃을 구경하러 가느니, 차라리 집에서 떡꼬치를 먹는 게 실속이 있다는 거예요. 금강산도 식후경이란 우리 속담과 비슷해요. 조선시대 여인네가 쓰던 이런 속담이 있었어요. 낭군(남편)이 멀리 떨어져 있으면, 마당 쓰는 머슴보다 못하다고요. 혹은, 같은 집에 낭군이 살아도 부인을 소 닭 보듯이 하면, 아무리 양반집 안댁이라고 해도 젊고 잘 생긴 머슴과의, 신분을 초월한 일이 생길 수도 있었겠지요. 소설 「토지」의 인물인 구천과 별당아씨가 눈이 맞아 지리산으로 도망간 것을 보세요. 물리적으로 멀거나 심리적으로 낯설거나 하면, 눈앞에 보이는 대상이나 현상이 바로 실존인 거죠. 이제 실존이 본질에 선행한다는 명제의 의미를 이해하고 간파할 수 있겠죠.

현대 사회는 실재보다 현상을 중시하는 사회입니다. 20세기가 되기 직전에, 프랑스에서 영화라고 하는 것이 발명되었고요. 이것이 전 세계로 향해 동시다발적으로 확산되었구요. 현상, 가상, 가상현실, 사이버공간, 매트릭스, 메타버스 등의 폭주로 인해, 철학도 전통적인 존재론의 심오함이 주는 매혹을 상실해 갔어요. 한자로 '상(像)'이란 무엇일까요? 문자가 사람 인(人) 변에, 코끼리 상(象)으로 구성되어 있지 않아요? 사람들이 머릿속에 떠올리는 코끼리의 모습은 비슷하고 닮았지만, 실상은 아니라는 것이에요. 실재가 진짜라면, 현상은 비실재, 즉 가짜예요. 오늘날 가짜가 이처럼 위력을 발휘했던 시대는 일찍이 없었지요. 앞으로 더 그럴 겁니다. 현대인은 이미지의 범람 속에서 허우적거리며 살아갈 수밖에 없는 존재예요. 사이버공간이란 말은 1990년대 초중반에 성행했는데, 저는 그때 서울에서 강사 생활을 하고 있었어요. 학생들에게 사이버공간은 사이비(似而非) 공간이라고 이래저래 비판한 적이 있었어요. 그때 저는 철저한 문자주의자였지요. 글쓰기도 원고지를 고집했어요. 당시에 비싼 컴퓨터 살 돈도 없었지만, 다소 신념과 의도의 측면이 있었죠. 지금은 문자주의로부터 좀 벗어났지만요. 매트릭스(matrix)는 인간과 인공지능이 싸우는 SF영화……20년이 지난 영화의 제목으로 한때 유명했지 않아요? 이 영화 속에 철학적인 존재론의 관점이 잘 반영되어 있어요. 인간 세상은 현실이 아니라, 가상공간이라는 것. 세상에는 아무런 실재가 없고, 모든 게 프로그래밍화된 현실 같은 꿈으로 가득 차있다는 것. 얼핏 보기에, 말예요. 김만중의 소설 「구운몽」을 연상시키기도 하네요.

　실재와 현상의 관계에 대한 현대철학적인 존재론은, 프랑스 철학계에서 시뮬라시옹(Simulation)-시뮬라크르(Simulacres)라고 하는 용어로 이미 규명된 바가 있었습니다. 시뮬라시옹이 가짜를 만드는 과정이랄까? 그렇다면, 시뮬라크르는 시뮬라시옹의 결과물이지요. 또한 가짜에서 새로운 진짜를 만들어내는 결과까지 포함하기도 해요. 현대 사회에는 이미지 자체의 압도적인 확산으로 인해, 존재하지 않는 대상을 존재하는 것처럼 만드는 과정이 범람하고 있어요. 시뮬라시옹의 영어는 시뮬레이션입니다. 걸핏하면, 시뮬레이션해본다고들 하잖아요? 시뮬레이션을 한다고 해서 실상과 딱 맞아떨어지는 게 아니잖아요? 시뮬레이션을 위한 시뮬레이션. 장 보드리야르의 말마따나, 이미지가 실체를 대체하는 사태가 벌어지기도 해요. 즉, 실체를 모방하는 단계가 사라져버리는 상황이 오기도 하지요. 시뮬라크르는 시뮬라시옹의 결과입니다. 지금, 자기 동일성이 없는 무한의 이미지들, 복제물 같은 게 인터넷상에 얼마나 확산되고 있습니까? 그럼에도 불구하고, 포스트구조주의자인 질 들뢰즈는 이를 긍정적으로 보기도 합니다. 시뮬라크르가 단순한 복제물이 아니라, 역동성 있는 새로운 자기 공간의 창조라구요.

어쨌든 지금 세상은 진짜와 가짜의 경계선이 모호한 시대에 처해 있습니다. 카메라는 갈수록 소형화되면서, 기능은 기하급수적으로 증진됩니다. 2003년에 유독 도둑이 많은 서울 강남구에 설치된 CCTV가 고작 일곱 대였는데, 지금은 여기저기에 널려 있습니다. 자동차 사고가 나면 곧바로 블랙박스가 해결해 줍니다. 얼마 전까지만 해도, 사람이 사물(대상)을 찍었습니다. 이제는 사물(카메라)이 늘 사람의 동향을 찍고 있습니다. 우리 주변에는 늘 시뮬라시옹이 이루어지고 있는 거지요.

지금은 가짜의 값어치가 커지는 시대예요. 예술 작품도 이미지의 범람 속에 허우적대고 있어요. 몇 년 전에, 생화와 조화를 섞어놓은 전시회가 있었어요. 어느 것이 진짜인지, 어느 것이 가짜인지 모를 만큼 말이에요. 우리 세대에게는 가짜라는 말보다 일본어 '사꾸라(사쿠라)'의 어감이 강렬해요. 사쿠라는 일본어로 벚꽃, 말고기의 뜻이랍니다. 옛날에 일본에서 소고기와 말고기를 섞어서 판 일이 있었대요. 사실은 서로 맛이 비슷하지만 소고기가 말고기보다 가치가 있었대요. 말하자면, 진짜와 가짜가 구별되지 않는 가짜를 가리켜 사쿠라, 사쿠라, 했어요. 지금

이야말로 '사꾸라가 판치는' 시대입니다. 김환기의 대표작인 「우주」도 최근에 NFT로 재생산되어 시장에 나왔어요. 경매 결과는 7억 수천 원. 더 이상 돈 얘기는 하지 맙시다. 기왕 얘기가 나왔으니 말이지만, 예술품이 대체불가토큰인 NFT에 의해 재현되는 경우가 있다는 사실을 설명할까, 해요. 그림의 이미지를 콜라주한 채 복제를 불가능하게 만든 이 디지털 아트는 복제 기술이 도리어 원본의 아우라를 지배합니다. 작년에 NFT 작품 하나가 원본 실물의 값의 4배가 되는 780억에 팔리자 뉴욕 크리스티 경매장은 물론 세계미술계를 발칵 뒤집어놓았지요. 가짜가 진짜보다 4배나 능가하는 일. 이게 심상찮네요. 물론 예외적이지만, 심지어는 이런 일도 있대요. NFT 기술로 복제예술품을 완성시키고 나서, 유튜브에 실물 원본을 불태우는 퍼포먼스도 한다는 것. 그러면 복제예술품이 유일무이한 진품이 되고 말겠죠. 실물 원본을 희생시키면서까지 복제예술품의 값을 최대치로 드높인다는 것. 아무래도 이해가 안 되네요. 앞으로 미술품도 실재와 가상의 전도 현상이 가속화될 것이라고 봅니다.

제가 2006년 8월부터 2007년 7월까지 한 해 동안 일본에서 체류하기도 했었는데, 이때 한일 문화의 비교되는 점들을 적잖이 경험한 것 중에서 한 가지만 얘기할게요. 일본인들은 원리원칙에 철저하기 때문에 현상이니 가상이니 하는 것을 경계합니다. 대신에, 실재를 매우 중시하지요. 제가 일본에서 체류할 때, 음식점이나 술집에 들어설 때 반드시 물어보는 말이 있었어요. 카도, 카노데스까? 카드결재가 가능합니까? 일본인들은 계산할 때 카드(현상)보다 현금(실재)을 무척 좋아합니다. 그때 제가 교내의 게스트 룸에서 살림을 했었는데, 다달이 월세를 내기 위해 현금을 준비해, 학교의 경리과를 직접 방문했어요. 계좌이체도 안 된다나요. 지금도 일본은 가상화폐의 존재감이 어림도 없을 거예요. 일본에서 노트북을 두고 '파스콘'이라고 하던데, 처음엔 이게 무슨 말인가 했어요. 퍼스널 컴퓨터의 일본어식 준말이더군요. 그들은 컴퓨터라고 하면 주로 공용이란 얘기예요. 파스콘의 성능도 우리 노트북보다 떨어진다는 생각을 했어요.

한 세대 전에만 해도 일본은 우리보다 1인당 GDP가 3배였어요. 이때만 해도 한일 간의 격차는 아득했지요. 일본의 경제력은 대단했어요. 특히 1980년대는 고도성장의 절정기였지요. 1988년에 세계 100대 기업 중에서 일본 기업이 53개를 차지했어요. 일본은 이때 사회(社會)가 곧 회사(會社)였죠. 글자의 순서만 다르잖아요? 사회적인 인간이 바로 회사적인 인간이었지요. 1989년에는 일본 1인당 GDP가 미국의 79%에 달했어요. 미국의 경제력과 비교될 수 있는 나라는 그 당시에 일본밖에 없었어요. 그러나 1990년대 초반에 일본 경제의 거품이 꺼지는 시대가 찾아와요. 일본 기업들이 고도성장기에 투자한 주식과 부동산에서 온 손실을 만회하기 위해 부채 상환에 급급했어요. 이때부터 일본 전통의 장인정신(모노즈쿠리)은 퇴락해지기 시작합니다. 최근에 일본 경제가 소위 '아베노믹스'에 의해 조금 회복한 감이 있어요. 일본 경제가 잃어버린 30년이니, 장기 침체니 하는 것을 볼 때, 일본인들은 변화에 대한 막연한 두려움 같은 게 있지 않나, 생각해요. 제 생각이 그렇단 얘기예요.

2015년이던가. LG연구소에서 1인당 GDP 부문에 우리나라가 5년 후에 일본을 추월한다는 예측을 내놓았어요. 5년 후라면 2020년이 되겠는데, 이 5년 사이에 무슨 일이 일어났죠? 정치적인 돌발 변수가 있었잖아요? 국정농단과 촛불시위라는 정정(政情)의 불안이 그 예측을 무산시켰지요. 아마 2025년 즈음이면, 1인당 GDP 부문에 우리나라가 일본을 추월할 수도 있습니다. 1인당 구매력은 이미 작년에 능가했구요. 사실, GDP든 1인당 GDP든, 착시 효과에 지나지 않아요. 인구수가 많으면 많을수록 유리한 게 GDP이구요, 인구수가 적으면 적을수록 유리한 게 1인당 GDP예요. 우리보다 일본이 인구가 2.4배 많기 때문에 1인당 GDP를 비교하는 데 불리할 수밖에 없어요. 작년을 기준으로 삼을 때, 세계 GDP 순위는 늘 그랬듯이 미중일(美中日) 순이고요. 인구수가 아주 많은 인도는 6위. 우리나라는 10위. 러시아는 우리보다 한 칸 아래인 11위예요. 1인당 GDP 순위를 살펴볼까요. 인구수 63만의 룩셈부르크가 1위예요. 인구수 34만인 아이슬란드는 6위. 10위 안의 나라는 싱가폴, 카타르 등 대부분 소국이에요. 대국은 5위인 미국밖에 없어요. 지금 1인당 GDP는 4만 달러의 일본이 24위, 3만5천 달러의 우리나라가 27위예요. 1인당 GDP가 일본을 넘어서는 것이 사실은 착시효과에 지나지 않지만, 상당히 상징적인 의미는 크다고 봐요. 과거에 식민 지배를 받았던 우리나라가 식민종주국이었던 일본을 이렇게라도 넘어선다는 것은 대단한 일이 아니에요? 제가 5년 전에 아일랜드에 간 일이 있었는데 더블린 도심광장에 큰 구조물이 서 있더라구요. 탑이라고 해도 좋아요. 식민지였던 아일랜드가 식민종주국 영국 1인당 GDP를 추월한 것을 기념하는 것이래요. 우리는 그 동안 반일의 음습함에 사로잡혀온 게 사실이잖아요? 그 반일이 뭐라고. 친일파가 역사적으로 퇴장한 게 언제라고. 반일보다 극일이 중요해요. 반일의 음습함보다 극일이 자랑스럽고 공명정대한 것……. 제 말에 동의하나요? 동의하건 말건, 그건 여러분의 몫이에요.

제가 지금까지 1인당 GDP에 대해 얘기했지만, 우리나라는 일본에 비해 변화를 덜 두려워한다고 봐요. 이게 별것 아닌 것 같아도 우리의 미래상이 아닐까, 하고 생각이 들기도 해요. 일본은 작년인 2021년에 공무원 사회에서 팩스를 퇴출하는 운동을 벌였지만, 마침내 실패하고 말았어요. 일본 사회에 있어서 이메일은 큰 변화예요. 일본의 공무원들은 이처럼 이메일을 사용하는 것조차 꺼림칙하다는 거예요. 여러분, 이해됩니까? 저는 2007년에 일본에서 귀국한 후에 한일대역시집인 『기모노 여인과 캔커피』를 간행했어요. 제가 있었던 일본의 대학교 총장에게 (몇 번 만난 일이 있고 해서) 시집을 한 권 보냈더니, 고맙다는 총장의 편지가 거의 두 달 만에 왔어요. 일반 우편물로 배를 타고 왔으니 오래 걸렸지요. 이메일이면 즉시 올 것을 말입니다. 카드결재나 이메일이 실재가 아니라 현상 혹은 가상으로 보는 것은 우리에 비해 변화를 두려워하는 일본인의 성정이 아닌가 하고, 저는 자주 생각합니다.

반면에, 우리는 새로운 시대의 흐름, 새로운 플랫폼에 상대적으로 볼 때 관심이 좀 있는 편입니다. 가상이 일상이 되는 메타버스로 향해, 이제 우리는 조금씩 달려가고 있는 느낌이 있습니다. 작년 하반기의 신문에 만날 메타버스라는 새 용어가 등장했어요. 제가 신문을 자주 보기 때문에 잘 알아요. 가상과 초월을 뜻하는 접두사 메타(meta)와, 세계와 우주를 의미하는 유니버스(universe)의 합성어인 메타버스는, 새로운 가상 세계입니다. 글자 그대로의 의미라면, 메타유니버스, 즉 초(超)우주입니다. 말하자면, 현실을 벗어난 공간, 현실과 상호작용하는 가상현실, 현실과 융합한 3차원 가상세계입니다. 이러한 것들이 철학적인 존재론의 입장에서 볼 때, 과연 실체가 있느냐 하는 문제도 제기될 수 있습니다. 요컨대 유니버스가 인간들이 익숙한 기존의 구체적인 환경이라면, 메타버스는 새로운 플랫폼의 추상개념이라고 정리할 수 있겠네요.

인간 문명의 플랫폼은 텍스트, 사진, 동영상, 가상현실(VR), 증강현실(AR), 홀로그램의 경로를 밟아 왔어요. 홀로그램은 앞으로 3차원 실감 미디어로 더욱 강화될 전망입니다. 앞으로는 손흥민의 멋진 골인 장면을

360도 카메라로 돌려 3D로 완벽하게 재현할 것입니다. 게임 분야가 메타버스에서 가장 앞서나간다는 말이 있는데, 저는 평생토록 인터넷 게임을 해본 일이 없기 때문에, 이 말이 무슨 말인지 잘 몰라요. 어쨌든 코로나로 인한 이 언택트 시대에 메타버스가 급부상하고 있답니다. 직장 업무나 대학의 수업 및 행사도 메타버스에서 치러지고 있다고들 합니다. 아바타로 접속해 게임도 하고, 친구도 사귀고, 아이템을 만들어 돈을 벌기도 한다고 해요. 무엇보다도 메타버스가 실시간 통역 AI를 개발하고 있다고 하는데 해외여행은 물론 언어 장벽이 해체된 미래 세상을, 저는 기대해 봅니다. 또 메타버스가 향후 메타 퍼포먼스라는 신개념을 도입한다고도 하는데 아바타로 세계적인 공연무대의 객석에 들어가 세기의 공연을 감상한다는 게 어떤 감상인지, 제 자신부터 무척 궁금해 하고 있습니다. 메타버스라는 말을 접할 때마다, 우리나라 고전소설에 나오는 캐릭터들을 떠올린답니다. 홍길동의 분신술이나, 현실의 성진이 꿈꾸는 양소유의 가상의 삶 말이에요. 메타버스에선 나를 대신한 분신(아바타)들이 앞으로 실시간 가상공간의 여기저기를 돌아다니겠지요. 하지만 아직까지는 기술적인 한계가 있어요. 나의 몸과 화면 속의 아바타가 직접적으로 연결되는 느낌이 들지 않을 거예요. 한편 메타버스의 그림자랄까, 부정적인 측면도 있을 거예요. 정치적인 생각을 같이하는 사람들이 가상공간에 모여 가짜뉴스와 여론 조작과 확증 편향에 대한 확대 재생산을 일삼을 수 있지 않겠어요? 이 뿐만 아니라, 남녀 아바타들이 은밀히 만나 연애도 하는 건 좋은데, 심지어는 불륜의 사랑도 일삼겠지요. 진짜 불륜이 아니라 가짜 불륜이니까 괜찮다는 생각도 하겠지요.

일부 사람들은 메타버스, 메타버스 하지만, 여기에 과연 실체가 있느냐고 말하기도 합니다. 우리나라의 대기업이 너도 나도 메타버스를 이용한 신기술과 산업 융성에 투자한다고 난리를 치고 있는 게 거품이 아니냐고들 합니다. 물론 저도 이런 회의적인 시선에 대해 부분적으로는 공감하기도 해요. 하지만 기대하는 쪽에 조금 기울어져 있습니다. 새로운 현상세계에 대한 한국인의 감수성과 호기심을 믿기 때문이지요. 성리학자 이이(율곡)는 '기발이승일도(氣發理乘一途)'를 주장했어요. 우리에게는 모든 게 한국인의 '끼'에서 시작합니다. 대저 원리는, 원리에 끼를 접목하는 한 가지 방식에 편승(기여)할 따름입니다. 특히, 유라시아 대륙의 동쪽 끝자락에 매달린 작은 반도의 분단국가인 우리나라가 한류를 앞세워 세계로 향해 무한으로 확장해가면 꿈의 문화 강국인 메타국가로 거듭 날 수가 있습니다.

오늘 수업은, 여기에서 마칩니다. 잘 들어주어서, 고맙습니다.

로버트 파우저와, 미래 시민의 조건
—민주주의는 부서지기 쉽다

학생 여러분.

수업을 시작하겠습니다. 오늘 공부할 내용은 일종의 북 리뷰라고 할 수 있겠습니다. 지난 시간에 미리 예고한 책에 관해서죠. 로버트 파우저(Robert J. Fouser)의 한글로 된 저서 『미래 시민의 조건』입니다. 외국인이 한글로 쓴 책이에요. 최근에 이 책이 나왔어요. 제 아내가 사서 읽던 책이었어요. 저는 이 책이 학생들의 강의 소재로 더없이 좋은 책이라고 생각했어요.

지은이가 누구인지 먼저 살펴볼까요? 지금 보여주고 있는 이 사진이 로버트 파우저 씨예요. 미국 사람이고, 고향은 캐나다 가까운 시골이구요, 생년이 1961년이니까 나보다 네 살 적은 나이네요. 그는 한국에서 두 차례 계약직 교수로 재직한 사람이에요. 본래는 미국 미시간 대학교에서 일본어를 전공한 사람이야. 이 사람은 특이하게도 외국어에 대한 능력이 아주 뛰어납니다. 외국어의 문어를 읽거나 이를 구어로 구사하거나 하는 능력이 한 열 개 국어 정도 된다는데, 뭐 이탈리아어, 독일어,

라틴어 등은 말할 것도 없고, 동양권 외국어로는 한문, 일본어, 한국어가 가능하대요. 특히 일본어와 한국어는 모국어(영어)처럼 구사할 수 있다고 합니다. 미국에서 일본인이나 한국인을 만나면 의사소통이 거의 100% 가까이 가능한 그런 사람입니다. 이처럼 여러 가지 외국어를 읽거나 말하거나 하는 사람을 가리켜 '팔리그랏(polyglot)' 즉 두루 박 자 말씀 언 자 '박언가(博言家)'라고 합니다. 오늘 공부는 박언가 로버트 파우저에 관한 공부라고 하겠습니다.

로버트 파우저 씨가 미시간 대학교 일본어과 학생으로서, 일본에 와서 석 달 간 여름 방학 때 홈스테이를 했대요. 그때가 1982년이래요. 여러분의 입장에서 볼 때 태어나기 15년 전이니까 아주 아득한 옛날이에요. 그는 그때 기왕 여기(일본)까지 왔으니 가까운 한국도 좀 가보자 해서 한국에서도 한 10일 간 머물렀대요. 이때 그는 배편으로 한국행 길을 잡았답니다. 시모노세키에서 배를 타고 부산에 입항을 했는데, 그때는 한국인이 어떤 사람인지, 한국 문화가 어떤 문화인지 전혀 알지 못했겠지요. 한국이라는 것과 처음 인연을 처음 맺었을 때, 한국 사람들을 보니까 그 당시만 하더라도 밀수하는 아줌마들이 배에 가득 차 있었대요. 이 아줌마들이 배 안에 모여 이야기를 하는데 떠들고 웃는 소리를 듣습니다. 또 아줌마들끼리 스킨십도 하고요. 부산 아줌마들 목소리 크잖아? 배 안의 부산 아줌마들이 일본에서 관세 없이 일제 화장품을 사오면, 한국에 되팔아서 결코 작지 않은 득을 보게 되지요.

어쨌든 그때 부산 아줌마들 한 번 생각해 봅시다. 목소리 크고 떠들고 웃고 하는 것, 여러분도 좀 그렇잖아? 특히 여학생들. 중고등학교 때부터 여학생들이, 친한 친구들끼리 꼬옥 손잡고 다니잖아? 어이, 정주미 그 손 떼. (학생들 웃음) 근데 일본에서는 보기 드문 일이거든요. 일본

사람들은 조용조용, 나직하
게 이야기하고. 또 스킨십 같
은 건 잘 안 합니다. 암만 친
해도 남의 몸은 함부로 만지
지 않지요. (내가 일본에 있
었을 때 일본 여자 애들에게
들은 적이 있었어요. 한국에
가니까 친구들끼리 왜 그렇
게 몸과 몸을 잘 부닥치느냐
고요.) 우리는 걸핏하면 만지
고 등 두들기고 팔짱끼고 문
자하고. 남자 친구들끼리도
그러잖아? 브라더하면서 (껴
안는 시늉을 하면서) 이렇게
팍하고 말이야. 어이, 설군
그런 거 하지? (예) 그런데
일본 사람들은 암만 가까워
도 남의 몸에 닿지 않는 게

교토대학교와 서울대학교에서 외국인 교수로 재직한 로버
트 파우저 씨. 외국어에 천재적인 재능을 가졌다. 한국을
잘 알고 있는 대표적인 미국 지한파 인물이다.

예의라고 생각하는 것 같아요. 친근한 것을 직접적으로 표현하는 것이
좋은 건지 어떤 건지 잘 판단이 안 되네요. 요는 학생 신분이었던 로버
트 파우저 씨가 한일 간에 이런 문화의 차이가 있다는 것을 유심히 살
펴본 것 같네요.

그가 미시간대학교에 다닐 때 한국에서 온 북미 유학생들이 소박하고
조용했는데, 막상 한국에 와 보니 한국 사람들이 마치 남미 사람과 비슷
하다고 생각했대요. 남미 사람의 열정적인 거, 다혈질. 그러니까 라틴적

감수성이라고 이렇게 표현을 해. 한국에서 처음 만난 한국 사람의 인상은 라틴적 감수성의 소유자들. 부산역에서 본 한국 사람들이 특히 그랬을 거예요. 여러분은 잘 모르겠지만 1980년대 초반의 부산역 풍경은 고등학교 동문들끼리 모여 다녔지요. 지금이야 개인적으로 서울과 부산을 오르락내리락하는데 옛날에는 좀 그랬어요. 옛날에는 그만큼 집단의식이 강했다는 얘기거든요. 예약 같은 게 일반적이지 않던 시절에 한두 시간 기다리기가 지겨우니까 부산역 광장에 스무 명 정도가, 원형을 만들어 둘러 앉아 손뼉 치면서 노래도 부르고 그랬어요, 그 당시에. 원형 중간에 뭐가 있느냐하면 됫병, 큰 한 되 되는 소주. 그걸 됫병이라고 해요. 시골 할아버지들이 모여서 마시는 술이야. 아주 가격이 저렴했지요. 그 옆에 새우깡이나 당시에 흔해빠진 쥐치포 등의 생선 말린 거. 쭈욱 놓여 있었지요. 술 취한 상태에서 상경하던 대학생들의 모습이 그닥 낯설지 않았어요. 난 술 좋아해도, 안 그랬어요.

학생 시절의 로버트 파우저 씨가 좀 무질서하게 보이는 부산역에서 모든 게 익숙하지 않거든요. 외국인 봉사 룸이 하나 있어 들어가니 영어 할 줄 아는 사람이 자신을 도와주더래. 자판기 커피도 빼주고. 내 기억으로는 그 당시 자판기 커피가 500원이었어요. 지금의 가치로는 4천 원 정도 되겠지요. 도와준 그 사람이 외국인이라고 특별히 빈자리를 수소문해 지금 급하니까 빨리 몇 번 홈으로 가라고 안내하더라는 겁니다. 그가 경험한 최초의 한국인에 대한 인상은 대체로 두 가지. 하나는 라틴적 감수성, 또 하나는 자발적 친밀이야. 친절이라면 일본 사람들도 굉장히 친절하잖아? 근데 일본하고는 굉장히 다른 친절이 느껴진다는 거야. 일본인들의 친절은 마지못해 하는 친절, 의무적으로 하는 친절 같은데, 한국인들의 친절은 자발적으로 우러나는 친절이었다는 거야. 그래서 긴 시간에 열차를 타고 서울에 도착해서 우연히 영어 잘하는 학생을 만났는데, 어디서 숙박하느냐 묻더랍니다. 뭐 어데 정해진 여관에 간다고 하니까, 여관보다 안전한 곳이 우리 집이라고 하면서 우리 집으로 가자고 하더래요. 우연히 만난 한국의 대학생 집에서 일주일간 홈스테이로 머물렀다고 해요. 그게 로버트 파우저의, 한국에 대한 최초의 기억이고. 그는 이때부터 한국과 일본을 오가는 생활을 29년 동안이나 하게 됩니다.

로버트 파우저 씨는 한국과 맺은 첫 번째 인연을 계기로 직장인으로서 뿌리를 내리게 됩니다. 고려대학교 영어교육과에서 실용 영어를 가르치는 계약직 조교수로 임명됩니다. 그는 1988년에서부터 1992년까지 재직했다는데, 이 시기가 그의 나이 27세에서부터 31세까지니까 젊은 시절이네요. 젊은 시절인 만큼 교육에 대한 열정도 대단했을 거예요. 이 무렵에 학생들하고 엄청나게 잘 지냈대요. 학생들하고 나이 차이가 그렇게 많지 않고 학생들한테는 복학생 선배 같은 그런 나이의 관계니까, 학생들하고 밤 새다시피 토론하고 또 정치 이야기를 하고, 정치 이야기를 하면 전두환 대통령이 좋다고 하는 학생이 한 명도 없었고, 어쨌든 대화와 토론 등 이야기꽃을 피우면서 자신의 한국어 능력이 유창하게 신장된 거래요. 미국에서는 나이 차이가 좀 나더라도 친구 관계를 맺을 수 있거든. 그렇지? 열 몇 살 차이가 나도 친구 관계일 수가 있습니다. 그렇지만 그게 다 좋은 거는 아니죠. 왜냐하면 삶의 경험에서 비롯된 두께가 다르니까. 그런데 한국에서는 그가 생각하기에 이상하게 나이 차이가 그렇게 많지 않은데도 불구하고 친구처럼 대하지 않고 학생들이 한국 전통의 독특한 사제 관계에서 비롯된 기본적인 예의를 다 지키면서 술도 마시고 대화와 토론을 하거든. 이 사람이 술도 좋아했던 모양이야. 학생들이랑 술도 마시고 영화도 보러 갔는데, 그 당시에 「죽은 시인의 사회」라는 영화를 봤대요. 학생들이 존 키팅 선생이 사립학교에서 쫓겨 가는 장면을 볼 때 여학생 두 명이 울더라는 거야. 학생들은 영화에 감동되어 울고, 그는 우는 학생에게 감동을 하고……사제지간이 이처럼 감정의 혼연일체가 돼야 하거든. 근데 나는 제자들과 그다지 공감 관계를 형성하지 못하는 것으로 보아, 내가 결코 좋은 선생은 아닌가 봐요. 그는 고려대학교와의 계약을 마치고 박사 학위 논문을 쓰기 위해서 일본으로 다시 갑니다. 그 후, 그는 거기서 또 잡(job)을 얻게 되는 거죠.

로버트 파우저 씨가 세 군데 대학에서 재직을 합니다. 일본도 우리나라처럼 외국인 교수는 계약직인 경우가 많나 봅니다. 그가 일본에서 첫 직장인 대학은 굳이 이름을 밝히지 않겠지만 그가 크게 실망한 곳이랍니다. 강의실 문을 열면 담배를 피우는 학생들이 있고. 세상에, 이걸 보고 뒤집어 지는 거야. 그는 일본 사람이라면 그렇게 인사성이 밝고, 친절한 줄 알았는데, 수업 태도를 보니까 완전히 난장판에 개판인 거야. 그래서 그의 책 『미래 시민의 조건』에는, 한국어로 직접 쓴 거야. 뭐라고 했냐 하면 어째서 일본 대학생들이 '무례한 쌍놈'이 되었느냐, 했어요. 쌍시옷을 붙인 이 강한 어조 보세요. 그가 얼마나 실망한 줄 알겠지요. 한국하고 너무 차이가 난다는 거야. 저도 일본에 있을 때 들은 얘기가 있어요. "요즘(2006) 중고등학교 애들 중에 오토바이를 타고 강의실에 들어오는 녀석들도 있대요." 선생님이 뭐라고 하면 대들고.

로버트 파우저 씨는 그걸 참 개탄스럽게 생각하면서 왜 그럴까 하고 생각해보니까, 자신이 일본 문화에 대한 이해가 부족했다는 거예요. 일본인들이 생각하는 문화는 소위 '우치와 소토의 문화'랍니다. 우치라는 것은 우리라는 뜻입니다. 소토라고 하는 것은 남, 즉 타자를 가리켜요. 일본인들은 남을 끌어들이지 못하고 항상 경계를 짓고 선을 긋는 데 익숙해요. 이것을 가리켜 '타자화하다'라고 표현하지요. 우리는 조선시대에 아무데나 이사하면서 살 수 있었지만, 일본의 전통 사회에서 사는 주민은 한 지역을 지배하는 영주의 신민(臣民)이어서 다른 지역으로 이사를 가지 못했어요. 일본의 수도 도쿄 한복판에서 험한 시위를 하는 사람들 봐요. 조선인들은 바퀴벌레여서 밟아 죽여야 한다고요. 이런 헤이트 스피치는 유대인을 학살한 독일 나치즘과 별 차이가 없는 증오 발언이에요. 여러분한테, 제가 언어와 관련된 선생으로서 말하건대, 이런 타자화한 폭력적인 언어는 반드시 업보를 받게 마련입니다. 근데 일본의 우치와 소토의 문화는, 일본말로 '우치 토 소토노 분카'라고 해서 특히 자기네끼리는 단결하면서 남을 배척하는, 그래서 외국인 교수를 우습게 아는 거야.

로버트 파우저 씨가 처음으로 간 학교는, 알고 보니까 좌파적인 성향의 학교야. 처음엔 멋도 모르고 선생 발령을 받고 제일 먼저 노조 위원장이 찾아와서 교원노동조합에 가입하라고 권해서 여기에 덜컥 가입을 했다는 거야. 그는 이 단체가 한국이니 대한민국이니 하는 용어를 전혀 안 쓰고 북한 하고 똑같이 남조선이라고 한다는 걸 알게 되었어. 그러니까 우리나라를 합법 정부로 인정하지 않겠다는 것에 기가 질려버려 탈퇴를 해 버렸대요. 이런 점에서 볼 때, 그는 아주 합리적인 사람이에요. 정치적으로도 좌파라기보다, 온건하면서도 진보적인 성향의 중도파이고. 그는 이놈의 학교에 더 있어야 되느냐 하면서 고민을 했대요. 학생들은 무례한 쌍놈들이고, 교수들도 항상 선을 그어놓고 어울리려고 생각도 하지 않고, 행정 직원은 권위적으로 딱딱거리고. 로버트 파우저 씨는 마음에 들지 않은 교토의 한 학교를 나와 다음에는 명문 교토대학교 영어교육학과 조교수로 재직합니다. 그의 경력을 찾아보니 그는 이 학교에서 4년을 재직했더군요. 이 학교에 재직하고 있을 때 경험을 밝혔더라면 좋았을 텐데 별로 언급이 없더군요. 또 누군가의 소개로 멀리 있는 가고시마대학의 한국어학과 조교수로 부임합니다. 물론 담당 과목은 한국어교육이었겠지요. 여기에서의 한국어교육이란, 외국인(일본인)이 한국어를 구사할 수 있게 의사소통의 능력을 길러주는 교육을 말합니다. 그는 이 학교에서 2년 4개월을 근무했어요.

그러고 나서 그는 한국으로 되돌아 와서 서울대학교 국어교육학과에서 6년간 재직합니다. 서울대학교 영어교육과도 아니고 국어교육과 교수로 외국인, 미국 사람을 특채하니까, 당시에 장안의 화제가 되었었죠. 얼마나 한국어를 잘 하기에 미국 사람이 이렇게 특별히 채용되었느냐면서 말입니다. 내가 잘 아는 서울대학교 국문과 교수인 김 아무개 씨에게 물어본 적이 있었어요. 로버트 파우저 교수 잘 아느냐고. 잘 안대요. 그는 6년의 계약직 교수로 재직하는 데 한국에서 대접을 잘 받았다는 거야. 그는 2년은 교수 아파트에 살았고, 나머지 4년은 서촌, 저 청와대 쪽에 있는 마을에서 한옥에 관심을 많이 가지면서 옛날 집을 수선해서 살았다고 해요. 물론 담당과목은 한국어교육이었어요. 학생들이 다음에 국어교사가 되어 외국인에게도 한국어를 잘 가르칠 수 있게 교육을 하는 일이었지요. 주로 영어로 한국어를 가르치는 일을 중시하였겠지요. 요컨대 그가 일본과 한국의 최고 명문대학교에서 미국인으로서 10년간 재직했다는 것은 대단한 스펙이라고 할 수 있겠죠.

로버트 파우저 씨가 1982년 한국에 처음으로 왔을 때는 수도 서울이 온전히 공사판이었대요. 제 기억도 그래요. 이 몸도 울산에서 군 복무 대신에 5년간 교사로 근무하고 1983년 초가을에 대학교에 복학하니까, 서울이 완전 이판사판 공사판이야. 대한민국 수도의 전신만신 온 만신을 헤집어놓은 것 같았어. (여기에서 이판사판과 전신만신은 언어유희적인 구어체 표현임.) 2호선, 3호선 지하철 공사를 하느라고 야단들이었지. 훗날 순환선이 된 2호선은 일부 개통을 했어요. 홍대입구 역에서 서울교대 역까지 말예요. 건물 짓는 공사는 말할 것도 없고. 분진으로 서울이 가득 차 있었어요. 그래도 그때는 중국에서 온 미세 먼지가 없었어. 왜? 중국이 개발되기 전이니까. 우리가 있는 이 지역인 사천, 진주, 산청은 우리나라에서 미세먼지로부터 가장 자유로운 곳이래요. 어, 집이 분당이라는 김세은이 졸지 말고 내 말을 잘 들어. 너, 앞으로 여기에서 발령을 받고 경상도 남자랑 결혼해서 잘 살아봐. 미세먼지로부터 자유롭고. 그 당시에는 로버트 파우저의 말처럼 미세먼지보다는 공사판의 먼지가 아주 많았죠. 그가 2008년 두 번째로 한국에 올 때는 공사판의 먼지는 없더라는 거예요. 한국은 이미 어떻게 되어 있느냐? 여러 가지 지수가 높아 있더라는 것. 생활 지수, 인간 개발에서 말예요, 우리나라가 작년에 1인당 국민 소득이 오르지 못해가지고 지금 3만 달러에서 계속 그 선을 넘지 못하고 좌절했는데 올해는 넘을 것 같아요. 벌써 보니까 작년보다 3.5% 높다고 얘기하는 것을 보아서는. 2008년의 한국은 IT 강국에 K-POP을 비롯한 한류 수출국에 1인당 국민 소득이나 GDP 이런 것도 모두 높아져 북미, 일본, 유럽 못지않은 선진국 형의 국가로 이렇게 발전했더라는 것.

로버트 파우저 씨는 이때부터 2014년까지 6년 동안 서울대학교 교수로 재직한 다음에 서울대학교에서 또 6년 계약을 하자는 것을 포기했대요. 소외감은 버틸 수 있지만 소외된 존재로서 살아야 되느냐 하는 생각에, 또 다른 6년 계약을 포기하고 고향으로 돌아갑니다. 고향으로 돌아간 지가 재작년인 2014년이야. 그는 고향에 돌아가서 직장도 없이 사회운동을 하고 살고 있는데, 한국 생각이 너무 많이 나더라는 거야. 오랫동안 한국과 일본을 왔다 갔다 하면서 생활을 했는데, 특히 한국 생각이 많이 나서 한국어로 책을 썼는데 이 책이 바로 『미래 시민의 조건』이에요. 그의 저서에 배우자와 자녀에 관한 얘기가 없는 것으로 보아, 그는 독신으로 살고 있지 않느냐고 생각되네요. 물론 가정이 있어도 극도로 사생활 노출을 꺼려하는 건지도 알 수 없지요. 그는 이 책의 마지막 부분에 이르러 이런 물음을 던집니다. 민주주의가 얼마나 소중하고 얼마나 부서지기가 쉬운가? 그는 이 물음을 이해시키기 위해서 이 책을 썼을 겁니다. 그가 미국의 고향 마을에 돌아가서 사회 운동에 참여한다고 했는데, 구체적으로 어떤 일을 하는지는 잘 알 수 없네요. 지금 미국은 대통령 선거를 앞두고 야단이 아닙니까? 우리의 관심사가 아닙니다만, 그는 지금 자기 고향에서 민주당을 위해 선거 운동을 할까요? 트럼프라는 사람이 나와 굉장히 시끄러운데 막말을 해대는 거 보면, 이 민주주의가 소중하면서도 부서지기 쉽다는 것을 느낄 수가 있습니다. 물론 한국도 마찬가지예요. 트럼프가 막말하는 것을 우리나라 사람들도 달가워하지 않는 것 같습니다. 나도 마찬가지예요. 로버트 파우저 씨는 트럼프를 통해 민주주의가 얼마나 부서지기 쉬운 것인가를 역설합니다. 동의하지 않을 수가 없네요.

　로버트 파우저 씨가 자신의 책에서 무엇보다 하고 싶은 얘기는 한국 사람이 자기 나라에 대한 존중감이 없다는 거예요. 자기 나라에 대해서 항상 부정적인 눈으로 바라보고, 소위 '헬조선!'한다는 거야. 특히 젊은 이들이 자꾸 자기 조국을 부정적으로 바라보는 것에 대한 아쉬움과 안타까움이 있다고 하는 거예요. 책의 제목부터가 한국의 미래상을 그리려고 하고 있어요. 그러려면, 지금 한국 사회의 문제점을 정확하게 지적해야 되는 것 아니에요? 그는 이 책에서 '사회적 자본'이라는 말을 자주 쓰고 있는데 이 말이 무엇일까요? 사회적 자본은 사회생활을 영위하는 데 있어서 바탕이 되는 조건을 가리킵니다. 이때까지 한국 사회에 있어서 사회적 자본은 연고주의예요. 학연, 지연, 혈연 뭐 이런 것들이 아주 중시가 되고 있고, 그랬기 때문에 과거에는 집단주의가 뚜렷했는데, (지금 여러분들은 무슨 세대입니까, 밀레니엄 세대이거든요.) 여러분의 세대에 와서는 집단주의에서 개인주의로 적잖이 전환되어가고 있어요. 지금은 한국의 중추적인 세대인 기성세대가 바로 '베이비붐' 세대거든요. 1955년생에서 1970년생까지 말예요. (정치적인 의미로는 586세대가 곧 바로 중심 세력이 될 것입니다.) 소위 베이버부머에게는 집단 연고주의가 아주 강했는데 여러분에게는 이게 무슨 소용이 있느냐는 겁니다. 같은 고장에서 태어났다, 같은 학교를 나왔다······이게 무슨 소용이냐는 겁니다.

연고주의는 지금까지 한국인의 사회적 자본이었어요. 개천에서 용 났다 하는 속담이 있지요. 하지만 지금은 개천의 용이 사라지고 있어요. 주지하듯이, 조선 왕조를 지탱한 지배 계층은 양반입니다. 양반이 일제강점기에 일본의 식민 지배를 받으면서 몰락을 합니다. 대신에 새로운 지배 계층이 등장하죠. 이게 바로 친일파입니다. 일본의 힘과 돈에 빌붙어 가지고 사는 사람들을, 우리가 해방되어도 단번에 잘라버리지 못하고 질질 끌다가 이승만의 농지개혁, 박정희의 산업화의 그늘 속으로 점차 잦아들었지요. 196, 70년대 이후에는 새로운 중심 계층이 형성됩니다. 대부분 지방 출신이고 지방 출신이 서울 와서 공부를 하고 거기서 좋은 직장을 얻어, 자수성가를 하는 이 계층 속에는 베이비부머가 적잖이 포함되어 있지요. 이게 바로 개천에서 난 용이라고 하는 새로운 중산 계층이에요. 주로 어디로 몰려가서 사느냐? 새롭게 개발된 강남 지역에 몰려가서 사는 거야. 그러고 나니까 이제는 대부분 서울에서 부가 세습되고 학력도 세습이 되어서 강남에서 사는 사람들의 자녀가 기득권을 또 가지게 되는 거야. 그래서 한국 사회의 제일 큰 문제를 가리켜, 로버트 파우저 씨는 강남을 지목하고 있어요.

지금 우리에게 있어서, 강남은 지역이라기보다는 하나의 상징입니다.

진주교대 송희복 교수의 1학년 교양강좌 시간에 북 리뷰의 대상으로 선정된 저서 『미래 시민의 조건』 앞표지이다.

일제강점기의 풍각쟁이 오빠는 이제 강남 스타일 오빠로 뒤바뀌고 있어요. (학생들 웃음) 신흥 중산층인 강남은 그러니까 한국 사회의 부의 점유율 상위 10% 정도 안에 드는 중산층입니다. 근데 문제는 한국 사회가 이 상위 10%가 가지고 있는 부의 점유율이 유럽보다 너무 높다는 거야. 쉽게 말하면, 우리나라가 빈부의 격차가 있다는 걸 인정하지 않을 수 없어요. 여러분도 대개 그랬듯이 앞으로 부부교사가 되고 한 십년 지나면 서서히 상위 10%로 진입을 하게 될 겁니다. 여러분도 강남에 살지 않아도 강남계층화될 수 있다는 겁니다. 과거의 연고주의가 엷어져가는 대신에, 새로운 사회적 자본이 생기고 있는데, 그 하나가 바로 성형 수술이라는 거야. 미국 사람이랑 일본 사람들은 성형을 잘 안하거든. 근데 한국 사람은 남자들도 성형 수술을 한단 말이야. 성형하고 나면 인생이 바뀌는 줄 착각하고 있어요. 근데 그게 명백히 잘못된 것인데, 이 성형 수술도 하나의 사회적 자본이 되어가고 있지요. 앞으로 강남과 서민의 격차는 더 커질 것이라고 보고 있습니다.

로버트 파우저 씨는 중산층과 서민의 격차가, 그러니까 상위 10%와 하위 90%의 격차가 갈수록 더 커져 갈 거라고 예상하고 있어요. 현대에 이르기까지 대부분의 역사는 상위 10%와 하위 90%의 격차가 나는 역사였어요. 우리는 전통 사회에서 벼슬을 하는 양반이나 농토를 많이 가진 지주들이 열에 한 명 정도가 되었지요. 중국 청나라도 만주족 10%가 한족 90%를 지배를 했어요. 일본은 사족(士族)이 지배자였지요. 우리의 사족은 선비지만, 일본의 사족은 사무라이(侍)예요. 이들도 하늘과 땅 차이예요. 국가권력을 가진 쇼군부터 최하급 무사인 '아시가루(足輕)'까지 모두 사무라이였어요. 아시가루도 지배자라고 길에 지나가는 평민을 보고 '오이(어이)!' 하며 불렀어요. 열에 하나인 사무라이가 평민을 지배하는 사회가 일본 전통 사회였지요. 지금도 그런 데가 있지요. 사회적인 인구 및 경제적인 지표와 관련해서 볼 때, 지금 중국은 상위 10%의 공산당원이 하위 90%의 비공산당원을 지배하는 사회이고, 북한은 상위 10%의 평양 시민이 하위 90%의 (평양에 살지 않는) 북한 주민을 지배하는 구조의 사회예요. 모두 사회 구조의 모순인 거지요. 저도 1970년대에 친구들과 대화할 때 '한국 사회의 구조적 모순'이란 말을 입에 달고 살았어요. 지금 우리도 그렇다면, 물론 암울하겠지요. 1987년에 우리 사회가 민주화를 표방한 이후에 우리의 모순은 점차 잦아들기 시작했지만, 중국과 북한은 예나 지금이나 별로 차이가 없어요. 어쨌거나 로버트 파우저는 이 강남을 재편성하지 않는 한, 한국 사회가 좀 어둡다고 하는데, 제 생각은 조금 달라요.

미국이 대공황 때 빈부 격차를 줄이는 획기적인 정책, 루스벨트 대통령의 뉴딜 정책이나, 일본이 전쟁에서 패하고 난 다음에 빈부 격차를 재편성하는 과감한 정책을 펼쳤는데요, (이것은 일본이 했다기보다는 승전국 미국이 그렇게 시킨 거죠.) 미국과 일본이 각각 1933년과 1940년대 후반에 빈부격차를 줄이는 정책이 역사적으로 성공한 것은 어느 정도까지 맞습니다. 그리하여, 1950년대 냉전 시대를 거치면서, 1960년대 이후 수십 년 동안에 이르러, 미국은 이른바 '팍스 아메리카나'를 구가했고, 일본은 전후의 폐허를 딛고 고도성장의 경제 대국으로 발돋움했지요. 이처럼 우리도 그렇게 해야 되지 않느냐? 이거는 반드시 옳은 생각이라고 볼 수 없다고 봐요. 1930년대 대공황이나 전후 일본은 격동기고, 지금은 우리나라가 격동기가 아니거든. 우리나라는 지금 어느 정도 안정기에 접어들고 있단 말이에요. 이런 점에서 약간의 차이가 있는데, 지금의 한국 사회를 소위 강남으로 대표되는 중산층을 재편성해야 한다는 발상은, 좀 너무 앞으로 나아간, 심하게 말하면 좌파적인 생각이 아니겠느냐……. 강남을, 아니 중산층을 재편성해야 한다면, 이에 따른 사회경제학적인 이런저런 부작용도 반드시 검토되지 않으면 안 됩니다.

저는 우리나라의 앞날을 암울하게 하는 것은 이기주의라고 생각합니다. 이기주의는 일단 불법이 아니에요. 이기주의가 법의 선을 넘으면, 이것은 단순한 이기주의가 아니라 새로운 차원의 비리가 되는 거죠. 이 대목에서 내가 여러분에게 질문을 던지고 싶은 게 있어요. 개인이기주의와 집단이기주의. 어느 게 더 심각할까요? 개인이기주의하면 자신과 자기 가족밖에 모른다는 생각이에요. 아파트에서 트레드밀로 운동하면, 아래층에서 소리가 다 들리잖아요. 이걸 아랑곳하지 않고 계속하는 거야. 내 공간 내가 지키는데 무슨 잔소리야, 하면서 막 뛰어요. 이 층간 소음에 아래에 사는 사람들은 미칠 지경이겠지요. 내 공간, 나의 입지를 내가 지킨다는 것. 이게 바로 개인이기주의야. 자기 공간이나 입지만 챙길 줄 알지, 남의 피해는 전혀 고려하지 않는 생각. 근데 그게 나쁜 거냐? 아니면, 우리 아파트 주변에 혐오 시설인 장애인 시설이 들어오는 것을 결사반대한다는 것이 더 나쁜가? 도긴개긴이지요. 이게 집단 이기주의거든. 장애인 시설이 혐오 시설이라는 것부터 잘못된 생각이 아닌가요? 집단 전체의 이익을 우선시하는 집단이기주의는 정치적인 문제로 수면 위에 떠오르면서 공공의 영역에서 쟁점이 되지요. 여러분은 집단이기주의가 더 나쁜 것 같지. 여러분이 개인주의에 익숙한 세대니까. 앞으로 여러분들은 직장생활하면서 돈을 벌어 방학 중에 유럽에 놀러 가고 취미 생활을 하는 게 여러분 삶의 중요한 부분이 될 거예요. 옛날처럼 집단의 무언가를 위해서 뭘 하겠다는 생각보다는 여러분 스스로의 삶을, 개인적인 삶의 질과 가치를 더 높이려고 할 거란 말예요. 자, 이럴 때 앞으로는 개인이기주의가 집단이기주의보다 더 영향력이 큰 시대가 올 수도 있다는 겁니다. 이건 송희복 선생의 예언이야. 지금은 하나의 집단이기주의가 개인이기주의보다 더 무거운 거처럼 느껴질지 모르겠지만, 앞으로는 집단이기주의보다는 개인이기주의가 더 무겁게 자리를 잡을 수 있는 시대가 올 수가 있다는 거예요.

이제 내가 하고 싶은 말, 이 강의의 결론을 밝혀보려고 합니다. 솔직히 말해 우리 사회는 뭐가 문제냐? 중산층 부의 집중, 교육적 혜택의 세습 등이 아니라, 준법정신을 지키지 않아도 된다는 것이 알게 모르게 가장 심각한 문제점이라고 봐요. 일본 사람들은 일단 법을 잘 지킵니다. 불법으로 주차하는 사람도 없어요. 일본 사람들이 특별해서가 아니지요. 우리에게는 불법마저 세습적이야. 우리나라는 불법주차를 하는 사람의 벌금이 5만 원 같으면, 일본의 경우는 50만 원 정도입니다. 그러니깐 누가 불법주차를 하겠어요. 그리고 이 싱가포르라는 나라가 잘 사는 나라잖아요? 싱가포르가 개개인 삶의 질은 높지만, 행복지수는 아주 낮아. 왜냐하면 국가가 너무 통제하거든. 중국 전통의 형 집행 방법이 있죠? 태형이라고. 몽둥이로 죄인의 엉덩이를 때리는 것 말예요. 우리 옛날에도 그런 게 있었지요? 고을 원님이 네 죄를 네가 알렸다고 하면서 말예요.

싱가포르에서 누가 태형 세 대 판결을 받는다고 생각해 봐요. 한 대만 맞아도 온 살점이 터져나가요. 요즘은 사람이 때리는 게 아니라, 기계가 때려요. 그리고 그 살점이 아물기 위해서 6개월을 또 기다려야 하는 거야. 6개월 동안 내내 스트레스 받는 거지. 그러고 나서 또 살점이 아물면 또 한 대 맞는 거야. 또 온 살점이 터져나가. 또 아물어. 이 기다리는 게 아주 지옥 같은 거라고 해요. 그러니깐 싱가포르 주민들은 가볍고도 사소한 죄라도 안 저지르려고 노력합니다. 굉장히 반(反)인권적이죠. 그래요, 안 그래요? 정말 반인권적인 형 집행 방법이지만, 싱가포르에 사는 우리나라 교민들이 우리나라도 그렇게 해야 된다고 봐요. 태형 안 맞으려고 다들 법을 잘 지킨다는 거예요.

물론 곁가지로 빠지는 얘기가 되겠습니다만, 싱가포르는 국가사회주의의 나라예요. 마치 나치 시대의 독일처럼 말예요. 저는 1970년대의 박정희 유신(維新) 정권도 표방은 하지 않았지 사실상 국가사회주의의 정치 체제라고 봐요. 유신의 유 자는 밧줄, 혹은 밧줄을 매다, 라는 뜻을 가지고 있듯이, 그 시대야말로 지식인은 물론 국민들을 밧줄로 묶은 시대라고 힐 수 있겠지요. 비사회주의 국가 중에서, 만약 그 나라가 반인권적이라면, 국가사회주의라고 의심해볼 수밖에 없어요. 우리 학교 교수 중에서 정치학 박사 학위를 받은 교수가 세 사람 있어요. 모두 나와 비슷한 나이이고, 또 술을 함께 하면서 친하게 지내고 있어요. 이들에게 이런 취지의 얘기를 하면 무조건 아니라고 해요. 전문가들이 아니라고 하면 아니라고 받아들여야 하겠지만, 저는 유신 정부가 국민을 전체주의의 밧줄로 묶으면서 국민 통합을 강요하는 건 국가사회주의라고 단호하게 보는 입장을 가지고 있습니다.

그런데 지금의 우리는 어때요? 우리가 민주화는 성취했지만, 법 안 지키는 것이 올바른 거라고, 정의로운 거라고 생각하는 경향이 있어요. 그래서 우리는 시민의 불복종이 법 지키는 문제보다 가치의 우위에 놓이는 것이라고 생각하는 사람들이 많습니다. 우리는 앞으로 준법정신이 불복종정신에 의해서 훼손되는 것을 어떻게 성찰해야 하느냐 하는 문제로부터 결코 자유로울 수 없다고 봅니다.

저는 어제 학내에서 화를 낸 일이 있습니다. 나는 화를 잘 안 내는 사람이에요. 어제 돈을 부칠 일이 있어서 제1강의동 로비로 갔어요. 공간이 넓잖아요? 할아버지 세 사람이 자리에 앉아가지고 큰 소리로 이야기하고 있어. 목소리도 아주 커. 그래서 내가 돈 부치고 나서 가까이 가서 말했어요. 어디서 오신 분들이냐고. 그래서 목소리를 조금 높였어요. 여기는 다방이 아니에요. 자판기 커피 마시면서 지껄이고 있는데, 특히 겨울과 여름, 무더울 때나, 추울 때 학교 부근의 노인들이 많이 와요. 여름에 에어컨 나오고 겨울에는 따뜻한 바람이 나오니깐. 아니, 학생들이 그 주변에 가질 않는 거야. 할아버지들이 있으니깐. 여기는 학생들 공부하는 장소지 시간 보내려고 와서 대화하는 곳이 아니라고. 내가 '당장 일어나서 가시오.'까지는 안했지만, 그래서는 안 되거든요. 그런데 자기들은 어떻게 생각할까요? 자기중심적으로 생각합니다. 국민이 국가시설을 이용하는데 뭐가 나쁘냐면서. 그건 말도 안 되는 궤변이고 말도 안 되는 논리입니다. 말도 안 되는 논리가 법보다 앞서고 있어요. 논리나 법 이전에 건전한 상식이 있어야 하는데 학생들 공부하는 데 와서 실컷 떠들고, 심지어는 야외 탁자 위에 먹을 것을 놓고 걸상에 앉아서……. 저녁때가 되면 막걸리 마시고 집에 가고. 작년에 한번 보니깐, 학떨목 (진주교대를 상징하는 아주 큰 나무인 히말라야시다. 앉아서 쉬면 너무 좋아 공부할 생각이 나지 않아 학점이 떨어진다는 의미의 나무임.) 앞에 탁자 있고 걸상 있잖아. 어두워질 무렵에 아저씨, 아줌마들이 닭고기 사서 와가지고 소맥파티를 하고 있어. 학생들도 거기서 술 마시면 안 되는데, 소주 맥주 섞어가지고 먹자판을 만들고 있는 거야. 여름에 해 지고 난 다음에 시원하거든. 거기서 술판을 한다는 게 말이 되는 겁니까? 그런 게 어디 있어요? 학교가 무슨 야외공원인가? 학생들의 배움터지.

여러분도 이런 일이 있으면, 학생과나 경비실에 알려야 되요. 어제 있었던 할아버지들은 출근하는 사람들이래요. 자기 잘못이라고 생각조차하지 않는 그 자체가 문제인거야. 이렇게 자기중심적이고, 아전인수적인 해괴한 논리가 확장하면 사회 불복종이 됩니다.

여러분이 알고 있는 8년 전의 촛불집회가 정의로운 것인 줄만 알고 있죠? 미친 소고기, 너나 처먹어라, 라고 했으니 오죽했겠어요. 한편 생각해 봐요. 미친 소고기 먹은 사람 있으면, 나와 보라고 해요. 그거, 엄밀히 따지면, 불법이에요. 미친 소고기를 빙자해 반정부 선동을 일삼는 세력이 문제라는 겁니다. 자유선거를 통한 사회를 바꾸어내는 변혁, 즉 선거혁명을 이룩해야지, 건전한 상식의 민주주의예요. 불법집회를 정당화하면 할수록, 정치적인 이해가 상이한 촛불집회의 악순환은 반복될 것입니다. 모든 일은 한번이면 족합니다. 그것도 두 번 이상 반복하면 약발이 떨어지기 시작해요. (참고 : 이 강의는 2016년 6월 초에 있었다. 제2차 촛불집회 대여섯 달 앞선 시점의 일이었다.) 나는 그래요. 중산층과 서민의 격차를 해소하자는 이야기보다는 재벌이 법을 먼저 지켜야 한다는 게 더 중요한 거거든요. 다 자기중심적인 해괴한 논리를 앞세우면 안 된다는 겁니다.

논리와 법 이전에는 건전한 상식이 중요해요. 건전한 상식의 시민의식은 올해(2016) 봄에 있었던 총선처럼 아주 낮은 단계의 선거혁명으로나마 사회를 조금씩 바꿔가는 것이 정당한 절차이지, 우, 모여가지고 불법집회나 하고, 시민불복종 운동이나 전개하는 것이 과연 옳은 방식이냐? 이에 대해 저는 회의적으로 봐요. 이 점에 있어서는 로버트 파우저 씨와 내 생각에는 약간의 차이가 있습니다. 근본적인 취지는 같다고 해도 말이에요. 어쨌든, 로버트 파우저 씨의 책을 여러분과 함께 훑어보았는데요, 아주 간단하게 이 정도만으로 그치려고 합니다. 다만, 곧 있게 될 방학 중에 그의 저서를 한 번 읽어보기를, 여러분에게 권합니다. 그의 합리적인 형평의 시각은 여러분의 논리 및 사고를 신장하는 데 좋은 수단이 될 것입니다.

이상으로, 오늘 수업을 마칩니다.

샤덴프로이데, 문화혁명, 무소의 뿔

학생 여러분. 수업을 시작하겠습니다.

오늘이 종강, 마지막 수업이지요. 제가 나누어 준 마지막 유인물을 보세요. 뭐라고 적혀 있나요? '2016년 제1학기 종강 자료'라고 쓰여 있지요? 자, 그럼 제가 먼저 문제 하나를 제기해볼게요.

(한 학생을 가리키면서)

앞에 앉아 있는 여학생, 이런 말 들어봤나? 이른바 '샤덴프로이데(Schadenfreude)'라고 하는 말을. (사이) 미소 짓는 걸 보니, 못 들어본 모양이네. 샤덴프로이데……이 말을 들어 본 사람, 손 들어봐요. (여기저기 살펴보면서) 어, 아무도 없네요. (혼잣말로) 내가 처음부터 너무 생소한 용어를 제기했나?

샤덴프로이데, 독일어 단어예요 샤덴이라고 하는 것은 고통, 불행이라는 것이고, 프로이데는 기쁨, 행복. 이런 뜻입니다. 샤덴프로이데는 최근에 만들어진 신조어가 아니랍니다. 쓰인 지가 꽤 오랜 시간이 지났어요. 반대말이 서로 합성되는 단어는 그리 많지 않지요. 샤덴프로이데의 조어(造語) 원리는 잘잘못이니, 행불행이니, 복불복이니 하는 합성어의 단어형성 원리와 다른 성격의 것이라고 하겠지요. 한자어 '산천(山川)'은 산과 물의 뜻을 병렬적으로 합성한, 이른바 'A+B'의 원리에 의한 합성어라면, '춘추(春秋)'는 글자 그대로 봄과 여름이란 뜻이 아니라 '나이의 높임말'이라는 제3의 융합적인 의미 원리에 의한 것이지요. 안전사고란 낱말을 한번 생각해본 적 있나요? 안전이면 안전이고 사고면 사고지, 안전사고는 또 뭐란 말예요? 이 말의 뜻이 안전과 사고는 아니잖아요? 쉽게 얘기하자면, 안전할 수 있음에도 불구하고 일어난 사고를 두고, 안전사고라고 해요. 이와 비슷하게도, 샤덴프로이데는 남의 고통이 내게 기쁨이, 남의 불행이 내게 행복이 된다는 거예요. 반대로, 나의 고통이 남의 기쁨이 되기도 하고, 나의 불행이 남의 행복이 되기도 해요. 우리 속담에 이르기를 '사촌이 논을 사면 배가 아프다.'라는 말이 있는데, 또 이것보다 한 술 더 떠서 '배가 고픈 건 참아도, 배가 아픈 건 못 참는다.'라는 말도 있는데, 이 두 가지 모두 샤덴프로이데와 전혀 무관하지 않아요.

여러분, 쇼펜하우어(1788~1860)라는 19세기 철학자를 알아요? 그는 염세주의자, 범신론자, 여성혐오자로 잘 알려져 있어요. 여성혐오자라니까 여학생들이 그리 달갑지 않은 철학자이겠네요. 일본인 학자가 쓴『철학자의 사생활』이란 책을 보면, 그가 많은 여자들과 사귀었지만, 열정이나 결혼에 이른 여자는 아무도 없었고, 그와 사귄 여자들도 그에게 실연을 당해 미쳤거나 자살했거나 한 여자가 아무도 없었다고 해요. 그는 지적인 교양이 있는 거상의 아들로 생장했지만, 성인이 되기 전에 아버지의 자살을 경험합니다. 그는 성년이 되자 어머니를 상대로 소송을 제시해 아버지의 유산 3분의 1을 받아내어 평생 풍족하게 삽니다. 철학자

하면 떠오르는 게 가난인데, 그는 예외적 존재였어요. 그의 대표적인 저서는 『의지와 표상으로서의 세계』(1819)인데, 여기에 그의 철학 핵심적 내용이 반영되어 있대요. 이 책을 간행한 지 무려 16년이 되어도 거의 팔리지 않자, 출판업자가 이 책을 폐지로 팔려고까지 했대요. 이 점에 있어선, 저술가이기도 한 저랑 비슷하네요.

(웃음소리)

그가 남긴 말 중에서 가장 유명한 어록은 '세계는 나의 표상이다.'입니다. 표상이란, 마음 밖에 있는 물체나 대상에 대한 직관이나 마음의 상(이미지)입니다. 제 강의가 철학 강의는 아니잖아요? 또 철학을 강의할 능력도 없구요. 이 정도로 그칩니다. 표상에 관해 얘기하면 할수록 여러분은 미궁에 빠질 수밖에 없겠지요. 쇼펜하우어는 낙관적인 헤겔주의와 정반대가 되는 철학적인 견해를 가진 사람이었어요. 헤겔이 콜레라에 걸려 죽자, 그의 철학도 점차 빛을 잃어갔어요. 19세기 중반이었지요. 이때부터 쇼펜하우어의 염세주의 철학이 재조명되기 시작합니다. (그의 이성비판적인 철학관은 니체로 계승됩니다.) 그는 이런 말을 했대요. '시기하는 것은 인간적이지만, 샤덴프로이데는 악마적이다.' 시기니 질투니 샤덴프로이데니 하는 것은 인간의 비이성적인 속성을 가리키는 것인데, 시기와 질투는 용인될 수 있어도, 샤덴프로이데는 인간적으로 용서될 수 없는 거라네요. 쇼펜하우어 철학의 절정기였던 시점이 19세기 초반이었던 점을 감안하면, 샤덴프로이데의 단어 형성은 족히 2백년이 되었다고 추정할 수 있겠네요.

여러분들 중에서 시기심 없는 사람, 손 들어봐요. 시기 한 번도 안 해본 사람은 없어요. 시기심은 극히 인간적인 감정입니다. 근데 남이 고통

받는 것을 즐거워하는 것, 기뻐하는 것은. 이것은 아주 악마적이야. 누가 넘어지면 고것 참 쌤통이다. 사촌이 논을 사면 배가 아프다. 살짝 배아픈 것은 시기심이야. 근데, 복장이 터질 정도로 배가 아프면, 즉 적대감을 가지면서 아픈 것을 두고, 우리는 샤덴프로이데라고 합니다. 삼풍백화점 무너졌을 때, 속옷 하나 10만 원 짜리 사더니 '그것 쌤통이다.' 하는 사람들이 있었어요. 물론 모르는 사람이었어요. 사람들 끼리 대화하는 걸 제가 그때 우연히 들었지요. 한편 9·11 테러 때 영문도 모르고 억울하게 죽은 사람의 가족들 비통한 마음은 하늘을 찔렀겠지요. 극한의 슬픔을 단장(斷腸)이라고 하는데, 단장의 9월 11일이 아니겠어요? 그런데 미국, 참 고소하다, 라고 말한 사람도 있었어요. 그것도 대학교수라는 이가 말예요. 그렇다고 정치적인 의미의 반미주의자도 아닌데 말예요. 적대적인 감정에 익숙해지면, 이 감정은 샤덴프로이데가 되는 겁니다.

샤덴프로이데의 역사적 사례는 적지 않아요. 이른바 중국의 문화혁명(1966~1976)도 하나의 적례가 되겠지요. 올해는 저 악명 높은 문화혁명이 시작된 지 50주년이 되는 해야. 문화혁명이 어떤 것인지, 여러분이 역사를 좀 알아야 해요. 특히 중국과 일본은 우리나라와 지리적으로 가까운 이웃나라가 아니어요? 지금으로부터 딱 50년 전에 중국 대륙에 광풍, 미친바람이 몰아친 것이 문화혁명이야. 정확한 명칭은 프롤레타리아 문화대혁명. 중국의 문화혁명은 신중국 문화의 진보적인 신장에 기여한 것이 아니라, 한마디로 말하자면 문화지체에 해당되는 개념이에요. 모든 것을 퇴보시킨 정치적 암흑기란 말이지요.

문화혁명에 대한 역사적인 실체를 파악하려면 역사 연구를 통해 학문적으로 접근할 수 있겠지만, 한 개인이 쓴 자서전을 통해서 실상을 접근

할 수도 있겠지요. 후자가 훨씬 생생하고 감동적이지요. 본래 중국인이었던 '션판(沈凡)'이라고 하는 이름의 미국 교수가 쓴 책 『홍위병』이 있어요. 2004년, 미국에서 영문판으로 간행된, 436면의 책이에요. 우리나라에서 그해 바로 번역이 되었습니다. 저는 이 책이 하도 재미가 있어 시간 가는 줄 모르고 단숨에 읽어버렸어요. 저는 이 책이 단순한 자서전이라기보다 자전적인 기록문학으로 보고 싶어요. 이 책의 영문 제목은 'Gang Of One'이라고 했네요. 한 사람을 위한 패거리라는 뜻. 그 한 사람이 누구예요? 중국의 독재자 모택동. 즉 마오쩌둥이지요.

모택동이가 나라 살림살이에 실패해 수백만 국민이 죽으니깐 권력이 위태로워집니다. 일부 반대파가 모택동을 비판하고 나섰습니다. 위기에 몰리니까 슬쩍 물러나는 척을 합니다. 그 사람, 물러날 사람이 아니지요. 그때 청소년들을 부추겨서 홍위병들을 조직해 정치적인 반격을 가하게 된 것이 문화혁명의 시작입니다. 당시의 명목상의 국가원수인 유소기는 홍위병들한테 얼마나 구타를 당했으면 이빨 일곱 개 빼고 다 부러졌어요. 그러다가 병원에 보내지니까, 이번에는 병원의 젊은 의사들한테 구타를 당합니다. 결국 죽게 됩니다. 그리고 팽덕회라는 사람이 있었어요. 6·25를 두고 공식적으로는 한국전쟁이라고 하고, 중국에서는 이것을 항미원조전쟁이라고 합니다. 미국에 저항하면서 북한을 도와주는 전쟁이란 뜻이에요. 항미원조전쟁의 영웅이라고 할 수 있는 팽덕회가 모택동이에게 '당신, 너무 독단적이에요.'라고 비판 한마디 했다고 해서 아이들한테 끌려가서 반신불수가 되도록 구타를 당하고, 마지막까지 진통제 한 대 맞지 않고 비참하게 죽었습니다. 모택동은 홍위병들에게 부르주아, 자본주의 길을 걷는 사람들을 파괴하라고 선동을 하죠. 이게 뭐냐 하면, 대체로 중고등학교 학생들이고, 대학생도 약간 포함된 홍위병 애들한테, 또 부모 세대, 학교 교사들을 비판하라고 부추깁니다.

이게 바로 문화혁명이야. 기성세대를 비판한 거야. 어떤 학생이, 우리 엄마가 모택동 주석을 두고 욕을 했다고 하면, 다들 우르르 몰려 나가서 그 엄마를 붙잡아서, 이년 저년 욕하면서 꿇어앉히고 삭발하고 구타를 해요. 심지어는 부모 세대의 사람들을 죽게 만들거나 신체적인 장애인으로 만들거나 하는 일이 비일비재했어요. 학교 선생들도 많이 당했어요. 선생들이 학생들한테 끌려가, 예를 들면 당신 과거에 왜 일본에 유학을 갔다 왔어, 친일파 되려고 갔다 온 거지, 하면서 운동장에 끌려 나가서 수모를 당하고, 스스로 비판하게 하는, 뭐 이런 식의 희생양 만들기, 마성과 광기의 폭력성을 보인 게 문화혁명의 실체랍니다. 특히 문화혁명은 중국의 사상과 습속과 제도를 지배해온 유교에 온전히, 철저히 비판적이었지요. 문화혁명은 반(反)유교적인 혁명이라고 해도 과언이 아니었죠. 중국 문화혁명 기간에, 모택동은 '반면교재'란 말을 쓴 바 있었어요. 마르크시즘과 마오니즘(모택동 사상)의 가르침에 반(反)하는 온갖 사상들을 가리켜, 고대의 공자, 맹자로부터 시작해 동시대의 반동 지식인과 수정주의자에 이르기까지, 그렇고 그런 사상을 가진 모든 이들은 반면교사로 치부되는 것이지요. 타산지석과 엇비슷한 개념으로 사용되곤 하는 반면교사란 말이 있잖아요? 문화혁명 때의 반면교재에서 나온 말입니다. 그 시대를 대표하는 반면교재야말로 유교이었던 거지요.

우리가 중국인들에게 편견을 갖지 않지 않으려고 아무리 노력한다고 해도, 좀 불편함을 경험한 사람들이 있다고 해요. 남의 나라인 제주도에 와서 식당 주인이 마음에 안 든다고 폭행을 한다든지, 외국 여행 중에, 때로 예의와 범절과 체면이 부족하다는 걸 느끼게 한다든지 하는 일이 있대요. 제가 2002년에 중국에 처음 갔을 때 외국인들이 많이 오가는 길가에서 한 중학생이 연신 헤딩 시늉을 해가면서 고래고래 소리를 외치고 있었어요. 외국 놈들, 남조선 놈들은 다 돌아가라, 라고 외친 게 아닌가, 해요. (이때 저는 중국에 아직 홍위병들이 있다, 저런 소년이 있는 한, 중국의 미래는 암울하다, 라고 생각했어요.) 중국이 아닌 다른 외국의 공항에서 중국인들을 보면, 뭔가 오만하고, 질서와 절차를 무시하는 것 같고. 보통사람의 일이 아닌 외교관계에 있어서도 국제신사의 이미지보다 안하무인의 이미지가 뚜렷하잖아요? 이 모든 것들이 유교를 비판한 문화혁명이 남긴 악영향과 전혀 무관하지 않다고, 여겨집니다. 올해가 문화혁명 50년이 되는 해라고 했잖아요? 중국인들이 딱 반세기 동안 유교와 담을 쌓고 살았으니, 굳이 유교를 들먹이지 않아도 민주 사회의 기본적인 예의범절이 부족한 것은 당연한 일이겠지요. 중국의 지식인들 중에서 이 사실을 자인하는 경우가 많아요. 이 자인이 중국의 장밋빛 미래예요. 자인조차 못한다면, 잿빛 미래이겠지요.

앞서 말한 션판은 열두 살 때, 지금의 초등학교 6학년의 나이에 홍위병 대열에 참여했습니다. 그때 공부는 안 하고 너무 재밌는 거야. 반동분자들을 끌고 와 길거리에 세워놓고 비판하고, 두드려 패고 하는 게 스포츠처럼 너무 재밌는 거야. 그래서 그는 만날 집회에 나아가, 모택동 만세, 문화혁명 만세…… 했다는 거야. 너무 재밌는 거야. 그때 북경에 아주 부유한 의사가 있었대요. 의사를 해서 부자가 된 게 아니라, 원래부터 부자였대요. 윗대 할아버지 때부터 재벌급 부자야. 집은 고대광실의 호화주택이었고. 홍위병들이 이 집을 습격을 한 거야, 홍위병 수백 명이 집에 들어서자마자 하인들은 다 도망가고, 가족 네 사람만 남아있었어요. 의사가 크게 인사를 하면서 '환영합니다. 홍위병 동지들' 하니깐 갑자기 홍위병 지도자급 19살짜리 녀석이 뺨을 치고 주먹질을 하니깐 얼굴이 금세 피로 낭자해졌대요. 피투성이의 의사를 꿇어앉히고, 온갖 집안을 파괴하고, 금은보화를 꺼내고, 엄마와 딸 둘은 같이 몸을 맞대고 서로 손 잡고 있었답니다. 첫째 딸과 엄마는 완전 죽음의 공포에

질린 무서운 표정인데, 둘째딸은 도도하게 째려보고 있었대요. 째려보고 있으면서 홍위병들이 피아노를 끌고 가니깐, '그거 내꺼야, 가져가지 마!' 하니깐 다들 쳐다보고 '이년이 미쳤나!' 하면서 공격을 하려고 폼을 잡고, 의사는 길거리로 끌려갑니다. 끌려가서 지도자급 홍위병들이 외과의사가 집도하는 수술용 칼로 배를 긋습니다. 배를 딱 그으니깐 내장이 다 보이죠. 내장 속에 간장을 넣습니다. 엄청난 고통을 느낄 거 아니에요? 그래도 죽지 않으니깐 고춧가루나, 고춧물, 그것도 청양고추 같은 아주 독한 고춧물을 뱃속에다 한 번 더 집어넣습니다. 그러니깐 온전히 넋을 잃고 신체적인 극한의 고통 속에서 계단을 헛디뎌 두개골이 박살이 난 채 죽게 됩니다. 이 모습을 보고, 걔들은 집단 광기의 희열을 느끼고. 차마 인간으로서 볼 수 없는 모진 광경이 아니에요?

소년 셴판은 샤덴프로이데의 역사 현장을 오롯이 지켜본 겁니다. 그 의사가 죽게 되는 과정, 그 고통 받는 과정을 지켜보면서 다들 그렇게 기뻐하면서 모택동 만세, 문화혁명 만세, 라는 구호를 외치는데, 셴판은 처음엔 재미있었지만 그 의사가 잘 산다는 이유 때문에 부르주아가 되고, 또 반동이 되어 이렇게 죽어야 하는가, 홍위병들도 그를 과연 이렇게까지 참혹하게 죽여야 할 필요가 있느냐, 하면서 비로소 성찰의 눈을 뜹니다. 광기를 경험하게 된 거지요. 그게 바로 샤덴프로이데라는 집단 광기입니다. 그 시대, 중국이 무법천지야. 홍위병끼리 싸우게 된 거야. 북경 홍위병끼리, 상해 홍위병 끼리 만나서 싸우고, 북경 홍위병과 상해 홍위병이 지역감정이나, 지역 패권주의로 인해 싸우고. 광주민주화운동 때 5백 명이 죽었다는데 우리 현대사에 엄청난 트라우마를 남겼잖아요? 문화혁명 때 죽은 사람의 공식집계는 170만이지만 간접적으로, 후유증으로 죽은 사람까지 다 합치면 한 5백 만을 추산합니다. 죽은 사람들의 숫자만 보아도 문화혁명이 중국 현대사에 얼마나 깊은 상처를 남겼나를 잘 알 수 있잖아요? 이래선 안 되겠다 싶어서 모택동이가 군을 동원합니다. 민병대와 인민군을 동원해 홍위병을 해체하고 홍위병 애들 일부를 군인으로 편입시키거나 일부는 시골로 내려 보내거나 합니다. 낙후된 곳에서 봉사활동을 하라고 말입니다.

지금 제 이야기의 주인공인 션판도 시골로 내려갑니다. 지금의 서안과 연안이 멀지 않은 데인 산서성으로요. 이것을 소위 하방(下放)이라고 해요. 거기까지 가는 스무 시간 넘는 버스는 한 백 명 이상 서서 가는 사람도 있고. 편한 자석에 앉으려고 서로 싸움질이나 하고, 하루에 버스는 두 대밖에 없었대요. 그 버스 기다리면서 어떤 처녀가 지나가는 데, 그 처녀가 바로 비참하게 죽은 의사의 도도한 둘째 딸이야. 참으로 우연한 만남에, 자기는 얼른 몸을 숨깁니다. 그 많은 홍위병 중에서 자기를 어떻게 알 거야? 자기는 이제 죄의식에 사로잡혀 있으니깐, 아버지의 원수를 만났으니깐 자기가 움찔하면서 고개를 돌립니다. 고개를 돌려 쳐다보니깐 의사의 둘째 딸도 어디론가 하방의 명을 받고 가는 듯했대요. 의사의 둘째 딸도 세월이 2년 좀 지났으니깐 이제 스무 살 즈음의 나이가 됐고, 션판도 한 열네 살 정도의 나이가 되었던 거예요.

1966년, 1967년, 1968년……이 3년 동안은 그 당시 학생들이 상급학교에 진학을 못합니다. 왜? 학교가 파괴되었으니깐. 학교 선생들은 다 쫓겨나고, 대학교수도 다 추방되고, 지식인 사회도 공중으로 분해되다시피 했고, 노동자와 농민은 다 시골로 하방되었는데, 교육이란 게 있을 수가 없지. 이 3년 동안 초등학생은 중학생, 고등학생은 대학교에 진학한 사람이 아무도 없었어. 이 3년 세대를 가리켜 '라오산지에'라고 합니다. 라오산지에는 한자로 노삼계(老三屆)예요. 계 자는 결석계 할 때의 계 자입니다. 신고할 서류, 제출할 문건인데, 여기에서는 순서 개념, 차례

중국 문화혁명 당시의 포스터. 모택동은 홍위병의 반란을 '조반유리'라고 했다. 반란을 일삼은 것에
도 까닭이 있다. 이 말에 홍위병은 열광했다. 포스터에는 혁명이 바로 조반 정신이라고 쓰였다.

개념인 것 같아요. 내가 아는, 한국에 있는 중국인 젊은 교수한테 전화해서 물어봤어요. 라오산지에의 뜻이 정확히 뭐냐구요. '늙을 노' 자는 '지나간', '흘러간'의 뜻도 있답니다. 그래서 '지나간 그 3년 동안'이라는 뜻이랍니다. 지나간 3년 동안의 세대. 이 사람들은 지금 60대 초중반인데, 대부분 사회의 낙오 계층이 됐대요. 문화혁명 때 홍위병 한다고 그렇게 설치고 까불더니 지금은 거의 사회의 낙오자로 전락해 인생을 엄청나게 고생한 사람들이었어요. 신장 위구르 쪽으로 쫓겨 간 사람, 내몽골 쪽으로 쫓겨난 사람. 만약에 안 가겠다고 버티면 가족들까지도 반동으로 몰렸어요. 가족들이 손해 보지 않기 위해서 간 사람들이 대부분이야. 상급학교에 진학도 못하고 혁명 조직인 홍위병에 가담한 문혁 세대를 라오산지에 세대라고 합니다. 한국어 외래어 규범 표기로는 '라오산제'라고 합니다.

선판 역시 라오산지에 세대였지요. 그는 위아래 세대가 중고등학교를 다닐 때 농부의 삶을 살다가 머리가 좋다는 것 때문에 연안에 가서 비행기 공장에 기술자로 근무합니다. 대여섯 해(1972~1978) 동안 연안에서 비행공장(비항공창)의 기술자로 근무하는데, 여기에서 문화혁명 때 비참하게 죽은 의사의 둘째 딸인 그 여자를, 7년 연상의 그 여자를 다시 만납니다. 이름은 리링(李瑛). 네 번째의 우연한 만남이 있었지요. (우연도 반복되면 인연이 됩니다.) 비행공장의 도서실에서 마주 앉아 책을 읽었죠. 다른 곳 작업장에서 지게를 지면서 흙을 나르다 발을 헛디뎌 흙더미에 쓰러진 그녀를, 그가 배운 침술로 응급조치를 한 적이 있었지요. 도서실에서 재회한 두 사람은 가까워집니다. 그는 그녀에게서 책을 엄청나게 많이 빌린 거야. 그녀는 표지와 내용이 다른 금서(禁書)를 많이 가지고 있었거든. 그 시대에, 책을 함부로 읽으면 안 돼요. 더욱이 자본주의 책은 읽으면, 절대 안 돼요. 그런데 책 표지만 모택동 어록으로 해놓고 안에 내용은 자본주의 책이고, 유럽의 철학사상이고, 문학책이고 그래요. 그래서 많이 빌리고 읽었다고 해요. 그와 그녀는 목숨을 걸고 금서를 읽었던 거야. 금서의 동지랄까. 그는 그녀에게서 마키아벨리, 니체, 비트겐슈타인 등을 알게 됩니다. 그는 훗날 그녀를 두고 '자신의 상상력을 신장시킨 영혼의 스승'이라고 했어요.

시대는 급변합니다. 역사적으로 볼 때, 늘 그렇습니다. 문화혁명이 역사 속으로 사라지고 개혁개방의 분위기로 나아갈 때, 라오산지에가 교육받을 권리를 박탈당했으니까, 나라에서 그 세대 사람들에게 특전을 줍니다. 국가에서 보는 시험 제도에 합격을 하면 대학 시험을 칠 수 있는 자격을 부여합니다. 한 스무 명 중에서 한 명 겨우 걸릴 만큼 하늘의 별따기야. 션판 같은 기술자들이 그래도 머리가 똑똑한 사람들인데, 이들이 모여 독학이 너무 힘드니깐 그룹 스터디를 합니다. 우리 학교 4학년 선배들이 모여서 임용고사 공부하는 거 있잖아요? 그런 식이에요. 션판은 누나, 누나 하면서 굉장히 따랐어요. 마치 선생님처럼 대했어요. 학문과 지식과 정보를 전해 들었으니까 말이에요. 션판과 리링은 그 어려운 국가고시를 합격한 후 대학에 가는 거야. 션판은 란저우(蘭州)대학교 영어과에 입학을 했어요. 남들이 대학을 졸업할 때 대학에 입학한 션판은 리링과도 멀리 떨어집니다. 중국은 땅이 넓잖아요? 어느 날 리링에게서 편지가 왔습니다. 결혼을 했다고. 청천벽력의 소식이었지요. 아무리 어머니가 맺어 준 인연이라고 하지만, 어째서 그렇게 자기보다 못한 남자와 결혼했을까, 하고 아쉬워하면서. 션판의 아버지는 장군입니다. 문화혁명 때는 고생을 좀 했지만, 뒤에는 장군까지 올라갑니다. 좋은 집안이지요.

그런데 션판과 리링의 인연은 로맨틱하게 이어집니다. 그 시대의 세상 모습과 사람의 감정을 반영하면서요. 그가 북경으로 근무지를 옮기자 또 우연히 그녀를 만납니다. 미술관인가 어디서 만나는데, 미술관에서 항상 주말마다 만나서 같이 전시회 구경을 하고 차 마시면서 대화 나누고 헤어지고, 아무래도 남편하고 사이가 안 좋은 것을 알고 남편 이야기는 절대 안 했다고 해요. 근데, 왜 이렇게 남편하고 사이가 안 좋으냐? 아버지가 문화혁명 때 반동분자로 몰려 죽었는데, 이 업보를 갖다가 또 다음 세대에까지 물려주기 싫어 애를 절대 못 낳겠다고 했대요. 그 남편은 애를 안 낳으면 안 산다고 하면서 핍박을 하고, 때로는 구타를 하고 또 젊은 여자와의 불륜 현장을 보면서 이혼을 합니다. 리링은 대학을 졸업한 후 대학의 선생님이 됐어요. 셴판이라는 남자, 사실은 잘 생겼어요, 영화배우처럼요. 근데 편지가 옵니다. '남편과 이혼했고, 나는 그동안 말을 하지 않았지만 나는 늘 너를 사랑했다.'고. 그 편지를 받고, 미친 듯이 기차를 타고 멀리까지 달려갑니다. 그는 그녀에게 가서 청혼하지만 부모는 한 번 이혼한 여자와 도저히 결혼시킬 수 없다면서 반대했지만, 그 반대로 뿌리치고 결혼을 강행합니다. 그러니깐 그 도도했던 의사 둘째 딸과 우연한 만남의 연속 끝에 7년의 나이 차를 극복하고 결혼을 하게 된 것. 셴판은 초혼에 숫총각이라고 했어요. 그는 첫날밤에 고백해요. "내가 당신 아버지를 두고 비투(批鬪), 즉 비판 투쟁할 때, (사람을 막 꿇어앉혀놓고 핍박하는 것을 비판투쟁이라고 해요.) 나도 그 자리에 있었다. 나도 홍위병이었다." 아, 그랬냐고, 하는 반응이었지만, 끌려 나가면서 내장 끄집어내고 간장을 집어넣고, 고춧물을 갖다 집어넣고 하는 그런 이야기는 안 했대요. 왜냐하면 이 사람이 또 충격을 받을까 싶어서요. 딸은 아버지가 자살한 걸로 알고 있더래요. 그래서 더 이상 이야기하지 않았대요. 그 자신도 신체의 극한 고통이 집단 광기의 희열이 되던 시대를 떠올리고 싶지 않았겠지요.

션판은 미국 유학을 강하게 원했어요. 천신만고 끝에 비자를 신청을 해 자기가 바라고 바라던 미국 유학을 떠납니다. 북경 공항에서 사랑하는 아내 리링과 손을 흔들며 작별한 게 마지막 작별이야. 2년 후에 리링은 유방암으로 죽습니다. 다시 홀로 된 그는 한참 후에 미국에서 대학교수를 하면서 중국계 젊은 여자를 만나 재혼해 딸 하나를 낳고 삽니다. 그는 지금 로체스터커뮤니티기술대학교(Rochester Community & Technical College) 영어학과 교수로 재직하고 있답니다. 그리고 미국에 간지 20주년이 되던 2003년에 『홍위병』을 간행해 큰 반향을 일으켰지요. 이 사람의 자서전은 어떠한 공식 문서보다 더 진실이 담긴 이야기, 즉 인간적, 그리고 역사적인 진실이 담긴 이야깁니다. 이 이야기 속에 그 당시 문화혁명 때의 집단광기인 샤덴프로이데가 인간을 얼마나 억압하고, 인간성을 유린하였는가를, 내가 지금까지 이야기한 겁니다.

제가 젊었을 때인 1970년대에, 당시의 젊은이들이 이영희 씨의 저서, 편저를 보면서 열광했어요. 그는 우리나라 진보 세력의 뿌리예요. 우리나라 진보 지식인들이 그에게 영향을 받지 않은 사람이 없었을 정도예요. 프랑스 언론은 그를 두고 한국 지식인 사회의 '사상의 은사'라고 표현한 적이 있었지요. 사상의 은사? 최상의 명예를 부여한 표현이 아니에요? 이런 그는 그 당시에, 즉 1970년대에 문화혁명을 적극적으로 옹호했어요. 외국어 능력이 탁월한 그가 구미(歐美)의 좌파 지식인들의 책을 보고서 말예요. 그는 책을 보았지, 션판처럼 실상을 경험한 건 아니잖아요? 그가 미화한 중국의 문화혁명은 사실상 관념의 유희였어요. 물론 박정희의 유신 체제가 반인권적인, 비인간적인 정체로서 신랄하게 비판되어야 하는 것처럼, 샤덴프로이데의 문화혁명에 대해 관용적인 태도를 보인 이영희 씨의 관점도 문화혁명 50주년에 이른 이 시점에서, 역사적으로 진지한 성찰의 대상이 되어야 해요. 이것이 제가 보는 이영희

관입니다.

샤덴프로이데와 문화혁명. 인간의 적대감과 집단 광기에 대한 상동 관계를 잘 보여 주고 있습니다. 미리 나누어진 자료를 살펴볼까요. 샤덴프로이데와 상이한 마음가짐을 두고, 불교의 사무량심에서 찾아볼 수 있습니다. 불교의 가르침을 보자면, 인간에게는 본디 네 가지의 넓은(무량한) 마음이 있다고 해요. 그 첫째가 자애심. 팔리어로 메따(metta)라고 해요. 남이 잘 되도록 도와주는 마음입니다. 두 번째는 뭐라고 쓰여 있어요? 연민심, 팔리어로 카루마(karuma). 한 20년 전에 불교 영화가 하나 있었는데, 제목이 '카루마'였어요. 이게 바로 어떤 연민이야. 남의 고통을 불쌍하게 여기는 마음이죠. 맹자가 말한 측은지심과 똑같은 개념입니다. 세 번째로 수희심, '줄 수(授)'자 '기쁠 희(喜)' 자. '송희복' 할 때 '희' 자입니다. 기쁨을 주는 마음. 이것이 고대인도의 무수한 방언 중의 하나인 팔리어로 무디타(mudita)라고 해요. 이것은 남의 행복을 기뻐하는 마음. 아까 말한 샤덴프로이데와 정반대의 개념이라고 하겠습니다. 마지막으로, 평정심이 있어요. 우펙타(upekkha)라는. 남을 미워하지 아니한 한결같은 마음이에요. 이 네 가지 무량한 마음을, 불교에서는 이렇게 강조하고 있습니다. 불교의 사무량심은 샤덴프로이데와 대비되는 마음의 상태이지만, 이 중에서도 정반대의 것은 '무디타'라고 하는 개념이에요.

불교 이야기가 나왔으니깐 저는 여러분에게 초유의 불전(佛典)에 나오는 시 한 편을 소개하려고 합니다. 이 시는, 제가 이때까지 많은 시를 공부해 왔지만, 이것보다 더 위대한 시편은 본 적이 없어요. 그리고 앞으로도 죽을 때까지 이보다 나은 시를 발견하지 못할 것 같습니다. 숫따-니빠따. 초유의 불전예요. 붓다(석가모니)가 처음으로 남긴 어록입니다. 여러 가지 시편들이 있는데 그 중에서도 '무소의 뿔처럼 혼자서 가라'

로 반복되는 75편의 노래 중에서 71번째의 시가 그 다음 페이지에 적혀 있습니다.

석가모니 붓다의 모국어는 '팔리어'입니다. 원음에 가까운 '빠알리어'라고 표기하기도 하지만 규범적인 표기법은 팔리어입니다. 불경의 언어는 크게 두 가지로 나눠집니다. 산스크리트어(梵語)와 팔리어(巴里語). 전자가 귀족어, 표준어라면, 후자는 민중어, 방언이에요. 붓다의 육성은 팔리어였어요. 훗날 산스크리트어로 표준화된 것이지요. 붓다의 제자들은 스승의 말씀을 소중하게 여기면서 구전으로 암송하면서 전해오다가 불교가 스리랑카로 전해져 비로소 기록으로 남습니다. 물론 기록은 범자 (梵字 : 산스크리트어를 표기한 인도의 옛 글자.)예요. 팔리어는 문자가 없는 언어예요. 불경은 국가의 공식적인 언어인 산스크리트어로 기록해오다가 중국으로 넘어가 한역화되었어요. 우리가 한자로 된 불경을 받아들이면서 팔만대장경을 만든 겁니다.

제가 앞서 최고의 시편이라고 하는 시를 보세요. 두 번째 면 제일 위를 봅니다. 앞에는 로마자로 되어 있죠. 팔리어가 문자가 없기 때문에 로마자로 표기를 한 겁니다. 또 달리 말해, 문자가 없기 때문에 우리말 음으로 써도 괜찮습니다. 아무 상관없어요. 왜? 문자 없는 언어니깐. 제가 먼저 읽을 테니, 여러분도 큰 소리로 읽어보세요. 최고의 시라고 하니까.

씨호 짜 쌋뎃수 아산따산또
바또 바 잘라미 아삿자마노
빠두망 바 또예나 알립빠미노
에코 짜레 칵가 비싸나 깝뽀

혹시 '무소의 뿔처럼 혼자가라'라는 말을 들어본 사람 있어요. 손 들어봐요. 앞 반에는 두 명이나 있었는데, 여기에는 아무도 없네요. 공지영 소설의 제목이기도 해요. 또 강수연 주연의 영화 제목이기도 하구요. '무소의 뿔처럼 혼자가라' 이 말은 공지영이 번역한 게 아니고, 그 이전에 법정 스님이 일본어로 된 『숫따-니빠따』를 번역했어요. 정확한 번역을 아닙니다. 정확한 번역은 '코뿔소의 외뿔처럼 혼자서 가라'입니다. 넓은 의미에서도 물소지만, 인도의 물소인 코뿔소는 뿔이 하나입니다. 뿔이 아주 크거든요. 코뿔소는 굉장히 당당하게 뚜벅뚜벅 걸어갑니다. 사자 무리도 당하지 못할 엄청난 힘을 가지고 있지요. 외뿔로써 트럭을 뒤집어놓기도 해요. 붓다가 제자인 수행자에게 말하는 듯해요. 시적 화자가 붓다라는 증거는 없지만요. 수행자들이여 정진하라. 코뿔소의 외뿔처럼 당당하게, 용감하게 한 발짝, 한 발짝 나아가듯이 정진하라. 이게 바로 '무소의 뿔처럼 혼자서 가라'인 것입니다. 가족들도 생각하지 마라. 실존적 결단을 가지고 너 혼자 이 길을 가라. 이 진리의 길을 헤치면서 나아가라.

소리에 놀라지 않은 사자와 같이,
그물에 걸리지 않는 바람과 같이,
흙탕물에 더럽히지 않는 연꽃과 같이,
무소의 뿔처럼 혼자서 가라.

무소의 뿔처럼 혼자서 가라. 에코 짜레 깍가 비싸나 깝뽀. 에코……혼자서. 짜레……가라. 깍가……코뿔소의 외뿔처럼. 수업 시간에, 제 살아온 사생활을 거의 말하지 않지만, 오늘은 나의 젊을 때 이야기를 좀 하겠어요. 내 젊을 때 어디서 살았느냐. 서울에서 가장 대표적인 달동네인

무소의 뿔처럼 혼자서 가라. 초기 불전이 남긴 유명한 어록이다. 이 울림이 있는 문장에 가장 합당해 보이는 이미지. (출처 : 픽사베이)

금호동에서 살았어요. 거기에서 전철 두 구역을 가면 한강 건너서, 압구정동이에요. 최고 부자동네와 인근에 대표적인 달동네가 마주하고 있었지요. 지금은 많이 개발되었습니다만. 제가 한때 그 언덕길의 가장자리에 있는 4층짜리 다세대 주택의 옥탑방에서 살았어요. 옥탑방과 반지하방은 그때나 지금이나 주거 빈곤층의 상징이지요. 옥탑방도 방이 한 칸밖에 없는 단칸 옥탑방이었어. 온 방은 사면에 책으로 가득 차있고, 앉은뱅이책상에도 책만 가득 올려 있고, 컴퓨터도 노트북도 없는. 컴퓨터 살 돈도 없었고. 부엌이 조그만 게 있었는데, 부엌에도 책 밖에 없었어요. 난 7년 동안 거기에서 원고를 썼어요. 제 초기 저서라고 할 수 있는 바, 열 권 남짓한 저서의 금쪽같은 원고를 그 금호동 단칸 옥탑방에서 썼습니다. 그거 다 일일이 원고지로 쓴 거야. 그 중에서 가장 대표적인 저서의 하나가 『한국문학사론의 연구』(1995)인데 한 700페이지 되는 책이야. 이 책을 내면서 앞에 서문에 시편 '무소의 뿔처럼 혼자서 가라'를 인용했습니다. 제가 그때 사회적인 불만을 가지거나, 세상인심에 대한 적대심을 가지거나 했으면, 즉 샤덴프로이데의 감정을 가졌으면, 오늘날의 송희복은 없을 것이다……전 이렇게 생각해요. 나는 내가 갈 길, 가야할 길이 따로 있다. 어려운 환경 속에서도 내가 하고 싶은 공부를 하는 것이 바로 내가 갈 길, 가야할 길이다. 시인 윤동주가 그랬잖아요? 나한테 주어진 길 말이에요.

전 공부를 했어요. 불만을 가지지 않도록 말예요. 그래서 천신만고 끝에 우리 학교, 즉 진주교육대학교 교수로 임용되었는데, 나는 내심으로 좀 실망했죠. 문학에 빠지려면 국문학과나 문예창작과 교수가 되었으면 했는데, 서울에서 멀리 내려와, 어머니 계신 고향이 가까워서 좋지만, 문학과 좀 관계가 없는 교육대학교 교수로 내려오니깐 좀 실망이 되는 거야. 우리 어머니, 지금은 돌아가셨지만, 이런 말씀을 하셨어. 내 마음을 꿰뚫어 보셨는지. "선생 될 학생을 가르치는 선생이 최고 선생 아이가?" 가만히 들어보니깐 맞는 말이야. 선생 중의 최고 선생은 선생을 만드는 선생이야. 우리 어머니가 일제강점기의 어려운 시절에 태어나 제대로 공부도 못 한 분인데 삶의 경험에서 나온 아주 지혜로운 말씀 같았어요. 근데 그 속뜻은 이런 거야. 현실에 만족하고 살아라. 윤동주의 시에 나오는 것처럼, 나한테 주어진 길을 걸어가야겠다. 이게 바로 자기 현실에 맞는 삶의 길일 거야. 물론 윤동주는 불교와는 전혀 관련이 없겠지만, 불교적인 해석은 가능해요. 나한테 주어진 길을 두고, 자성진여(自性眞如)라고도 할 수 있어요. 자성, 스스로 가지고 있는 품성. 자기가 처해있는 현실적 조건, 이것이 자성이에요. 성형은 자성을 잃는 거야. 자기 본래의 모습을 잃는 게 바로 성형이에요. 성형하면 인생이 바뀔 줄 아는 모양인데, 이건 참 잘못된 생각이야. 자성의 반대말은 불교에서 분별심이라 해요. 이 분별심을 잘못 가지면 망하는 거야. 얼마 전에도, 양악수술을 하다가 누가 죽었대요. 압구정동인가 어디에서. 같은 날에 청담동에서는 태국 여자가 코 수술을 하다가 죽었어요. 우리나라 사람 중에 남자들도 성형하는 사람들이 있어. 자기한테 주어진 길을 가는 게, 이게 바로 진여의 길이요, 자성의 길이요, 윤동주의 길이다. 여러분도 스스로 여러분의 길을 개척하면서 성실하게 살아가야 해요.

마지막으로 부록 하나, 더 봅시다. 석가모니 붓다의 최초의 말씀으로 알려진 게 있잖아요? 태어나자마자 '천상천하 유아독존'을 외쳤다고 하잖아요? 막 태어난 아이가 어떻게 말을 하니? 말도 안 되는 소리죠? 이건 하나의 상징이라고 보면 됩니다. 그건 그렇고, 태어나자마자 하늘 위에, 하늘 아래 오로지 나만 있고 존귀하다? 이 얼마나 교만한 말이야? 또 건방진 말이고. 이게 왜 그런가? 번역이 제대로 안 된 말이야. 이것은 한자로 번역하는 과정에서 오류가 발생해 유아독존이 돼버렸어. 이 '나는'이 석가모니로 돼 버렸어. 정확하게 번역을 하자면 이렇습니다. '나'는, 이때 난 법이고 진리예요. 이 '나'가 석가모니 자신이 아니야. 우린 이때까지 석가모니인 줄 알았는데, 팔리어로 번역을 하면 '나'는 법이랑 진리라고 하는 사물에 대한 1인칭으로 표현된 하나의 관념일 따름입니다. 실체의 존재상이라기보다, 상징적인 관념에 지나지 않는 거예요.

나는 세상의 가장 앞 쪽에 있으며,
나는 세상의 가장 위에 놓여 있다.
나는 세상에서 가장 좋은 것이다.

이것을 팔리어로 읽으면 다음과 같아요.

악고 하마스미 로깟사
제또 하마스미 로깟사
세또 하나스미 로깟사

우리가 알고 있었던 유아독존은 사실은 유법독존이에요. 저 역시 이때까지 4, 50년간 오해하고 살았어요. 천상천하 유아독존 할 때 '나 아'자는 석가모니인줄 알았는데 석가모니가 아니야. 바로 법(法)이요, 진리예요. 법은 산스크리트어로는 다르마. 팔리어로는 달마라고 해요. 법은 보편적 진리에요. 세속의 법 역시 상식과 통해요. 법 이전의 상식을 두고 자연법라고 말하는 것인데, 다르마니 달마니 하는 것의 법이란, 고대인도의 자연법과 무관하지 않을 겁니다.

저기, 노랑머리를 한 여학생. 이렇게 말하는 내가 마치 꼰대 같지만, 이번 방학 때 검은 머리로 다시 돌아가는 것은 어떻게 생각해? 물론 사생활은 남이 간섭할 수 없는 고유한 자기 영역이긴 하겠지. 검은 머리는 머리카락에 지나지 않지만, 한편 나의 나다움을 되찾으려는 마음가짐이 아닐까? 그래, 자네 자신의 자성을 찾는 건 어떠니?

(학생 : 네, 잘 알겠습니다.)

자, 오늘 강의는 여기에서 마치겠습니다. 이것으로 종강입니다. 수강한 모든 과목의 기말고사를 잘 준비하세요.

그 동안, 수고했습니다.

학생의 강의 소감

이번 강의에서 가장 인상 깊었다고 말씀드리고 싶습니다. 특히 샤덴프로이데에 관한 내용이 가장 기억에 남습니다. 이번 강의를 통해 이 말을 처음 알게 되었고, 제 삶의 꽤 많은 부분에, 이것이 지배하고 있다는 것도 알게 되었습니다. 그동안 제가 싫어하는 친구가 선생님한테 혼난다거나 하면 쌤통이라는 생각을 하고는 했는데, 이것이 나쁜 것이라고는 생각하지 못했습니다. '사촌이 땅을 사면 배가 아프다.'라는 속담도 있으니 인간이라면 누구나 그런 것이라고 큰 문제가 없는 것이라고 생각했습니다. 그런데 문화혁명을 통해서 샤덴프로이데를 공부하면서 이것이 얼마나 잔인하고, 또 위험한 것인지를 알게 되었습니다. 이번 강의가 아니었다면, 저는 이 말조차 있는지 몰랐을 것이고, 남의 고통을 즐거워하는 것이 잘못된 것이라는 생각 또한 갖지 못했을 것입니다. 그리고 이것을 배우지 못했다면, 미래에 교사가 되어서도 그런 마음을 가지고 있는 상태에서 아이들을 가르칠지도 모릅니다. 이런 생각들을 하니, 이번에 샤덴프로이데란 개념을 알게 된 것이 다행이라는 생각이 듭니다. 저는 앞으로 교단에 섰을 때에는 아이들에게 이것이 나쁜 것이라고 제대로 가르칠 수 있을 것 같습니다. 마지막으로 이번 강의를 통해 제게 가르쳐주신 교수님께 감사하다는 말씀을 전하고 싶습니다. (김지은)

제4차 산업 시대의 교육과 문화

학생 여러분.

여러분은 4학년 학생으로서 곧 임용고시를 보아야 합니다. 요즘 스트 레스가 극에 달하고 있겠지요. 여러분의 마음 상태가 어떤지는 저도 잘 알고 있어요. 해마다 2학기 때면, 제가 '작가작품론' 수업을 해야 하니 까요. 오늘 세 시간 수업은 '제4차 산업 시대의 교육과 문화'에 대한 강 의입니다. 특강 형식의 수업이랄까? 여러분의 논술 시험에 혹시 도움이 라도 되지 않을까 해서 준비한 내용입니다. 제가 제 나름대로 자료를 분 석해 교재로 준비, 재구성하는 데 좀 시간을 투자한 강의 내용이니까, 잘 들어주면 고맙겠어요.

먼저, 4차 산업혁명이라는 말부터 생각해볼 필요가 있어요. 이 말은 최근에 등장해 급속도로 유행했습니다. 일종의 유행어 같은 이 말은 세 상에 유행된 지가 한 2년밖에 되지 않았어요. 물론 그동안 말거리는 있 었어요. 한 10년 전부터. 10년이 아니고 20년 전부터라고 해도 좋아요. 말은 없었던 게 아니야. 그러니까 한 몇 년 전까지만 하더라도 소수의 전문가들이 농담처럼 하는 말이었어요. 농담처럼 하던 말을 두고, 보통은 소리라고 해요. 말의 품격이 떨어지는 것을 두고, 우리는 그냥 소리라고 합니다. 말로서 격식이 갖춰지지 않았을 때의 소리 말예요. 흔히, 우리는 '헛소리'니, '실없는 소리'니, 뭐 이런 말을 하죠? '헛소리 하지 마라', '실없는 소리 하네'라고. 4차 산업혁명이 그러니까 소리에 불과했던 것인데, 지금 당당히 격상되어 주목받기 시작한 것은 2년 전, 2016년 1월 다보스 포럼(Davos Forum)에서 이 말이 불쑥 나왔어요. 세계 경제 포럼의 클라우스 슈밥(Klaus Schwab)이라는 사람의 이름, 들어봤죠? 유명하잖아요? 슈밥, '밥' 먹자 할 때의 '밥', 이름이 좀 그러네요.

(학생들 웃음소리)

경제학자 슈밥이 다보스 포럼에 나와 회장으로 인사말을 할 때, 지금까지 이 보다 더 큰 기회도 없었고, 지금까지 이 보다 더 큰 위기도 존재하지 않았다고 하면서 제4차 산업사회의 도래를 말합니다. 그래서 국내 언론이 주목하게 되고, 그의 책은 베스트셀러가 됐어요. 이제 그는 일반인들의 관심과 집중을 받게 되었습니다. 특히 이 용어는 선진 국가에서는 잘 안 쓰고 있는 말이래요. 우리나라에서 유독 관심이 집중되는 용어라네요. 왜 그럴까요? 2016년 3월에, 지금으로부터 2년 반 전에, 다가왔던 알파고의 충격 때문이야. 나도 바둑 조금 두는데, 아마추어 한 4급쯤 되는데, 그건 그렇고 누구하고 붙었죠? 이세돌이 알파고하고 붙어서 깨졌지? 그때 충격이 엄청났죠? 시합 전에는 이세돌이 이길 것이라고 바둑전문가들이 예상했는데, 이세돌이 이렇게 허망하게 깨질지는 몰랐죠. 아직까지는 알파고가 세계 최고수 중의 한 사람을 이기겠나 했는데. 어떻게 된 건지 알파고가 이겼어요. 한 판도 아니고 세 판인가 이겼죠? 1승 3패로 그 바둑의 돌이 세다는 이세돌이가 졌어요. 그때 이세돌

얼굴이 완전히 사색이 되면서 하는 말이, 이세돌이 진 것이지, 인간이 진 것이 아니다, 라고 했거든요.

바둑을 잘 모르는 서양인들이 이 사건에 충격을 받지 않았겠지요. 바둑이란 말은 돌에서 나왔어요. 바둑알이 돌이잖아요? 돌의 옛 어형은 '돍'이에요. 대부분 돌이 되었지만, 독으로 남은 것도 있어요. 돌섬이 독도가 된 사실이, 한용운의 시에 돌부리가 아닌 '돍부리'인 점이 대표적이지요. 조선시대에 '바돌'과 '바독' 간의 말싸움에서 바독이 이겨 오늘날 바둑으로 정착된 거예요. 또 흑백 점박이 개보고 '바둑이'라고 하지요. 개를 두고 '바둑'이라고 하는 말이 '바둑을 두다'의 '바둑'에서 온 말이에요. 이세돌이 알파고한테 바둑을 지고도 인간이 진 게 아니라고 말했지만, 이 이후의 다른 출중한 바둑 기사들도 계속 졌어요. 알파고는 60전 경기를 해서 이기고 발자취를 감췄어요. 더 이상 바둑을 안 두겠다고 하면서요.

2016년 3월, '알파고 쇼크'로부터 시작해서 작년(2017) 5월 대통령 선거를 거치면서 우리는 제4차 산업시대에 대한 논의가 본격화되었지요. 독일에도 이런 말이 있어요. 이를테면 '인더스트리(Industry) 4.0'이라고 하는 독일의 국정지표가 있어요. 인더스트리하면, 산업이죠? 4.0이니까 4차 산업혁명을 뜻합니다. 제조업의 혁신적 변화, 고객 만족형 생산 체제로의 전환, 스마트 제조공장의 가동 등과 관계된 발전적인 그림 그리기를 말하죠. 우리가 생각하는 제4차 산업혁명과 결이나 (개념의) 틀이 다르다는 시각도 있습니다. 사실은요, 뭐, 같다면 같고, 다르다면 다른 시각입니다. 생각하기 나름이에요.

제4차 산업혁명이라는 말이 우리가 자주 사용하고 있지만, 아직도 여전히 실체가 불분명한 용어로 자리 잡고 있는 것이 사실입니다. 그래서 누군가는 제4차 산업혁명을 두고 이런 용어를 굳이 쓸 필요가 있냐고 말하기도 합니다. 뭐, 이런 사람도 있고, 저런 사람도 있습니다. 한 20년 전 만 해도 '디지털'이라는 용어를 발음도 제대로 하지 못해 '돼지털'이라고 하기도 했어요.

(학생들 웃음소리)

1990년대 이후, 디지털 정보 혁명이 가속화되고, 지금에 이르러 포스트 디지털시대에 만족하면 될 것을, 굳이 제4차 산업혁명이라고 하느냐 하는 시각도 없지 않습니다. 좀 불편해 하는 시각들이 없는 게 아니에요. 조금은요. 이 불편한 시각을 셋으로 정리해볼 수 있어요. 첫째, 인터넷이 온라인 세상을 연 지가 십 수 년밖에 안 되었는데, 벌써부터 제4차 산업혁명이냐, 너무 빠른 속도다. 어처구니없는 일이다, 하고 이렇게 주장하는 거죠. 둘째, 재작년 9월에 나온 우리나라 책『4차 산업혁명이라는 거짓말』을 보면, 이명박 정부의 4대강 산업처럼 '정치적 구호'에 편승된 말이다. 실속 없다. 뭐, 디지털 정보 혁명의 심화기 정도로 만족하는 게 좋지 않으냐, 하는 말들이 무성해요. 즉, 디지털 혁명이 심화하는 시기 정도로 보는 게 적절하지 않겠느냐, 하는 입장입니다. 셋째, 지나치게 여기에 집착하면서 추진하면 고용불안이 일어날 수 있다. 10년 이내 1만 5천 개의 직장이 없어지고 인공지능, AR 등으로 대체한다는데, 벌써부터 굳이 제4차 산업혁명에 매달리고 집착할 필요가 없지 않느냐. 벌써부터 이렇게 되면, 앞으로 우리 미래 사회가 고용불안에 시달릴 것이다. 이런 입장이 있습니다. 대체로 이 세 가지 이유로 인해, 좀 불편해 하는 시각도 만만치 않지 않나 하는 생각이 듭니다.

자. 그러면, 제4차 산업혁명을 오늘날 우리가 이해하기 위해서는 제1
차에서 제3차까지의 산업혁명이 무엇이냐 어떻게 진행되어 왔느냐 하
는 것을 한번 짚어 보는 것이 좋겠다는 생각이 듭니다. 제1차 산업혁명
은 영국에서 시작합니다. 19세기 중반이었죠? 뭐, 한 170년 전 쯤 되겠
네요. 그때부터 이 제1차 산업혁명이 시작되었는데, 이것을 두고 한마
디로 '기계화 혁명'이라고 보는 게 좋을 것 같아요. 학생들이 이해하기
쉽도록 내가 만든 말이에요. 기계혁명으로 인해서 영국 곳곳에 '증기 기
관차'가 운행되고 기계로 움직이고, 증기가 바로 기계죠. 제2차 산업혁
명은요, 19세기에서 20세기 말까지, 무려 100년 동안 지속됩니다. 이렇
게 긴데, 제3차 산업혁명의 기간은 한 세대 밖에 안 됩니다. 한 30년 밖
에 안 됩니다. 너무 기간이 짧다는 이야기죠. 제2차 산업혁명은 전력화
혁명이라고 보는 게 가장 좋겠다하는 생각이 듭니다. 전기가 뭐, 대량으
로 쓰이면서, 대량생산체제로 바뀌죠. 제1차 때의 상징적 물건이 있다
면, 이것은 증기기관차야. 제2차 때의 상징적인 물건이 있다면, 뭘까요?
자동차와 세탁기예요. 이 세탁기가 당시에는 엄청 혁명적인 것이었거
든. 여자들이 할 일이 확 줄어든 거야. 그러다보니까 제2차 산업혁명 시
대에는 남아선호사상도 많이 줄어들었습니다. 20세기에 이 '여성시대'
라고 하는 근거가 세탁기의 보급과 큰 관련이 있습니다. 제3차 때는 뭐
한 2015년까지, 길어봤자 한 30년이지요. 30년이니까, 한 세대죠. 한 세
대가 30년이죠? 세기가 100년이고. 이 기간은 컴퓨터와 인터넷으로 폭
발된 지식, 정보의 혁명 시기다. 이것을 한마디로 말하자면 '디지털화'
라고 할 수 있겠죠. 디지털 정보 혁명의 시기에, 대표적인 물건, 상징적
인 물건이 있다면, 그건 뭘까요? 바로 컴퓨터죠. 뭐, 인터넷은 물건이 아
니고 개념이니까. 그리고 제4차의 시기를 '지금'이라고 본다고 하면, 무
엇으로 상징되는 말이 있습니까? 인공지능은 물건이라고 보긴 좀 그렇
지만, 인공지능이나, 모바일 인터넷, 사물인터넷 등이 있죠. 고백하건대

저는 엄청난 기계치에요, 사실은. 사물인터넷은 눈에 보이는 물건하고 갖고 있는 스마트폰이랑 연결시키는 거래요.

(한 학생을 바라보며)

그 누구야, 컴퓨터과 문 아무개 교수? 이름이 갑자기 생각 안 나네.

문외식 교수님?

아, 그래 문외식 교수. 외식을 좋아하는 분이죠.

(학생들 웃음소리)

얼마 전이었어요. 교정에 문외식 교수가 지나가길래, 제가 물어봤어요. 사물인터넷이 뭐예요? 또 클라우드(Cloud)는 뭐예요? 이에 대해, 사물인터넷은 자동차와 스마트폰을 연결시키는 거고, 클라우드는 구름이니까 가상공간에 세팅해서 데이터를 저장하는 거래요. 가상공간 속으로 말이에요. 가상공간을 뜬구름으로 비유한 것 같네요. 덧붙여, 사물인터넷은 눈에 보이는 거고, 클라우드는 눈에 안 보이는 거라고 설명하는 거야. 사물인터넷하고 클라우드 하고 뭔 차이가 있어요, 하고 다시 물어보니까, "뭐, 별거 아니에요. 차이가 없어요. 자동차하고 냉장고를 생각하면 될 거요." 하면서 지나가요. 머릿속이 명료해지는 건 아니었어요. 그래서 이때 저는 마음속으로 '아, 이젠 선생질도 못해 먹겠네.'라고 생각했어요.

(한 학생의 웃음소리)

어쨌든 제4기는 사물인터넷, 모바일 인터넷, 인공지능 등 이런 것과 관련된 것이니까 엄청난 데이터 혁명의 시대라고 하겠네요. 이 데이터화는 '인공지능'화라고 해도 별 무리가 없는 유사 개념이에요. 자, 그래서 이렇게 아주 간단하게 이렇게 정리를 해봤어요. 기계화, 전력화, 디지털화, 데이터화……이런 단계의 산업혁명의 시기를 거쳐 왔다는 것. 이게 제대로 된 개념인지, 뭐 이런 문제를 두고 '설왕설래' 얘기들이 없지 않지만, 세상이 좀 변화되고 있다, 나아가 급변되고 있다는 것을 충분히 감지할 수 있는 시대에 우리가 살고 있다는 사실만큼은 엄연합니다. 우리나라는 특히 여타의 선진국들과 달리, 전국토가 온라인으로 연결되어 있어요. 이런 점에서는 독일, 일본, 영국보다 우리나라가 더 발전되어 있죠? 어딜 가나 사람이 모여 사는 곳마다 그걸 다 연결할 수 있으니까요. 이제 세상은 정보를 저장하는 환경도 바뀌었어요. 클라우드는 구름이잖아요? 우리가 구름 잡는 소리를 한다고 할 때, 그 구름 말예요. 구름이 가상현실이라면, 가상현실에 데이터를 저장한다는 겁니다.

제4차 산업혁명과 관련하여 가장 많이 이야기되고 있는 분야가 있다면, 그 중의 하나가 교육 분야가 아닐까, 해요. 교육 분야가 제4차 산업혁명을 선도하기도 하겠지만, 제4차 산업혁명이 교육의 환경에 적잖이 영향을 끼친다고 볼 수 있어요. 교육 분야도 이런 시대적인, 사회적인 분위기를 염두에 두고, 스스로 변화해야 한다고 생각해요.

첫째, 교사가 바뀌어야 합니다.

중국 항저우는, 저도 여러 번 기본 일이 있습니다만 아주 깨끗한 도시로 유명하지요. 고풍스러운 호반의 도시라고 할 수 있지요. 또 역사적인 스토리가 아주 많이 남아있는 곳이지요. 이 항저우 시에서 이런 일이 있었어요. 23년 전, 1995년에 깡패 세 녀석이 맨홀 뚜껑을 뜯고 있었어요. 그것을 팔아넘기려고요. 비싸잖아요? 그걸 뜯고 있는데, 깡패들이니까 주변사람들이 모두 못 본 척하면서 외면했어요. 그런데 자전거를 타고 가던 한 교사가 자전거를 세우고, 깡패들에게 '멈춰'라고 했어요. 그러자 깡패들이 이 교사에게 위협을 가하죠. 이 사람이 항저우 전자대학교 영어 시간강사인 사람인데, 훗날 미국에 가서 크게 성공을 하고 돌아온 마윈이라는 사람입니다. 여러분도 잘 알지요. 마윈은 당시에 평범한 교사였는데, 용감한 시민이 되어서, 깡패들이 뜯어내는 맨홀 현장을 보고 큰 소리로 멈추라고 했던 거예요. 지금은 크게 성공을 해서, 세계적인 부호로 성장을 했는데, 중국 당국과는 사이가 늘 좋지 않지요? 중국 당국은 무슨 인간형을 강조합니까? 공산주의적 인간형을 지향하는데, 이 사람은 철저히 자본주의적 인간형이니까요. 그래서 그는 경영 일선에서 물러나겠다고 했어요. 원래 교사니까 교사로 돌아가겠대요. 아마 교사 치고, 우리 시대에 가장 성공한 사람일 거야. 교사로 돌아가겠다고 선언을 했다고 하였는데, 최근 외신을 보니까 정말로 돌아갔는지, 아니면 당국과의 마찰을 피하려고 한 말인지는 알 수 없지만, 정말 돌아갔다면 어떤 교사가 되어 있을까요? 1990년대하고 비교했을 때 똑같은 교사일까, 아니면 달라진 교사일까? 1990년대식의 교사가 21세기식의 교사로 바뀌어야 한다면 어떻게 바뀌어야 하는가 하는 물음을 제시하게 해줄 사람이 바로 마윈이 아닐까, 하고 전 생각해요.

저야말로, 앞으로 정년이 3년 11개월 남았어요. 3년 11개월 후면, 저는 정년퇴임을 합니다. 얼마 안 남았죠? 사실은, 여러분 3년 11개월 하면 그렇게 많이 남았나 하고 생각할 수도 있겠지만, 지금 인생을 많이 살아온 저로서는 정말 많이 남지 않았어요. 눈 깜짝할 새 지나갑니다.

저는 머잖아 곧 퇴장을 하게 되는데, 제 퇴장은 바로 시대의 요구가 아닌가, 해요. 솔직히 전 인정합니다. 저는 타산지석으로 삼아야 할 교사, 교수라고 생각합니다. 시대에 맞지가 않아요. 저뿐만 아니라 저와 같은 세대의 교수들도 다 마찬가지예요. 일반적으로, 우리가 5년 정도 선생을 하면 밑천이 다 떨어진다고 해요. 교수도 한 5년 하면, 지식 밑천이 다 떨어집니다. 지식과 정보는 하루가 다르게 쌓이고, 변하고, 바뀌고 있잖아요? 교수든 교사든 공부 안 하면 안 되는 시대예요. 그런데 이 교수가 끝까지 대학교 선생노릇을 하려고 하니까 문제인 거죠. 일반 교사도 마찬가지예요.

가르치는 일은 가르치는 이의 자기능력과 반드시 비례하는 것은 아니지요. 가르치는 능력은 따로 있습니다. 최고의 예술가가 최고의 제자를 키우는 것은 아니거든요. 프로야구의 코치인 그 이름이 뭐더라? 가물가물한데, LG에 있다가 롯데로 간 타격코치? 아, 김무관 코치. 그 양반, 지금은 야구계에서 떠난 사람인데 한 10년 전에 우리나라 최고의 프로야구 타격코치였어요. 이 사람이 선수 생활을 할 때 통산 타율이 0.199였어요. 타자로서 2할이 안 된 최하위권 선수였지요. 그는 좋은 지도자가 되어야겠다고 생각해 엄청나게 자기계발을 한 거야. 미국에서 원서를 사서 사비를 투자해 누군가에게 번역하게 해 공부하고 실행한 거죠. 이 김 코치는 지금의 롯데의 대표 선수인 이대호를 만든 사람이에요. 이대호 알죠? 우리 시대 대스타 아니에요? 이 사례를 보면 두잉(doing)과 티칭(teaching)은 서로 다르다는 것. 스타 출신의 지도자는 자기 아집이 강하기 때문에 선수 개개인과 공감과 소통이 잘 이루어지지 않을 수 있어요. 이제 가르치는 이도 자기계발을 추구하면서 새로운 콘텐츠를 이끄는 인간상이 되어야 합니다.

둘째는 학교가 바뀌어야 합니다.

학교는 정말 제도화가 잘 되어 있어야 합니다. 기존의 틀을 바꾸는 데 오랜 시간이 걸립니다. 이 학교라는 개념이 18세기 프로이센에 의해서 만들어진 모델인데, 이 학교의 개념은 3세기에 걸쳐서 왔으니까 바꾸기가 어려울 거란 말이에요. 학교도 교육변화에 적절히 대응해야 하는데, 참 학교라는 곳은 칸막이 안에서 단순히 지식교육만 하는 장소로 인식되어 왔어요. 학교도 자율적이어야 하기 때문에, 학교를 담당하는 교육청 제도를 없애야 한다고 보는 입장을 가진 나라가 뉴질랜드야. 뉴질랜드는 교육청 제도를 없애고 바로 교육부가 관리한대요. 인구가 5백만도 안되니까 가능하겠죠? 또 교과서도 없앴대요.

또 학교가 좀 자율적인 학교로 바뀌어야 해. 대학도 마찬가지예요. 고려대학교가 미래형 대학으로 바뀌려다가 실패했어요. 부산의 한 대학교는 이름도 별로 없는데도 조립형 대학으로 성공하고 있다고 해요. 옛날에는 학교가 인력을 양성하는 곳이었으나, 이제는 인력을 양성하는 게 아니라, 인재를 양성하고 인성을 배양하는 곳으로 바뀌어야 한다는 거야. 학교는 이제, 제4차 산업혁명 시대에 발맞춰, 초고속화 되는 사회와 연결망을 구축해야 한다는 거야. 사회와 연결하는 방법이 뭐냐? 인간 행위에 맞는 사람을 키우고 해야 한다는 거지요. 최근에 학교가 바뀌면 제일 먼저 바뀌어야 하는 학교가 교대와 사대래요. 제가 우리 학교에 부임할 때도 교사대 통합 문제가 초미의 과제였어요. 노무현 정부가 들어서면서 이 통합 문제는 수그러들었어요. 제 생각으로는 한국교원대학교 모델에 따라 교사대가 지역 별로 통합하면 좋겠어요. 그러면, 진주교육대학교에서 통합형 경남교원대학교로 확장이 되는 것이지요. 양성 체제도 4+2년제나 2+4년제로 바꾸는 게 바람직하겠어요. 전자가 대학원 과

정까지 포함하는 것이고, 후자는 예과와 본과로 나누는 제도입니다. 다른 대학교에 재학하다가 재도전하는 기회도 주는 제도입니다. 프랑스의 '그랑제콜'과 비슷한 제도입니다. 각 지방마다 있는 6년제 교원대학교를 졸업한 후에, 임용고시가 없이 교사가 되는 것도 헌법과 법률로 검토, 보완되어야 하겠지요.

마지막으로, 수업방식이 바뀌어야 합니다.

제4차 산업혁명 시대의 수업방식으로서 인터넷에 검색되는 것은 가르칠 필요가 없다는 거예요. 이는 학생들이 알아서 할 수 있다는 거죠. 학습 형태는 능동적이고 적극적인 형태로 바뀌어야 하고, 새로운 기기, 증강현실, 가상현실 등을 많이 도입하겠죠. 여기에다 인간적인 문해(리터러시)의 방식이 중시되는데, 소위 '런투런(learn to learn)'이 미래의 학습법이라고 해요. 영국의 명문학교인 옥스퍼드는 전통적으로 이 런투런 방식을 매우 중시한다고 하던데, 맞춤형 수업을 디자인할 수 있는 교사가 이제는 요구되는 시대라는 것입니다. 앞으로 우리도 면대면, 일대일 교육으로 나아가는 게 바람직하지 않은가 싶어요. 이와 관련된 프로그램을 끊임없이 개발해야 할 것 같아요. 교수가 자신의 강의를 녹화해서 학생들에게 미리 보여주고 실제의 수업 시간에는 집중 토론하는 '거꾸로 학습법(backward learning)'이 대학에 뿌리를 내리는 것도 바람직해요. 일선 교육 현장에서는 교사와 학생 간의 수업에 게임화(gamification)의 방식을 도입하는 것도 적극적으로 살펴보아야 할 것 같습니다. 이른바 게이미피케이션이란, 게임 외적인 분야에서 문제 해결, 지식 전달, 행동 및 관심 유도 혹은 마케팅을 위해 게임의 메커니즘과 사고방식을 접목시키는 것을 뜻합니다. 순위표 등을 제공해 경쟁심을 이끌어 내거나 행동에 대한 보상으로 가상의 화폐나 보상을 지급하는 등의 메커니즘을 통해 학습 효과 및 콘텐츠 읽기의 유인성을 도입하는 것입니다.

여러분. 하이브리드 학습법이란 말, 들어봤어요? 정답을 맞히는 교육을 넘어서서 창의성과 자율성에 기반으로 하는 인재교육, 영재교육을 말합니다. 인간과 제도를 결합하는 것이 국가라면, 어떠한 인간을 어떻게 만들어 가는가는 교육의 몫이거든요. 자, 그래서 이젠 모든 것을 융합하는 문과적인 지식과 이과적인 경험 같은 것들을 융합해야 하고, 학문과 학문의 경계를 넘어서야 하고, 모든 분야에서 칸막이를 없애는 것이 제4차 산업사회가 선도해야 할 몫이라고 봅니다. 과거에는 하이브리드형 인재가 소위 '공부벌레(nerd)'였다면, 지금은 소통하고, 남과 협력하는 창조적인 괴짜(geek)를 만들어야 해요. 근데 옛날의 괴짜는 어쨌냐? 따돌림을 당했잖아요? 이 괴짜는 자유주의권에서는 통용되지만, 전체주의 사회에서는 통용되지 않았습니다. 지금 고등학교의 공부 잘 하는 얘들이 너도나도 의대에 진학해 의사가 되려고 하는데, 개인의 무사안일에 원인이 크잖아요? 이런 얘들보다는 방탄소년단 같은 모델형의 인간상을 만들어가는 게 개인의 자아실현이나 사회의 공익 환원을 위해 도움이 되는 게 아니겠어요? 유대인의 교육은 전통적으로 유명하잖아요? 유대인 교육은 아이들이 커서 사회적으로 성공하기보다는 공동체 가치가 무엇인지를 탐색하게 하는 데 방점을 찍습니다. 우리처럼 교육이 개인적으로 판검사가 되거나 의사가 되는 데 있는 게 아니에요.

일본에서 최고의 명문대학교가 도쿄대학교잖아요? 그 다음의 두 번째는 교토대학교이구요. 지금까지의 노벨상 수상자는 도쿄대학교가 여덟 명 정도인데, 교토대학교는 스무 명이 넘는다지요. 이게 무슨 말입니까? 우리나라로 굳이 비유해, 서울대학교보다 부산대학교가 법관을 더 많이 배출했다면, 여러분은 어떻게 이해할 수 있겠습니까? 일본 두 대학교의 학풍이 전통적으로 서로 달라요. 규율과 자율이랄까? 공동선과 자유랄까? 노벨상 수상은 시험을 볼 때마다 수석을 놓치지 않는 수재형 엘리트가 받는 게 아니라, 창의적인 괴짜에 의해서 이루어진다는 겁니다. 최근에 광주에서는 한 여고생이 강아지 심박 체크 기계를 만들었다고 하는데, 이런 유의 애들이 수능 시험을 보면, 수능 점수가 많이 떨어지겠죠? 입학 제도를 고치더라도, 이들을 좋은 대학에서 받아들여야 하거든요. 이런 게 제4차 산업시대의 하이브리드형 교육입니다.

괴짜라는 건 일본의 오타쿠하고는 살짝 다른 개념이에요. 오타쿠는 소통을 안 하려고 들지만, 괴짜는 소통을 안 하는 건 아니에요. 물론 오타쿠를 은둔형 외톨이라고만 생각하는 것은 오산이에요. 어쨌든 일본의 오타쿠는 대단해요. 한 분야에 몰입하는 사람들이 많다는 것은 비범한 거예요. 제가 일본에 있을 때 한국에서 도저히 구할 수 없는 자료들을 많이 구했어요. 오타쿠가 많기 때문에 귀한 자료도 있다는 거예요. 우리가 오타쿠라고 쓰지만 실제 발음으로는 '오따꾸'라고 해요. 그래야 일본어의 어감(말맛)이 살아있지요. 일본인들은 일본을 두고, 발음을 니혼이라고 하고, 또 니뽕이라고도 해요. 뭔가, 강조할 때는 니뽕이에요. 하여튼 일본의 오따꾸들은 아주 대단해요.

니뽕노 오따꾸다찌와 도떼모 스바라시!

(학생들 웃음소리)

무슨 따꾸라구요?

(모두)

오따꾸요!

(학생들 웃음소리)

일본의 오타쿠도 일종의 하이브리드 문화형의 인간상이에요. 낱낱의 오타쿠들이 가지고 있는 힘이 모이면 하나의 문화가 되는 거지요. 옛날에 문화라고 하면 다들 고급문화, 클래식(Classic)이라고 생각했는데, 요즘은 대중문화를 가리키는 말이 되었어요. 이 문화의 축자적인 의미는, 문물로서 교화(教化)한다, 예요. 무엇을요? 문화적으로 수준이 낮은 오랑캐(이적)를. 즉, 문물로서 문화적 수준이 낮은 이적을 교화하다, 라는 말이 아무런 근거도 없이 뜬소리를 하는 건 아닌 것 같아요. 미래사회는 문화나 예술에 대한 관심이 더 커질 것으로 예측됩니다. 저 역시 문화콘텐츠와 문화경제의 힘은 소위 '미래자본주의'의 중요한 모멘텀(momentum)이 될 것이라고 생각해요. 내가 여기에서 두 가지 낯선 낱말을 썼습니다. 미래자본주의는 현존 자본주의의 대안, 자본주의의 미래상 등으로 이해하면 될 것 같고요, 모멘텀은 문맥에 따라 지표, 성장 동력 등의 다양한 뜻으로 쓰이는 말입니다.

요즈음 우리나라의 문화가 바람을 일으키고 있는 것은 사실입니다. 한류가 작년 2017년에 우리나라에 얼마나 돈을 안겨다 줬냐고 알아보니, 자그마치 7조 4천억 원이나 돼요. 얼마나 많은 돈이야? 사실 한류가 우리를 먹여 살리고 있다고 해도 과언이 아니에요. 한류가 일본, 중국에만 있다가, 한동안 잠깐 시큰둥했었거든요. 그도 그럴 것이, 일본에서는 험한 분위기 때문이고, 중국은 사드 문제 때문이고. 근데 이제는 베트남 등 동남아를 비롯한 세계 곳곳으로 한류의 바람이 불고 있잖아요? 인도, 터키는 물론 앞으로는 남미로까지 말이에요. 한류의 대표적인 주역은 두루 알다시피 바로 방탄소년단이에요. 빌보드 차트에도 올라갔으니, 얼마나 대단해요? 옛날에 많이 쓰던 말인데, 소위 위국선양이야. 방탄소년단은 진짜 애국 소년단이에요. 이렇게 되어가는 오늘날의 문화 현상을 가리켜, 저는 이를테면 '방탄소년 현상'이라고 부르고 싶어요. 또, 우리의 세계화는 다름이 아닌 '방탄소년화'고요. 앞으로 우리는 끝없이 방탄소년화해야 해요.

(학생들 웃음소리)

과거에는 우리가 산업화니, 민주화니 했는데, 이제는 방탄소년화예요. 한류는 해외로 뻗어가는 게 아니라, 국내에도 영향을 끼치고 있어요. 국내에 아이돌이 되고 싶어 하는 젊은이들이 엄청 많다고 해요. 이들에게 뭔가 꿈을 심어주고 있잖아요? 문화는 사회경제적으로 어려움이 있는 청년 세대에게 무언가 공감을 전해주고, 또 서로 마음을 열고 교류할 여지를 마련할 거예요. 지금 우리나라 청년세대는 정치적으로 불만인 세대이고, 경제적으로는 불안한 세대예요. 이런 상황에 부합이 되기 때문에 상당히 공감과 소통이 이루어지고 있다고 할 수 있지요. 영화, TV드라마, 대중가요 등을 통해서 청년세대에게 뭔가 고마움을 주고 있는 이런 문화의 힘은 눈으로 볼 수도 없고, 손으로 계량할 수도 없는 지점에서 새로운 바람개비를 돌리고 있습니다. 문화에는 부가가치의 잠재적인 자산이 적지 않습니다. 앞으로 우리의 문화가 제4차 산업사회에서, 정치와 경제의 분야보다 더 선도적인 역할을 해야 할 것입니다. 제1·2차 산업혁명이 유물적인 생존과 안정의 욕구 위에서 이루어진 것이라면, 제3·4차 산업혁명은 정보기술의 플랫폼 위에서 개개인 자기표현이나 대리만족의 욕망을 실현하는 것이라고 하겠지요. 제4차 산업

새로운 시대의 문화적인 아이콘으로 떠오른 방탄소년단의 모습. 미래사회를 지향하는
교육은 획일적인 인력 양성이 아니라, 다양한 분야의 창의적인 인간형을 키워야 한다.

사회의 문화는 관광, 물류, 콘텐츠 등과도 무관할 수 없습니다. 여기에, 인공지능과 증강현실과 가상현실을 활용하는 것은 불가피할 것입니다.

방탄소년단을 감독하고 있는 방시혁이 최근에 이런 말을 했어요. 단원들이 사회에 선의의 영향을 끼쳤으면 좋겠다고. 상당히 성숙한 발언이에요. 앞으로 노벨문학상을 수상할 기대주였던 소설가 신경숙을 봐요. 최근에 몰락했죠. 뭐 때문에? 표절 때문이에요. 최근에 아시안게임에서 2타수 1안타만 치고 군 면제 받은 선수가 있었어요. 병역문제가 정치적인 문제가 되네요. 왜죠? 임진왜란과 병자호란 때 양반들이 군역 면제를 받아서 우리가 그렇게 당했잖아요? 양반들이 군대를 안가고 평민들만 군대를 가니까, 누가 나라를 위해서 목숨을 바치면서 싸우려고 하겠어요? 한국전쟁 때도 상류층의 아들들 중에서 적잖이 외국으로 유학을 보냈어요. 그런데 제2차 세계대전의 영국을 보세요. 노블레스 오블리주, 즉 가진 자의 도덕적 의무란 말 있잖아요? 지금 영국의 엘리자베스 여왕은 20대, 공주 시절 때 지중해 섬에 가서 자동차 수리공을 했어요.

제가 왜 느닷없이 노블레스 오블리주 얘기를 하느냐? 우리가 아무리 제4차 산업혁명이니 뭐라고 해도 기술보다는, 윤리적인 마인드가 더욱 중요하다는 겁니다. 결과보다는 과정을 중시해야 한다는 것. 그리고 성차별, 인종차별 없는 글로벌 마인드가 중요하다는 얘기지요. 그래서 제4차 산업시대의 시대적 완성, 시대적 목적은 바로 어디에 있느냐는 것. 바로 저스티스(Justice)! 정의를 실현하는 데 있습니다. 앞으로는 공감, 소통, 윤리, 정의를 실천할 수 있는 하이브리드 인간형이 제4차 산업시대의 주역이 될 것입니다. 모방의 리메이커가 아닌, 공정한 크리에이터 말예요. 이 공정성이 궁극적인 지향점이 아닐까요? 기계를 활용하면서, 기계가 할 수 없는 일을 하는 사람이 우선이어야 한다. 근본이 되어야 한다는 겁니다. 거기에서 비롯되는 새로운 가치를 향유하고, 공부하고, 사유하는 사람이 앞으로의 미래적 인간상이기 때문에, 이 검색 시대에 사색할 수 있는 인간을 키워야 합니다. 검색할 때의 색과 사색할 때의 색은 똑같은 글자예요. 찾을 색(索) 자입니다. 우리가 살고 있는 검색의 시대에 대응하는 사색인을 키워야 한다는 것. 이 검색의 시대에 사색할 수 있는 사람을 키우는 것이 우리 시대가 지향해야 할 가치가 아닌가, 생각합니다. 그래서 기본적으로 문과는 고전읽기에, 이과는 기초과학에 집중해야 합니다.

그런데 인공지능이 가지고 있는 결정적인 결함이 있어요, 뭡니까? 인과적 사고를 무시합니다. 결과만 중시하지, 과정은 경시합니다. 그건 인과의 배경에 대해서는 전혀 모릅니다. 그래서 인간의 이성적 사고는 인과관계가 기본인데 인공지능은 인과관계를 무시하기까지 합니다. 1990년대 미국 피츠버그 의대 병원에서 폐렴환자 사망률을 낮추기 위해 연구를 해보니까. 폐렴 환자 10%에서 15%가 폐렴 환자가 되고 나면, 죽는다고 해요. 그래서 이것을 줄이기 위해서 연구를 해보니까, 오히려 천식이 사망률이 떨어지더라는 겁니다. 상식적으로 볼 때, 폐렴에서 더 심화된 것이 천식이 아닙니까? 과정은 보지 않고 결과만 본 데서 온 문제점입니다. 왜 그러냐구요? 천식은 위중해서 의사들이 집중적으로 치료해야 되지요. 집중치료로 인해 사망률이 떨어진 거지, 천식 때문에 사망률이 떨어진 게 아니라는 거지요. 인공지능은 이 사실도 모른 채, 결과만 가지고 판단했습니다. 즉, 원인과 결과를 따지는 인간 이성의 기초를 무시하는 게 인공지능의 그늘진 모습이라고 하겠습니다.

우리가 국어교육과 학생들인데 국어교육도 인문학이고, 또 언어가 인간만 사용하기 때문에 언어학도 인문학의 유력한 분야예요. 인문학은 인간학이에요. 인간학은 인간을 위한 학문입니다. 인간성을 실현하는 학문이 바로 인간학, 인문학입니다. 라틴어로 인간성을 '후마니타스'라고 하고, 인간학, 인문학을 '후마니타티스'라고 해요. 인문학은 모든 학문의 기본이 됩니다. 특히 언어교육이 그렇지요. 기본적으로 말하기, 듣기, 읽기, 쓰기가 안 되면 학문이 안 되잖아요? 이런 언어활동을 통해 우리는 지식과 정보를 키워가고, 또 인간으로서 인성을 실현해갑니다.

신학자로 유명한 백세 시대의 김형석 선생께서 최근에 그랬잖아요? 자기가 신학을 평생 공부했지만, 신학은 인간을 위해 한 게 없다. 신학이 한 게 뭐냐? 인간을 위한 학문은 인간학 바로 인문학이었다고 용기 있게 말했어요. 이처럼 인문학이라고 하는 것은 인간을 위한 학문입니다. 지난 6월에 UCLA의 자연과학대학 총장이, 한국에 왔는데 의대에서도 2년 동안은 인문학만 가르친대요. 이 대학이 주로 자연과학 위주의 학교이지만, 하이브리드 교육방식을 고수하면서 학제간 융합 프로그램을 개발하고요, 이공계 학생일수록 문학과 철학을 깊이 가르친다고 해요.

우리나라에서도 그래야 합니다. 우리가 인문학의 위기를 논하고 있을 때, 외국에서는 인문학을 중시하는 교육 프로그램을 끊임없이 개발하면서 심지어는 자연과학 향방의 비전을 인문학에서 찾기도 했습니다. 우리 학교도 만날 교과교육만을 만능으로 생각해선 안 됩니다. 기본적인 소양 교육이 도리어 교과교육을 확대하고 심화하는 게 아닐까요? 하드 파워의 내용학과 소프트파워의 교과학 사이에 칸막이를 우선 없애야 합니다. 결국은 제4차 산업혁명으로 가든 제5차 산업혁명으로 가든 간에, 인간을 위한 것으로 방향으로 가닥을 잡아야 한다는 겁니다. 이것이 제가 오늘 이 수업에서 말하고자 하는 결론 부분입니다

경청해주어서 고맙습니다. 오늘 수업은 여기서 마칩니다.

학생들의 강의 소감

이 수업 시간에 제4차 산업시대에 교사들이 어떻게 바뀌어야 하는지, 학교와 수업 방식이 어떤 방향으로 나아가야 하는지에 대해 자상한 설명이 있었다. 임용고사 논술시험에서도 충분히 다룰 수 있는 주제이기 때문에 이것에 대해 공부할 수 있어서 좋았던 점도 있지만. 우리들이 교사가 되고 나서, 제4차 산업사회 속에서 학생들을 어떻게 교육해야하는지, 또 학생들이 사회 변화에 적절히 대응하며, 창의 융합적인 인간으로 성장하기 위해 교사가 도움을 줄 수 있는 것들이 무엇인지에 대해 생각의 여지를 마련해볼 수 있었다. (남이슬)

뉴스나 신문 기사의 제목, 책 제목 등에서 '제4차 산업혁명'이라는 용어는 많이 접했지만 무슨 뜻인지 잘 몰랐다. 이전의 산업혁명과 비슷한 맥락이라고 막연히 짐작하고 있었다. 교수님께 강의를 들었지만, 내가 여전히 제4차 산업혁명을 다른 사람에게 정확하게 설명하지는 못할 것 같다. 다만 사회가 정말 빠르게 변화한다는 것은 느낀다. 내가 가르칠 아이들은 앞으로 사회 변화에 더 쉽게 적응하고 주도할 것이다. 하지만 사회가 어떻게 변하더라도 쉽게 변하지 않는 가치들을 잊지 않고 경험할 수 있게 하는 것이 더 중요하다고 깨달았다. (양정원)